JN011558

介護福祉用語集

介護福祉用語集編集委員会 編

ミネルヴァ書房

刊行にあたり

　介護福祉士という国家資格ができて三十数年が経過しました。その間に日本の介護福祉の水準は格段にレベルアップし，世界に誇れる水準になっています。そのことは，本書に収録した用語数が1300語を超えることに象徴されています。これは介護福祉を実践するためには，多様な知識が必要であることを意味しています。介護福祉の現場では，多くの用語を広くかつ深く理解することが求められており，このことは介護福祉のレベルが上がってきたことを意味します。

　本書の企画は，2014年にミネルヴァ書房から刊行した，『介護福祉学事典』が核になりました。この事典では，大学図書館，研究者，介護事業所を対象にしたのに対して，次は介護職や学生向けに，コンパクトな用語集を出せないか検討することから，本書ははじまりました。

　本書は，介護福祉と関連する，3つの領域と16の分野（あとがき参照）から，用語を網羅的に抽出し整理したものです。また，子ども，障害者，高齢者とすべてのライフサイクルを対象に，在宅や施設で実施されている介護福祉を想定して，幅広く用語を選定しました。

　介護福祉については，その水準を担保・発達させながら，今後ますます人材が求められます。本書を活用していただき，介護福祉に関わる皆さんの質のアップに貢献できることを願っています。

　2021年3月

編集委員一同

編集委員・執筆者一覧 (50音順)

—————— 編集委員 ——————

井上千津子　岡田直人　笠原幸子
白澤政和　住居広士

—————— 執筆者 ——————

凡　例

特　色

　介護福祉と関連する，3つの領域と16の分野（あとがき参照）から，網羅的に抽出した約1,300用語を詳細に解説した。

配　列

1．各項目は現代かなづかいにより50音順に配列した。促音・拗音は1字とみなし，長音は音にしたがって配列した。濁音・半濁音は配列上無視したが，同位置にあっては，清音，濁音，半濁音の順に配列した。また中黒記号（・），かっこ（「　」等）は配列上無視した。
2．外国語等の項目は，慣用読みに留意しながら，原音主義を原則としてよみがな表記等を付して配列した。
3．外国語の略語等も，よみがなや日本語名称等を付して，上記の原則に従って配列した。
　　　　　例：IADL［あいえーでぃーえる］

構　成

1．見出し語には，［　］内によみがなを付した。
　　　　　例：介護福祉［かいごふくし］
2．外国語名項目は，カタカナによって示した。
　　　　　例：アセスメント［あせすめんと］
3．外国人名項目には，（　）内に姓と名のイニシャルを原語で付した。
　　　　　例：アルツハイマー（Alzheimer, A.）
4．引用・参考文献一覧は，原則として巻末に示した。
5．説明文中の太字は，その解説文のある項目（近い項目も含む）を示している。
6．執筆者名は，項目末に（　）に囲んで示した。

目　次

目　次

あ

▽

RO［あーるおー］⇒リアリティ・オリエンテーション

ROM［あーるおーえむ］⇒関節可動域

IADL［あいえーでぃーえる］　日常生活を営むのに必要とされる応用動作のこと。具体的には，掃除や洗濯，買い物や調理などの家事，薬や金銭の管理，電話の使用，交通機関の利用や車の運転，趣味活動などがある。IADL は，日常生活を営むのに必要とされる基本動作（ADL）の応用であり，手段的日常生活動作（手段的 ADL）と訳される。ADL よりも高度な能力である。**介護保険法**や**障害者の日常生活及び社会生活を総合的に支援するための法律（障害者総合支援法）**の給付を受けるために必要な認定調査の調査項目にある。　　　　　　　（小木曽真司）

IFSW［あいえふえすだぶりゅー］⇒国際ソーシャルワーカー連盟

ICIDH［あいしーあいでぃーえいち］International Classification of Impairments, Disabilities and Handicaps を略したもので，日本では「国際障害分類」と訳した。**世界保健機関（WHO）**が 1980 年に国際疾病分類（ICD）の補助として発表した。障害の構成概念を機能障害（impairment），能力障害（disability），社会的不利（handicap）の 3 つに分類した。なお，2001 年に改訂版の国際障害分類としてICF（国際生活機能分類）が採択された。　　　　　　　　　　（國定美香）

ICF［あいしーえふ］　International Classification of Functioning, Disability and Health を略したもので，日本では「国際生活機能分類」と訳した。世界保健機関（WHO）が 2001 年に採択した改訂版の国際障害分類である。目的は，「健康状況と健康関連状況について，統一的で標準的な言語と概念的枠組みを提供すること」であり，2 つの構成要素からなる。第 1 の「生活機能と障害」は，**心身機能・身体構造**（body functions and structures），**活動**（activities），**参加**（participation）の 3 要素から構成され，第 2 の「背景要因」は，**環境因子**（environmental factors）と**個人因子**（personal factors）の 2 要素から構成されている（図表参照）。各構成要素は，それぞれに独立しているが，お互いの要素に関連し，作用する相互作用モデルである。なお，ICF 以前は，1980 年に**世界保健機関（WHO）**が提唱した ICIDH（国際障害分類）が用いられていた。　　　　　　　　　　（國定美香）

図表　ICF

健康状態
（変調または病気）

心身機能・身体構造　――　活動　――　参加

環境因子　　個人因子

生活機能

背景因子

ICT［あいしーてぃー］（information and communication technology）　情報通信技術。コンピューターやインターネットの情報技術（IT）より広義の概念を持つ用語であり，情報技術を活用したサービスやビジネスも含まれる。個人が ICT を利

活用する媒体はパーソナルコンピューターやスマートフォンが中心であるが，自動車や家電機器など日常生活の多くの場面に組み込まれていて，無意識に利用していることも多い。ICT の利活用により個人の情報収集やコミュニケーションの方法が大きく変わり，恩恵を享受できる人とできない人で格差が生じている。介護や福祉の現場では業務効率化や情報管理での ICT 利活用に加えて，センサーや家電機器による高齢者の見守り，身体に装着する機器（ウェアラブル機器）によるバイタル情報管理などで ICT の利活用が広がっている。　　　　　（生田英輔）

ICD［あいしーでぃー］　疾病及び関連保健問題の国際統計分類の略語で，国際疾病分類ともいう。WHO が作成する，死因・疾病に関する統計と分類のことである。死因を示す場合，症状名（たとえば呼吸困難や心不全など）を掲げることは避け，傷病名を用いることになっている。この傷病名を，WHO の作成する分類表に基づいて規定したものである。1900 年に定められて以来，約 10 年ごとに改定されている。異なる国や地域と疾病や死亡のデータを比較できるように WHO が作った。　　　　　　　　　（島内節）

IVH［あいぶいえいち］⇒中心静脈栄養法

アウトリーチ［あうとりーち］　生活上の課題を抱えていながらも，自発的に援助を求めてこない，あるいは地域の中に潜在化してしまい，援助を受けることができない人たちに対して，援助機関の方から出向いていき，彼らに対して援助を提供していく方法。近年，高齢単身世帯や高齢夫婦のみの世帯，ひきこもり状態にある人たち，虐待を受けている人たちなど，自ら援助を求めていくことが難しい人たちが増えてきている。アウトリーチは，こうした人たちを社会的な支援に結びつけるための重要な役割を果たすとして期待される。各自治体で取り組まれている高齢者の見守りネットワークや，地域で生活する精神障害者への多職種チームによる訪問支援，ひきこもりサポーター派遣事業などが，アウトリーチの一環として展開されている。　　（鵜浦直子）

アカウンタビリティ［あかうんたびりてぃ］　説明責任と訳されることが多い。福祉分野では，専門職等がどのような役割や機能を果たしているのかを明確に示すとともに，専門職等として一定の能力基準を満たしているという保証をクライエント（利用者）に対して提供する専門職の義務としてとらえられている。元々は，行政が税金等を適切に使用しているのかを確認するために，財務会計上の記録（account）を提示させ，会計上の責任を負わせることを意味していた。

　　　　　　　　　　　　　（鵜浦直子）

悪質商法［あくしつしょうほう］　確立された定義はないが，「一般消費者を対象に，組織的・反復的に敢行される商取引で，その商法自体に違法又は不当な手段・方法が組み込まれたもの」（警察庁）であり，取引上のうそやごまかしが常識を逸脱して詐欺に近いものや，基本的な取引ルールに対する違法行為を組織的に反復して行っているものと考えられている。

　　　　　　　　　　　　　（上田晴男）

悪性腫瘍［あくせいしゅよう］　悪性の腫瘍のことをいう。腫瘍は細胞が自律的に変異，増殖する。腫瘍には良性と悪性があり，良性腫瘍は成長速度が緩やかで限局して成長するが，悪性腫瘍は増殖力が強く，血液やリンパを介して浸潤し，転移により全身に病巣を拡大させ，生命を脅かす。上皮系の皮膚，粘膜，腺上皮な

どから発生するものを癌腫，非上皮系の結合組織，骨，軟骨，筋肉，血管，リンパ節などに発生するものを肉腫という。一般的には両方を合わせてがんといい，悪性新生物ともいわれる。さまざまな医薬品，治療方法が開発され，ある種のがんに対しては完治，生存率を高めているが，わが国の死亡原因の第1位であり，早期発見・早期治療が重要である。

（内田陽子）

アクセシビリティ［あくせしびりてぃ］「年齢や身体障害の有無に関係なく，誰でも必要とする情報に簡単にたどり着け，利用できること」と厚生労働省は説明している。誰でも必要とする情報やサービスにたどり着き，利用できる対応方法として①使用文字や文字サイズの最適化，②色の組み合わせを見やすいように設定，③音声機能の設定，④画像情報等への文字による説明の併記，⑤操作性の向上等があげられる。　　　　（佐藤祐輔）

アクティビティケア［あくてぃびてぃけあ］　障害や高齢により制限された日常生活を余儀なくされている人に対して，「当たり前の日常」に少しでも近づけるためのすべての援助行為であり，低下した運動機能や活動意欲の向上，またはそれらの低下を予防する目的で行われる生活活動や運動，文化的な活動を指す。具体的には身体の清潔を保つこと，他者とお茶を飲むこと，会話を楽しむこと，ショッピングを楽しむこと等の日常的な活動や，個別や集団でのレクリエーション活動，療法等の非日常的な活動を通して，その人の自己実現欲求の達成を援助しながら，生活の質を高めていくことを目的とする。ケアを通して，生活全般の活性化や日常生活動作の向上，社会参加の促進などの効果が期待できるとされている。

（西田宏太郎）

アサーティブ［あさーてぃぶ］「人は誰でも自分の意見や要求を表明する権利がある」との立場に基づく自己表現方法のことで，介護者も利用者も尊重したコミュニケーション技法。トレーニングによって，自分も利用者も大切にしながら，率直に正直に自分の気持ちが表現できるようになることを目指す。自分の感情・態度・願望・意見・権利を敵対的でない仕方で，その場にふさわしい方法で主張し，利用者の権利を侵害することなく，利用者も同じように自己表現することを奨励する。アサーションの理論では，自己表現法には3つのタイプがあるとしている。①攻撃的（アグレッシブ）：自分中心に考え，利用者のことを顧みない。②非主張的（ノンアサーティブ）：利用者に気兼ねし，自分を後回しにし，利用者に合わせる。③アサーティブ：まず自分のことを考えるが，利用者についても配慮する。　　　　（倉田郁也）

朝日訴訟［あさひそしょう］　生活保護費の減額処分を機に，朝日茂を原告として，厚生大臣の定める日用品費の基準額の水準の違法性を争った第1審（1960年判決）から最高裁（1967年判決）までの一連の裁判のことを指す。裁判の過程で，生活保護基準の妥当性，厚生大臣の裁量など**生活保護制度**のあり方，憲法第25条の法的性格などが争われた。第1審では，**生存権**を具体的な権利として認め，低劣な保護基準の下での処分は憲法違反として，原告勝訴となった。第2審では，生活保護に関する国の裁量を広く認め，原告敗訴となり，原告の上告による最高裁の判断に持ち込まれたが，最高裁上告中の1964年に原告の死亡により終了した（上告人の請求棄却）。最高裁判決では，

生活保護基準の設定について行政裁量を広く認め，裁量権を逸脱・濫用した場合のみ司法審査の対象となるとした。一方，社会福祉の運動論の立場からは，社会保障裁判を舞台に国民の関心を集めつつ社会福祉・社会保障の運動を進めていくという方法論が展開された点で評価されている。

（所道彦）

アスペルガー症候群［あすぺるがーしょうこうぐん］⇒自閉症スペクトラム

アセスメント［あせすめんと］　クライエント（利用者）の生活上のニーズをとらえるために，必要な情報の見極めや収集を行い，クライエント（利用者）の生活状況の全体把握と分析を行う事前評価の過程。クライエントの基本属性，心身の状況，生活環境，生活歴等といった項目などからアセスメントする。アセスメントは，クライエントとの協働によって実施することが重要である。また，エコシステムの観点からアセスメントをおこなったり，問題の側面だけでなく，クライエントや取り巻く周囲の**ストレングス**にも目を向け，生活ニーズを明らかにし，ニーズ充足のための方向性を見出す。アセスメントの結果に基づき，プランニングがなされる。

（鵜浦直子）

圧迫骨折［あっぱくこっせつ］　外力が加わり骨が押しつぶされる**骨折**をいう。骨粗鬆症をもつ人におこりやすく，高齢者に頻発する。脊椎椎体によくおこり，この場合，脊椎圧迫骨折という。70歳を超えた女性の3人に1人は圧迫骨折の危険性がある。起き上がる時，くしゃみをしたり，重い物を持ったり，体を動かす時に痛みが出る。安静時は痛みが少なく，年のせいと，見過ごされることもある。通常はコルセットや鎮痛剤を併用して骨の癒合を待つ。骨が神経を圧迫すれば，

痛みや痺れなどの神経症状が出る。骨が変形したままでつくと，背骨が曲がる。一度つぶれた椎体は元に戻らないので，背骨全体のバランスが崩れ，他の椎体に負担がかかり，次の骨折が発生しやすい。

（内田陽子）

アドボカシー［あどぼかしー］　弁護，支持，擁護，唱道等と訳されるが，日本では権利擁護の意味で用いられていることが多い。また政策提言の意味でも用いられる場合もある。

（上田晴男）

アニマルセラピー［あにまるせらぴー］⇒動物介在療法

新たな高齢者介護システムの構築を目指して［あらたなこうれいしゃかいごしすてむのこうちくをめざして］　高齢者介護・自立支援システム研究会が1994年12月に提出した報告書。高齢者の自立支援（高齢者が自らの意思に基づき，自立した質の高い生活を送ることができるように支援すること）を基本理念に既存制度を再編成し，新介護システムを創設することが適当であるとした。当時の制度の問題点として，措置制度により利用者が自らの意思によりサービスを選択できないこと，保健，医療，福祉の各制度にまたがる高齢者介護に関するサービスの相互連携が十分ではないことなどを指摘した。新介護システムの主なポイントとして，①高齢者自身による選択，②介護サービスの一元化，③ケアマネジメントの確立，④社会保険方式の導入の4点を示した。この報告書は，介護保険制度の創設に大きな影響を与えたとされる。

（岡本秀明）

アルコール性肝障害［あるこーるせいかんしょうがい］　常習的で大量のアルコール摂取により発症する肝障害。アルコールあるいはその代謝産物であるアセト

アルデヒドが原因である。放置すると脂肪肝から肝炎・肝線維症，肝硬変に進行する。症状として，腹痛，発熱，皮膚や眼球が黄色くなる（黄疸），意識障害などがみられる。治療は禁酒が最も重要である。禁酒に加え，栄養療法，薬剤による肝庇護療法がある。　　　　（小山智史）

アルツハイマー型認知症［あるつはいまーがたにんしょう］　誘因と原因：変性型認知症の代表であり，わが国の認知症疾患の中で第１位を占めている。環境要因（加齢，喫煙，頭部外傷，不活発な精神生活・社会活動など）と遺伝要因（アルツハイマー型認知症の家族歴，各種タンパクの遺伝子変異，女性など）がある。アルツハイマー型認知症の病因は不明であるが，アルツハイマー型認知症患者の脳に見られるアミロイドタンパクの蓄積（アミロイド仮説）が一般的に知られている。

　病態：アミロイドβタンパクが脳内に沈着し老人斑を形成し，さらに同タンパクによる神経原繊維変化がおこり神経細胞脱落が出現する。神経細胞が急激に減少して，全般的な脳萎縮がおこり，物忘れや判断力の低下が生じ日常生活に障害が生じる。

　症状：前駆状態として，物忘れはあるが日常生活の支障をともなわない**軽度認知障害**（MCI）がある。緩徐に進行し，近時記憶の障害，見当識障害，理解力低下などの認知機能低下が中心的な症状である。後期になると物盗られ妄想などの被害妄想や徘徊，介護への抵抗や興奮といった**行動・心理症状**（BPSD）といわれる周辺症状が出現することが多い。

　検査・診断：家族や本人に問診することで，病態や臨床像から仮の臨床診断が行われる。**長谷川式認知症スケール**（HDS-R）や MMSE などスクリーニング検査をはじめ神経心理検査を行い，認知機能の評価を行う。画像検査を行うと，全般的な脳の萎縮と，特に側頭葉内側（海馬，扁桃体など），進行すると頭頂葉の萎縮も認められる。

　治療：アミロイドの蓄積を抑える根本治療薬はまだ研究段階である。認知機能の低下を抑え現状維持を目的としたコリンエステラーゼ阻害薬や NMDA 受容体拮抗薬が使用されている。周辺症状に対しては，漢方薬（抑肝散）や少量の非定型抗精神病薬が用いられる。また非薬物療法として，運動療法や記憶訓練，リアリティ・オリエンテーションなど脳活性化リハビリテーションや情動の安定を目的とした**回想法**や**音楽療法**なども一定の効果の報告がある。　　（幸田るみ子）

アルツハイマー型認知症のファンクショナルアセスメント［あるつはいまーがたにんしょうのふぁんくしょなるあせすめんと］⇒FAST

アレルギー［あれるぎー］　ある物質に対して異常に反応することをいう。反応をおこすものを抗原といい，これに対する抗体をつくる免疫反応は生理機能である。しかし，これが過剰に反応すると有害な反応をおこす。例えば，免疫の中の IgE という抗体はダニや花粉や食物タンパクに対して作成が過剰になることがある。そして，敏感反応を引きおこす。これはⅠ型アレルギーであり，主な疾患には蕁麻疹や花粉症，**気管支喘息**などがある。Ⅱ型アレルギーでは IgG などが関与し，主な疾患に自己免疫性溶血性貧血，血小板減少性紫斑病などがある。Ⅲ型アレルギーでは免疫複合体が関与し，主な疾患に全身性エリテマトーデス，関節リウマチなどがある。Ⅳ型アレルギーではT細

胞が関与し，接触性皮膚炎，金属アレルギーなどがある。 （内田陽子）

アロマセラピー［あろませらぴー］ 植物から抽出した香り成分である精油を用いて，心身にリラクゼーション効果をもたらす療法のことをいう。主な香りには，フローラル系，ハーブ系，樹木系，柑橘系などがあり，効果や持続力などの特徴に合わせて使い分ける。使用方法としては，生地やハンカチなどになじませたり，アロマポットなどで精油を混ぜた水を熱して香りをたたせる。また，入浴時の沐浴剤や希釈してマッサージオイルとして使用する。人によってはアレルギーや肌のかぶれを起こすこともあるので注意が必要である。近年はリラクゼーションだけでなく，介護や医療，スポーツなどで使用されることもある。 （植北康嗣）

安全配慮義務［あんぜんはいりょぎむ］介護職員が，利用者に対して事故やケガの発生する可能性を予見し，その危険を予防すること。2002年に厚生労働省は，利用者の日常生活の支援に携わるサービスの特徴に合わせて，事故防止対策を中心としたサービスにおける危機管理体制の確立についてまとめ，「福祉サービスにおける危機管理（リスクマネジメント）に関する取り組み指針——利用者の笑顔と満足を求めて」という指針を発表した。介護職員が直面する事故としては，転倒・転落，誤嚥，入浴中の溺死，異食，薬の誤配などが多い。同指針において，これらの事故を未然に防止するために，コミュニケーションの重要性やサービスの標準化と個別化等，多面的な方策が記されている。 （杉原優子）

E型肝炎［いーがたかんえん］ E型肝炎ウイルス（HEV）が原因で発症する肝炎。症状は，A型肝炎に似ており，発熱，食欲不振，倦怠感，皮膚や眼球が黄色くなる（黄疸）などである。A型肝炎に比べ，重症化しやすいが，慢性化することは少ない。感染経路は，水や食べ物などからの経口感染が多いが，ウイルス感染者の排泄物処理に伴い，感染することもある。感染予防のためにも，手洗い，うがいが重要である。治療は主に，安静と栄養療法である。感染症法において4類感染症に分類されている（巻末資料311頁参照）。 （小山智史）

EPA［いーぴーえー］⇒経済連携協定

医学モデル［いがくもでる］ 問題の解決にあたって，問題はクライエント個人にあるとして，問題を明らかにし，アプローチして解決していこうとするモデル。クライエントの環境等への関心は低い。たとえば，医師が患者の疾病を診断し，その疾病の治療に専心するモデルのこと。 （笠原幸子）

医業［いぎょう］ 医行為を業として行うこと。医行為は医師の医学的判断及び技術が必要な行為である。

また医師でなければ，医業をなしてはならない（医師法）とし，医師免許をもつ者以外が医業を行うことを禁止（業務独占）している。 （内藤雅嗣）

育児休業，介護休業等育児又は家族介護を行う労働者の福祉に関する法律（育児・介護休業法）［いくじきゅうぎょう，かいごきゅうぎょうとういくじまたはかぞくかいごをおこなうろうどうしゃのふくしにかんするほうりつ（いくじ・かいごきゅうぎょうほう）］ 育児休業等に関する法律として1991年に制定され，翌1992年から施行された。1995年に介護休業規定の導入などを内容とする同法の一部改正が行われ，現在の名称となった。労働者の職業生活と家庭生活の両立に寄

与し，家庭責任をもつ労働者の福祉を増進することを目的として，①育児休業，②介護休業，③子の看護休暇，④時間外労働の制限，⑤深夜業の制限，⑥勤務時間短縮など事業主が講ずべき措置，⑦国等による対象労働者に対する支援措置などについて規定している。　　（寺本尚美）

育児休業制度［いくじきゅうぎょうせいど］　育児のために労働者が一定期間休業することを保障する制度。日本では，**育児・介護休業法**に基づき，労働者は事業主に申し出ることにより，子どもが1歳（両親がともに育児休業を取得した場合は1歳2か月）に達するまでの連続した期間，養育のために育児休業をすることができる。保育所に入所を希望しているが入所できない場合等は最長2歳まで延長できる。同一の子どもについて原則として1回利用できる。育児休業を理由とする解雇，その他の不利益な取り扱いは禁止されている。また，事業主には，育児休業をとらない労働者に関して，申し出に基づいて勤務時間短縮等の措置を講じることが義務づけられている。休業期間中は，**雇用保険**から育児休業給付金が支給されるほか，社会保険の保険料が免除される。　　（寺本尚美）

育成医療［いくせいいりょう］　身体に障害のある児童（18歳未満），またはそのまま放置すると将来，障害を残す可能性がある疾患等を抱える児童を対象に，治療や手術により障害の除去・軽減や日常生活能力の獲得が確実に期待できる場合に限り，必要な医療費の一部を公費により助成する制度である。従来，児童福祉法に基づき実施されてきたが，2005年に制定された**障害者自立支援法**（現：障害者総合支援法）において更生医療，精神通院医療とともに**自立支援医療**の対象と

して位置づけられた。都道府県，政令指定都市等により指定された医療機関でのみ受診が可能である。利用にあたっては，市区町村の保健福祉センターへの申請が必要になる。利用に関しては，原則，1割の自己負担が発生するが，世帯の課税状況により負担上限額が定められている。　　（橋本卓也）

医行為［いこうい］　医師の医学的判断及び技術をもってするのでなければ人体に危害を及ぼし，または危害を及ぼすおそれのある行為。この行為を反復継続して業として行えるのは医師法第17条により医師のみである。一般的には医療行為と同義語として扱われることが多い。　　（鷲巣典代）

医師［いし］　医師法第1条において，「医療と保健指導を掌ることによって，公衆衛生の向上と増進に寄与し国民の健康的な生活を確保することを任務としている」と規定される同法第17条で，医師でなければ医業をなしてはならないとされ，業務独占の国家資格である。今後，地域包括ケアシステムによって，高齢者が住み慣れた地域で最期まで生活することを支援するために，医師の偏在の是正や在宅医療を担当する医師の育成や負担軽減の取り組み等の施策が進められている。　　（種橋征子）

石井十次［いしいじゅうじ］（1865-1914）明治期に孤児救済を行った代表的なキリスト教慈善事業家である。宮崎県出身，岡山県甲種医学校で医学の道を志したが，1887年9月孤児教育会を設立し，結局，医学はあきらめ，岡山孤児院の仕事に専念した。「無制限主義」を掲げ，濃尾大震災では100人近くの被災孤児を，東北三県凶作では825人の貧児や孤児を収容し，岡山孤児院は一時1,200人の規模に達し

た。その後，大規模施設に疑問を抱き，宮崎県茶臼原に里親村を建設し，大阪のスラム街でセツルメント活動を行った。

（中根真）

石井亮一［いしいりょういち］（1867-1937）　日本で最初の知的障害児施設・滝乃川学園を設立した人物である。佐賀県出身，立教大学卒業後，立教女学校教頭となった。濃尾大震災被災地より被災孤児20余名を自宅に引きとり，弧女学院を創設したが，そのうち2名が知的障害児であったため，障害児教育に専念した。当時は処遇方法も未確立であったため，渡米して調査・研究を行い，とりわけ宗教教育や労作教育，臨床心理学などを応用した科学的処遇の実践を試みた。

（中根真）

意思決定支援［いしけっていしえん］　すべての人には何らかの判断能力があるという考えを出発点とし，判断能力が十分でない**知的障害者**，**精神障害者**，**発達障害者**，**認知症**高齢者等の思い，考え，気持ちを大切にし，対象者の意思決定を支援すること。厚生労働省の**終末期医療の決定プロセスに関するガイドライン**，日本老年医学会の**高齢者ケアの意思決定プロセスに関するガイドライン**，障害者の日常生活及び社会生活を総合的に支援するための法律（**障害者総合支援法**）における障害者の意思決定支援を事業所の責務とする規定（第23条）等でも，意思決定支援を重要視する傾向がある。現在，意思決定支援と自己決定支援を明確に区分する根拠はない。　　　（笠原幸子）

移乗・移動の介護［いじょういどうのかいご］　人が生活する上で基本となる動作群の一つで，今いる場所から別の場所に移る動作を介護することをいう。人は円滑に移動・移乗動作できることで，食事・排泄・清潔・着脱といった日常生活動作の欲求を満たしている。また，社会的活動も円滑な移動・移乗動作によって満たされる。逆に，病気や障害等何らかの理由によって移動・移乗が困難になると，生理的欲求は満たされず，生活意欲は低下し，生活不活発病（**生活習慣病**）を招く危険性がある。したがって，自分で移動・移乗することが困難な対象者の生活活動を拡大することは，介護の大きな目的となる。そのため，その人の自然な動きを理解し，その動きに合わせて介護を行うことが大切となる。（冨田川智志）

移乗動作［いじょうどうさ］　それまで利用していたもの（場所）から別のもの（場所）に移る動作のことをいう。主にベッドと車いす間やベッドとストレッチャー間等の乗り移り動作を指す。移乗動作には，大きく分けて**立位移乗**，**座位移乗**，**臥位移乗**がある。立位移乗は，座位から立ち上がり，移乗先に着座することをいう。座位移乗は，立ち上がり，立位保持，方向転換，安全な着座に対して一つでも大きな介助を要する対象者に対し，移乗元と移乗先の高さを合わせ，座位姿勢のまま臀部を横方向に滑らせて移乗先に移ることをいう。この際，**スライディングボード**を活用することが多い。臥位移乗は，端座位保持と体幹屈曲が困難な対象者に対し，移乗元と移乗先の高さを合わせ，臥位姿勢のまま横方向に滑らせて移乗先に移ることをいう。この際，移乗用ボードを活用することが多い。

（冨田川智志）

移乗用リフト［いじょうようりふと］　自力での移乗が困難な人の身体を吊り具を使って吊り上げたり，体重を支えたりして，移乗を補助する機器のことをいう。移乗用リフトの種類には，主にレール走

行式リフト（やぐらや天井に固定したレールに沿って昇降機が移動するタイプ），ベッド固定式リフト（ベッドの重量を利用したりベッドの下にフレームを入れたりしてベッドに固定するタイプ），床走行式リフト（キャスターがついており居室内移動できるタイプ）等がある。移乗用リフトの適用の際には，環境，使用目的，対象者の能力，介助者の能力，予算等を考慮して選択するようにする。介護保険における**福祉用具貸与**の対象種目になっている（取りつけに住宅の改修を伴うものは除く。吊り具の部分は**特定福祉用具販売**の対象種目である）。(冨田川智志)

委嘱［いしょく］　民間人を任命して行政事務の執行をゆだねるしくみ。委嘱員として，**民生委員**や保護司，人権擁護委員，行政相談委員がある。民生委員は，都道府県知事の推薦によって，厚生労働大臣が委嘱する（民生委員法第5条）。保護司は，各都道府県にある保護観察所長の推薦によって法務大臣が委嘱する（保護司法第3条）。人権擁護委員は，市町村長の推薦によって，法務大臣が委嘱する（人権擁護委員法第6条）。行政相談委員は，関係市町村長の意見を聞いて，総務大臣が委嘱する（行政相談委員法第2条）。民生委員は特別職の地方公務員，保護司は非常勤の国家公務員，行政相談委員と人権擁護委員は民間人として位置づけられている。これらの委嘱員は報酬や給与を受けず，ボランティアで活動している。(鵜浦直子)

異食［いしょく］　本来食べるものでないものを口に入れ食べてしまうことを異食という。**認知症**に異食がおこる原因は，①認知機能の低下や味覚障害によって食べられるものかどうかの判断ができなくなり，口の中に入れたら食べ物でなくても吐き出さず食べてしまう，②不安やストレスから，目に見えるものや手の届く範囲のものを口に入れ食べてしまう，③空腹のためにおこることがあるが，満腹中枢の障害のため空腹に関係なくおこることも多い，などが考えられている。異食を発見した際は，怒ったり焦ったりせずに口腔内を確認し吐き出すまたはかき出すことが必要である。介護者が怒ると口を閉じたり驚いて飲み込んでしまうので慎重に，対応する。強アルカリ性洗剤やたばこ等危険物を食べた場合はすぐ受診する必要がある。(幸田るみ子)

遺族基礎年金［いぞくきそねんきん］⇒基礎年金制度，遺族年金

遺族共済年金［いぞくきょうさいねんきん］⇒遺族年金

遺族厚生年金［いぞくこうせいねんきん］⇒遺族年金

遺族年金［いぞくねんきん］　国民年金または厚生年金保険の**被保険者**または被保険者だったものが死亡した場合に，そのものによって生計を維持されていた遺族が，受けることができる年金。遺族年金には，「遺族基礎年金」「遺族厚生年金」の2種類がある。死亡した人の年金の納付状況，加入していた年金の種類，受け取る人の年齢，18歳以下の子どもの有無などによって受け取る年金の種類，給付額が異なる。遺族基礎年金は，国民年金の被保険者または老齢基礎年金の受給資格期間が25年以上あり，保険料納付済期間が加入期間の3分の2以上あるもの（納付免除期間を含む）が死亡したときに，18歳未満の子，あるいは20歳未満で障害等級1級または2級の子がいる妻，または夫に給付される（ただし夫の場合には，妻死亡時に55歳以上であることが条件となる）。遺族厚生年金は，厚生年

金加入者が死亡した場合に遺族に対し支給され，18歳未満の子どもがいない配偶者も対象となる。2015年以降は**遺族共済年金**と一元化されているため，公務員の遺族も含まれる。被保険者または傷病の初診から5年以内に死亡し保険料納付期間が3分の2以上ある人，老齢厚生年金の受給資格が25年以上ある人，障害厚生年金（1級・2級）受給者が死亡した場合にその妻または18歳未満の子，孫（障害等級1級，2級の人は20歳未満まで）または55歳以上の夫，父母，祖父母（支給は60歳から）に支給される。遺族共済年金は，公務員を対象にした遺族年金制度であるが，2015年10月より遺族厚生年金に一元化されたため，2015年9月30日以前に亡くなった公務員の遺族が引き続き受給しているのみで新規の受給者はいない。　　　　　　　（鷲巣典代）

1型糖尿病［いちがたとうにょうびょう］⇒糖尿病

一番ケ瀬康子［いちばんがせやすこ］
(1927-2012)　戦後の日本の社会福祉学の基礎を築いた研究者（経済学博士）。日本女子大学等で教職に従事した。高齢者福祉，児童福祉，障害者福祉等，研究分野は多様であった。1980年代から高齢化の進展に伴う社会の課題に注目し，介護職員の資格や教育制度について研究した。日本社会福祉学会の会長を4期12年務めたほか，日本介護福祉学会の初代会長も務め，介護福祉学の構築に尽力した。『介護福祉学とは何か』等，介護福祉学の独自性・専門性について研究者と現場実践者が共につくり上げる取り組みを行った。1995年の阪神淡路大震災の時は，政府の復興委員会の委員に選ばれ，経済復興の議論が行われるなか，生活の再建を訴えた。　　　　　　　（安場敬祐）

一過性虚血発作［いっかせいきょけつほっさ］　手足のしびれや運動障害，言葉の障害などの**脳出血**の症状が，多くは数分間で消失するか長くても1時間以内に消失する状態。画像診断では**脳梗塞**の病変が認められない。脳内の血管の中で，小さな血栓が一時的に血管を閉塞させると神経症状が出現するが，再び流れると症状は回復する。食事中に急に箸がうまく使えないと思ったら，2〜3分後には回復した，会話の途中に急にろれつが回らなくなったが，ゆっくり話していると数分間で回復した，などの状態を示す。しかしこの発作は，その後大きな脳卒中の発作をおこす前兆で，48時間以内に脳梗塞を起こすことが多いといわれている。一過性脳虚血発作の急性期治療と再発予防として，脳卒中治療ガイドラインがある。診断後，速やかに発症機序を評価し，脳梗塞発症予防のための治療を直ちに開始する必要がある。　　　　（島内節）

一般介護予防事業［いっぱんかいごよぼうじぎょう］　介護保険制度の**地域支援事業**の一つである**介護予防・日常生活支援総合事業**のうち，65歳以上の高齢者すべてとその支援のための活動に関わる者を対象に，住民互助や民間サービス等との連携を通じ，要介護状態になっても住み慣れた地域でできる限り自立した生活を送ることができる地域の実現の推進を目的とした事業。①何らかの問題を抱えた高齢者を発見し介護予防活動へつなげる「介護予防把握事業」，②介護予防に関する基本的な知識の普及のためのパンフレットの作成や講座を開催する「介護予防普及啓発事業」，③ボランティアの育成や活動を支援する「地域介護予防活動支援事業」，④事業の実態把握や改善を図る「一般介護予防事業評価事業」，

⑤専門職等が助言を行う「地域リハビリテーション活動支援事業」がある。サロンやサークル活動などの取り組みも重視されている。　　　　　　　　　（山井理恵）

一般病院［いっぱんびょういん］　医療法で病院のうち一定の機能を有する病院について，地域医療支援病院，特定機能病院，臨床研究中核病院と称する。また，精神病床のみを有する病院は精神科病院と称するが，前記以外の病院を一般病院と称する。　　　　　　　　　（内藤雅子）

一般病床［いっぱんびょうしょう］　病院または診療所の**病床**のうち，下記4種の病床以外の病床のことをいう。①精神疾患を有する者を入院させるための精神病床，②主に感染症を有する者を入院させる感染症病床，③結核の患者を入院させるための結核病床，④病院又は診療所のうち，前記3種の病床以外の病床であって，主として長期にわたり療養を必要とする患者を入院させるための**療養病床**。

　一般病床は，さらに診療報酬上の区分による機能が定められていたり，病棟ごとの機能が定められている場合もある。　　　　　　　　　　　　　　（内藤雅子）

一般浴［いっぱんよく］　福祉施設における入浴法の一つである。主に自力歩行や介助歩行される人が対象で，浴室は大浴場や銭湯に近いつくりである。一度に2人以上が入浴できる大きさの浴槽を備えているものが多い。高齢者や障害者が浴槽の縁をまたいで入るのではなく，歩いて入浴できるように，浴槽内にも手すりやスロープまたは階段を設置していることが多い。洗い場も，介助することを想定し，手すりの設置やシャワーチェアの使用も考えた広いつくりになっている。また，介護負担の軽減のため，一般浴室内に座ったままで入浴できるリフト浴など，**特殊浴**を行っているところもある。
　　　　　　　　　　　　（植北康嗣）

溢流性尿失禁［いつりゅうせいにょうしっきん］　膀胱にたまった尿が溢れ出るタイプの失禁のこと。奇異性尿失禁とも呼ばれている。溢流性尿失禁は，器質性尿失禁に分類され，前立腺肥大や神経因性膀胱などによる慢性的な閉尿が原因で失禁する。前立腺肥大では，前立腺が肥大することで尿道が圧迫されるため，膀胱にたまった尿をスムーズに排泄することが困難となる。そのため，残尿量が大量になり，膀胱内圧が上昇して尿が溢れ出てしまう。排尿の際はカテーテルを膀胱に挿入し，尿の排泄を促す導尿を行う。医療機関を受診し，尿が出ない原因を改善したり，残尿感を取り除いたりするなど，原因疾患を治療することが大切である。　　　　　　　　　　（横井光治）

溢流性便失禁［いつりゅうせいべんしっきん］　便秘などにより，腸にたまった便が溢れ出るタイプの失禁のこと。器質性便失禁に分類され，便秘などの排便障害が原因で失禁する。神経障害により便意がわからない場合や便意を我慢し続けることにより便意を感じにくくなり，腸にたまった便が排泄されずたまりすぎた結果，溢れ出てしまう。便がたまりすぎることが原因のため，浣腸や下剤の服用により改善できるが，排便習慣の改善や排泄パターンの把握などにより，たまりすぎる前に便を出すことが大切である。　　　　　　　　　　（横井光治）

移動介護従事者（ガイドヘルパー）［いどうかいごじゅうじしゃ（がいどへるぱー）］　障害児者の外出の際に移動を支援する担い手の総称をガイドヘルパーという。1974年に東京都が重度視覚障害者への派遣制度を開始し，1988年には身体障害

者ホームヘルプサービス事業運営要綱に，重度視覚障害者や全身性障害者のガイドヘルパーが組み入れられた。障害者の社会参加を支援する役割が求められるにつれて，法制度の改正を伴いながら，知的障害者等にまで対象者が拡大された。**地域生活支援事業**における移動支援事業の従業者の資格要件は，市町村がサービスを提供するにあたってふさわしいと認めた者とされ，市町村の裁量に委ねられている。移動支援と介護を一体的に提供する必要がある障害者の外出の際には，居宅介護のうち通院等の同行，**重度訪問介護**，**同行援護**，**行動援護**による支援が行われている。利用者の障害特性に応じた外出時の介護技術が必要とされることから，それぞれに異なる養成研修課程が設けられている。　　　　　　　　（鳥海直美）

移動支援 ［いどうしえん］　**障害者総合支援法**に基づく**地域生活支援事業**の一つで，屋外での移動が困難な障害児者が円滑に外出できるように移動の支援を行うものである。支援の範囲は，公的機関や医療機関等の社会生活上必要な外出や，余暇活動等の社会参加のための外出の際の移動とされる。実施方法は，①個別支援（マンツーマンによる支援），②グループ支援（複数の障害者に対して同時に支援），③車両移送（福祉バスの巡回による送迎支援等）に大別される。地域生活支援事業の必須事業に位置づけられていることから，対象者は全身性障害者，知的障害者，精神障害者，障害児等のうち市町村が必要と認めた者であり，地域の特性に応じて柔軟な支援を提供することが求められる。　　　　　　　　（鳥海直美）

移動補助具 ［いどうほじょぐ］　自力で移動することが困難な人の移動動作を補助することを目的として使用される用具の

ことをいう。自力で歩行が困難な人が，歩行機能を補助する目的で使用する用具のことを歩行補助具という。代表的なものとして杖，松葉杖，**歩行器等**がある。歩行補助具を用いても自力で歩行することが不可能，あるいはきわめて困難な人が，歩行機能の代替として使用する用具のことを歩行の代替用具といい，代表的なものとして**車いす**がある。自力でベッド上の移動が困難な人が，ベッド上移動を補助する目的で使用する代表的なものとしてスライディングシートがある。

　　　　　　　　（冨田川智志）

糸賀一雄 ［いとがかずお］（1914-1968）　1946 年，戦後の混乱期に池田太郎や田村一二とともに知的障害児施設・近江学園を創設した人物である。鳥取県出身，京都帝国大学哲学科卒業後，滋賀県職員となった。近江学園の設立後も，重症心身障害児施設・びわこ学園などを創設し，知的障害児教育の先駆者として実践と研究に半生を捧げた。その主張は「この子らを世の光に」という言葉に集約され，障害児の発達保障の必要性に基づき，社会参加を視野に入れた実践を展開した。

　　　　　　　　（中根真）

意図的な感情表出 ［いとてきなかんじょうひょうしゅつ］⇒バイステック

衣服内気候 ［いふくないきこう］　衣服の役割の一つに体温調節機能がある。衣服を着用することで生じる外界と異なる衣服内の気候を衣服内気候という。安静時の快適な衣服最内層の皮膚に接する部分の気候は温度 32 ± 1 ℃，湿度 $50 \pm 10\%$，気流 25 ± 15 cm/s といわれている。快適な衣服内気候を形成するには，①人間（性・年齢，体型・体質，運動作業等），②衣服（繊維素材，形態，着装等），③環境（季節，日照，地域等）の三者が相互

に関与する。一般に，夏は被覆面積を少なくし，上下に開口部をつくると煙突効果がある。冬は，被覆面積を多くし，周縁を閉じた着装にすると対流が起きにくい。また，内層に嵩高性のあるもの，外層に緻密組織のものを着用すると暖かく着ることができる。高齢者や乳幼児では体質や環境に合わせた繊維，デザイン，重ね着の方法などへの気配りが大切である。　　　　　　　　　　　（百田裕子）

意味記憶［いみきおく］　言葉の意味や現象の説明といった，いわゆる辞書や事典に書かれているような一般的知識の記憶。言語で表現できることから，宣言的記憶（陳述記憶）の一種として位置づけられる。外傷や脳出血などによる特定の脳部位の損傷による後遺症として，意味記憶のみが阻害される，あるいは**エピソード記憶**のみが阻害されるといった選択的な障害をもつ患者の例が報告されている。意味記憶のみが阻害されると，目の前の事物（たとえば靴）の名前を答えることはできないが，それを正しい方法で使用することはいとも簡単にできる，といった症状がみられることがある。このことから意味記憶とエピソード記憶には，それぞれ異なる脳神経系のメカニズムが背景にあると推測されている。　（箕浦有希久）

遺留分［いりゅうぶん］　相続時に**遺言**にかかわらず，一定の相続人が遺産を受け取ることを保証するために，法律上留保されている一定割合。遺留分の割合は，①直系尊属のみが相続人の場合は被相続人の財産の3分の1（第1028条第1号）。②それ以外の場合は全体で被相続人の財産の2分の1（第1028条第2号）となっている。　　　　　　　　（上田晴男）

医療介護総合確保推進法［いりょうかいごそうごうかくほすいしんほう］⇒地域における医療及び介護の総合的な確保を推進するための関係法律の整備等に関する法律

医療型児童発達支援［いりょうがたじどうはったつしえん］　医療型児童発達支援センターまたは指定医療機関等において，肢体不自由のある子どもに対して，通所により児童発達支援および治療を行うもので，児童福祉法に基づく**障害児通所支援**の一つである。具体的には，上肢，下肢または体幹の機能に障害のある就学前の子どもを対象として，日常生活における基本的動作の指導，社会生活への適応性を高めるような知識技能の付与，集団生活への適応訓練などを行うとともに，障害のある子どもの身体および精神の状況や置かれている環境に応じて，理学療法等の訓練や医療的管理に基づいた支援を行う。　　　　　　　　　　（寺本尚美）

医療型障害児入所施設［いりょうがたしょうがいじにゅうしょしせつ］⇒障害児入所施設

医療行為［いりょうこうい］　一般的には**医行為**と同義語とされることが多いが，そのように定義されているわけではない。業として行う場合は法律で医師，歯科医師，看護師，などの有資格者のみが行える範囲が定められている。

　しかし救急救命士が気管挿管を行うことや，介護職員や特別支援学校の教員が定められた条件の下で一部の行為（たんの吸引，経管栄養など）を行うことは可能とされている。

　また，無資格者でも，心肺蘇生法や自動体外式除細動器（AED）の使用等の応急処置を行うことは可能である。なお，自分の身体に行う場合は該当しないとされ，家族が行う行為は本人に準ずるものとされている。　　　　　　　　（内藤雅子）

医療ソーシャルワーカー（MSW）［いりょうそーしゃるわーかー（えむえすだぶりゅー）］　病院，診療所，保健所，精神保健福祉センター等の保健医療機関に配置されている**ソーシャルワーカー**のこと。病院等において管理者の監督の下，社会福祉の立場から患者の抱える経済的・心理的・社会的問題の解決，調整を援助し，社会復帰の促進を図る役割を担う。業務内容は厚生労働省によって「医療ソーシャルワーカー業務指針」に定められている。医療ソーシャルワーカーの多くが，相談援助の国家資格である**社会福祉士**を取得している。診療報酬の複数の項目において，社会福祉士の配置が評価されているため，近年，医療ソーシャルワーカーの採用条件に社会福祉士資格の取得が掲げられる場合が多い。　　（種橋征子）

医療提供施設［いりょうていきょうしせつ］　医療法で，**病院**，**診療所**，**介護老人保健施設**，介護医療院，調剤を実施する薬局，その他の医療を提供する施設と定められている。　　　　　　（内藤雅子）

医療的ケア［いりょうてきけあ］　日常生活に必要となる医療的な生活援助行為のことをいう。**喀痰吸引**，**経管栄養**等は**診療の補助**でもあり，従来は医師，看護師，家族に許された行為であった。そのため，障害をもつ就学期の子どもたちは病院や施設，自宅療養の生活を余儀なくされ，地域の学校に通えない状況にあった。現在では医師，看護師，家族以外に，特別支援学校等の教員も，痰の吸引，経管栄養等の医療的ケアができるようになった。医療的ケアは福祉だけでなく教育の場でも求められてきている。実施するためには教員や介護職員は指定の研修を受け，修了後に**認定特定行為業務従事者**認定証の交付を受けなければならない。また，

医療的ケアの実施の際には主治医からの**介護職員等喀痰吸引等指示書**が必要となる。　　　　　　　　　　　　（内田陽子）

医療の給付［いりょうのきゅうふ］　医療保険制度に基づいて受けることができる傷病の治療等に必要な医療のことをいう。その範囲には，通院や入院して傷病の治療を受けたり，必要な処置をしてもらうことのほかに，治療上使用する装具（コルセット，義手，義足等）等も含まれる。給付の形態によって，現物給付（医療そのもの等），現金給付（出産や死亡時の一時金等）の2種類がある。　（内藤雅子）

医療扶助［いりょうふじょ］　**生活保護制度**による，医療サービスを給付する扶助をいう。内容は，国民健康保険の保険給付と同じで，診察，薬剤または治療材料，医学的処置，手術及びその他の治療並びに施術，居宅における療養上の管理及びその療養に伴う世話その他の看護，病院または診療所への入院及びその療養に伴う世話その他の看護，移送が，原則として現物で給付され，本人負担はない。受診は指定医療機関に限定され，初診時及び一定期間経過後には，**福祉事務所**の窓口で医療券の発行を受ける必要がある。

　　　　　　　　　　　　　　（鷲巣典代）

医療法［いりょうほう］　1948年に制定され，同年に施行された。医療提供施設の管理・運営等に関する基本的な法律である。「**病院**，**診療所**及び助産所の開設及び管理に関し必要な事項並びにこれらの施設の整備並びに医療提供施設相互間の機能の分担及び業務の連携を推進するために必要な事項を定めること等により，医療を受ける者の利益の保護及び良質かつ適切な医療を効率的に提供する体制の確保を図り，もつて国民の健康の保持に寄与すること」を目的としている（第1

条）。「医療に関する選択の支援等」「医療の安全の確保」「病院，診療所及び助産所」「医療提供体制の確保」「**医療法人**」等について定められている。　（内藤雅子）

医療法人［いりょうほうじん］　病院，診療所，または介護老人保健施設の開設や所有を目的とする法人である。医療法第39条において，病院，医師若しくは歯科医師が常時勤務する診療所，介護老人保健施設又は介護医療院を開設しようとする社団又は財団は，これを法人とすることができるとしており，この法人を医療法人と定めている。2019 年現在，54,790法人ある。　　　　　　　　（内藤雅子）

医療保険制度［いりょうほけんせいど］日本の（公的）医療保険制度は，**保険者**（保険を運営している主体）により，大きく分けて 3 つの種類がある。第一は，被用者保険とも呼ばれ，被雇用者（雇用労働者）が加入する医療保険である。主として大企業に勤務しており，勤務先に健康保険組合がある被雇用者（**被保険者**）とその家族（被扶養者）が加入する健康保険組合，公務員が主として加入する**共済組合**，そして，主として民間の中小企業に勤務する被雇用者とその家族が加入する**全国健康保険協会**（協会けんぽ）。全国健康保険協会が運営している，船舶の船員が加入する船員保険，日雇労働者が加入する日雇健康保険も被用者保険に入る。第二に，地域保険とも呼ばれ，被用者保険に加入していない 74 歳未満の者，農業従事者，自営業者及び退職して年金生活となった無職者等が加入する国民健康保険がある。市町村と東京都特別区が運営する**国民健康保険**と，自営業で同種同業の者（開業医，建築業者等）が作る国民健康保険組合がある。そして，第三に 75 歳以上の**後期高齢者**及び 65 歳以上の一定の障害をもつ者は，各都道府県ごとの全市町村で構成される後期高齢者医療広域連合を保険者とする**後期高齢者医療制度**に個人単位で加入する。国民全員がいずれかの医療保険制度に加入することにより，原則 1 ～ 3 割を自己負担し，残りは保険者が支払う。1961 年から国民皆保険が実現されている。　　（内藤雅子）

医療保護入院［いりょうほごにゅういん］精神障害者の入院形態の一つ。精神障害をもつ人がその障害のために**任意入院**が行われる状態にない場合に，法律に基づく手続きにより，**精神保健指定医**の診察の結果，措置入院の要件は満たさないが，医療及び保護のため入院が必要と判断され，後見人または保佐人を含む家族等のうちいずれかの者の同意がある場合に適用される。なお特定病院では指定医が不在で緊急その他やむを得ない時は特定医師の判定でも 12 時間を限度に入院させることが可能である。2013 年の法改正で，自傷他害防止監督義務（1999 年時点で既に廃止），治療を受けさせる義務，財産上の利益を保護する義務，医師に協力する義務等を規定した保護者制度が廃止され，精神医療審査会への退院請求を患者本人に加え家族等のだれもが可能となった（従来は保護者となった者 1 名のみ）。さらに，判定基準が曖昧で期間の定めもなかったことから，社会的入院を生む弊害が指摘されてきたが，同改正で，退院促進措置が規定され，退院後生活環境相談員の選任，地域援助事業者の紹介の努力等が病院管理者に義務づけられた。

　　　　　　　　　　　　　（田辺肇）

医療療養病床［いりょうりょうようびょうしょう］⇒療養病床

胃ろう［いろう］⇒経皮内視鏡的胃ろう造設術

インクルージョン [いんくるーじょん]
「社会的包摂」という意味であり，障害があっても地域で地域の資源を利用し，地域社会の中の住民として包み込み共生社会を目指すこととしてとらえられている。インクルージョンは，1994年の特別ニーズ教育世界会議で採択された宣言である「特別なニーズ教育に関するサラマンカ声明と行動大綱」によって結実した。わが国で初めて公的に示されたのは，「社会的な援護を要する人々に対する社会福祉のあり方に関する検討会」（2000年）が提出した報告書である。ソーシャル・インクルージョンは，ソーシャル・エクスクルージョン（社会的排除）の対をなす用語である。また，インクルージョンは，**インテグレーション**の限界を乗り越える理念とされている。　（綾部貴子）

インシデント [いんしでんと]　実際には事故には至らなかったが，重大な事故につながっていた可能性がある事態のことをいう。福祉や医療現場においては，類似用語として**ヒヤリ・ハット**という表現もある。現場においては，介護事故や医療事故を防ぐために，現場で生じたインシデント事例を蓄積し，インシデントが生じた原因等を分析することで，今後の事故防止対策（介護や医療ミス，介護や医療事故の発生の防止，インシデントの発見）につなげていくことができる。
　　　　　　　　　　　　　　　（綾部貴子）

インスリン注射 [いんすりんちゅうしゃ]
インスリンとは，血糖値を下げる働きのあるホルモンの一種のことをいう。高血糖による臨床症状を取り除き，ケトアシドーシスや高血糖性昏睡を予防すること，また長期的には，良好な血糖コントロールを保つことにより合併症の発症および進展を防ぐために，外部から体内にインスリンを補う時に注射する。インスリン注射で低血糖になったら，早急に糖分を取る。1型**糖尿病**でインスリンが枯渇している場合には，インスリン注射は絶対必要となる。自己管理できる場合は，先がペン型の注入器を用い，決められた時間に決められた場所に自分で注射する。
　　　　　　　　　　　　　　　（島内節）

インテーク [いんてーく]　支援を行ううえでの最初の段階。受理面接ともいわれる。支援を求める人（申請者）と支援を提供する側（支援機関等）が初めて接点をもつ。申請者の問題状況の把握や求めている支援の内容，支援を必要とする背景などを把握するとともに，支援機関等の機能や役割と申請者の抱える問題やニーズとの整合性や支援を受ける意思等を確認する。
　　　　　　　　　　　　　　　（鵜浦直子）

インテグレーション [いんてぐれーしょん]　「統合」という意味であり，障害のある人等を一般の社会に受けいれてともに暮らしていくという考え方である。ノーマライゼーションが1960年代後半より世界への広まりとともにインテグレーションの考えも生まれた。分野としては，主に教育実践において統合教育が行われてきた。インテグレーションの考えによる統合教育の実践では，お互いの良さや違い等を理解したり認め合ったりする人間関係の形成も十分になされない限界がみられるようになった。そのため，その限界をのりこえていくために**インクルージョン**という考え方が教育や福祉の実践現場に提起されている。　　（綾部貴子）

咽頭 [いんとう]　のどの一部分で，鼻の奥から食道につながる部分のことをいう（巻末資料306頁参照）。　　（冨田川智志）

インフォーマルサービス [いんふぉーまるさーびす]　公的制度外のサービスお

よびそこで提供されるケア。主な担い手として、家族、地域住民、ボランティア、NPO などがあげられる。インフォーマルケアとも呼ばれる。地域住民による児童の登下校の見守りや、傾聴ボランティアなどがこれに相当する。地域ごとにさまざまなサービスやケアが存在し、まだ制度化されていないサービスが提供できることや公的なサービスよりも柔軟に対応できることなどが特徴といえる。ケアマネジメントにおいては、サービス利用者の状況に合わせてフォーマルケアとうまく組み合わせながら支援を考えることが期待される。　　　　　　（小松亜弥音）

インフォームド・コンセント（説明と同意）［いんふぉーむど・こんせんと（せつめいとどうい）］　患者が疾患や治療等の内容について医師から説明を受けて十分に理解し、同意をすることである。インフォームドコンセントは主に医療現場で使用されている。医療現場で説明する内容には、病名や現状、実施する治療方法と治療による効果（成功率等）、副作用や危険性の有無と程度、治療費等が含まれている。患者は、医師からの説明内容に対し、自分自身が納得をするために質問をしたり、様々な治療方法等の選択肢に関する説明を求めることもできる。最終的に患者自身の意思決定となり、そのような過程が説明による十分な理解と同意につながっている。　　　　（綾部貴子）

陰部洗浄［いんぶせんじょう］　主に排泄後、お湯（38〜39℃）や蒸しタオルを用いて陰部を洗浄、清拭し、清潔にすること。陰部が不潔になると尿路感染症を起こすなどの病気の原因にもなる。特におむつを使用している人は陰部が汚れやすくなるため、交換時には必ず行う。デリケートな部分なので、差恥心をやわらげ

る、不快感を感じないような室温管理など、環境づくりに配慮する。洗浄には、微温湯を入れた陰部用のシャワーボトルやガーゼなどを使用する。男性の場合、亀頭部や陰茎、陰嚢の裏側などの皮膚の重なる部分はしわを伸ばしながら洗う。女性は尿道口から小陰唇にかけて前から後ろへ洗い、肛門は最後に洗う。洗浄と同時に皮膚や粘膜の状態なども観察する。　　　　　　　　　　（植北康嗣）

インフルエンザ［いんふるえんざ］　インフルエンザウイルスを病原体とする急性の呼吸器感染症で、毎年世界中で流行がみられる。口から発生する小さな水滴（飛沫）により飛沫感染する。わが国では毎年冬季を中心に多数の患者が発生する。38℃以上の発熱、頭痛、呼吸困難、関節痛、筋肉痛、全身倦怠感等の症状が比較的急速に出現する。子どもではまれに急性脳症、高齢者や免疫力の低い者は肺炎を伴う等、重症になることがある。インフルエンザウイルスのうち、大きな流行の原因となるのはA型とB型である。感染した場合は、医療機関を受診する、服薬、手洗い、室内湿度の保持、安静、休養、水分を十分に取る、バランスのとれた栄養摂取、外出を控える。　（島内節）

上田敏［うえださとし］（1932-　）　医学博士。機能回復訓練の意味に偏りがちであった日本のリハビリテーションの概念を欧米の研究成果から再検討し、「人間らしく生きる権利の回復」であると提唱した。リハビリテーションの対象である障害とは、機能・形態障害（生物学レベル）、能力障害（個人レベル）、社会的不利（社会レベル）という客観的な障害と当事者の心理的な側面に由来する主観的な障害から構成され、治療的・代償的・環境改善的・心理的アプローチそれぞれからの

対応が必要であると考えた。その際に，その対応を段階的に行ったり，同時並行的に行ったりするのではなく，当事者のニーズと能力に基づいた目標を設定し，相互連携的に進めていくことが，当事者の**生活の質（QOL）**を高めることになり，本来のリハビリテーションであると定義した。　　　　　　　　　　　（松溪智恵）

ウェルニッケ失語 ［うぇるにっけしつご］
⇒感覚性失語

ウェルビーイング ［うぇるびーいんぐ］
「人間の福利」と訳される。ウェルビーイング（wellbeing）は，権利や自己実現が保障され，心身の状態や社会的状況が良好であることとされている。ウェルビーイングの目標は，人の尊厳や人の存在を理解し，それを基盤にしてよりよい状態の増進を目指すことである。2014年に新たに採択したソーシャルワークの定義のなかでウェルビーイングは，「ソーシャルワークの理論，社会科学，人文学および地域・民族固有の知を基盤として，ソーシャルワークは，生活課題に取り組みウェルビーイングを高めるよう，人々やさまざまな構造にはたらきかける」と示されている。　　　　　　　　（綾部貴子）

ウォーカーケイン ［うぉーかーけいん］
⇒歩行器型杖

うつ状態 ［うつじょうたい］
うつ状態は，疾患名ではなく，病気の状態像のことである。うつ病のいくつかの症状を有した状態にあるという意味であり，必ずしもうつ病と同じではない。**統合失調症，摂食障害**，脳器質疾患，境界性パーソナリティー障害など，うつ病以外の精神疾患でもさまざまなうつ状態を呈することが考えられる。一方，うつ病の症状には，気分が落ち込み悲観的になる「抑うつ気分」，以前は楽しめていたことが楽しめ

なくなる「興味・喜びの喪失」，食欲の低下（あるいは亢進），不眠（あるいは過眠），易疲労感や気力の減退，思考力・集中力の低下，動きや思考が緩慢になる精神運動制止，死についての反復的思考や希死念慮などがあり，こうした症状が一定の基準で一定期間持続しているものである。　　　　　　　　　　（幸田るみ子）

うつ病 ［うつびょう］⇒抑うつ障害群

運営推進会議 ［うんえいすいしんかいぎ］
2016年度介護保険制度改正で，**地域密着型サービス**の創設と同時に運営推進会議が導入され，地域との連携と事業所運営の透明性を確保するために設置することが義務づけられた会議のことをいう。定期的な開催が必須となっており（開催頻度はサービスの種類によって異なる），サービス提供などの事業所の活動状況を報告し，運営推進会議からの評価を受けて必要な要望，助言等を聴く場・機会として設置されている。会議のメンバーは，本人および本人の家族，市町村または地域包括支援センターの職員，地域住民の代表者，地域密着型サービスについて知見を有する者で構成されている。

（綾部貴子）

運営適正化委員会 ［うんえいてきせいかいいんかい］
福祉サービス利用援助事業の適正な運営を確保するとともに，福祉サービスに関する利用者等からの苦情を適正に解決するため，社会福祉法第83条に基づき都道府県**社会福祉協議会**に設置されている。委員会では，福祉サービスの苦情の解決に向けて助言や調査，あっせん等を行う。　　　　　（上田晴男）

運動性失語 ［うんどうせいしつご］
主にブローカ野の損傷で生じるのがブローカ失語（運動［性］失語［症］）である。発話の流暢性，構音，抑揚，統語の障害が

中核的な特徴で，自発的発語がみられないか，あっても努力を要し，話し始めが特に顕著である。聞き取りの理解は単語レベルでは保たれているが，文法レベルでは障害されることも多い。運動性言語中枢（ブローカ野）は前頭葉の一部である下前頭回にある。主に発話に要する運動の組み立てに重要な部位と思われるが，文法・統語構造の処理にも関与していると思われ，その機能には不明な点も多い。

（田辺肇）

エアマット［えあまっと］　ポンプから空気を送り込んで広げて使用するマットのことをいう。褥瘡予防や腰痛予防，寝心地の向上を目的として使用されることが多い。エアマットは，荷重がかかると沈み込むため，包み込む（接触面が増える）ように身体を支え，身体の突出部にかかる圧力を低くする特徴がある。エアマットは，対象者が自力でどの程度動けるか，骨の突出具合はどうかといった褥瘡発生のリスク，寝心地，居室環境等を考慮して選択する。自力で**体位変換**が困難な人には空気圧が電動で切り替わるタイプ（圧切替式），骨の突出が顕著な人には層構造になっているタイプ（多層式）を使用することが推奨されている。送風装置又は空気圧調整装置を備えたエアマットは，介護保険における**福祉用具**貸与の対象種目（床ずれ防止用具）である。

（冨田川智志）

エイジズム［えいじずむ］　私たちの意識のうちに潜む高齢者に対する差別意識のことをいう。バトラー（Butler, R. N.）によって1969年につくられた言葉である。「年をとれば多くの人が寝たきりや認知症になる」とか「老人はみんな頑固で，新しいことに取り組むのは難しい」といった認識である。このような考え方は「歳をとることへの恐れから，病気や心身の障害，死への恐怖，有用性の喪失に対する嫌悪感に由来する」といわれている。

（笠原幸子）

AIDS［えいず］　日本語正式名称は後天性免疫不全症候群。AIDS は acquired immunodeficiency syndrome の略語。ヒト免疫不全ウイルス（HIV）が原因で，1型と2型がある。リンパ球の一つであるヘルパーT細胞が減少して免疫力が低下し，健康体なら抑制できる細菌やウイルスが原因となって感染症を併発し，死に至ることが多い。ウイルス感染した血液，輸血や血液製剤の使用，感染者との性行為で感染する。また垂直感染としての母子感染もある。潜伏期間は数年から10年，初期には発熱，体重減少，疲れやすさ，下痢，貧血などが現れる。近年では抗エイズ薬の多剤併用療法で治療も可能となったが，根治は困難である。

（内田陽子）

HIV（ヒト免疫不全ウイルス）［えいちあいぶい（ひとめんえきふぜんういるす）］　HIV は，細菌やウイルスなどの病原体からからだを守る際に重要な役割を担うTリンパ球やマクロファージなどの細胞に**感染**するウイルスである。HIV 感染症の進行により免疫不全状態に陥り，ニューモシスチス肺炎などの日和見感染症や悪性腫瘍などの合併症が出現したものを**AIDS**（後天性免疫不全症候群）という。HIV の感染経路は性感染・血液感染・母子感染の3つであり，HIV 感染者の多量のウイルスを含む体液が粘膜や皮膚の傷口から血液に侵入することで感染する。つまり，HIV 感染者と日常生活を送る中で血液に接しない限り，HIV に感染することはない。HIV 治療には，HAART（ハート）と呼ばれる多剤併用療法があり，

この治療法によりHIV患者の生命予後は改善したが, 現在のところ根治的な治療法はない。 (小板橋梨香)

HDS-R [えいちでぃーえすあーる] ⇒長谷川式認知症スケール

HDLコレステロール [えいちでぃーえるこれすてろーる]　全身の組織から使わないで余ったコレステロールを回収し, 肝臓へ戻し, 動脈壁にたまったコレステロールがあれば肝臓へ戻す働きをするコレステロールである。血管にしみ込んでいるコレステロールを運び去ってくれるので「善玉コレステロール」と呼ばれる。HDLコレステロールは, 肝臓や小腸でつくられる。血管の壁にLDLコレステロールがたまっても, HDLコレステロールが十分にありきちんと働いていれば, 動脈硬化に歯止めをかけることが可能である。HDLコレステロールの適切な管理のためには, 食事療法や運動療法がある。 (島内節)

栄養管理 [えいようかんり]　対象者の栄養状態を臨床診査, 臨床検査, 身体計測, 食事調査などでスクリーニング後, 栄養学上の問題が疑われる対象者に対して栄養状態を総合的にアセスメントし, 現在の栄養・健康状態に対する具体的な問題点を見出して生活や食事を管理すること。年齢や性別, 活動量のほか, 対象者の疾患に応じて必要な, あるいは制限すべきエネルギーや栄養素の量が管理される。 (大森玲子)

栄養ケア・マネジメント [えいようけあ・まねじめんと]　高齢者の低栄養を改善するため, 介護保険施設では常勤している管理栄養士が利用者ごとに食習慣の把握や栄養状態の評価等の栄養アセスメントを実施し, 医師や介護支援専門員, 社会福祉士などの多職種協働による栄養ケア計画を作成する。この計画に基づき, 食事の提供や栄養管理を進めるとともに, 定期的に栄養状態を記録し評価することをいう。**介護保険制度**の介護報酬では栄養マネジメント加算として算定される。 (大森玲子)

栄養士 [えいようし]　栄養士法に基づく国家資格。同法第1条で「栄養士の名称を用いて栄養の指導に従事することを業とする者をいう」とされている。上級資格となる管理栄養士は, 「傷病者に対する療養のため必要な栄養の指導, 個人の身体の状況, 栄養状態等に応じた高度の専門的知識及び技術を要する健康の保持増進のための栄養の指導並びに特定多数人に対して継続的に食事を供給する施設における利用者の身体の状況, 栄養状態, 利用の状況等に応じた特別の配慮を必要とする給食管理及びこれらの施設に対する栄養改善上必要な指導等を行うことを業とする者」とされている。国家試験の合格が必要である。管理栄養士は**居宅療養管理指導**として, 医師の指示に基づき特別食を必要とする利用者や低栄養状態にある利用者に対して居宅または施設を訪問し, 栄養食事相談や助言を行った場合に, 管理指導費が算定できる。また, 介護保険施設や高齢者サービス事業所においては, 低栄養状態またはその恐れのある利用者に対し, 管理栄養士や栄養士を中心に栄養改善サービスが行われた場合の加算などがあり, 介護保険制度においてその役割が評価されている。 (種橋征子)

栄養素 [えいようそ]　生命を維持するうえで必要とされる食物中の成分のこと。**脂質, たんぱく質, 炭水化物**は身体からの要求量も大きくエネルギーを供給する物質であることから三大栄養素と呼ばれ

る。三大栄養素に，**ビタミンおよびミネラル**を加えて五大栄養素という。栄養素の働きは，エネルギー源となる，体の構成成分となる，体の機能を調節する，と大きく3つに分類される。水や食物繊維は栄養素ではないが，生体機能や健康増進に不可欠な成分であるため，摂取不足にならないよう留意する。　　(大森玲子)

AED ［えーいーでぃー］　**心室細動**などの致死性不整脈を発症している傷病者に対し，これを用いて心臓に電気ショックを与え，正常心拍の再開を目指す機器（Automated External Defibrillator：AED）。使用方法はAEDの音声ガイダンスに従う。厚生労働省は「非医療従事者である一般市民が救命の現場でAEDを使用することは，医師法第17条に違反しない」としている。同義語は自動体外式除細動器。　　(小山智史)

ASD ［えーえすでぃー］⇒自閉症スペクトラム

ALS ［えーえるえす］⇒筋萎縮性側索硬化症

A型肝炎 ［えーがたかんえん］　A型肝炎ウイルス（HAV）が原因で発症する急性肝炎。症状は，風邪症状，発熱，食欲不振，倦怠感，皮膚や眼球が黄色くなる（黄疸）などである。感染経路は，水や食べ物などからの経口感染が多いが，ウイルス感染者の排泄物処理に伴い，感染することもある。感染予防のためにも，手洗い，うがいが重要である。治療は主に，安静と栄養療法である。**感染症法**において4類感染症に分類されている（巻末資料311頁参照）。　　(小山智史)

ADHD ［えーでぃーえいちでぃー］⇒注意欠如・多動性障害

ADL（日常生活動作） ［えーでぃーえる（にちじょうせいかつどうさ）］　日常生活を営むのに必要とされる基本動作のこと。具体的には，移動，整容，更衣，食事，排泄，入浴などがある。ADLは，日常生活を営むのに必要とされる応用動作（IADL）の基本となる動作であり，日常生活動作と訳される。ADLの障害は，IADLの障害が起こってから次に生じる，日常生活の支障を示している。支援にあたっては，障害された動作を補完するだけではなく，別の方法を考える，福祉用具を活用する，環境を整えるなどして，対象者の生活する力として高めていく視点が重要である。　　(小木曽真司)

ADL-Cog ［えーでぃーえるこぐ］⇒認知機能障害に伴う日常生活動作評価票

エコノミークラス症候群（急性肺血栓塞栓症） ［えこのみーくらすしょうこうぐん（きゅうせいはいけっせんそくせんしょう）］　狭い空間で長時間同じ姿勢のままでいると，下肢が圧迫されてうっ血状態になり，静脈血栓ができることがある。この血栓が歩行などがきっかけとなり，下肢の血管から離れ，肺の細い血管を詰まらせる（急性肺血栓塞栓症）ことで，呼吸困難や動悸を発症し，時には死に至ることもある。飛行機のエコノミークラス席でおこる病気のイメージがあるが，列車，長距離運転，デスクワーク，会議などで長時間同じ姿勢でいると，生じやすい。臥床中の高齢者も要注意である。予防には，アルコールなどの脱水を促すものを避け，適度に水分を取るとともに，足を上下に動かすなどがある。(内田陽子)

エコマップ ［えこまっぷ］　クライエント（利用者）とその家族，そしてクライエントとかかわりのある人々や関係機関等のさまざまな社会資源との関係性を一定の線や円，記号を用いて図式化して表現する方法。ハートマン（Hartman, A.）に

より考案された。クライアントとその家族等との関係性を視覚的にとらえることができる。また，継続的にエコマップを作成することで，関係性の変化を分析・評価できる。そして，具体的な介入方法の検討や必要な社会資源の準備に取り組みやすくなる。支援活動の記録や事例検討，スーパービジョン，面接の道具として活用されている。　　　　　（鵜浦直子）

ST［えすてぃー］⇒言語聴覚士

NPO［えぬぴーおー］⇒特定非営利活動法人

エピソード記憶［えぴそーどきおく］　人がある時経験した，あるいは目撃した特定の出来事について，情景をイメージすることができる個人的経験の記憶。いつ（時間的），どこで（空間的），という位置づけが可能である。きわめて幼い子どもや単純な構造の生物においては，あまり発達していないか，あるいはまったく存在しない。人において正常な心的状態にあれば，エピソード記憶は単なる感覚や知覚，空想，夢，幻覚といった心的経験とは区別することができる。臨床場面で用いられる記憶障害という表現は，一般的にエピソード記憶の選択的障害を意味しており，健忘症候群とも呼ばれる。エピソード記憶の障害，すなわち健忘症候群には心因性のものと器質性のものがある。　　　　　　　　　　　（箕浦有希久）

エビデンス［えびでんす］　エビデンスとは，英和辞典では「証拠，根拠」と訳されている。学術用語として用いる場合は，研究によって得られた知見のことをいい，研究活動の成果ともいえる。介護福祉学の構築において，エビデンスの蓄積が求められている。　　　　　　　　　（笠原幸子）

MRI［えむあーるあい］　核磁気共鳴画像の略語で，磁気と電波を利用してからだの内部の状態を断面として画像化したものである。撮影は大きなトンネル状の装置内に横になった状態で行う。撮影装置内は狭く，音が大きい。また，MRI 室には強力な磁場が存在しており，時計・義歯などの金属類や化粧・遠赤外線下着・使い捨てカイロなどの磁気を含む恐れのあるものを避ける必要がある。なお，心臓ペースメーカーのある人は使用できない。また，人工股関節など体内に金属がある場合は事前に医師に相談しておく。造影剤を使う場合，撮影終了後も悪心・嘔吐，頭痛などの副作用に注意が必要である。　　　　　　　　　　（小板橋梨香）

MRSA［えむあーるえすえー］　メチシリン耐性黄色ブドウ球菌のことである。この細菌は人の鼻の中など，あらゆるところに存在しており，抗生剤だけでなく消毒剤への抵抗性も高いので身の回りから消し去ることは困難である。健康な人に害はほとんどないが，加齢や病気により免疫力が低下した者が感染すると重症化することがある。そのため，施設内ではMRSA の感染が拡大しないように対応が必要となる。MRSA 保菌者に対しては，職員の手指衛生の徹底や施設清掃など一般的な清潔維持が行われていれば特別な対応は必要ない。しかし，MRSA 感染症の早期発見・重症化予防のため，利用者の発熱症状などに注意を払い続ける必要がある。　　　　　　　　（小板橋梨香）

MSW［えむえすだぶりゅー］⇒医療ソーシャルワーカー

MMSE［えむえむえすいー］（Mini-Mental State Examination）　1975 年にフォルスタイン（Folstein, M. F.）らによって考案された認知症のスクリーニング検査。時間の見当識，場所の見当識，3つの言葉の記銘，注意と計算，3つの言葉の遅延再

生，鉛筆と時計の命名，復唱，3段階命令（大きい方の紙を取り，半分に折って，床に置く），書字による命名，書字，図形模写の計 11 項目から成る。同じく**認知症**のスクリーニング検査である**長谷川式認知症スケール（HDS-R）**に比べて，言語理解や書字，動作性課題が含まれていることが特徴であり，これらは失語や失読失書などの症状の簡易チェックとして役立つものの，受検者の負担もやや増える。30 点満点中，24 点以上で非認知症と判断される。　　　　　　　（吉田加子子）

MCI［えむしーあい］⇒軽度認知障害

エリクソン［えりくそん］（Erikson, E. H.；1902-1994）　ドイツ生まれ。フロイト（Freud, S.）より児童精神分析家としての訓練を受け，1933 年に渡米した後は，ハーバード大学などで臨床，教育に従事した。アイデンティティ（自我同一性）という用語を用い，**ライフサイクル**を通じてのアイデンティティ形成の過程に関して論じた。特に，発達漸成理論図式を用いて乳児期から成熟期に至る 8 つのライフサイクルの各時期に，それぞれの危機（＝分岐点）があるとした。エリクソンの生涯発達的視点は次のようにまとめられる。個人は適応するために，それぞれの段階で達成すべき課題があるが，その**発達課題**は失敗の「危機」をはらんでいる。各段階での課題と内包されている危機は以下のとおり。乳児期（基本的信頼─不信），幼児前期（自律性─恥，疑惑），幼児後期（自主性─罪悪感），学童期（勤勉─劣等感），思春・青年期（同一性─同一性拡散），成人期（親密─孤立），壮年期（生産性─自己陶酔），老年期（統合性─絶望）。　　　　　　　（村上太郎）

LSA［えるえすえー］⇒ライフサポートアドバイザー

LD［えるでぃー］⇒学習障害

LDL コレステロール［えるでぃーえるこれすてろーる］　主に肝臓で合成されたコレステロールを全身の組織へ配送し，余ったコレステロールを肝臓へ戻す働きをもつコレステロールである。血液の中で余ると，血管にしみ込み，動脈硬化の原因となることから「悪玉コレステロール」と呼ばれる。肝臓での処理能力を超えると肝臓でも受容体が減り，そのため LDL は肝臓に入れなくなる。そこで，LDL は，再び血液を流れることとなる。その結果，血液は過剰な LDL であふれ，高コレステロール血症の状態となる。**HDL コレステロール**が減少して，治療せずに放置すると動脈硬化が進行し，詰まって心筋梗塞などが生じる。管理には，食事療法・運動療法がある。　　（島内節）

遠隔記憶［えんかくきおく］　非常に長い時間にわたって保持されている**記憶**。主に精神医学の領域で用いられる語である。生活史上の出来事や学習された知識など，記憶の中でも，遠い過去にまでさかのぼる情報のことを指す。心理学の領域で用いられる，記憶の貯蔵庫モデルにおける長期記憶という概念は，これにほぼ対応する意味・内容をもっている。

　　　　　　　（箕浦有希久）

園芸療法［えんげいりょうほう］　環境・植物・人の 3 要素に着目し，園芸を介して対象者のプラスの面の発揮を促すことによって，心身の健康改善につなげることをめざす療法をいう。したがって，疾患や障害そのものの治療をめざすものでも，上手に栽培することや収穫すること自体を目的とするものでもない。「園芸福祉」や「園芸セラピー」など類似する呼称も併存しており，さまざまな企業や団体が認定資格を設けているが，兵庫県

のように県知事が認定する「園芸療法士」も存在する。また，評価法の一つとして淡路式園芸療法評価表（AHTAS）が開発され，園芸療法の効果測定も整いつつある。　　　　　　　　　　（渡邉泰夫）

嚥下困難食［えんげこんなんしょく］　誤嚥を予防するため，安全に飲み込めるよう工夫された食事をいう。飲食物が飲み込めない，飲み込んだ食物が食道でつかえる，食べるとむせたり咳き込んだりするなどの状態を嚥下障害といい，その原因は，咀嚼力の低下，嚥下関連筋の筋力低下，認知症や脳血管疾患による咀嚼・嚥下機能低下など様々である。嚥下障害時は飲食物が誤って肺に入る誤嚥が生じやすく，誤嚥性肺炎につながりやすい。対象者の状態に応じて，食事の形態が固形から液状の段階に設定されており，**軟菜食**，**きざみ食**，**ムース食**，**ミキサー食**などがある。　　　　　　　　　　（大森玲子）

嚥下障害［えんげしょうがい］　麻痺や神経・筋疾患，加齢に伴う機能低下，心理的な原因等によって食べ物をうまく飲み込めない症状のことをいう。特に，**脳梗塞**や**脳出血**等の**脳血管障害**や神経・筋疾患等が原因となって発現することが多いといわれている。嚥下障害の主な症状には，食事中によくむせる（特に水分でむせることが多い），飲み込んだ後も口腔内に残っている，食べるとすぐに疲れる，食べる量が減っている，体重が徐々に減ってくる，食事以外でも自分の唾液でむせる，発熱を繰り返す等がある。嚥下障害が起こると，栄養低下や**誤嚥性肺炎**を引き起こす危険性がある。嚥下障害が疑われたら，摂食・嚥下障害の専門医や**認定看護師**，**言語聴覚士**等の専門職に相談するようにする。　　　　　　　　（冨田川智志）

嚥下の過程［えんげのかてい］　嚥下の過

程は通常，①先行期，②準備期，③口腔期，④咽頭期，⑤食道期の5期に分けられる。①先行期は認知期とも呼ばれ，飲べ物の形，臭い，味，量，温度，硬さ等を認識し，口腔に入れる量や速さ，咀嚼力等を決定して食べ物を口腔に入れる段階のこと。②準備期は咀嚼期とも呼ばれ，口腔に入れた食べ物がどのようなものか認識し，噛み砕いて唾液と混ぜ，飲み込みやすいように食塊をつくる段階のこと。③口腔期は，舌の動きにより食塊を口腔から咽頭へ送り込む段階のこと。④咽頭期は，食塊を咽頭から食道へ送る段階のこと。この時，喉頭蓋が遮断機のように下りて食塊が気道に入るのを防ぐ。⑤食道期は，食塊を食道から胃へ運ぶ段階のこと。食塊が食道口へ運ばれると食塊が逆流しないように輪状咽頭筋が収縮して閉鎖する。　　　　　　　　　　（冨田川智志）

エンゼルケア［えんぜるけあ］　亡くなった人に対して死後の処置をすること。医療機関の場合は，看護師を中心に行うが，施設や自宅の場合は介護職を中心に遺族と一緒に行ったり，葬祭業者が行うこともある。死後2時間ぐらいから死後硬直が始まるため，着替えが難しくなるので注意する。エンゼルケアの方法は，まず医療器具があれば取り外して，創傷などの処置をする。排泄物を取り除いて紙おむつを当てる。口腔内も清潔にして，鼻，口，耳，肛門，膣に詰め物をする。全身清拭後，死装束に着替えさせて義歯を装着して下顎を引いてからエンゼルメイク（死化粧）をする。ケアの際には必ずマスクと手袋を着用する。　　　（植北康嗣）

エンドオブライフケア［えんどおぶらいふけあ］⇒終末期介護

円背［えんぱい］　背中が曲がって丸くなる状態，姿勢のこと。加齢による背骨の

変形や**骨粗鬆症**による脊柱骨の**圧迫骨折**を繰り返すなどが原因で徐々に背中が曲がってくる場合と，運動不足による筋力低下などの生活習慣が原因で徐々に背中が曲がってくる場合がある。猫背や亀背，脊柱後湾曲とも呼ばれている。曲がった背骨を無理に伸ばすと骨折することがあるため，就寝時の姿勢には注意が必要である。　　　　　　　　　　　　　　（横井光治）

エンパワメント［えんぱわめんと］　障害や疾病等によって何らかの支援が必要な人に対して，その人が自分の能力に応じて，「自己決定にもとづき自分の生活を主体的に生きること」「自分の生活を自分で管理すること」「自己実現に向けて社会活動すること」等ができるように支援すること，そして，その過程を指す。このような支援を通して，支援される人には，生活に対するコントロール感や自己肯定感が醸成される。このような支援をする場合，支援する人に求められることは，支援される人の**ストレングス**（強さ・豊かさ・たくましさ・才能・獲得した能力・潜在的な能力等）に着目することである。　　　　　　　　　　（笠原幸子）

応益負担［おうえきふたん］　社会福祉サービス等の利用にあたって，利用者が享受する利益の程度に応じて費用を負担すること。応益負担では，支払い能力に関わらず同じ受益に対しては同一の負担が求められるため，逆進性（低所得者のほうが高所得者より負担が大きくなること）が強い。これに対して，享受する利益の程度に関わりなく各人の支払い能力に応じて費用を負担することを**応能負担**という。たとえば，介護保険を利用した際の自己負担では，受けたサービス費用の1割を負担する応益負担を基本としているが，一定以上の所得者については2

割，特に所得の高い場合は3割の負担とするなど，応能負担の要素を組み合わせている。　　　　　　　　　　　　　（寺本尚美）

応急入院［おうきゅうにゅういん］　**精神障害者の入院形態**の一つ。基準に適合するものとして応急入院指定病院としての指定を受けた病院の管理者は，医療及び保護の依頼があった者について，急を要し，連絡が取れない等家族等の同意を得ることができない場合，**精神保健指定医**の診察の結果，精神障害のために任意入院が行われる状態になく，措置入院の要件は満たさないが，「直ちに」入院させなければその者の医療及び保護を図る上で「著しく支障がある」と判断されたときは，72時間を限度に（また特定病院では指定医が不在で緊急その他やむを得ない時は特定医師の判定でも12時間を限度に）入院させることが可能である。多くは**医療保護入院**への切替を見越して家族等との連絡を試みる。　　　　（田辺肇）

応能負担［おうのうふたん］　社会保険や社会福祉サービスにおいて，享受する利益の程度に関わりなく各人の支払い能力に応じて，保険料や給付にかかる費用を負担すること。たとえば，健康保険や厚生年金保険の保険料は，被保険者の所得に一定比率の保険料を課す所得比例制がとられており，応能負担のしくみである。それに対して，各人の享受する利益の程度に応じて費用を負担することを**応益負担**という。　　　　　　　　　　　　（寺本尚美）

O157［おーいちごーなな］⇒腸管出血性大腸菌感染症

OT［おーてぃー］⇒作業療法士

悪心［おしん］　胃から胸にかけて込み上げてくる内容物を吐き出しそうな不快感のことで，吐き気を指す。嘔吐は，胃の内容物が口腔から吐き出されることで

ある。誤嚥に注意する。悪心は，暴飲暴食や精神的ストレス・妊娠・乗り物酔い・食中毒・薬剤の副作用（抗がん剤・モルヒネなどの医療用麻薬など）など，日常生活の中に原因があるものと，くも膜下出血や脳出血・胃炎や胃潰瘍・消化管の通過障害・自律神経失調などの疾患により引き起こされるものがある。症状が現れた時には，安静を保つ・生活習慣を整えるなどの対処をとり，場合によっては病院などを受診し，検査・治療を行う。
（福田未来）

オペラント条件づけ［おぺらんとじょうけんづけ］　生き物が生活環境の中で特定の行動をした時，それがもたらす結果によって，その後の特定の行動の起こりやすさが変化することがある。たとえば，空腹のラットがレバーを押した時，報酬となる餌を得ることができたならば，その後は空腹時に頻繁なレバー押し行動がみられるようになるだろう。反対に，レバー押しによって電気ショックなどの罰が与えられた場合，その後はレバー押し行動はほとんどみられなくなるだろう。このような生き物の行動の変化は，オペラント条件づけ，あるいは道具的条件づけと呼ばれる学習の一種である。オペラント条件づけはその性質からして，生き物の自発的な行動を思いどおりの方向へコントロールすることに適している。そのためペット動物のしつけや，児童の問題行動への対処といった方面で知見が応用されている。　　　　（箕浦有希久）

おむつ［おむつ］　トイレで排泄ができない場合に，陰部や臀部を覆い，排泄物を吸収する布や紙のことをいう。主に布製おむつと紙おむつがある。布製おむつは，耐久性に優れ，洗濯して繰り返し使用できるため経済的である。しかし，お

むつカバーが必要なため蒸れやすく，吸収量が少ないため枚数を重ねることになり，身体を動かしにくくしてしまう。紙おむつは，フラット型，テープ型，尿取りパッドと種類が豊富なため，対象者の身体機能に合わせて選択することができる。紙おむつは高分子吸収材が使用されているため，一度，吸収された尿が逆流することがなく，排尿後の不快感が少なくなる。しかし，使い捨てのため経済的な負担がかかる。紙おむつは自治体によっては，購入費助成制度がある。
（横井光治）

オルタナティヴ・ストーリー［おるたなてぃヴ・すとーりー］　オルタナティヴは「新しい」「代わりの」という意味で，オルタナティヴ・ストーリーとは，対象者がある事象に対して新しく肯定的な意味づけをする主観的体験のことである。**ナラティヴ・アプローチ**で用いられる。例えば，自分の仕事に対して「私の仕事は価値のないものだ」という**ドミナント・ストーリー**を生きている時，専門家等との相互関係の中で，「私は精一杯，勤めてきた」「小さくてもやりがいのある仕事だった」というオルタナティヴ・ストーリーを見出すことが求められる。
（深瀬裕子）

オレム［おれむ］（Orem, D. E.：1941-2007）人間は病気をもっても自然回復力（セルフケア）があるが，自分でできない不足しているものを看護で補ったり，自分でできるように支援するセルフケアという考え方をアメリカで提唱した人。日本では看護教育や看護実践で大いに重視され活用されてきた。オレムは，セルフケアを①普通的セルフケアとして，全ての人間は共通のニーズをもっている，②発達的セルフケアとして，人間の各ライフサ

イクルで，年代時期別に必要とされる，③健康逸脱に対するセルフケアとして，損傷・疾病を治療またはコントロールする，ととらえた。　　　　　　（島内節）

オレンジプラン［おれんじぷらん］⇒認知症施策推進五か年計画

音楽療法［おんがくりょうほう］　音楽のもつ治療的特性を用いて，対象者の課題解決を図るセラピーのことをいう。日本音楽療法学会は「音楽のもつ生理的，心理的，社会的働きを用いて，心身の障害の回復，機能の維持改善，生活の質の向上，行動の変容などに向けて，音楽を意図的，計画的に使用すること」と定義している。したがって，単に歌を歌ったり聴いたりして楽しむものではない。日本音楽療法学会認定の「音楽療法士」が存在し，高齢者をはじめ障害児者，精神障害者などさまざまな生きづらさをもった人を対象に行われる。また，「佐治音楽療法評価表」「北本（卯辰山式）評価表」など，音楽療法の効果測定に特化した評価法も充実している。　　　　（渡邉泰夫）

か
▽

臥位［がい］　横になって寝た状態の**体位**のことをいう（巻末資料307頁参照）。**仰臥位，腹臥位，側臥位**等がある。

（冨田川智志）

介護［かいご］　身体的，精神・心理的，社会環境的に支援が必要な人に対して，社会的スキル，情緒的投資，関係構築等を通して，彼らが人間らしく生きていくことを目指す援助行為をいう。**ケア**という用語と類似するが，ケアという用語には，対象者が乳幼児等まで拡大し，育児や保育という意味も含まれる。介助という用語とも類似するが，介助は日常生活場面における補完・代替的な行為で，入浴介助，排泄介助，食事介助等がある。また，社会福祉の固有の用語として用いられる場合は，介護福祉と同じような意味で使用される。　　　　　（笠原幸子）

介護医療院［かいごいりょういん］　重篤な身体疾患を有する方や身体合併症を有する認知症高齢者等に，長期療養等を行うことを目的として2018年から新設された**介護保険施設**である。医療保険の**療養病床**には，介護療養病床と一部の医療療養病床があった。2017年度に療養病床の廃止後は，長期療養して，生活していくための施設である介護医療院が受け皿になる。介護医療院は，Ⅰ型とⅡ型があり，Ⅰ型はより重度の要介護者が入所する。Ⅱ型の人員配置が緩和されて，Ⅱ型がより中度者を受け入れる。その起源は，1993年に第二次医療法改正で療養型病床群が創設されたことにはじまる。医療の必要度から医療療養病床と介護療養病床に分化したが。介護療養病床は，介護保険制度の介護療養型医療施設となるも2017年に廃止となった。その後2018年から新たな受け皿として介護医療院が創設された。　　　　　　　　　（住居広士）

介護過程［かいごかてい］　医療におけるプロブレムオリエンテッドシステム，看護におけるナーシングプロセス，社会福祉におけるケアマネジメントと近似し，対象となる人の理解をベースとして，その対象の課題の明確化を図り，抱える課題を解決していくという過程のことをいう。その構成要素は，①アセスメント（情報収集，アセスメントと表記する場合もある），②介護計画の作成，③介護計画の実施，④介護計画の評価で，①から順番に展開するが，④から①へ逆行する場合もある。アセスメントでは，対象者の身体機能状況，精神心理状況，社会環境状況に関する情報および対象者の強さ等を過去・現在にわたって収集し，得られた情報を総合的に分析する段階である。介護計画の作成は，設定した目標に向け，対象者の自己決定を基本とした計画を作成する段階である。介護計画の実施は，設定した目標の達成に向け，対象者の自立・自律を支援しながら，立案した計画に沿って実施する段階である。評価では，目標に沿って実施された計画が，対象者にとって効果があったか，満足が得られたか等について判断する段階である。必要に応じて，再度アセスメントが求められたり，介護計画の修正が求められたりすることがある。

介護福祉士の養成科目の一つとして位置づけられている。　　　　（笠原幸子）

介護技術［かいごぎじゅつ］　専門的知識をもとにして実践する介護行為に求められる技術のこと。**介護福祉士**の養成科目の一つに位置付けられている生活支援技術は，対象者の尊厳の保持の観点から，どのような状態であっても，その人の自立・自律を尊重し，潜在能力を引き出したり，見守ることも含めた適切な介護技術の修得を目指している。具体的には，自立に向けた身支度のための介護技術，自立に向けた移動のための介護技術，自立に向けた食事のための介護技術，自立に向けた入浴・清潔保持のための介護技術，自立に向けた排せつのための介護技術等がある。　　　　（笠原幸子）

介護休業［かいごきゅうぎょう］　家族の世話や介護などをするために取得できる**育児・介護休業法**に基づく休業制度。一定期間会社を休むことができ，対象となる家族1人当たり最大93日が上限であったが，改正後は，3回まで分割取得が可能になった。また，短縮勤務等の措置については，介護休業とは別に3年間で2回以上取得が可能となった。対象家族については，改正前は，配偶者・父母・子・配偶者の父母，同居や扶養中の祖父母・兄弟姉妹・孫であったが，改正後は，同居・扶養していない祖父母・兄弟姉妹・孫まで拡大された。

そして，介護休業給付金が休業開始前給与の67％に引き上げられた。これらの改正によって，介護による離職を防止し，男女とも，仕事と介護を今まで以上に両立しやすくすることが期待される。

　　　　（田中悠美子）

介護給付（介護保険法）［かいごきゅうふ（かいごほけんほう）］　市町村が設置する介護認定審査会において，要介護1から要介護5の認定を受けた被保険者（要介護者）に提供される保険給付である。介護給付を受けようとする被保険者は，市町村から要介護者の認定を受けなければならない。介護給付は，**居宅介護サービス**，特例居宅介護サービス，地域密着型介護サービス，特例地域密着型介護サービス，居宅介護福祉用具購入，**居宅介護住宅改修**，**居宅介護サービス計画**，特例居宅介護サービス計画，施設介護サービス，特例施設介護サービス，高額介護サービス（高額医療合算介護サービスを含む），特定入所者介護サービス，特例特定入所者介護サービスの13種類がある。

要介護被保険者は，**要介護度**ごとに定められた支給限度額に応じて，各サービスの種類ごとに定める基準額にもとづき，介護サービスを利用することになる。居宅介護サービス計画の作成については全額保険給付の対象となるが，その他の介護サービスの利用に関する自己負担分については，サービスの種類ごとに定める基準額の9割が保険給付され，残り1割は自己負担となる。

なお，所得が一定以上ある**第1号被保険者**については，所得に応じて2割および3割の自己負担となっている。（森明人）

介護給付（障害者総合支援法）［かいごきゅうふ（しょうがいしゃそうごうしえんほう）］　障害者が日常生活に必要な介護を受けるサービスであり，**障害者総合支援法**における**自立支援給付**の一つである。介護給付は，**居宅介護（ホームヘルプ）**，**同行援護**，**行動援護**，**重度訪問介護**，**重度障害者等包括支援**，**短期入所（ショートステイ）**，**生活介護**，**療養介護**，**施設入所支援**がある。介護給付は全て個別給付となる。介護給付の利用を申請する場合

は，市町村に申請し，**サービス等利用計画**の作成および**障害支援区分**の認定が必要となる。介護給付は，障害種別によって利用できる介護給付のサービスが決まるのではなく，障害支援区分の認定によって受けられるサービスが決まる。

　利用者負担については**応能負担**となっている。なお，障害児が利用できる介護給付には，居宅介護（ホームヘルプ），同行援護，行動援護，短期入所（ショートステイ），重度障害者等包括支援がある。
　　　　　　　　　　　　　　（萬代由希子）

介護給付等費用適正化事業［かいごきゅうふとうひようてきせいかじぎょう］　各都道府県が策定する介護給付適正化計画に基づき，地域の実情に応じて市町村の判断で任意に実施することができる事業であり，介護保険法上の**地域支援事業**における任意事業の一つとして位置づけられている。利用者に対して適切なサービスを提供していくとともに，不適切な介護給付費等を削減することで介護保険制度の持続可能性を高めることを目的としている。

　具体的な事業内容としては，要介護（要支援）認定の適正化（認定調査状況のチェック等），ケアマネジメントの適正化（ケアプランの点検，住宅改修の点検等），サービスの提供体制および介護報酬請求の適正化（医療情報との突合，縦覧点検，介護給付費通知）などがあげられる。　　　　　　　　　　　（神部智司）

介護給付費交付金［かいごきゅうふひこうふきん］　市町村の介護保険財政が安定的に運用されることを目的として，社会保険診療報酬支払基金が市町村の特別会計に対して支払う交付金のことをいう。各医療保険者が**第2号被保険者**より介護保険料を徴収し，社会保険診療報酬支払基金に納付した介護給付費納付金が介護保険法上の保険給付（**介護給付および予防給付**）に要する費用である保険給付費の財源に充てられている。　（神部智司）

介護給付費審査委員会［かいごきゅうふひしんさいいんかい］　居宅サービス事業所等が提出する介護給付費請求書の審査および支払いに関する事務を行うために，**保険者**（市町村等）から委託を受けた国民健康保険団体連合会（以下，国保連）に設置された機関。**介護給付**等の対象となるサービス担当者を代表する委員，市町村を代表する委員および公益を代表する委員をもって組織され，国保連が委員を**委嘱**する。

　介護給付費請求書の審査に際して必要があると認められる場合は，都道府県知事の承認を得た上で，居宅サービス事業者等に対して報告もしくは帳簿書類の提出等を求めることができる。また，介護給付等の対象となるサービス担当者に対して出頭もしくは説明を求めることもできる。　　　　　　　　　　　（神部智司）

介護教員講習会［かいごきょういんこうしゅうかい］　**介護福祉士**の養成課程において専任教員が受けなければいけない講習会のこと。介護福祉士の資質の一層の向上を図るためには，介護福祉士の養成に携わる教員の資質向上も求められることから，2001年8月に，厚生労働省社会・援護局の局長は，全国の都道府県知事，指定都市市長，中核市市長宛に対して，介護福祉士養成施設の専任の介護教員は介護教員講習会を受講することを通知した。

　専門科目（介護福祉学，介護教育方法，学生指導，介護教育演習，研究）150時間以上，基礎分野（介護福祉の基盤強化，教育の基盤）150時間以上から構成され

ている。　　　　　　　　　（笠原幸子）

介護記録［かいごきろく］　介護サービスの実践過程の記録のこと。介護記録は、①チームで統一した介護サービスが展開できる、②新たな引継ぎや急な代理要員として介護サービスを提供することになっても、同じ介護サービスが提供できる、③どのような介護サービスを提供したのか、介護サービスが適切であったかを後で検証できる等の利点がある。このような介護記録を書くことによって、介護サービス利用者の生活の継続性が確保され、生活の質（QOL）の向上を図ることができる。　　　　　　　　　（笠原幸子）

外国人介護労働者［がいこくじんかいごろうどうしゃ］　介護に従事する外国人労働者のこと。日本で外国人労働者が介護に従事するための枠組みとしては、①**経済連携協定（EPA）**に基づく「介護福祉士候補者」（在留資格「特定活動」）、②出入国管理及び難民認定法の2017年9月改正で設けられた在留資格「高度専門職」の「介護」、③外国人の技能実習の適正な実施及び技能実習生の保護に関する法律（2017年11月）による在留資格「技能実習」の「介護」、そして④出入国管理及び難民認定法の2019年4月改正で新設された在留資格「特定技能・介護」が存在する。現時点で一部の国との間で受け入れが始まっている。

　在留期間の長さや求められる日本語能力をはじめとして各制度に違いがある。深刻化する介護分野の人手不足に対応するものとして期待される一方で、安価な労働力として扱われることがないよう雇用・労働環境の整備が課題となっている。　　　　　　　　　（小松亜弥音）

介護計画［かいごけいかく］　介護職員が作成する支援の計画のことをいう。具体的には、介護保険制度において**サービス提供責任者**が作成する個別訪問介護計画等がある。介護計画を作成するためには、まず対象者の生活状況を把握・分析し、解決すべきニーズを明らかにし、できる限り対象者の合意を得ながら支援の方向性や目標を設定し、具体的な支援内容を立案する。介護計画では、対象者の尊厳を保ち、自立・自律支援に資する計画の作成が求められる。**介護過程**の一部である。　　　　　　　　　（笠原幸子）

介護サービス計画（ケアプラン）［かいごさーびすけいかく（けあぷらん）］　**介護保険**のサービスの提供にあたっては、利用者のニーズに即した適切なサービスを「介護サービス計画」という形で保険者に対して提示する必要がある。その根拠となる介護保険法第2条第3項には、「保険給付は、被保険者の心身の状況、その置かれている環境等に応じて、被保険者の選択に基づき、適切な保健医療サービス及び福祉サービスが、多様な事業者又は施設から、総合的かつ効率的に提供されるよう配慮して行われなければならない」と規定されている。

　介護サービス計画には、在宅サービス利用者に対する**居宅サービス計画**と介護保険施設入所者に対する**施設サービス計画**がある。いずれにおいても計画作成を担当するためには、**介護支援専門員**の資格が必要である。　　　　　　　（畑智恵美）

介護サービス情報公表制度［かいごさーびすじょうほうこうひょうせいど］　サービス利用者やその家族（利用者等）が必要とする介護サービスを適切に選択できるように介護サービス情報の公表を義務づける制度である。利用者等が、その居住する地域の介護サービス事業者のサービス内容などの詳細をインターネットで

自由に検索・閲覧できるシステムとして国が一元管理して運用されている。

　介護サービス事業者には年1回，指定されている介護サービス情報を都道府県に報告することが義務付けられており，都道府県は，このシステムに報告された内容の公表を行う事務を担っている。さらに，必要に応じて都道府県は訪問調査を行うこととなっている。なお，地域包括ケアシステムの構築の一要素としての「情報の集約化」を意図して，2015年よりこのシステムに追加された地域包括支援センター，生活支援等サービス，在宅医療に関する情報の公表は，市町村の努力義務となっている。　　　　　（畑智恵美）

介護支援専門員（ケアマネジャー）［かいごしえんせんもんいん（けあまねじゃー）］要支援・要介護者やその家族の相談に応じ，介護保険制度や地域にあるサービス，ボランティア等を受けられるようにケアプランの作成をしたり，市町村やサービス事業者等との連絡調整を行う者である。資格の取得方法は，**介護福祉士**，**生活相談員**，**看護師**等の保健医療福祉分野での5年以上の実務経験者などが，介護支援専門員実務研修受講試験に受験・合格後，介護支援専門員実務研修を修了し，都道府県知事より介護支援専門員証の交付を受けて取得する流れとなっている。

　令和2年度（第23回）の試験の合格率は，17.7%であった。第1〜21回までの職種別合格者数（構成比率）は，介護福祉士が最も多く（44.2%），次に看護師・准看護師が（23.9%）の順となっている。　　　　　　　　　　（綾部貴子）

介護者［かいごしゃ］　心身の状態等の理由で自分自身で生活が困難な人に対して，介護を行う人をいう。介護者は，家族が担う**家族介護者**と介護福祉士等専門職による**介護職**に大きく分類される。家族介護者の現状について，平成28年国民生活基礎調査（厚生労働省）によれば，同居が全体の6割近くで多かった。さらに同居の中での主な介護者の要介護者等との続柄をみると，配偶者で最も多く，次に子の順であった。性別では女性が7割近くで多く，年齢では，男女とも60歳代が最も多く，次に70歳代の順で多かった。家族介護者の現状から，本人だけでなく家族介護者も含めた支援のあり方も重要視されている。　　　　（綾部貴子）

介護・障害福祉従事者の人材確保のための介護・障害福祉従事者の処遇改善に関する法律［かいご・しょうがいふくしじゅうじしゃのじんざいかくほのためのかいご・しょうがいふくしじゅうじしゃのしょぐうかいぜんにかんするほうりつ］　介護および障害者福祉に関するサービスに従事している者（以下，介護・障害福祉従事者）に対する処遇の改善を目的として，平成26年に施行された法律である。また，本法律は，処遇の改善により，介護・障害福祉従事者の人材確保を図ることを目的としている。その背景として，高齢者等や障害者および障害児が安心して暮らすことができる社会を実現するためには，介護・障害福祉従事者の役割が重要であり，その人材を確保していくことが必要となることがあげられる。

　本法律では，平成27年4月1日までに，介護・障害福祉従事者の賃金をはじめとする処遇改善のための施策のあり方について，その財源の確保も含めて検討を行い，必要があると認めるときは，その結果に基づいて必要な措置を講ずることなどが明記されている。　　　　　（橋本力）

介護職［かいごしょく］　主として介護業務を労働とする職種のこと（**介護の資格**

も参照）。具体的には，日常生活を営むのに支障がある者に対して，住まい（自宅や介護関連施設）または医療機関等において，食事・排泄・入浴などの日常生活動作（ADL）や家事・金銭管理・外出などの手段的日常生活動作（IADL）を直接的に支援し，これに従事する者を介護職員という。従事するうえでの資格要件は定められていないが，介護ニーズの高度化・多様化等の社会的課題を踏まえて，国家資格である介護福祉士をはじめ，介護に関する専門的知識・技術を有した人材が求められている。　　　（小木曽真司）

介護職員基礎研修［かいごしょくいんきそけんしゅう］　2006（平成18）年度に創設された介護職員のための研修である。実務経験により介護福祉士の資格取得をする場合に，知識・技術を習得する共通の研修がなかったため，介護職員の専門性を高める必要性が検討されつくられた。また，介護人材の養成体系をわかりやすいものとする観点から，2012年度にはホームヘルパー1級研修は介護職員基礎研修に1本化され，さらに2013年度には，介護福祉士実務者研修に統合され，介護職員基礎研修の制度は終了した。
（杉原優子）

介護職員処遇改善加算［かいごしょくいんしょぐうかいぜんかさん］　介護サービスに従事する介護職員の処遇を改善するために行われる加算であり，介護職員の賃金改善を目的としている。2011（平成23）年度までは，介護職員処遇改善交付金（以下，交付金）によって，介護職員に対する賃金改善の取り組みがなされてきた。介護職員処遇改善加算は，この交付金による賃金改善の効果を継続するために，2012（平成24）年度から創設されたものである。具体的には，従来の交付金を介護報酬に移行することで，交付金の対象であった介護サービスに従事する介護職員の賃金の改善に充てることを目的としている。　　　　　　　（橋本力）

介護職員処遇改善交付金［かいごしょくいんしょぐうかいぜんこうふきん］⇒介護職員処遇改善加算

介護職員初任者研修［かいごしょくいんしょにんしゃけんしゅう］　施設，在宅を問わず，介護職に入職した人たちを対象に，基本的な介護業務を実践できるよう，必要となる知識・技術を修得する研修として位置づけられている。2013（平成25）年4月より介護の資格制度が改変され，「訪問介護員（ホームヘルパー）養成研修2級」の資格研修として在宅介護に重点をおいた内容から，「介護職員初任者研修」に1本化された。　　（杉原優子）

介護職員等喀痰吸引等指示書［かいごしょくいんとうかくたんきゅういんとうしじしょ］　医師が登録喀痰吸引等（特定行為）事業者長宛に発行する医療的ケアの指示書をいう。また，特別支援学校・学級などで教員が医療的ケアを行う際にも，児童の主治医からの指示書が必要である。指示書には，指示期間，対象者情報（氏名，生年月日，要介護認定区分，障害支援区分，主疾患名），実施行為種別（口腔内の喀痰吸引，鼻腔内の喀痰吸引，気管カニューレ内部の喀痰吸引，胃ろうによる経管栄養，腸ろうによる経管栄養，経鼻経管栄養）と指示内容，具体的な提供内容（吸引圧や吸引時間，栄養剤の種類や量など），その他留意事項（介護職員等・看護師向け），使用医療機器等（参考），緊急連絡先，不在時の対応法等を記入する。　　　　　（内田陽子）

介護職員のキャリアパス［かいごしょくいんのきゃりあぱす］　キャリアパスとは

経験や資格を身につけ，目標にむかって進んでいく道筋のこと。現在，介護職員のキャリアパスには，①養成校を卒業した後，国家資格の介護福祉士を取得するコース，②福祉現場に入職し，まず基本的な知識・技術の修得を想定した「**介護職員初任者研修**」を修了，その後，より幅広い領域の知識・技術を修得できる「**介護職員実務者研修**」を修了した後に介護福祉士を取得するコースに大別できる。

2011（平成23）年「今後の介護人材養成の在り方に関する検討会」報告書等において，「**介護福祉士**」資格取得後のキャリアパスの明確化が検討されたことを受けて，より高い専門性が求められる「**認定介護福祉士養成研修**」が2016（平成28）年度より始まっている。（杉原優子）

介護認定審査会［かいごにんていしんさかい］　要介護（要支援）認定の審査判定に係る業務を行う機関。市町村の付属機関として設置され，医療・保健・福祉分野の専門家や学識経験者の中から5名を標準として市町村長が任命した委員によって構成される。介護認定審査会では，基本調査のコンピュータソフトによる一次判定の結果と認定調査票の特記事項，および**主治医意見書**の記載内容に基づき，被保険者が要介護（要支援）状態に該当するかどうか，また，その状態区分について合議し，最終的な審査判定となる二次判定を行う。判定結果は，被保険者が申請手続きを行った日から30日以内に通知される。

なお，要介護（要支援）状態の軽減，悪化の防止に向けた適切かつ有効なサービスの利用等に関して**被保険者**が留意すべき事項について，市町村に意見を述べることもできる。　　　　　　（神部智司）

介護の資格［かいごのしかく］　介護の仕事に従事する者に求められる資格。国家資格としては1987年に，**社会福祉士及び介護福祉士法**の成立によって創設された**介護福祉士**がある。介護福祉士は，唯一の介護の国家資格である。そのほか，**介護職員初任者研修**の修了資格がある。介護職員初任者研修修了者は，介護職員実務者研修の修了を経て介護福祉士の国家試験の受験資格を得ることができる。

　　　　　　　　　　　　　　（笠原幸子）

介護の社会化［かいごのしゃかいか］　親（障害児者も含む）の介護という問題を，公的なサービスを利用することによって解決すること。親（障害児者も含む）の介護は同居している家族が担うという考えのもと，家族を「福祉の含み資産」と位置づけて社会政策は展開されてきた。しかし，介護の長期化や重度化によって，介護地獄や寝かせきり老人等といった問題がみられるようになった。1989年に発表された**高齢者保健福祉推進十カ年戦略（ゴールドプラン）**は，家族が行っていた介護を公的な社会サービスとして提供する契機となった。

その後**介護保険法**等の法律の成立によって，介護は家族だけではなく，社会の共通の課題として理解し，実際の介護は家族だけが担うのではなく，公的な社会サービスとして提供すること，そして，その時に発生する費用は，税金や保険料を財源とすることになった。　（笠原幸子）

介護の日［かいごのひ］　毎年11月11日を介護の日とすることを，2008年に厚生労働省が制定した。介護についての理解と認識を深め，介護従事者，介護サービス利用者およびその家族等を支援するとともに，これらの人たちを取り巻く地域社会における支え合いや交流を促進する観点から，介護に関する啓発を重点的に

実施する日としている。　　（田中悠美子）

介護福祉［かいごふくしし］　介護福祉士資格の創設後，類似した意味をもつ「介護」ではなく，社会福祉の固有の用語として用いられる場合，介護の専門家である介護福祉士が行う実践を意味することが多い。介護福祉士は，身体的，精神心理的，社会環境的に支援を必要とする人が，人間らしく生きていくために，自らの社会的スキル，情緒的投資，関係構築等を活用して支援する。このように労働に焦点を当てた文脈からは，「介護福祉」は，ケアする者に帰属する概念になる。対象者の人権尊重を根幹に，より質の高い自立・自律を目指す生活支援の総体であり過程だといえる。　　　　（笠原幸子）

介護福祉経営士［かいごふくしけいえいし］　「一般社団法人日本介護福祉経営人材教育協会」（以下，協会）が実施している認定資格であり，介護福祉経営に関わる介護保険制度等の法律関連，財務会計，リスクマネジメント，コンプライアンス，人材育成などの様々な知識を修得し，かつ，その知識や経験等を通して実践現場をつなげ，介護福祉分野の経営を担う。介護福祉経営士には，1級と2級がある。1級は，2級資格取得者で協会の正会員であることが受験要件となっており，介護福祉経営の実践力を習得する。2級は，介護福祉経営の基礎知識を習得することを目的としている。　　　　　（綾部貴子）

介護福祉士［かいごふくしし］　1987年の社会福祉士及び介護福祉士法の成立によって創設された国家資格。介護福祉士は，名称独占の国家資格として，制定当初は「専門的知識及び技術をもつて，身体上又は精神上の障害があることにより日常生活を営むのに支障がある者につき入浴，排せつ，食事その他の介護を行い，

並びにその者及びその介護者に対して介護に関する指導を行うこと」を業とする者とされていたが，2007年の同法の改正で，介護福祉士が行う「介護」の定義が，「入浴，排せつ，食事その他の介護」から「心身の状況に応じた介護」に改められた。さらに，2011年の改正では，「心身の状況に応じた介護」の定義に「喀痰吸引その他のその者が日常生活を営むのに必要な行為であつて，医師の指示の下に行われるものを含む」が付け加えられた。介護福祉士の資格を取得するためには，大きく分けて，①文部大臣および厚生労働大臣が指定した介護福祉士養成施設（専門学校や大学等）において教育を受け国家試験に合格する（2017年度から，養成校卒業生には国家試験受験資格を付与して5年間の移行期間を設け，2022年度より完全実施予定であったが，厚生労働省は，国家試験の完全義務化は2027年度に先送りする方針を固めた。），②福祉系の高等学校等において厚生労働大臣が定める教育を受け国家試験に合格する，③3年以上の実務経験と実務者研修を修了し国家試験に合格するの3通りある。介護福祉士取得後のキャリアパスとして認定介護福祉士がある。資格取得ルートについては巻末の図表に示す（巻末資料314頁参照）。　　　　　　　　　（笠原幸子）

介護福祉士国家試験［かいごふくししこっかしけん］　国家資格である**介護福祉士**の資格を得るために科される国家試験。1989年1月に第1回介護福祉士国家試験が実施された。当時の受験資格は，介護施設等で実務経験3年を経るか，福祉系の高校で規定の教科を履修して卒業するかのいずれかであった。一方，短期大学等の介護福祉士養成施設を，規定の単位を取得して卒業すると同時に，国家試

験を受けることなく介護福祉士の資格が授与された。2017年1月から実務経験3年での受験には，加えて450時間の「介護職員養成のための実務者研修」を終了することが義務付けられた。

　福祉系高校卒業での受験には，実技試験の受験か講習の受講が義務となった。さらに養成施設を卒業した場合にも国家試験を受験することが義務付けられたが，2026年度の卒業生まで経過措置が延長された。　　　　　　　　　　　（山下恵利子）

介護福祉士災害支援ボランティアマニュアル［かいごふくししさいがいしえんぼらんてぃあまにゅある］　日本介護福祉士会が2016年に発表した**介護福祉士のための災害時ボランティアマニュアル**。介護福祉士が，自然災害に被災した地域の一般避難所や福祉施設等の要配慮者に対して福祉的支援を実施する時の，心構えや留意点を示している。具体的には，①福祉避難所等への誘導，②要配慮者・要援護者へのアセスメント，③食事，トイレ介助等の日常生活上の支援，④相談支援，⑤避難所内の環境整備，⑥活動状況の報告等がある。また，被災した福祉施設等では，要援護者だけではなく，介護職員自身も被災し疲弊している。したがって，介護福祉士ボランティアは，現場を乱さず，現場に求めすぎず，平常心で，現地の職員と情報共有し活動することが求められる。　　　　　　　　　（笠原幸子）

介護福祉士実習指導者講習会［かいごふくししじっしゅうしどうしゃこうしゅうかい］⇒実習指導者

介護福祉士制度及び社会福祉士制度の在り方に関する意見［かいごふくししせいどおよびしゃかいふくししせいどのありかたにかんするいけん］　2006年12月に社会保障審議会福祉部会より，**社会福祉**士と**介護福祉士**の制度のあり方や養成のあり方等について発表された意見。この意見を踏まえて厚生労働省は，介護福祉士に関しては，今後の一層の高齢化の進行や認知症高齢者ケアへの対応の必要性等を踏まえ，**今後のあるべき介護福祉士像**を整理し，求められる介護福祉士像を12項目にまとめて提示した。これらをもとに，翌2007年12月に，社会福祉士及び介護福祉士法が改正された。その結果，介護福祉士の行う介護は「入浴，排せつ，食事その他の介護」から「心身の状況に応じた介護」に改められた。これに連動して，介護福祉士の養成教育体系を「人間と社会」「介護」「こころとからだのしくみ」の3領域に再構成し，教育時間は1,800時間以上となり，養成校卒業生の場合，介護福祉士の資格を取得するためには，経過措置はあるが，新たに国家試験を受験するしくみとなった。
　　　　　　　　　　　　　　（笠原幸子）

介護福祉士の義務［かいごふくししのぎむ］　**介護福祉士**の義務は「社会福祉士及び介護福祉士法」において①**誠実義務**，②**信用失墜行為の禁止**，③**秘密保持義務**，④**連携**，⑤資質向上の責務，⑥名称の使用制限を定めている。2007（平成19）年の法改正により「個人の尊厳の保持」「自立支援」「資格取得後の自己研鑽」等について，誠実義務と資質向上の責務の条項が新たに追加され，連携については，連携する者の範囲を他のサービス関係者と定める大きな改正がなされた。

　また，介護福祉士の義務規定の中でも秘密保持義務について違反した場合には，同法において罰則規定が設けられている。
　　　　　　　　　　　　　　（杉原優子）

介護福祉士の資格取得方法［かいごふくししのしかくしゅとくほうほう］　介護福

祉士の資格取得には，①介護福祉士養成施設を卒業（養成施設ルート），②介護等の業務に3年以上従事し，実務者研修を受講（実務経験ルート），③高等学校または中等教育学校において福祉に関する所定の科目および単位数を修めて卒業（福祉系高校ルート），④**経済連携協定（EPA）**における介護等の業務に3年以上従事（EPAルート），のいずれかを経て，**介護福祉士国家試験**に合格しなければならない。①については，経過措置（2026年度までの卒業者は，卒業後5年間暫定的に介護福祉士資格が付与され，その間に国家試験に合格もしくは原則卒業後5年間連続して介護等の業務に従事することで，引き続き資格を保持できる。いずれも満たさない場合については，国家試験受験資格者となる）が設けられている（巻末資料314頁参照）。　（小木曽真司）

介護福祉士ファーストステップ研修［かいごふくししふぁーすとすてっぷけんしゅう］　日本介護福祉士会の生涯研修体系に位置づけられている現任研修。ファーストステップ研修では，対象者を**介護福祉士資格取得後2年程度の小規模チームのリーダーレベルを想定し，キャリア形成の最初の節目の研修と位置づけている。研修内容は「ケア」「連携」「運営管理」の3領域に分かれた全12科目で，自職場課題や通信学習を含めた200時間のカリキュラムとなっている。（杉原優子）

介護扶助［かいごふじょ］　生活保護受給者が，要介護者，要支援者となり介護が必要となった場合に，**生活保護制度**により現物にて介護サービスを提供する扶助をいう。扶助の範囲は，生活保護法により，居宅介護，福祉用具，住宅改修，施設介護，介護予防，介護予防福祉用具，介護予防住宅改修，介護予防・日常生活支援，移送と定められている。40〜65歳未満で医療保険加入者の場合は介護保険被保険者であるため，サービスを利用した場合は自己負担分1割と施設利用時の食費と居住費の負担分が介護扶助として給付される。

医療保険に加入していない場合は，介護扶助として全額が給付される。65歳以上の場合は，生活扶助として介護保険料が給付され，サービスを利用した場合は，自己負担分（1割）と施設利用時の食費と居住費負担分が介護扶助として給付される。いずれの場合にも自己負担はない。

（鷲巣典代）

介護報酬［かいごほうしゅう］　介護保険制度において，介護サービス事業者が，要支援・要介護の認定をうけた被保険者に対して介護サービスを提供した場合，そのサービスの対価として保険者である市町村から事業者に支払われる報酬のことをいう。介護報酬は，介護サービスの種類ごとに定められており，基準額の決定は厚生労働省が定める。また，保険者から介護サービスを提供した事業者に支払われる介護報酬に関する事務は，各都道府県に設置された**国民健康保険**団体連合会が行うこととなっており，介護給付費の請求に対する審査・支払いなどの業務を行っている。なお，介護報酬は，3年ごとに見直すことになっている。

（森明人）

介護保険事業計画［かいごほけんじぎょうけいかく］　全国の自治体等が要援護高齢者等の介護保険事業に係る保険給付を円滑に実施するため作成する計画である。1期3年として，介護保険法に基づき，厚生労働大臣が定める基本方針に沿って作成される。計画には市町村介護保険事業計画（第117条）と都道府県介護

保険事業支援計画（第118条）がある。このうち，市町村介護保険事業計画は，市町村老人福祉計画と一体のものとし，また市町村地域福祉計画等と調和を保たなければならない。同様に，都道府県介護保険事業支援計画は，都道府県老人福祉計画と一体のものとし，さらに都道府県地域福祉支援計画のほか，医療計画等と調和を保たなければならない。特に，市町村介護保険事業計画は，地方自治法に規定する市町村の基本方針に即す必要がある。　　　　　　　　　　（岡田直人）

介護保険施設［かいごほけんしせつ］　要介護認定を受けた要介護被保険者に対して，施設サービス計画に基づき，介護サービスを提供する施設である（原則，**介護老人福祉施設**は要介護3以上，**介護老人保健施設**，介護医療院は要介護1以上が入居できる）。介護保険施設は，その機能別に3種類あり，生活施設である介護老人福祉施設（特別養護老人ホーム），リハビリテーションを中心に心身機能の回復を図ることを目的とする介護老人保健施設，長期にわたり療養が必要である者に対して医学的管理のもとに行われる介護等が提供される介護医療院から構成される。

それぞれの施設は機能別に専門職の配置が異なるなどの特徴がある。入居すると，本人や家族の意向に基づき総合的な援助方針が決められ，生活上の問題と解決すべき課題などが施設サービス計画として作成され，日常生活上の支援が行われていく。　　　　　　　　　　（森明人）

介護保険審査会［かいごほけんしんさかい］　保険者（市町村等）が行った保険給付に関する処分，または保険料等の徴収金に関する処分に不服がある者の審査請求を受け，合議体を構成して審理・裁決を行う第三者機関。各都道府県に1か所設置されている。保険給付に関する処分には，被保険者証の交付の請求に関する処分および要介護（要支援）認定に関する処分も含まれる。介護保険審査会の構成員は，都道府県知事が任命した被保険者を代表する委員（3人），市町村を代表する委員（3人），公益を代表する委員（3人以上）である。これらの委員は非常勤であり，任期は3年で再任も可能である。

なお，審査請求は，原則として処分があったことを知った日の翌日から起算して3月以内に，文書または口頭で行わなければならない。　　　　　　　（神部智司）

介護保険制度［かいごほけんせいど］　要介護状態のために入浴，排せつ，食事等について福祉サービスを必要とする高齢者の自立した生活を支えることを目的として2000年に施行された**社会保険制度**の一つ。誰もが介護問題を抱え，家族介護の限界が指摘されるようになってきたことが背景にある。サービス利用者とサービス提供事業者との契約に基づき，サービスに対する定率負担（サービス利用量および所得に応じて1割あるいは2割または3割の自己負担）の支払い，利用者主体の制度としてケアマネジメントや不服申し立て制度を含め権利擁護のしくみが導入された。介護保険に基づくサービスは，要介護者に対する**介護給付**（居宅サービス，**居宅介護支援**，施設サービス，**地域密着型サービス**）と要支援者に対する**予防給付**（介護予防サービス，介護予防支援，地域密着型介護予防サービス）に分けられる。

このほか，市町村が独自に運用する**地域支援事業**（介護予防・日常生活支援総合事業，包括的支援事業，任意事業）が

ある。この制度は３年毎に見直しと改正が行われている。主な変更については，2006 年に介護予防の視点から要支援者に向けた予防給付，地域包括支援センターが新設され，2012 年には**地域包括ケアシステム**の推進が位置づけられた。2015 年には**特別養護老人ホーム**の入居条件を原則要介護３以上と設定，一定以上の所得のある利用者の自己負担を２割へ引き上げ，在宅医療・介護連携の推進，全国一律の予防給付（訪問介護・通所介護）について，市町村が地域の実情に応じて取り組む地域支援事業に移行することとなった。2018 年には，介護医療院，共生型サービスの創設，特に所得の高い利用者負担割合の見直し（２割から３割）等が行われた。2021 年には，市町村の包括的支援体制構築の創設等にかかる法改正が行われる。　　　　　（畠山明子）

介護保険負担限度額認定証［かいごほけんふたんげんどがくにんていしょう］　所得および預貯金等の資産状況を要件として，**介護保険施設**の入所利用（短期入所を含む）にあたり必要な居住費および食費に対する負担が軽減される者に発行される認定証のことをいう。2005 年の介護保険法改正によって施設入所者の居住費および食費が保険給付の対象外とされたことを受け，低所得者の当該費用に係る負担を軽減することを目的としている。負担限度額については，利用者のいる世帯全員の所得等の条件に基づいて４段階に区分されており，居住費は居室のタイプ（多床室からユニット型個室まで）ごとに設定されている。

　申請手続きについては，所定の申請書に預貯金等が確認できる書類（通帳の写しなど）を添付して市町村の担当窓口で行う。認定証の有効期限は１年であり，毎年更新手続きを行う必要がある。
　　　　　　　　　　　　　　（神部智司）

介護保険法（ドイツ）［かいごほけんほう（どいつ）］　ドイツの公的介護保険法（1995 年施行）では，保険者が介護金庫，被保険者が公的医療保険加入者となっている。給付内容には，在宅介護，部分施設介護（デイケア，ナイトケア，ショートステイ），完全施設介護，追加給付（ボランティアの世話，家事支援等負担軽減手当，グループホーム入居時の追加給付），グループホーム創設助成がある。要介護度の判定は，メディカルサービスによって行われ，要介護度は５段階（要介護度の数値が高いほど重度）とされている。サービス費用は，実際の費用の５割程度を賄う。保険給付には限度額があり，限度額を超えた場合，本人の自己負担となる。在宅介護の場合現金給付もある。財源構成は，すべて保険料負担となっている。　　　　　　　　　　　（綾部貴子）

介護保険法（日本）［かいごほけんほう（にほん）］　社会保険方式による高齢者介護システムの法的基盤として，1997 年12 月に成立し，2000 年４月に施行された法律。高齢者介護のあり方については，長年にわたり社会全体で取り組むべき課題として取り上げられてきたが，1990 年代より政府主導で介護保険制度について検討が重ねられていき，介護保険単独の法制度としてはドイツ（1994 年）に次いで世界で２番目に創設されるに至った。国民の共同連帯の理念に基づき，加齢に伴って生ずる心身の変化に起因する疾病等により要介護状態となり，入浴，排せつ，食事等の介護，機能訓練並びに看護および療養上の管理その他の医療を要する者等について，これらの者が尊厳を保持し，その有する能力に応じ自立した日

常生活を営むことができるよう，必要な保健医療サービスおよび福祉サービスに係る給付を行うことを目的としている。

（神部智司）

介護予防（介護保険法）［かいごよぼう（かいごほけんほう）］　介護予防の目的は，要介護状態の発生をできるかぎり防ぐこと，また要介護状態にあってもその悪化を防ぐこと，さらにその軽減を図り，地域における自立した日常生活を実現することである。**介護保険法**第４条では，「要介護状態の予防」と，それに向けた「健康の保持増進」が位置づけられており，要介護状態にある場合でも，リハビリテーション等を行い有する能力の維持向上に努めることが国民の努力および義務とされている。

　なお，介護予防については，これまでの心身機能を中心とした**リハビリテーション**に加え，日常生活の活動や社会参加の考えを取り入れたバランスのとれたアプローチを重視するようになっている。

　介護保険法における介護予防は，**要支援者**に対して給付される介護予防給付（介護保険法第52条）と**地域支援事業**における**介護予防・日常生活支援総合事業**（第115条の45）で構成されている。

　介護予防給付では，**介護予防訪問入浴介護，介護予防訪問看護，介護予防訪問リハビリテーション，介護予防居宅療養管理指導，介護予防通所リハビリテーション**，介護予防短期入所生活介護，**介護予防短期入所療養介護，介護予防特定施設入居者生活介護，介護予防福祉用具貸与**および**特定介護予防福祉用具販売**がある。

　また，**地域密着型介護予防サービス**では，**介護予防小規模多機能型居宅介護，**および**介護予防認知症対応型共同生活介護**が位置づけられている。

　地域支援事業では，要支援者に対して，介護予防支援（介護予防ケアマネジメント）に基づき，介護予防・日常生活支援総合事業を総合的かつ一体的に行うことになっており，第１号訪問事業，第１号通所事業，第１号生活支援事業，第１号介護予防支援事業等が提供される。

（森明人）

介護予防居宅療養管理指導［かいごよぼうきょたくりょうようかんりしどう］　介護保険制度の介護予防サービスのうち，訪問サービスの一つで予防給付を行う。要支援状態となっても利用者が可能な限りその居宅において，自立した日常生活を営むことができるよう，医師，歯科医師，薬剤師，歯科衛生士または管理栄養士等が，通院が困難な利用者の居宅を訪問して，アセスメントを行い，それを踏まえて療養上の管理および指導を行うことにより，利用者の心身機能の維持回復を図り，もって利用者の生活機能の維持または向上を目指すもの。医師等は，介護予防支援事業者または介護予防サービス事業者に，介護予防サービス計画の作成，介護予防サービスの提供等に必要な情報提供または助言を行う。

　介護予防居宅療養管理指導を行うことができるのは，病院，診療所，薬局等である。　　　　　　　　　（岡田直人）

介護予防ケアマネジメント［かいごよぼうけあまねじめんと］　要介護認定の要支援者・非該当者であり，基本チェックリストで総合事業の対象者と判定された対象者が，総合事業（介護予防・生活支援サービス事業，一般介護予防事業）を利用するときに，必要なケアマネジメント。高齢者が住み慣れた地域で生活を継続するために行われる，相談からアセスメント，プラン，実施，モニタリング評価等

の一連のケアマネジメントのことをいう。利用者本人が居住する住所地の, **地域包括支援センター**において実施する。居宅介護支援事業所への一部委託が可能。

（畑智惠美）

介護予防サービス計画［かいごよぼうさーびすけいかく］　要介護認定で要支援判定となった対象者が, **予防給付**（介護予防サービス, 地域密着型介護予防サービス）を利用する時, 策定する必要のある計画のこと。利用者本人が居住する住所地の, **地域包括支援センターの介護支援専門員（ケアマネジャー）**が, 心身の状況や生活環境, 本人や家族の希望等に沿って, 作成する。

（畑智惠美）

介護予防支援［かいごよぼうしえん］　介護保険制度に基づき要支援1・2の認定を受けた人に対して, 居宅において介護予防サービスを適切に利用できるように支援するサービスである。**地域包括支援センターの介護支援専門員（ケアマネジャー）**が, 心身の状況や生活環境と本人・家族の希望等を踏まえて, 介護予防給付サービスと介護予防・日常生活支援総合事業, 一般介護予防事業をもとに, **介護予防サービス計画**（ケアプラン）の作成や関係サービス団体・機関との連絡・調整を行う。なお, 近年増加するサービス付き高齢者住宅や有料老人ホームの利用者も対象となる。

（森明人）

介護予防住宅改修［かいごよぼうじゅうたくかいしゅう］　高齢者が住み慣れた地域や自宅で過ごすこと, また, 要介護状態になることを可能な限り予防することなどを目的とした介護保険制度に基づく**介護予防**のためのサービスの一種。要支援1または要支援2の認定を受けた人を対象とし, 手すりの取り付け, 段差の解消, 滑り止めのための床材の変更, 引

き戸などへの扉の変更, 洋式便器などへの取り換え, その他上記の住宅改修に付帯する工事などが保険給付の対象となる。1つの住宅につき20万円を限度として, 改修費用の9割から8割が償還払いで支給され, 自己負担は1割から2割となる。

（高石豪）

介護予防小規模多機能型居宅介護［かいごよぼうしょうきぼたきのうがたきょたくかいご］　介護保険の給付対象となる**地域密着型介護予防サービス**の一つ。要支援1または要支援2の認定を受けた利用者を対象に, 「通い」によるサービスを中心にして, 利用者の希望などに応じて, 「訪問」や「泊まり」を組み合わせ, 入浴, 排せつ, 食事等の介護, その他日常生活上の世話, 機能訓練を行う。利用者がなじみのある職員からサービスを受けることを重視するため, 1事業所当たりの登録定員は29名以下, 通いはおおむね15名まで, 泊まりは9名までと定められている。要支援の利用者が要介護状態になることをできる限り防ぐ, あるいは状態がそれ以上悪くならないようにすることを目的とし, それぞれの利用者の能力に応じ, 自立した生活を営むことができるように支援を行う。

（山井理恵）

介護予防・生活支援サービス事業［かいごよぼう・せいかつしえんさーびすじぎょう］　介護保険制度の**地域支援事業**の一つである**介護予防・日常生活支援総合事業**のうち, 要支援認定を受けた高齢者と, 基本チェックリストによる判定で, 要介護・要支援となるリスクが高いと判定された高齢者を対象に, 要支援認定を受ける前段階にある高齢者を積極的に支援し, 要支援・要介護状態を未然に防ぐことを目的とした事業。介護予防給付のうち, 介護予防訪問介護および介護予防通所介

護が本事業に移行された。

　市町村が地域の実情に応じ事業の内容等を決定し，人員基準・運営基準も柔軟なものとなっている。①日常生活支援を行う「訪問型サービス」，②体操教室や栄養改善等を行う「通所型サービス」，③その他の生活支援サービス（栄養改善を目的とした配食，定期的な安否確認・緊急時の対応等）で構成される。住民ボランティアやNPO，民間企業による参入も可能となっている。　　　（山井理恵）

介護予防短期入所療養介護［かいごよぼうたんきにゅうしょりょうようかいご］介護保険制度における要介護（要支援）認定において，要支援1または要支援2の認定を受けた者に対し提供されるサービス。介護保険法第8条の2第8項に規定されている。介護予防ショートステイとも呼ばれる。**介護老人保健施設や病院，診療所**などに短期間入所し，介護予防を目的として，利用者が可能な限り居宅において自立した日常生活を営むことができるよう，利用者の生活機能の維持または向上を図るため，看護，医学的管理の下における介護及び機能訓練その他必要な医療並びに日常生活動上の支援を行うものである。

　家族介護者にとっては，介護が一時的に困難になった際や，介護から解放されて自分の時間をもつことができるなど家族の**レスパイト（休息）**ケアとしての役割もある。　　　　　（長谷川武史）

介護予防通所介護［かいごよぼうつうしょかいご］　介護予防を目的に，日中，デイサービスセンターなどに通い，健康状態の管理や，食事や入浴，排泄など日常生活上の支援や機能訓練などを提供するサービス。従来は介護予防サービスであったが，地域の実情に応じて提供するた

めに，2015年4月施行の**介護予防・日常生活支援総合事業**内の介護予防・生活支援サービス事業（通所型サービス）に移行し，各市町村が基準や単価を設定している。対象者は，介護保険制度における要介護認定において，要支援1および要支援2の利用者と，基本チェックリストによりサービス事業対象者と認定された者（生活機能の低下が認められ，要支援状態となるおそれがある高齢者）である。

　なお，従来からの介護予防通所介護に加えて，NPOや民間企業，住民主体のボランティアなどにより，機能訓練中心のサービスや通いの場など多様なサービスも利用できる。　　　　　（橋本有理子）

介護予防通所リハビリテーション［かいごよぼうつうしょりはびりてーしょん］**介護老人保健施設や診療所，病院**に日中通い，理学療法士や作業療法士，言語聴覚士が利用者の心身機能の維持回復および日常生活の自立を助けるために必要なリハビリテーションを提供するサービス。**介護保険制度**の**介護予防サービス**の一つである。対象者は，要支援1および要支援2の利用者である。主なサービス内容は，健康状態の管理や，日常生活上の支援や生活機能の向上のための**リハビリテーション**など「共通的サービス」に加えて，運動器の機能向上，栄養改善，口腔機能の向上といった「選択的サービス」を組み合わせることもできる。

　サービスの目的は，要介護状態になることをできる限り防ぐ，あるいは状態がそれ以上悪化しないようにすることである。そのため，できることはできる限り利用者自身で行うこととなっている。

　　　　　　　　　　　　（橋本有理子）

介護予防特定施設入居者生活介護［かいごよぼうとくていしせつにゅうきょしゃ

せいかつかいご］　介護保険制度におけ
る要介護（要支援）認定において，要支
援１または要支援２の認定を受けた者に
対し提供されるサービス。介護保険法第
８条の２第９項に規定されている。**特定
施設**に入居している要支援者に対して，
介護予防を目的として，利用者が可能な
限り居宅において自立した日常生活を営
むことができるよう，利用者の生活機能
の維持または向上を図るため，入浴，排
せつ，食事等の介護その他，必要な機能
訓練及び療養上の世話を行うものである。
（長谷川武史）

介護予防・日常生活支援総合事業［かい
ごよぼう・にちじょうせいかつしえんそ
うごうじぎょう］　この事業は，2011 年
に**地域支援事業**に加えられ，2014 年に改
正され，要支援１・２とそれ以外の者を
対象として，市町村が地域の実情に応じ
た取り組みを行うものである。

　事業の意図は，①多様な生活支援の充
実，高齢者の社会参加と地域における支
え合い体制づくり，②介護予防の推進
（生活環境の調整や居場所と出番づくり
などの環境へのアプローチも含めたもの
で，リハビリ専門職等を活かした自立支
援に資する取組を推進する），③市町村，
住民等の関係者間における意識の共有と
自立支援に向けたサービス等の展開，④
認知症施策の推進，⑤共生社会の推進
（要支援者等以外の高齢者，障害者，児
童等がともに集える環境づくり）にある。

　介護予防・日常生活支援総合事業は，
介護予防・生活支援サービス事業と**一般
介護予防事業**の２つに分けられる。まず
介護予防・生活支援サービス事業は，予
防給付の訪問介護，通所介護について現
行相当のサービス提供を行うもの，緩和
した基準によるサービス，住民主体によ

る支援，短期予防集中支援，移動支援と
いった多様なサービス体系に再編された
ほか，その他の生活支援サービスとして，
栄養改善を目的とした配食，住民ボラン
ティア等が行う見守り，訪問型サービス，
通所型サービスに準ずる自立支援に資す
る生活支援（訪問型サービス・通所型サー
ビスの一体的提供等），介護予防ケア
マネジメントがある。

　もう一つの一般介護予防事業は，介護
予防把握事業，介護予防普及啓発事業，
地域介護予防活動支援事業，一般介護予
防事業評価事業，地域リハビリテーショ
ン活動支援事業がある。

　厚生労働省の介護保険政策の一環とし
て重要施策に位置づけられ，2018 年４月
より全市町村で取り組むことが義務化さ
れている。　　　　　　　　（畠山明子）

介護予防認知症対応型共同生活介護［か
いごよぼうにんちしょうたいおうがたき
ょうどうせいかつかいご］　介護保険制度
の**地域密着型介護予防サービス**の一つで
あり，認知症高齢者が共同生活する住居
において，入浴や排せつ，食事などの介
護，その他の日常生活上の支援や機能訓
練（リハビリテーション）を行い，要介
護状態になるのをできる限り防ぐこと，
あるいは，その状態がそれ以上悪化しな
いようにすることを目的とする。対象者
は，認知症の症状があり，要支援２の認
定を受けた利用者である。少人数（定員
９名）の家庭的な環境の中で，利用者の
心身機能の維持，回復を図り，利用者の
もっている日常生活機能の維持や向上を
目指す。　　　　　　　　　（山口友佑）

介護予防認知症対応型通所介護［かいご
よぼうにんちしょうたいおうがたつうし
ょかいご］　介護保険制度の**地域密着型
介護予防サービス**の一つであり，居宅要

支援者で認知症の症状のある人を対象に専門的な支援を行う。老人デイサービスに通い，認知症のある利用者が可能な限り，居宅で自立した日常生活を送ることができるよう，入浴や排せつ，食事などの介護，生活等に関する相談，健康状態の確認，その他の日常生活を過ごす上での支援や機能訓練（リハビリテーション）を行う。認知症のある利用者が，居宅で自分のもっている能力に応じて自立した日常生活を営むことができるよう，利用者の心身機能の維持，回復を図り，利用者の生活機能の維持又は向上を目指す。　　　　　　　　　　　　　（山口友佑）

介護予防福祉用具貸与［かいごよぼうふくしようぐたいよ］　介護保険制度における要支援1または2の認定を受けた人を対象に支給される**介護予防**サービスの一種。利用者の自立した日常生活の持続や介護者の負担の軽減，介護を必要とする状態が悪化しないよう介護予防の目的で，車いす，車いす付属品，特殊寝台，特殊寝台付属品，床ずれ防止用具，体位変換機，手すり，スロープ，歩行器，歩行補助つえ，認知症老人徘徊感知器，移動用リフト，自動排泄処理装置などの貸与が受けられる。一部の用具については，利用が限定されたり例外に限り利用できる場合がある。費用の9割から8割が支給され，自己負担は1割から2割となる。
　　　　　　　　　　　　　（高石豪）

介護予防訪問介護［かいごよぼうほうもんかいご］　介護予防を目的に，**訪問介護員**（ホームヘルパーなど）が利用者の居宅（自宅以外にも**軽費老人ホーム**や**有料老人ホーム**などの居室も含む）を訪問し，入浴や排泄，食事などの介護や，調理，洗濯，掃除などの家事を提供する従来からのサービスに加えて，NPOや民間企業，住民主体のボランティアなどによる柔軟な生活援助などのサービス。従来は介護予防サービスであったが，地域の実情に応じて提供するために，2015年4月施行の**介護予防・日常生活支援総合事業**の介護予防・生活支援サービス事業（訪問型サービス）に移行し，各市町村が基準や単価を設定している。対象者は，要支援1および要支援2の利用者と，基本チェックリストによりサービス事業対象者（生活機能の低下が認められ，要支援状態となるおそれがある高齢者）と認定された者である。　　　　（橋本有理子）

介護予防訪問看護［かいごよぼうほうもんかんご］　医師の指示に基づき，看護師などが利用者の居宅（自宅以外にも**軽費老人ホーム**や**有料老人ホーム**などの居室も含む）を訪問し，健康状態の管理や，療養上の世話，必要な診療の補助を提供するサービス。**介護保険制度**の**介護予防**サービスの一つである。なお，一定期間後，サービスを継続するためには，介護予防サービス計画の見直しが必要となる。対象者は，医師により利用の必要性が認められ，かつ要支援1および要支援2の利用者である。主なサービス内容は，利用者の健康状態の管理，服薬指導・管理，食事・入浴・排泄介助，褥瘡（床ずれ）の処置，精神状態へのサポート，介護者への助言があげられる。サービスの目的は，要介護状態になることをできる限り防ぐ，あるいは状態がそれ以上悪化しないようにすることである。　　（橋本有理子）

介護予防訪問入浴介護［かいごよぼうほうもんにゅうよくかいご］　自宅に浴槽がない場合や，感染症などの理由から施設を利用することができない場合など，限定された利用者などに対して，専用浴槽を積んだ訪問入浴車が利用者の居宅（自

宅以外にも軽費老人ホームや有料老人ホームなどの居室も含む）を訪問し，看護職員と介護職員の2名により，入浴の介護を提供するサービス。**介護保険制度の介護予防**サービスの一つである。

　対象者は，医師から入浴を許可された要支援1および要支援2の利用者である。主なサービス内容は，全身浴・部分浴・清拭（身体をふく），体温・血圧・脈拍などの測定による健康状態の確認，衣服着脱の介護である。サービスの目的は，要介護状態になることをできる限り防ぐ，あるいは状態がそれ以上悪化しないようにすることである。そのため，できることはできる限り利用者自身で行うこととなっている。　　　　　　　（橋本有理子）

介護予防訪問リハビリテーション［かいごよぼうほうもんりはびりてーしょん］医師の指示に基づき，**理学療法士や作業療法士，言語聴覚士**が利用者の居宅（自宅以外にも**軽費老人ホームや有料老人ホーム**などの居室も含む）を訪問し，利用者の心身機能の維持回復および日常生活の自立を助けるために，居宅の生活状況に応じた**リハビリテーション**を短期集中的に提供するサービス。**介護保険制度の介護予防**サービスの一つである。対象者は，医師により利用の必要性が認められ，かつ要支援1および要支援2の利用者である。主なサービス内容は，利用者の心身機能の評価や，関節拘縮の予防や筋力の維持，屋内外の歩行練習，日常生活動作訓練，福祉用具や住宅改修の助言があげられる。サービスの目的は，要介護状態になることをできる限り防ぐ，あるいは状態がそれ以上悪化しないようにすることである。　　　　　　　（橋本有理子）

介護療養型医療施設［かいごりょうようがたいりょうしせつ］**介護保険法**で規定されている**介護保険施設**の一つである（2024年以降は廃止予定）。脳卒中や心臓病等の急性期の治療が終了し，病状が安定期に該当する要介護状態の高齢者のための長期療養施設であり，主として療養病床をもつ病院や診療所，老人性認知症疾患療養病床をもつ病院などがサービス支援を実施している。部屋は多床室が多い。介護療養型医療施設では，施設サービス計画に基づいて，療養上の管理，看護，医学的管理下における介護の世話などを行う。また必要な医療も提供される。また，医学的管理体制だけでなく，リハビリテーションの実施，認知症患者への対応やデイケア等の在宅支援，ターミナルケアなどの体制も必要となる。

　介護療養型医療施設の経過措置期間は，2017年の法改正により，2024年3月末まで延長されている。その後は，長期療養が可能で看取り介護の機能をもつ「**介護医療院**」という介護保険施設に移行していく予定となっている。　　（佐藤博彦）

介護療養型老人保健施設［かいごりょうようがたろうじんほけんしせつ］　新しい**介護保険施設**として新型老健と呼ばれている。**介護老人保健施設**（以下，老健）の新しい形という位置づけで，従来の老健よりも医療サービスが充実しており，継続的な療養に適した施設である。大きな特徴として，老健（従来型）と比較すると，新型老健入所者が気管切開・気管内挿管，酸素療法，喀痰吸引，経鼻経管・胃ろう等の割合が高い。平均的な1人当たり費用額も高めである。また，看護職員も多く配置（100床当たり18人）されている。　　　　　　　（佐藤博彦）

介護療養病床［かいごりょうようびょうしょう］⇒療養病床

介護老人福祉施設［かいごろうじんふく

ししせつ］　入所定員 30 人以上の**特別養護老人ホーム**のうち指定を受けて指定介護老人福祉施設となった施設が，**介護保険法**の施設サービスを提供できる介護老人福祉施設となる。サービスの内容は施設サービス計画に基づいて行う，入浴，排せつ，食事等の介護その他の日常生活上の世話，機能訓練，健康管理及び療養上の世話である。施設入所要件は，2000 年 4 月の介護保険法施行後は要介護 1 〜 5 であったが，在宅生活が困難な中度〜重度の要介護者を支える施設としての機能重点化がなされ，2015 年 4 月から新規入所は原則として要介護 3 以上となった。
　　　　　　　　　　　　　　　　（岡本秀明）

介護老人保健施設［かいごろうじんほけんしせつ］　病院と居宅をつなぐ中間施設としての機能を期待され，1986（昭和 61）年の**老人保健法**改正で創設された施設である。2000 年の**介護保険法**施行によって，同法（第 8 条第 28 項）に規定される**介護保険施設**の一つとなっている。通常は「老健」と略されている。介護老人保健施設（以下，老健）では，病状が安定期にある要介護者に対し，施設サービス計画に基づいて日常生活支援はもちろん，理学（作業）療法士等によるリハビリテーションや，医師や看護師による医療サービスも受けることができる。状態は安定しているが，すぐには在宅復帰できない人のための，早期在宅復帰を目指す施設である。

　入所時にリハビリテーション計画を作成し，3 か月ごとにモニタリングを実施し，退所か入所継続か判定される。通常の入所期間は概ね 3 〜 6 か月程度である。開設には，都道府県知事の許可が必要となる。介護老人保健施設には，病院と居宅をつなぐ家庭復帰施設，通過施設（中間施設）としての役割が重視され期待されている。　　　　　　　　　　　（佐藤博彦）

介護労働安定センター［かいごろうどうあんていせんたー］　介護労働者の雇用の安定や能力の開発および向上等を目的とした支援機関である。**介護労働者の雇用管理の改善等に関する法律**に基づく指定法人として 1992（平成 4）年に指定されている。同法では，介護労働安定センターの業務として，介護労働者の雇用および福祉に関する情報および資料を総合的に収集し，提供することや，職業紹介事業者の行う事業に係る介護労働者に対し，賃金の支払を受けることが困難となった場合に保護を行うこと，さらに介護労働者の福祉の増進を図るために必要な業務を行うことなどがあげられている。また，介護労働者の雇用の安定や能力の開発および向上のために，さまざまな側面からの支援事業がなされている。　　（橋本力）

介護労働者の雇用管理の改善等に関する法律［かいごろうどうしゃのこようかんりのかいぜんとうにかんするほうりつ］　介護に携わる労働者の雇用の改善等を目的とした法律である。本法律が施行された背景として，わが国では急速な高齢化により介護に関する労働力の需要が増え，介護労働者の確保が必要となったことがあげられる。本法律では，介護労働者に対する雇用管理の改善，能力の開発および向上などに関する措置を講じることで，介護における労働力の確保や介護労働者の福祉の増進を図ることが目的とされている。さらに，介護雇用管理改善等計画や，介護労働者の雇用管理の改善等について，また，**介護労働安定センター**の役割等が明記されており，介護労働者の雇用管理の改善に求められる事項についてさまざまな側面からの言及がなされてい

る。　　　　　　　　　　（橋本力）

介護ロボット［かいごろぼっと］　食事・排せつなど，日常の活動に介護を必要とする人の自立を支援したり，介護を行う人の負担を軽減したりするためのロボットのこと。厚生労働省と経済産業省は2012年に策定した「ロボット技術の介護利用における重点分野」を2014年2月に改訂し，ロボット介護機器の開発・実用化にかかる重点分野を5分野（移乗介助，移動支援，排泄支援，認知症の人の見守り，入浴支援）8項目とし，開発などの支援を行っている。また，引き続き調査・検討を行う分野として，食事支援，コミュニケーションロボット，認知症の人への行先案内・スケジュール管理をあげている。　　　　　　　　　（吉藤郁）

概日リズム［がいじつりずむ］　約24時間周期で変動する生理現象で，動物，植物，菌類，藻類などほとんどの生物に存在している体内時計である。サーカディアンリズムともいわれる。概日リズムは，光や温度，湿度，食事などの外界からの環境刺激によって修正される。体内のそうした周期が何らかの影響を受けることによる概日リズムの乱れは，不快感のある時差ボケや睡眠障害となる場合がある。
　　　　　　　　　　　　　（益川順子）

介助［かいじょ］⇒介護

疥癬［かいせん］　疥癬虫（ヒゼンダニ）が皮膚表面の角質層に寄生することによっておこる伝染性の皮膚病。激しいかゆみや皮疹（小隆起性茶色調，曲がりくねった線状疹）が発生する。疥癬には，通常疥癬と角化型疥癬（痂皮型疥癬・ノルウェー疥癬）がある。前者は数十匹で感染力は弱く，普通の洗濯でよいが，後者はダニ数が100万から200万と多く感染力が強いため熱処置（50℃以上の湯）を

必要とする。また，前者は顔や頭を除いた全身，後者は全身に症状が出る。高齢者福祉施設などでは疥癬が発生すると集団感染の危険が高まる。　　　（内田陽子）

回想法［かいそうほう］　実物と写真など五感を刺激する材料を用いて，語り手に過去の体験の語りを促し，語り手が，聴き手とのかかわりの中で改めてそのエピソードについて納得し，いまここで了解すること。したがって，回想法では，語りの内容が正確であることが問題ではなく，語る人の思いの変化に着目する。回想法は，個人を対象とした個人回想法と集団を対象としたグループ回想法に大別され，対象者の心理的安定と社会関係の充実を目的とする。1960年代に行われたアメリカの精神科医であるバトラー（Butler, R.）の実践を起源として現在も発展を続けており，認知能力の改善や抑うつ感の改善等が報告されている。
　　　　　　　　　　　　　（渡邉泰夫）

ガイドヘルパー［がいどへるぱー］⇒移動介護従事者

皆年金［かいねんきん］　自営業者や学生，無業者も含め，20歳から60歳のすべての日本国民が保険料を納め，その保険料を年金として受け取ることができていることをいう。日本では1961年に，それまでは公的な保障がなかった自営業者にも強制拠出制の国民年金が開始され，皆年金が成立した。これに対して，すべての国民がなんらかの公的医療保険制度に加入していることを皆保険という。
　　　　　　　　　　　　　（鷲巣典代）

回復期リハビリテーション［かいふくきりはびりてーしょん］　急性期の後に復帰をめざして行われるリハビリテーションのことである。ADL や IADL，歩行の自立などを目標として，医師，看護師，理

学療法士，作業療法士，言語聴覚士，医療ソーシャルワーカーなどを含め，チームとしての総合的アプローチが展開される。急性期を脱した患者が集中的な回復期リハビリテーションを受けられる，回復期リハビリテーション病棟が 2000 年に新設された。そこから在宅へ移行していく。急性期同様，到達可能な ADL・IADL の目標とそれに要する期間を，的確なリハビリプログラムのもとで集中的に行い，要介護度を軽減させる。(島内節)

皆保険［かいほけん］　すべての国民がなんらかの**医療保険**制度に加入していること。わが国の国民皆保険は，1958 年の新国民健康保険法の制定により，1961 年に全市町村が**国民健康保険**の設立を義務づけられ，被用者保険の適用外であった者をすべて市町村の国民健康保険に強制的に加入させるという形で実現した。1950 年代中頃，大都市部では国民健康保険がほとんど実施されていなかったため，医療保険の未適用者は全人口の 3 分の 1 の約 3,000 万人に及んでいた。国民皆保険の達成により，これら医療保険の対象から除外されていた農林漁業者，自営業者，零細企業の従業員等を含め，すべての国民がなんらかの医療保険制度を活用できることになった。　　　　　(寺本尚美)

核家族［かくかぞく］　一組の夫婦と未婚の子どもから構成される家族，または夫婦のみで構成される家族のこと。社会学者のマードック（Murdock, G.）が 1949 年の著書『社会構造』で提起した概念。マードックは 250 に及ぶ社会の民族誌を分析し，この家族形態がどの時代や地域にも構造の「核」として存在すると主張した。また，機能面から，性的・経済的・生殖的・教育的の 4 つの機能をもつ集団と定義した。社会学者パーソンズ

（Parsons, T.）は，アメリカの家族変動を分析するなかで，核家族は，子どもの社会化と成人のパーソナリティの安定化という 2 つの機能を有するとし，工業化に適応した家族形態であると論じた。日本では核家族という訳語は 1960 年頃に定着し，1963 年には流行語となり一般に広く普及した。　　　　　　　　(阪井裕一郎)

学習障害 (LD)［がくしゅうしょうがい（えるでぃー）］　Learning Disability の略で LD とも表記される。文部科学省による定義としては，全般的な知的発達に遅れはないものの，聞く，話す，読む，書く，計算する，推論する能力のうち，特定のものの習得や学習に著しい困難さを有するものを指す。DSM-5 においては，特異的学習障害（Specific Learning Disability）という名称になり，読字障害と書字表出障害，算数障害が主たる分類であるとされている。原因としては，中枢神経系に何らかの機能障害があると推定されるが，視覚障害，聴覚障害，知的障害，情緒障害などの障害や，環境的な要因が直接の原因となるものではないとされている。読み書きや計算は就学前にはほとんどの子どもが学んでいないため，就学後の学校教育に入るまで判断が難しいことも多くある。また，単なる苦手分野と判断され，大人になるまで気づかれないケースも多く存在する。　(村上太郎)

学習性無力感［がくしゅうせいむりょくかん］　経験によって後天的に学習された無力感。心理学者のセリグマン（Seligman, M.E.P.）によって提唱された。たとえば，ブザーが鳴った後に何をしようとも電気ショックから逃れられない部屋に置かれたイヌは，はじめこそ試行錯誤するものの，やがてブザーが鳴ってもうずくまったまま無抵抗となり，他の部

屋に移動してもなお自発的な問題解決を試みなくなってしまう。このように自分の力だけではどうにもできない苦痛を長く経験した生き物は，抑うつや不安が強く生じ，対処行動への動機づけが極端に低下してしまう。

　対処不可能な苦痛の経験後に無力感が学習され，その後は不適応的な行動様式が定着してしまうという学習性無力感のモデルは，人間のうつ病・**心的外傷後ストレス障害（PTSD）**・災害後不適応などの理解と治療のために役立てられている。
　　　　　　　　　　　　　　　（箕浦有希久）

拡大家族 ［かくだいかぞく］　一般的に2つ以上の核家族が含まれる家族形態を指す。マードック（Murdock, G.）は，核家族の普遍性を説きつつも，複数の**核家族**が結びつく複合形態があるとして，一夫多妻など夫婦関係の拡大によって生じる家族を複婚家族，親の核家族と既婚子の核家族が縦に結合した家族を拡大家族と呼んだ。彼はさらに拡大家族の下位類型として，父方居住拡大家族（家父長家族），母方居住拡大家族，両所居住拡大家族，母方叔父所居住拡大家族に分類している。リトワク（Litwak, E.）は，産業化により核家族化が進行し拡大家族が崩壊するというパーソンズ（Parsons, T）らの見解に反論し，たとえ居住形態の単位が核家族であっても親族間の紐帯や交流，依存関係がなお重要であり，別居しつつも近親関係を保持している拡大家族のことを修正拡大家族と呼んだ。　　（阪井裕一郎）

喀痰（の）吸引 ［かくたん（の）きゅういん］　上気道内に溜まった痰を吸引して除去することをいう。喀痰吸引には口腔内吸引，鼻腔内吸引，気管内カニューレからの吸引がある。吸引は**医療的ケア**に含まれ，医師以外に従来は**診療の補助**と

して看護師等が行うものであった。しかし，2012年度から「社会福祉士及び介護福祉士法」一部改正により，介護福祉士及び一定の研修を受けた介護職員等においては，医療や看護との連携による安全確保が図られていること等，一定の条件の下で，痰の吸引等が可能となった。この改正における痰の吸引等の範囲には，**経管栄養**（胃ろうまたは腸ろう，経鼻経管栄養）も含まれる。　　（内田陽子）

拡張期血圧 ［かくちょうきけつあつ］⇒最低血圧

家事援助 ［かじえんじょ］⇒生活援助

下肢装具 ［かしそうぐ］　疾病や損傷により障害された欠損のない下肢の体表に装着して変形の予防や矯正，病的組織の保護，失われた機能の代償又は補助する**装具**のこと。下肢装具は，他の装具以上に，身体と装具がよく合っていること，体の関節軸と装具の機械軸が一致していること，体重を支える装具の足底部と床面の接地が良好なことなどを考慮する必要がある。大きく分けると6つの種類がある。①短下肢装具：下腿部から足部にかけて装着し，足関節の動きをコントロールするための装具（図表参照），②長下肢装具：大腿部から足部にかけて装着し，膝関節と足関節の動きをコントロールするための装具，③膝装具：大腿部から下腿部にかけて装着し，膝関節の動きをコントロールするための装具，④股装具：骨盤から大腿部にかけて装着し，股関節の動きをコントロールするための装具，⑤ツイスター：骨盤帯と足部を布紐や鋼製ケーブルなどで結び，下肢の内外旋をコントロールするための装具，⑥足底装具：足部に装着し，足部の変形の矯正や痛みを除去するための装具（靴型装具以外のもの）。
　　　　　　　　　　　　　　　（吉藤郁）

図表　下肢装具（短下肢装具　シューホーン型）

家族［かぞく］　家族は，同居や親族関係，成員間のケアや親密性などと結びつけて考えられることが多い。しかし，家族という概念を普遍的に定義することは難しい。たとえば同居を条件にすれば，親元を離れて一人暮らし中の大学生など，「同居していない家族」が除外されてしまい，我々の直観に反することになる。血縁や結婚を通じた親族関係を条件にすると，親族の中からどの部分を家族として切り出すかという難題が生じる。ケア機能や親密性を条件にしても，これらを欠いた家族が実際に存在することは否定できない。結局，我々は自分が置かれた状況の中で，その都度の必要に応じて，家族とは何なのか，誰が家族で誰が家族でないのかという問いに答えを与えている。この意味で，家族の定義は文脈依存的なものである。このことは家族という概念に自然に備わった本質的な意味は存在せず，何が家族に期待されるかは社会

的な問題だということでもある。
（松木洋人）

家族会［かぞくかい］　認知症等の高齢者や，障害児・者，患者等，福祉や医療のサービスを利用する人の家族同士が集まり，悩みや困りごと，問題に向き合い克服していくための活動を行う組織である。ピアサポートの機能だけでなく，専門家からの助言の機会やシンポジウムや講演会等の普及活動も行っている。また，行政などへの要望・働きかけなどの社会的な活動も行っている。会のタイプには，施設や病院，社会福祉協議会，保健所等の機関単位で運営されている小規模な会や，「公益社団法人認知症の人と家族の会」等，全国・都道府県単位で運営されている大規模な会がある。会の開催数は，会の目的に沿って，年数回，月1回等開かれている。　　　　　　（綾部貴子）

家族介護継続支援事業［かぞくかいごけいぞくしえんじぎょう］　**介護保険**の**地域支援事業**の一つで，被保険者，介護者，その他それぞれの事業として市町村が認めるものを対象に，地域の実情に応じて，市町村の判断で任意に実施できる事業である。具体的には，**家族介護者**に必要な知識や技術の習得の支援や，家族介護等の身体的・精神的・経済的負担を軽減し，家族介護に必要な環境を提供する。ある自治体では，看護師，保健師，栄養士，歯科衛生士，機能訓練等の専門スタッフが家庭に訪問し，体調管理や栄養指導，口腔衛生指導，リハビリ指導，嚥下訓練評価と指導等，専門的助言を行っている。利用料金は，所得やサービス内容に応じた費用負担がある。　　　（田中悠美子）

家族介護支援事業［かぞくかいごしえんじぎょう］　**介護保険法**の**地域支援事業**の中で，地域の実情に応じて柔軟に展開

される任意事業の一つである。家族介護者に必要な知識や技術の習得の支援や，地域に住む認知症高齢者の見守り，身体的・精神的・経済的負担を軽減し，家族介護に必要な環境を提供する事業である。具体的には，家族介護教室を開催し，介護をしている家族を対象に，介護方法や介護者の健康づくりなどの知識や技術についての講演やグループ交流，施設見学などを行っている。たとえば，ある自治体では，家族介護用品支給事業として，要介護4もしくは5と判定された人の中で在宅で介護していて，市民税非課税世帯の人を対象に，月額6,000円の紙おむつ，尿取りパット等を支給している。

（田中悠美子）

家族介護者［かぞくかいごしゃ］　介護が必要な人に対して，同居や別居を含め介護を担っている家族をいう（**介護者**）。わが国では，高齢化に伴い，介護を担う家族も高齢化が進んでいる。**老老介護**（高齢になった配偶者や子が，高齢で介護が必要な親や配偶者に介護をすること）や**認認介護**（認知症のある本人に対し，認知症のある家族が介護をすること）といった本人をとりまく実態，家族の病気や介護だけでなく自分の病気や介護の悩みやストレスが多い現状（厚生労働省「平成28年国民生活基礎調査」）などから家族介護者への支援の重要性も指摘されている。　　　　　（綾部貴子）

家族療法［かぞくりょうほう］　家族を一つの単位として扱い，個人が抱えている問題は家族システムのなかで生じたものととらえ，家族システムの変化を目的として家族全員を対象に介入を行う心理療法の一つ。それまでは援助の焦点が個人にのみあてられていたが，個人へのアプローチには限界があるため，対人関係に焦点をあてた支援が注目されるようになった。家族療法の創始時は精神分析的な理論に基づいていたが，現在では行動理論，学習理論など様々な理論をもつ療法がある。ただし，家族成員の中のキー・パーソンが物理的に治療に参加できない場合や，問題の経過が末期であり，費用対効果が期待できない場合，家族システムの変化により家族成員のストレスが増大する可能性がある場合は家族療法は適用できないと考えられている。（深瀬裕子）

肩関節外転［かた（けん）かんせつがいてん］　上腕部を体幹に接するように上肢を真下に下ろした状態から，上腕を体幹から遠ざかるように側方に挙げる肩関節の運動のことをいう（図表参照）。肩関節側方挙上ともいう。「関節可動域表示ならびに測定法」（日本整形外科学会および日本リハビリテーション医学会）では，肩関節外転の参考可動域角度（肩峰から床への垂直線を基本軸として，挙上した上腕骨までの角度）を180度と示している。また，可動域角度を測定する際は，上肢が90度以上になったら体幹が側屈しないよう手掌を上を向けるようにすることを原則としている。　（冨田川智志）

図表　肩関節外転

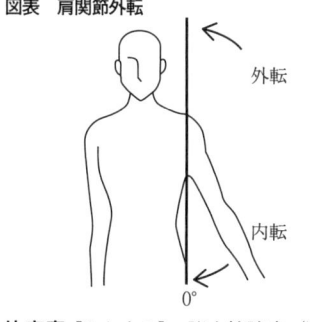

片麻痺［かたまひ］　脳血管障害（脳出血や脳梗塞など）により，身体の片側の上肢および下肢が自分の意思で運動しにく

くなる障害，またはその状態のこと。片麻痺は，自分の意思で動かすことが困難な運動麻痺が主症状として現れ，触れている感覚が鈍くなる感覚麻痺やしびれ，構音障害を伴うことがある。右側の上下肢が動かせなくなることを右麻痺，左側の上下肢を動かせなくなることを左麻痺という。脳の神経は交差しており，右側の大脳が障害された場合は左半身に麻痺が現れ，左側の大脳が障害された場合は右半身に麻痺が現れる。また，左側の大脳が障害された場合は**失語**症，右側の大脳が障害された場合は**失認**や空間無視が生じることがある。 （横井光治）

片山潜［かたやません］（1859-1933） 近代日本の社会運動家である。岡山県の農家出身，渡米して労働問題やキリスト教社会主義を苦学した。帰国後の 1897 年，日本最初のセツルメントであるキングスレー館を東京・神田三崎町（現在の千代田区）に開設し，地域活動を展開した。他方，労働組合期成会や社会主義研究会を組織して社会主義運動を展開し，国際共産主義運動を指導するなど晩年まで国際的に活躍した。 （中根真）

喀血［かっけつ］ 気管支や肺などの呼吸器系統から出血して，口から血を吐くことである。通常は，咳や呼吸困難を伴う。消化器からの出血である吐血と間違えられやすい。喀血は泡を含む鮮紅色であり，吐血は胃液が酸化されてコーヒー残渣様の暗赤色であることが多い。少量から大量（1000 cc）の出血まであるが，微少量のものは血痰という。喀血をおこす疾患には，気管支拡張症，肺結核，肺炎，肺がん，気管支炎，肺化膿症，肺梗塞，肺嚢腫などがある。高齢者の場合は肺がんの初発症状である可能性がある。また激しい咳などでも気管を傷め出血すること

がある。 （内田陽子）

活動（ICF）［かつどう（あいしーえふ）］ ICF（国際生活機能分類）を構成する分類の一つで，活動（activities）は「課題や行為の個人による遂行のことであり，個人的な観点からとらえた生活機能」と定義され，生活機能と障害を構成する 3 つの要素の一つとして位置づけられている。活動と参加の 2 つの構成要素は，主に個人の生活や人生を送る中で生じることへの関わり方や遂行することである。 （國定美香）

活動理論［かつどうりろん］ 高齢期にさまざまな面で中年期と同等かそれに近いレベルを維持することが，老年期の**サクセスフル・エイジング**の要であるとする理論。老化の活動理論とも呼ばれる。活動理論と離脱理論は，サクセスフル・エイジングに関して対比的に取り上げられる 2 つの視点である。活動理論の視点からは，高齢者が自身に見合った社会的な役割を果たすことや，知人や周囲の人との関係性を維持し続けていくことが奨励される。高齢者は非活動的であるよりも活動的であるほうが望ましいとされ，老年期の新しい認知や行動のレパートリーをもつことよりも，中年期と同じ認知や行動のレパートリーを継続する方が適切であるとみなされる。 （箕浦有希久）

家庭裁判所［かていさいばんしょ］ 裁判所法に基づいて設置された下級裁判所の一つ。家事事件手続法で定める家庭に関する事件の審判および調停，人事訴訟法で定める人事訴訟の第一審の裁判，少年法で定める少年の保護事件の審判を行う。 （上田晴男）

家庭奉仕員［かていほうしいん］ 1963 年に，低所得者の家庭に無料で派遣する老人家庭奉仕員派遣事業として，老人福祉

法に定められた資格名のこと。一般的にホームヘルパーと呼ばれた。ホームヘルプサービス事業は家庭養護婦派遣事業とよばれた。介護が必要な人の家庭等を訪問し，入浴・排せつ・食事等の介護や日常生活上の支援を行うことを業務とする。現在は，**介護保険法**で**訪問介護員**と位置づけられている。　　　　　（笠原幸子）

家庭奉仕員派遣事業［かていほうしいんはけんじぎょう］⇒家庭奉仕員

家庭養護婦派遣事業［かていようごふはけんじぎょう］⇒家庭奉仕員

加齢性難聴［かれいせいなんちょう］　加齢によっておこる難聴をいう。老人性難聴ともいわれる。しかし高齢だから必ず発症するものではなく，遺伝的要素や騒音などの身体的ストレス，生活スタイルの影響により発症することもある。60歳以降で聴力低下が早く進み，男性の方が女性よりも早く聴力が衰える傾向にある。高音域4000〜8000 Hzから難聴が始まり，少しずつ低音域も聞こえにくくなる。蝸牛の老化，聴細胞の減少により，語音弁別能も悪くなり，話が聞き取りにくくなるなど，日常生活に支障をきたし，コミュニケーションがうまくいかなくなることで認知症と間違われることもある。
　　　　　（内田陽子）

簡易浴槽［かんいよくそう］　浴室まで移動が困難な人に対して，居室内やベッド上で容易に入浴を行うための浴槽。ポータブルタイプで，空気式や折り畳み式などがある。簡易式ではあるが，給水・排水ホースや専用のポンプ，シャワー機能のついたものもある。個人で購入する場合は少ないが，購入の際には対象者の体格や入浴頻度などを十分に検討する必要がある。また，設置の際は，浴槽と給水・排水場所との距離や高さの確認，ビ

ニールシートを敷くなどの防水対策をする。簡易浴槽は，介護保険における**特定福祉用具販売**の対象種目である。
　　　　　（植北康嗣）

感音性難聴［かんおんせいなんちょう］　蝸牛，聴細胞，音を分析・認知する脳幹，大脳の感音部のどこかに異常がある難聴をいう。難聴の程度は軽度から，最重度のろう（聾）まである。**伝音性難聴**とは異なり，補聴器は役立つことが少なく，失った感音機能の回復は難しい。音の分析機構が障害されているので，小さい音は聞こえない。可聴範囲が狭いため，音を大きくすると響き不快な状態になる。原因は加齢，騒音，薬の副作用，遺伝など多岐にわたる。主な種類には老人性難聴，騒音性難聴，ストマイ難聴，遺伝性難聴，聴神経腫瘍ウイルスによる難聴，メニエール病による内耳障害，頭部外傷等による難聴がある。原因不明の突発性難聴も感音性難聴に含む。　（内田陽子）

感覚運動期［かんかくうんどうき］　ピアジェ（Piaget, J.）が提唱した認知発達段階の一つであり，誕生から1歳半ないし2歳前後の時期とされる。子どもは身体運動に基づいてその認知的枠組みを広げていくとピアジェは考え，この段階は生得的な反射から出発し，言語（表象）獲得を準備する段階として位置づけられた。具体的には，対象の永続性，心的表象，延滞（遅延）模倣といった認知的能力を獲得していくと論じた。　（村上太郎）

感覚記憶［かんかくきおく］　人間の感覚器（たとえば，目・耳・鼻・舌・皮膚など）には常にさまざまな刺激の入力情報がある。外界からやってきた最初の情報は，非常に短い時間だけ保持されており，これを感覚記憶または感覚登録器と呼ぶ。たとえば視覚情報に関する感覚記憶は，

私たちが何かをひと目見ただけで大量の情報として保持されるが，その情報はわずか1秒ほどの間に急速に失われて利用不可能になってしまう。人は目や耳などの感覚器から入ってくる感覚情報のすべてを利用しているわけではなく，注意の調節機能によって常に情報を取捨選択しながら生きている。　　　　（箕浦有希久）

感覚性失語［かんかくせいしつご］　主にウェルニッケ野の損傷で生じる感覚性失語（ウェルニッケ失語）は**運動性失語**とは対照的に，聞き取りの障害が中核で，自発語は構音，抑揚，統語は保たれており流暢でむしろ多弁だが，間違いが多く，ときに状況と対応しない意味不明な発話となる。障害の自覚に乏しい（病態失認）場合も多いが，発話は混乱していても判断力は保たれていることが多いので，イラストや身振り等を添えゆっくりと話しかけると理解できることが多い。感覚性言語中枢（ウェルニッケ野）は側頭葉の一部である上側頭回にある。主に聞き取りに要する音韻処理に重要な役割を演じている。頭頂葉の一部である角回・縁上回（語彙理解，意味処理，文字言語の処理に重要と思われる）が隣接している。弓状束でブローカ野と連絡している。

（田辺肇）

環境因子（ICF）［かんきょういんし（あいしーえふ）］　ICF（国際生活機能分類）を構成する分類の一つで，環境因子（environmental factors）は，「人々が生活し，人生を送っている物的な環境や社会的環境，人々の社会的な態度による環境を構成する因子」と定義され，背景要因の中に位置づけられている。なお，背景因子には，もう一つ個人因子がある。

（國定美香）

緩下剤［かんげざい］　比較的緩やかに効き，副作用も少ない下剤のことをいう。大腸の水分の吸収を抑制し，便の水分を多くして，柔らかくして排便を促す下剤である。緩下剤の種類には，塩類下剤，膨張性下剤等がある。塩類下剤は酸化マグネシウムなどを含む下剤で，マグネシウムが浸透圧に作用し，腸内に水分を集め，便を柔らかくする。膨張性下剤は，水と服用すると体内で膨張し便を押し出す作用をもつ。緩下剤の他に，刺激性下剤（センナやビサコジル，ダイオウ等）がある。これらは，刺激が強く即効性があるが，腹痛等の副作用もある。

（内田陽子）

看護［かんご］　看護とは，広義には，家庭や近隣における乳幼児，傷病者，高齢者や虚弱者等への世話等を含むものであり，狭義には，保健師助産師看護師法に定められた免許をもつ看護職による，保健医療福祉の場の看護実践をいう。看護の対象は，あらゆる年代の個人，家族，集団，地域社会である。目的は，人々が本来もつ①自然治癒力を発揮しやすい環境を整え，②健康の保持増進，③疾病の予防，健康の回復，苦痛の緩和を行い，④生涯を通して，その人らしく生を全うすることができるよう身体的・精神的・社会的に支援することである。看護の機能として，身体的・精神的・社会的支援は，日常生活への支援，診療の補助，相談，指導及び調整などを行う。直接看護技術を駆使するとともに人の自律性を尊重し，自己決定を促す，尊厳と権利を尊重し温かな人間的配慮をもって擁護することも重視される。　　（島内節）

看護・介護職員連携強化加算［かんご・かいごしょくいんれんけいきょうかかさん］　訪問介護員が喀痰吸引等の業務を安全に行うことができるように，看護職

員が同行訪問をする時の**介護保険**上の加算のことをいう。具体的な業務として、看護職員は計画書や報告書の作成及び緊急時等の対応への助言のために訪問介護員と同行訪問を行い、利用者の居宅において訪問介護員の業務の実施状況を確認する。ただし、訪問介護員の技術不足を補うための看護職員の同行の場合には、加算を取ることができない。加算を取ることができる事業者は、緊急時訪問看護加算の届け出をしている訪問看護事業所であり、同行できる**訪問介護事業所**は特定行為事業者として指定を受けた訪問介護事業所でなくてはならない。

　なお、安全なサービス提供体制整備や連携体制の確保のための会議に出席した場合も算定できるが、その内容を訪問看護記録書に記録する必要がある。(忍正人)

看護過程［かんごかてい］　ホール（Hall L.E.）が初めてこの用語を使った。日本では 1989 年に日本看護科学学会が、看護過程とは人間関係のプロセスとの混乱を避けるために、看護により解決できる問題を効果的に取り上げ解決してゆく系統的な活動であり、情報収集、解釈、問題の明確化（看護診断）、看護立案、実施、評価を構造として実践されるものであるとした。したがって、看護過程は看護の内容を指すのではなく、その内容を具体的に展開させる方法論を意味している。看護過程の特徴は、①問題解決を目標とした連続的なプロセスである、②アセスメント、看護診断（問題の明確化）、目標、立案、実施、評価などの要素を含む、③問題ごとに看護過程を展開する、④問題が解決されなければ各段階にフィードバックする、⑤考える局面（推論）と行動の局面（看護介入）がある、などである。
(小笠原知枝)

看護師［かんごし］　看護師は、保健師助産師看護師法第 5 条に「厚生労働大臣の免許を受けて、傷病者若しくはじよく婦に対する療養上の世話又は診療の補助を行うことを業とする者」と規定された業務独占の国家資格である。

　2018 年度末現在で就業している看護師は 1,218,606 名で、そのうち病院で従事している看護師（実人員）の割合は 70.9%、診療所で従事する看護師の割合は 12.8%と医療施設で従事する看護師は 83%に上るが、介護老人福祉施設など福祉施設においても人員配置が定められている。他に、訪問看護や介護支援専門員として従事する看護師もおり、地域包括ケアの推進役として期待されている。

　また、近年、医療ニーズの高度化、専門化の中で、特定の看護分野において熟練した看護技術と知識を有し、水準の高い看護実践や後進の指導に当たることができる看護師を養成するため、日本看護協会より 1995 年に**認定看護師**、さらに 1998 年には認定看護管理者の認定制度が始まった。認定看護師は看護師として 5 年以上の実践（うち、特定分野において 3 年以上の実践）があり、認定看護師教育機関（課程）を修了後、認定審査（筆記試験）に合格することで認定される。「**看護の資格**」も参照。　　(種橋征子)

看護者の倫理綱領［かんごしゃのりんりこうりょう］　看護者とは看護師の免許によって看護を実践する権限を与えられた者であり、その社会的な責務を果たすため、看護の実践においては、人々の生きる権利、尊厳を保つ権利、敬意のこもった看護を受ける権利、平等な看護を受ける権利などの人権を尊重することが求められている。そのために、2003 年、日本看護協会は、「看護者の倫理綱領」を

提唱した。さまざまな場で看護を実践する看護者の行動指針としてまた自己の実践を振り返る際の基盤を提供するものであると同時に，看護の専門職者としての責任の範囲を社会に提示したものである。具体的に 15 の項目があげられている。また，1973 年に国際看護師協会（ICN）は，看護師の基本的責任範囲として，健康の促進，疾病の予防，健康の回復と苦痛の緩和をあげている。　　（小笠原知枝）

看護小規模多機能型居宅介護［かんごしょうきぼたきのうがたきょたくかいご］退院直後の在宅生活へのスムーズな移行への支援，がん末期等のターミナルケア，病状不安定期における在宅生活の継続等の医療ニーズの高い利用者，家族のレスパイトケアなどに対応するために，利用者宅からの「通い」，利用者宅への「訪問」，事業所に短期宿泊する「泊まり」などのサービスを組み合わせることにより，多様な療養支援を行う，介護保険制度の**地域密着型サービス**の一つ。登録定員は 29 名以下で，通いの定員はおおむね 15 名まで，宿泊定員は 9 名までとなっている。常勤換算 2.5 以上の看護職員の配置が義務付けられている。　　（山井理恵）

看護診断［かんごしんだん］米国看護師協会は 1991 年に，看護診断とは現にある，あるいはこれから生じるであろう健康上の問題に対するクライエントの反応に関する臨床判断であると定義した。看護診断の特徴として，①アセスメントを要約したもの，②データ収集と分析を含むプロセスの結論，③看護行為を導く根拠を示したもの，④看護専門職固有のもの，などがあげられる。北米看護診断分類インターナショナル（NANDA-I）は看護診断名を開発し続け，2 年ごとに改訂している。問題焦点型，ヘルスプロモーション型，リスク型，シンドロームの 4 種類の看護診断名がある。看護診断の構成要素には，診断名，定義，診断指標，関連因子・リスク因子がある。たとえば，診断名には「モルヒネ服用に関連した便秘リスク状態」等と表記する。病院の電子カルテには，この看護診断分類法が組み入れられているところが多い。

　　　　　　　　　　　　　　（小笠原知枝）

看護の資格［かんごのしかく］看護の資格は看護師と准看護師に分けられる。看護師とは「厚生労働大臣の免許を受けて，傷病者若しくはじよく婦に対する療養上の世話又は診療の補助を行うことを業とする者」である。看護師の資格は，通常高校を卒業後，看護系大学（4 年），看護短期大学（3 年），看護専門学校（3 年）で看護教育を受けたのち国家試験に合格すれば厚生労働大臣より看護師の資格が与えられる。その他には，高校衛生看護科（3 年）卒業後に短大や専門学校の追加，また最近では，大学卒の社会人が専門学校や短大やさらに大学で看護教育を受けたのちに，国家試験を受けて看護師の資格をとるなど，さまざまな道がある。

　一方，准看護師は，准看護学校を卒業し，都道府県知事が実施する准看護師資格試験を受け，合格すれば合格証が各都道府県知事より発行される。准看護師は医師・歯科医師・看護師の指示を受けて療養上の世話や診療上の補助などを行う。なお，准看護師養成所（2 年）を修了した後，実務 3 年と専門学校 2 年を追加して国家試験に合格すれば看護師になれる。

　保健師・助産師・看護師の名称は，**保健師助産師看護師法**（通称：保助看法）のもとに，厚生労働大臣から免許を得て使用することができる。これらは職種ごとに業務独占で，保健師は保健指導に従

事し，助産師は分娩を助け，また妊娠・褥婦・新生児の保健指導を行い，看護師は傷病者，褥婦に対する療養上の世話または診療の補助などの業務を行う。

看護師の上位の資格として，**専門看護師**や**認定看護師**がある。日本看護協会は資格認定制度を設置し，医療の高度化や専門分化に伴い高度の知識と技術を備えた看護師を養成するために，専門看護師，認定看護師，認定管理者の資格を認定している。専門看護師は 11 の特定分野に，認定看護師は 21 の特定の看護分野に分けられている。前者は看護系大学院で日本看護系大学協議会が定める専門看護師認定教育課程基準の所定の単位を取得し，実務研修 5 年の内，専門分野の実務研修を 3 年以上した後，看護協会の認定試験に合格しなければならない。また後者は日本看護協会が認定した教育機関で特定分野の教育カリキュラムを 6 か月以上履修し，実務研修 5 年の内 3 年以上特定分野の実務研修をした後，日本看護協会の認定試験に合格しなければならない。

（小笠原知枝）

感情失禁［かんじょうしっきん］　人間は喜怒哀楽の感情が生じても，ストレートに外界に向かって表現しないような抑制機能が意識的・無意識的に働いている。その抑制が障害され，ストレートに生々しい感情が溢れ出た状態を感情失禁という。少しの刺激で激しい感情が生じ，自らそれを調節できない状態である。感情の異常には，ある特定の感情状態が突出している量的異常と，感情の調節の異常がある。感情失禁は，この感情の調節障害に当たる。たとえば，軽い優しい言葉をかけられただけで涙が止まらなくなり号泣したり，少し注意されただけで怒り出し暴言を吐き続けるなどの状態になる。

感情失禁は気分変調とは異なり，感情は過剰であっても，刺激状況とそこから生じる感情の間に理解可能な関連性が保たれている。脳血管障害や脳血管性認知症で生じやすい。

（田辺毅）

感情の反射［かんじょうのはんしゃ］　利用者の話の中に含まれている感情を鏡のように反射して返すこと。ロジャーズ（Rogers, C.R.）が提唱した，カウンセリング技法の一つ。「感情の伝え返し」ともいう。

単なるオウム返しではなく，利用者の内的世界を正しく理解しているか，また，利用者が感じている瞬間を自分も同じように見られているかを確かめるように応答すること。語られるエッセンスの鏡になることであり，単なる表面的な意味にとどまらず，その言葉の背後にある意味について，自分の理解や受け取りが利用者の気持ちと一致しているかを確かめていく。「確かめてもらう」という姿勢で感情を伝え返す（反射する）と，利用者は，まだ言葉になっていない感情や気持ちがよりシャープになり，自己理解につながっていく。

（倉田郁也）

感情労働［かんじょうろうどう］　米国の社会学者であるホックシールド（Hochschild, A.R.；1940- ）が 1983 年に提唱した用語で，第 3 次産業であるサービス産業を担う人たちは，さまざまな欲求をもつ顧客に対して，顧客満足度を高めるために自分の感情をコントロールして対応することが求められる。いつもと変わらずよいサービスを提供するために，自分の感情のコントロールが職務の一部になっている。例としてあげられるのが客室乗務員の業務である。介護の仕事においても，利用者が安定するような表情，声，態度等が求められ，適正な感情を演

出することを求められる。　（笠原幸子）

関節可動域（ROM）［かんせつかどういき（あーるおーえむ）］　身体の各関節を自分または他者によって運動させた時の可動範囲のことをいう。英語表記のRange Of Motion を略して ROM ともいう。関節可動域は角度で表される。関節可動域は，加齢，関節運動の減少，日常生活動作の能力の低下，痛み，浮腫等といった様々な要因が組み合わさって制限（影響）を受けるとされている。関節可動域の制限は，その制限の程度に応じて評価され，「関節可動域表示ならびに測定法」（日本整形外科学会および日本リハビリテーション医学会）に準拠して定められた「関節可動域の測定要領」に基づいて測定される。　（冨田川智志）

関節拘縮［かんせつこうしゅく］　関節が可動域制限をおこしている状態をいう。正常な関節は一定の可動域をもっているが，以下の原因で発生する関節包や靱帯，筋，腱，腱鞘，筋膜，皮膚などの萎縮や変性，血流不全や退行変性により組織が滑らかさを失って拘縮しているもの，骨折，捻挫，脱臼などの長期ギプス固定による萎縮，外傷による浮腫や腫れで軟部組織が肥厚し拘縮するもの，脳脊髄損傷の痙性麻痺により筋自体が萎縮し拘縮するもの，変形性関節症，肩関節周囲炎，**関節リウマチ**など，関節周囲線維性組織の異常による拘縮，寝たきりなど関節を動かさずに生じる廃用性拘縮等がある。拘縮の予防としては自動・他動運動，マッサージが有効である。　（内田陽子）

関節リウマチ［かんせつりうまち］　自己免疫異常による，股関節，膝関節，手関節，手指関節など，全身性の多発関節炎を主症状とする疾患。原因不明である。初期症状は朝の手指のこわばり，関節の腫脹，貧血，発熱などであるが，進行すれば関節の亜脱臼や強直などが生じ，やがて全身の関節が変形して重大な機能障害が出現する。女性が多く出産や 40 歳代の更年期前後に発症しやすい。一般に，徐々に発病するが，一部には発熱を伴い急性に発症するものもある。治療には抗炎症薬，抗リウマチ薬，ステロイド，免疫抑制剤等の投与，人工関節等の外科的手術がある。　（内田陽子）

感染［かんせん］　病原体が体内に侵入し，臓器や組織で増殖する状態を感染と呼んでいる。病原体はウイルス，細菌，真菌（カビ），スピロヘータ，原虫，寄生虫などである。感染源には①吐物・尿や便などの排泄物，②血液・体液・膿や喀痰などの分泌物，③使用済みの注射針やガーゼなど器具／器材，④これらに触れた手指で取り扱った食品などがある。

　感染経路には①接触感染，②飛沫感染，③空気感染，④針刺しなどの血液媒介感染などがある。

　接触感染は手指や器具を介して吐物や排泄物・分泌物に接触することによる感染で伝播力が高い。飛沫感染は咳，くしゃみ，会話などで飛散したウイルスや細菌の飛沫粒子による感染である。空気感染は，飛沫感染と同様咳やくしゃみで飛散する飛沫核によっておこる感染である。飛沫感染の飛沫粒子は半径 1 m以内の床に落下して空中に浮遊することはないが，空気感染の飛沫核は空中浮遊し続け，空気の流れによって飛散することに注意する。

　経口感染とは，疾患の原因となる細菌やウイルスが口を通って咽頭・食道・胃・小腸・大腸・肛門に至る消化管に侵入する感染のしかたのこと。母子感染とは，病原菌が母体から胎盤や産道や母乳

を介して赤ちゃんに感染すること。日和見感染とは，免疫力が低下しているときに，健康な時なら害にならない細菌やウイルスによってかかる感染症のことである。　　　　　　　　（小笠原知枝）

完全参加と平等［かんぜんさんかとびょうどう］⇒国際障害者年

感染症［かんせんしょう］　**感染**によっておこる疾患を感染症という。ウイルスや細菌などの病原体が体内に侵入し，増殖することによって，発熱，嘔吐，下痢，咳・咽頭痛・鼻水，発疹などの症状がみられる状態。その治療は感染症の原因に対する治療と，症状に対する治療すなわち対症療法がある。接触感染（**経口感染**，**粘膜感染**）には，感染性胃腸炎（ノロウイルス），腸管出血性大腸菌感染症，疥癬，MRSA（メシチリン耐性黄色ぶどう球菌）感染症，緑膿菌感染症，などがあげられる。**飛沫感染**にはインフルエンザ，肺炎球菌，おたふくかぜ（流行性耳下腺炎），風疹などがある。空気感染では結核，麻疹，水痘（帯状疱疹）などがある。

感染症を予防するためには，①感染源の排除，②感染経路の遮断，③人間の免疫力を向上させることである。**感染症法**に基づいて，医師が届出ないといけない感染症については，巻末の図表に示す（巻末資料311頁参照）。　　　（小笠原知枝）

感染症対策［かんせんしょうたいさく］感染症対策として重要なことは感染管理のための3つの視点から基本的措置を徹底することである。特に高齢者介護施設における感染対策に重要である。第1は感染源に対する対策である。感染源には素手では触らず，必ずゴム手を着用して取り扱う。ゴム手を脱いだ後は，手洗い，手指消毒を行うなどがある。第2の対策は感染経路の遮断である。感染源を施設

に持ち込まないこと，持ち出さないこと，拡げないことが重要である。具体的には職員が出勤時に，委託業者が清掃や給食時に，面会者らが面会・介助時に，入居予定者が入居時に，短期入所やサービス利用者が施設利用時に，感染源を持ち込まないような対策を徹底するなどがある。第3の対策は健康管理である。とくに高齢者は感染症に対する抵抗力が弱いことから早期発見と早期治療が重要である。

厚生労働省は，初診患者の感染症の有無を判断することが難しいことから，感染管理の大原則として**スタンダード・プリコーション**（標準予防策）を推奨している。これは患者の血液・体液や患者から分泌・排泄される尿・便・膿，患者の創傷，粘膜に触れる場合には，感染症の恐れがあるとみなして対応することの重要性を示している。　　　　　（小笠原知枝）

感染症の予防及び感染症の患者に対する医療に関する法律（感染症法）［かんせんしょうのよぼうおよびかんせんしょうのかんじゃにたいするいりょうにかんするほうりつ（かんせんしょうほう）］「感染症の予防及び感染症の患者に対する医療に関し必要な措置を定めることにより，感染症の発生を予防し，及びそのまん延の防止を図り，もって公衆衛生の向上及び増進を図ることを目的」として伝染病予防法や結核予防法等に代わり，1998年に制定された法律。

感染症を感染力や致死率等の危険度が高い順に1類感染症〜5類感染症，新型インフルエンザ感染症，指定感染症，新感染症等に分類し（巻末資料311頁参照），全ての医療機関は，定められた感染症を診断した場合は保健所に届けることとなっている（全数把握感染症）。また，各地域の人口の割合に応じて指定届出医療機

関が定められた対象感染症の患者を診断した場合は，週単位又は月単位で保健所に届け出ることとなっている（定点把握感染症）。　　　　　　　（内藤雅子）

感染性胃腸炎［かんせんせいいちょうえん］　主に**ノロウイルス**によって発症し，流行性嘔吐下痢症とも呼ばれる。感染力が強く集団感染をおこすことがある。経口感染で，冬場の11月から12月に多発する。汚染されたカキなどの二枚貝を生や十分加熱しないまま食べた場合に感染する。吐物などの接触による二次感染も頻発している。潜伏期間は1〜2日，症状は下痢や血便，嘔気や嘔吐，腹痛，発熱などである。通常これらの症状が1〜2日続いた後，治癒する。

　治療は水分や栄養の補給が中心となる。感染症対策として，①排便後や調理・食事前に石鹸と流水による手洗い，②便や吐物の処理時には使い捨ての手袋，マスク，エプロンを着用，③感染者が使用した食器やリネン，衣類などの洗浄，また感染者のうがいや嘔吐した場所についても，次亜塩素酸ナトリウム（次亜塩素酸ソーダ）で消毒する。　　（小笠原知枝）

患側［かんそく］　身体の左右どちらか片側の上肢および下肢が自分の意思で運動しにくくなる障害，またはその状態になった際，自分の意思で運動できない側のことをいい，麻痺側とも呼ばれている。その反対側を**健側**という。たとえば，**脳血管障害**（脳出血や脳梗塞など）により，右側の大脳が障害され，その症状として左側上下肢に運動麻痺が現れた場合，左側を患側，右側を健側と呼んでいる。日常生活の介護場面では，ベッドと車いす間の移乗や衣類の着脱，入浴の際に湯温の確認をしてもらう場合など，健側と患側を確認をしてから介護することが大切

である。健側と患側を考慮することは自立支援や対象者と介助者双方の負担軽減につながる。　　　　　　　（横井光治）

陥入爪［かんにゅうそう］　爪の角が爪の内部に棘のように刺さって炎症をおこした状態をいう。爪が横方向に巻いたようになる巻き爪とは異なる。原因は深爪や幅の狭い靴・ハイヒール，外傷などである。爪の軟部組織の傷から細菌が入り感染（蜂窩織炎）（ほうかしきえん）をおこすことがある。指の両端の爪の部分は感染しやすいために，爪が伸びてきたら切っておくことが大切である。（小笠原知枝）

カンファレンス［かんふぁれんす］　会議，協議という意味。使用される場面によって意味が異なる。介護の場面では，施設サービスの場合はケアカンファレンスと呼ばれ，より良い介護サービスを提供することを目的に担当する介護職員，看護師，生活相談員，管理栄養士等が要介護者の情報を報告し協議すること。在宅サービスの場合は介護保険制度に基づくサービス担当者会議と呼ばれ，主として介護保険専門員が中心となって，介護サービス事業者の担当者，主治医等が新しい課題や問題点がないか，適切にサービスを提供できているか協議する。

　また，要介護者本人や家族の参加が推奨されておりケアプランの提示等も行う。医療の場面では，より良い医療ケアを提供することを目的に担当する医師，看護師，理学療法士，医療ソーシャルワーカー等が患者の情報を報告し協議する。　　　　　　　（笠原幸子）

管理栄養士［かんりえいようし］⇒栄養士

緩和ケア［かんわけあ］　病気によって体と精神が受ける苦痛をやわらげるケア。パリアティブ・ケアともいう。1970年代

にホスピス（ケア）の考え方をもとに英国で始まり，カナダやアメリカで発展したといわれている。WHOは死に向かうプロセスに焦点を置き，1989年と2002年に2回定義している。1989年では，「治癒を目指した治療が有効ではなくなった患者に対する積極的な全人的なケアである」と定義され，また2002年には，「痛み，そのほかの身体的，心理社会的，スピリチュアルな問題を早期発見し，適切なアセスメントと治療を行うことにより，生命を脅かす疾患に関連する問題に直面している患者と家族のQOLを改善させるアプローチである」と定義されている。　　　　　　　　　（小笠原知枝）

キーパーソン［きーぱーそん］　**介護支援専門員**などの専門職以外で，クライエント（利用者）への支援に中心的に関わる存在として位置づけられる人。家族や知人，友人，近隣住民，民生委員といった人たちで，クライエントが信頼している人たちのことを指すことが多い。専門職が支援の協力を求める際の窓口になったり，クライエントと専門職やサービス提供者との橋渡しの役割を担うこともある。　　　　　　　　　　　　（鵜浦直子）

記憶［きおく］　心理学領域では，情報処理理論の視点から貯蔵庫モデルという記憶理論が構築されており，記憶は「**感覚記憶**」「**短期記憶**」「**長期記憶**」に分類されている。情報処理理論とは，人間をコンピュータのような情報処理装置とみなし，情報の入力・処理・出力というモデルにおいて心的現象を理解する考え方である。歴史的には，意識に残る情報である「短期記憶」と，意識に残らない情報である「長期記憶」に二分する考え方があった。その後，短期記憶はより広範な内容を取り扱う概念として「作動記憶

（ワーキングメモリ）」とみなされるようになった。長期記憶は，意識的に想起（思い出す）することができ，言語やことばで表現することができる「宣言的記憶（陳述記憶）」と，自動的に機能する「非宣言的記憶（非陳述記憶）」に大きく二分される。さらに，記憶の内容の種別によって前者は「**エピソード記憶**」と「**意味記憶**」に区別され，後者には道具の使い方や技能の記憶である「**手続き記憶**」が含まれる。精神医学や臨床神経学といった領域では，記憶の保持時間による分類として「即時記憶」「近時記憶」「**遠隔記憶**」という記憶の分類法が用いられている。即時記憶は，ほんの数秒から数分の間に起きる生理学的過程としての記憶である。近時記憶は，数分から数時間の間の情報や体験を保持している記憶である。遠隔記憶は，それ以上の長い時間にわたって保持されている，生活史上の出来事や学習された知識を意味する。　　　　　　　　　　　　（箕浦有希久）

記憶障害［きおくしょうがい］　記憶は分単位の情報保持機能（即時記憶もしくは**短期記憶**。概ね自覚内容に近い），その情報を長期間保持するように覚え込む機能（記銘。主に海馬が担う），長期間保持していた情報（**長期記憶**。その間は無自覚である）を再度自覚する機能（想起もしくは追想）などからなる。それらの機能が低下・喪失された状態をいう。加齢に伴う通常の物忘れと違い，**認知症**の**中核症状**である記憶障害では，たとえばアルツハイマー型認知症の場合，記銘障害が顕著で，そのため完全に記憶が抜ける（特に近時記憶の），障害の自覚を欠く，生活への支障がある等の特徴があり，徐々に進行する。背景疾患等により，遠隔記憶を含む想起（追想）障害（**長期記**

憶障害），短期記憶（即時記憶）**障害**などもみられる。　　　　　　　　（田辺肇）

機械浴槽［きかいよくそう］　浴槽に入る動作が困難な人が使用する寝台浴槽やチェアイン浴槽などのこと。寝たまま，または座ったまま使用できるため，病気や障害のある人も身体的負担や転倒リスクを軽減することができる。ジャグジー機能や清潔を保つ循環機能がついているものも多い。使用時は一般浴槽と違い対象者が機械の上下動などで不安を訴えることもあるので，常に視界に入る位置で声をかけながら操作を行う。機械浴槽と特殊浴槽はほぼ同じような意味で使用され，機械浴槽を使用しての入浴を**特殊浴**などと呼んでいることもある。　（植北康嗣）

気管支喘息［きかんしぜんそく］　気管支粘膜に慢性の炎症がおこることによって，気管支が過敏となり空気が通る道（気道）が狭窄して，①発作性の呼吸困難，②咳，③痰などを特徴とする疾患である。気管支が狭くなっているため，息を吐こうとする時，息をスムーズに吐けず喘鳴がおこる。原因の大半はダニやカビ，スギ花粉，ハウスダストなどによるアレルギー反応とされている。治療には気管支の炎症を抑える吸入ステロイドが効果をあげている。　　　　　　（小笠原如枝）

基幹相談支援センター［きかんそうだんしえんせんたー］　障害者総合支援法第77条の２に規定される，地域における障害者相談支援の中核的な役割を担う機関。市町村が設置あるいは一般相談支援事業者等に業務の実施を委託できる。障害者相談支援事業や成年後見制度利用支援事業を行うほか，身体障害者福祉法，知的障害者福祉法，精神保健及び精神障害者福祉に関する法律（精神保健福祉法）に基づく相談等の業務を総合的に実施する。

具体的には，地域の実情に応じ，総合的・専門的な相談支援を実施するとともに，地域の相談支援体制を強化する取り組みや，施設入所者や精神科病院入院者の地域移行・地域定着を促進する取り組み，障害者虐待防止のための取り組みなどを行う。そのために必要となる人員として**相談支援専門員**や**社会福祉士**等を配置することとされている。　（永井順子）

危機管理［ききかんり］　介護現場における危機管理については，介護福祉サービスという特性から，介護職員は，要援護者の意思尊重と要援護者の保護という概念の間で揺らぎながら，要援護者の最善の利益を追求することが求められる。「自由」と「安全」といった二者択一的な考え方ではなく，利用者を集団としてではなく，ただ一人の人としてとらえ，個別ケア，より質の高いケアを提供することによって，多くのリスクを回避することができる。一方，介護現場における危機管理には感染予防もある。抵抗力の弱い要援護者が集団で生活している介護現場では，要援護者やその家族，職員全員が日常的に効果的な感染予防を心がけることが求められる。また，多くの自然災害が発生しているなか，さまざまな自然災害に対応した危機管理システムの構築も求められる。　　　　　　（笠原幸子）

企業の社会的責任（CSR）［きぎょうのしゃかいてきせきにん（しーえすあーる）］　企業活動の基盤である社会が健全かつ持続的に発展できるように，株主や消費者のためだけでなく，社会の発展のために，自らの資源や技術，能力を投入し，社会に対して貢献していく企業の責任のこと。CSR は，Corporate Social Responsibility の略。2003 年は，日本における，「企業の社会的責任」元年と呼ばれた。法令遵

守，消費者保護，環境保護，労働，人権尊重，地域貢献など財務的な活動以外の分野において取り組まれる。CSR は，社会的責任投資（SRI；Social Responsible Investment）との関係の中でも注目され，従来の財務内容に加えて，企業の社会的責任も投資するうえでの評価軸として位置づけられるようになっている。

（鵜浦直子）

起座位［きざい］　上体を起こしてクッションや机等によりかかり，前かがみに座っている状態の**体位**のことをいう（巻末資料 308 頁参照）。　　　（冨田川智志）

きざみ食［きざみしょく］　食べ物を小さく刻んで食べやすくした食事。**嚥下困難食**の一つ。咀嚼機能低下，義歯不合，開口障害などがみられる人に適するが，唾液分泌不足，入れ歯使用の人には適さない。長年にわたり高齢者の食事に利用されてきたが，口腔内でバラバラになりやすく食塊が形成されにくいことから，誤嚥につながる危険性が指摘されている。きざみ食による誤嚥を予防するには，刻んだ後，とろみのあるソースをかけて食べるような工夫もある。　　（大森玲子）

義歯［ぎし］　欠けたり，失ったりした歯を補うために装着する人工的につくられた歯のことをいう。義歯は，咀嚼や嚙み合わせの機能だけではなく，発音や外観の回復にも効果がある。義歯も天然の歯同様に細菌が繁殖しやすいため，毎日清掃することが大切である。義歯を快適に使用するためには，使用方法や管理方法について正しい知識が必要である。義歯は通常，上顎から下顎の順で装着し，下顎から上顎の順で外す。義歯の清掃方法は，熱湯や歯磨き剤を使用すると義歯が摩耗したり，変形したりする原因となるため，義歯用歯ブラシを用いて水やぬる

ま湯で清掃するようにする。義歯は乾燥するとひずんだり，割れたりするため，乾燥させないように清潔な水や義歯洗浄剤等に浸して保管する。　　（冨田川智志）

義肢［ぎし］　病気や外傷等によって四肢の全体あるいは一部が欠損した人が，欠損した四肢の全体あるいは一部の形態を補てんするため，または欠損したことによって失われた四肢の機能を代替するために装着する人工の手足のことをいう。義肢は，主に上肢に用いる義手と下肢に用いる義足に大別される。さらに，欠損した部位によって様々な種類があり，対象者のニーズに応じて製作される。医師の指示の下に，義肢の装着部位の採型や製作，身体への適合を行うことを業としている専門職として**義肢装具士**がいる。義肢の購入や修理費用について，治療（訓練）用であるか更生用であるかによって異なるが，様々な保険制度が適用される。医療保険，障害者総合支援法，労働者災害補償保険法，生活保護法等がある。　　（冨田川智志）

義肢装具士［ぎしそうぐし］　国家資格である義肢装具士は，医師の指示の下に，義肢及び装具の装着部位の採型，義肢及び装具の製作及び，それらの身体への適合を業とする者である（義肢装具士法第 2 条第 3 項）。義肢装具士は多くが民間の義肢装具製作所などにおいて従事している。病院や**身体障害者更生相談所**において医師や理学療法士，**作業療法士**と連携し，一人ひとりの障害者に合わせた義肢装具の作製，適合を行っている。

（種橋征子）

器質性精神障害［きしつせいせいしんしょうがい］　脳の器質的な病変，または頭部外傷その他の脳損傷などをもとに大脳が機能不全をきたし，何らかの精神症

状を引き起こしたものをいう。器質性精神障害の原因は多岐にわたっているが，主なものとしては脳の神経変性疾患である**アルツハイマー型認知症**やハンチントン病，**脳血管障害**，頭部外傷，脳炎や髄膜炎などの感染症，脳腫瘍や正常圧水頭症など頭蓋内占拠病変などがある。主な症状は，**認知症**と意識障害である。意識障害は昏睡と呼ばれる強い刺激を与えても眠ったままで全く反応を示さない重度のものから，ぼんやりして注意力が低下した軽度のものまでさまざまである。幻覚や妄想を伴い言動にまとまりがないことが多い。　　　　　　　　（幸田るみ子）

基準該当サービス［きじゅんがいとうさーびす］　介護保険制度においてサービスを提供する事業者が設備や運営の基準など都道府県の指定要件の一部を満たさない場合であっても，保険者である市町村が該当すると認めた場合のサービスをいう。その場合は特例の居宅介護サービス費として支給され，原則として償還払いとなる。基準該当サービスは，**居宅介護支援**や**訪問介護・通所介護**などの居宅サービス，**介護予防訪問入浴介護**などの介護予防サービスや**介護予防支援**などについて認められている。基準該当サービス等として事業を行うことの可否は，市町村が個別に判断を行う。また，障害者の分野でも同様のサービスがある。
　　　　　　　　　　　　（広瀬美千代）

基礎年金制度［きそねんきんせいど］　国民年金法により全国民のために設けられている基礎的な年金で，国民年金加入者（自営業者，学生，無職の人等）および厚生年金加入者（会社員，公務員など）とその配偶者に，老齢基礎年金，障害基礎年金，遺族基礎年金の3種類の年金を支給する制度である。

被保険者は，国民年金のみに加入する第1号被保険者（自営業者，学生，無職等）と厚生年金に加入する第2号被保険者（会社員，公務員等），第3号被保険者（第2号被保険者に扶養される配偶者）の3つに分かれている。

老齢基礎年金は，1号から3号までの被保険者が65歳になると受け取れる定額の年金である。

障害基礎年金は，病気やケガによる障害により生活や就労に支障をきたすようになった場合に給付される年金である。対象は，国民年金加入者，20歳未満の者，60歳以上65歳未満で日本在住かつ年金制度に加入していない者を対象とし，対象期間内に初診を受けた病気やケガで，障害等級（1級・2級）にある場合に支給される。給付を受けるためには，初診日の前日に次の①または②の要件を満たしていることが必要である。①初診の月の前々月までの公的年金の加入期間のうち，保険料納付，または免除期間が3分の2以上であること。②初診日において65歳未満であり，初診日のある月の前々月までの1年間に保険料の未納がないこと。

遺族基礎年金は，国民年金または厚生年金保険の被保険者であった者が死亡した場合に，その者によって生計を維持されていた子のある配偶者，または子（18歳到達年度の3月31日を経過していない子または20歳未満で障害年金の障害等級1級または2級の子）が受けることができる年金で，給付を受けるためには，被保険者であった者の受給資格期間，年金の納付状況，遺族の年齢，優先順位などの条件がある。　　　　　　（鷲巣典代）

キットウッド［きっとうっど］（Kitwood, T.）⇒パーソンセンタードケア

図表　気道確保

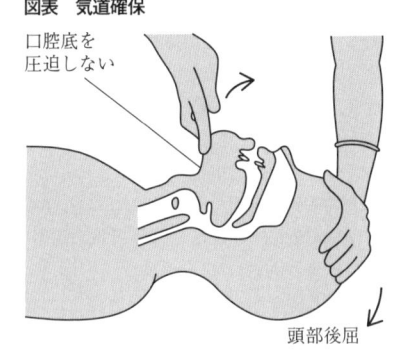

口腔底を
圧迫しない

頭部後屈

気道確保 ［きどうかくほ］　意識消失による舌根沈下や飲食物などの気道異物により，気道が閉塞や狭窄した時，**体位変換**（シムス位，**側臥位**など），用手的方法（下顎挙上法，頭部後屈顎先挙上法（図表参照），背部叩打法，腹部突き上げ法など），医療器具（エアウェイ，気管チューブなど）を用いて，気道を開通させ，呼吸ができるようにすること。　　　（小山智史）

機能訓練指導員 ［きのうくんれんしどういん］　**介護老人福祉施設**や**短期入所者生活介護**，通所介護事業所等において，日常生活を営むのに必要な機能を改善し，またはその機能の減退を防止するための生活機能訓練を実施する者のことをいう。**看護師**（**准看護師**），**理学療法士**，**作業療法士**，**言語聴覚士**，柔道整復師，あんまマッサージ指圧師，はり師，きゅう師のいずれかの資格を有していなければならない。機能訓練指導員は国家資格ではなく職名である。生活機能訓練は，**介護支援専門員**がたてるケアプランに基づき，利用者の必要性に応じた個別機能訓練計画書（介護給付の場合），運動器機能向上計画書（予防給付の場合）を作成し，個人，および複数の利用者に対し，訓練や運動機能向上を目的としたレクリエー

ションを実施し，評価を行う。（種橋征子）

機能性尿失禁 ［きのうせいにょうしっきん］　トイレまで間に合わない場合や，トイレまでたどり着けないことなどが原因でおこるタイプの失禁のことを指す。器質性尿失禁とは別に分類される。ADL障害や認知症などにより排尿動作に障害が生じて失禁する。例えば，脳卒中の後遺症による片麻痺が原因で，脱衣の動作がひとりでスムーズに行えずに時間がかかり，間に合わず失禁することがある。また，認知症が原因でトイレの場所がわからず，トイレにたどり着けずに失禁することがある。他にも，排せつすること自体を忘れて失禁することもある。ADL障害が原因の尿失禁は，着脱しやすい衣類を着用したり，自室とトイレまでの移動距離を短くしたりするなどして，排泄環境を整備することが大切である。

（横井光治）

機能性便失禁 ［きのうせいべんしっきん］　トイレまで間に合わない場合やトイレまでたどり着けないことが原因でおこるタイプの失禁のこと。器質性便失禁とは別に分類されている。ADL障害や認知症などにより排便動作に障害が生じて失禁する。例えば，脳卒中の後遺症による**片麻痺**が原因で，衣類を脱ぐ動作がひとりでスムーズに行えずに脱衣に時間がかかり，間に合わず失禁することがある。また，**認知症**が原因でトイレの場所がわからず，トイレにたどり着けずに失禁することがある。他にも，排せつすること自体を忘れて失禁することもある。ADL障害が原因の便失禁は，着脱しやすい衣類を着用したり，自室とトイレまでの移動距離を短くしたりするなどして，排泄環境を整備することが大切である。

（横井光治）

虐待［ぎゃくたい］　一定の頻度で一方的に行われる不適切な対応で，当事者だけでの解決が困難であるため社会的な支援を必要とする状態。日本においては対象者種別（高齢者，障害者，児童）に法律が整備されている。**高齢者虐待の防止，高齢者の養護者に対する支援等に関する法律（高齢者虐待防止法），障害者虐待の防止，障害者の養護者に対する支援等に関する法律（障害者虐待防止法），児童虐待の防止等に関する法律（児童虐待防止法）**である。高齢者虐待防止法では，養護者からと養介護施設従事者からの虐待に分けられ，①身体的虐待，②心理的虐待，③介護・世話の放棄・放任（ネグレクト），④経済的虐待，⑤性的虐待として定義している。　　（上田晴男）

ギャッチベッド［ぎゃっちべっど］　特殊寝台のこと。**介護保険法**では，サイドレールが取りつけてあるかまたは，取りつけ可能であり，背部や脚部の傾斜角度や床板の高さが無段階に調整できるベッドを指し，要介護2以上の福祉用具貸与の対象種目である。電動モーターを使用して簡単に上げ下げできるものは電動ベッドといわれる。背上げ機能を使用すると上半身が起き上がり，視野が広がり周囲の人とコミュニケーションがとりやすくなる。ベッドの高さを上げると，介助者は中腰にならずに介助することができる。サイドレールや**スイングアーム（付）介助バー**などを設置することで立ち上がり動作に必要な環境が整うなどのメリットもある。　　（吉藤郁）

キャリア段位制度［きゃりあだんいせいど］　介護プロフェッショナルキャリア段位制度ともいわれる。2012（平成24）年度から内閣府の実践キャリアアップ戦略に基いて実施されてきた。成長分野におい

て実践的な職業能力の評価，認定制度を構築し，人材の育成・確保を図ることを目的にしている。2015（平成27）年度からは厚生労働省に移管され継続している。介護キャリア段位は，レベル1からレベル4（介護福祉士の国家試験合格）の4段階で評価する。介護事業所・施設において介護職員の能力を「わかる（知識）」と「できる（実践的スキル）」の両面で評価を行い，特に「できる」を重点的に評価する。事業所内の管理的立場の者が必要な講習を修了して評価者（アセッサー）となる。また，内部評価の適正性を担保するため，定期的に外部評価機関が再評価するしくみがある。

　　（杉原優子）

キャリアパス要件［きゃりあぱすようけん］　キャリアパス要件は，2012年度から介護保険法に基づき施行された**「介護職員処遇改善加算」**制度を取得する条件の一つのこと。キャリアパス要件にはⅠ，Ⅱ，Ⅲの3種類がある。キャリアパス要件Ⅰは，職位，職責又は職務内容等に応じた任用と賃金体系を定めていること，その内容について根拠規定を書面で整備していることを全て満たす必要がある。要件Ⅱは，資質向上の目標及び具体的な計画を策定した研修の実施と受講機会を確保し，全職員に周知していることが必要である。要件Ⅲは，経験若しくは資格等に応じて昇給するしくみ又は一定の基準に基づき定期に昇給を判定するしくみを設けることが必要である。これらキャリアパス要件と職場環境等要件の充足状況によって，介護職員処遇改善加算の申請区分が異なる。　　（山下恵利子）

QOL［きゅーおーえる］⇒生活の質

救急救命士［きゅうきゅうきゅうめいし］　症状が著しく悪化するおそれがある，ま

たは，生命が危険な状態にある重度傷病者が病院や診療所に搬送されるまでの間に，医師の指示の下に，その者に対して行われる気道の確保，心拍の回復その他の処置であって，症状の著しい悪化を防止し，生命の危険を回避するために緊急に必要な処置を行う者のことで，名称独占の国家資格である。根拠法は1991年に制定された救急救命士法である。2014年4月から救急救命士の処置範囲に，低血糖傷病者に対するブドウ糖溶液の投与，ショック傷病者に対する輸液，心肺機能停止前の傷病者に対する処置も含まれるようになった。多くの救急救命士は，消防署に勤務している。　　　（種橋征子）

救護施設［きゅうごしせつ］　更生施設，医療保護施設，授産施設，宿所提供施設とともに生活保護法上の保護施設の一つである。生活保護法第38条により「身体上又は精神上著しい障害があるために日常生活を営むことが困難な要保護者を入所させて，生活扶助を行うこと」と定められている。省令によって施設の設備や運営基準が定められている。障害の種類は規定されていないため，視覚や聴覚，精神に障害のある人，肢体不自由や知的障害のある人，それらの障害を重複してもつ人，アルコール依存症の人，ホームレスの人など，さまざまな人が生活している。施設では，日常生活支援，リハビリテーション，学習やレクリエーション，地域生活移行への支援等が行われる。入所中は，基本的には医療扶助，介護扶助は給付されない。　　　（鷲巣典代）

救護法［きゅうごほう］　1932（昭和7）年より施行された生活困窮者を救済するための法律。生活保護法の制定により1946（昭和21）年に廃止された。慈恵的な内容であった恤救規則に対し，困窮者の救護を国の責務として明示した。実施主体は市町村で方面委員を補助機関とした。対象を，生活困窮状態にある65歳以上の老衰者，13歳以下の子ども，妊産婦，傷病または精神の障害により働けない者に限定したが，最低限の食糧給付だけであった恤救規則に対して，医療，助産，生業扶助が加えられた。しかし，保護請求権は認められず，対象となった場合は選挙権，被選挙権がはく奪された。　　　（鷲巣典代）

急性心筋梗塞［きゅうせいしんきんこうそく］　心臓に血液を供給する冠状動脈が急に閉塞し，心臓の筋肉への血流が途絶え，心筋が壊死する疾患。狭心症はまだ完全に閉塞はしていない状態で硝酸薬（ニトログリセリン等）の効果は期待できるが，急性心筋梗塞は閉塞しているので死に直結し，救急的な措置（心臓カテーテルによる再灌流治療等）がすぐに必要となる。強い胸痛，冷汗等の症状があり，危険な不整脈，心不全，心破裂等の合併症で亡くなる人も多い。入院し，すぐにCCU（Coronary Care Unit：冠疾患集中治療室）での治療を必要とする。心臓に血液が行きわたっていない状態を虚血といい，狭心症や心筋梗塞は虚血性心疾患である。　　　（内田陽子）

急性ストレス反応［きゅうせいすとれすはんのう］　親しい人との死別や虐待など，強いストレスを感じる心的外傷を経験した時に，短期的（数日〜1か月以内）に現れる反応。心的外傷に関連する出来事全般を避けようとする「回避」，過度な覚醒状態が持続し，不眠や強い不安状態が引き起こされる「過覚醒」，心的外傷となった出来事をはっきりと思い返したり悪夢となって現れたりする「追体験（フラッシュバック）」といった症状があ

る。長期的に続く場合は，心的外傷後ストレス障害と診断される。　　（田渕恵）

急性肺血栓塞栓症［きゅうせいはいけっせんそくせんしょう］⇒エコノミークラス症候群

キューブラー＝ロス［きゅーぶらーろす］（Kübler-Ross, E.；1926-2004）　アメリカ合衆国の精神科医で，1969年出版された『死ぬ瞬間』（*On Death and Dying*）の著者。同書の中では，死にゆく人たちとの対話から，死にゆく人の受容過程を5段階に分けて説明した。第1段階は，自分が死ぬことに対する「否認」の段階，第2段階は，自分がなぜ死ななければならないのかという「怒り」の段階，第3段階は，自分が死ななくてもすむように，延命への取引を考える「取引」の段階，第4段階は，死への回避が難しいことを自覚し，失望し，気分が落ち込む「抑うつ」の段階，第5段階は，自分が死ぬことを受け入れつつ，わずかな希望も捨てきれず，少しずつ自らの死を受け入れていく「受容」の段階である。　（笠原幸子）

教育扶助［きょういくふじょ］　生活保護制度により支給される，義務教育に伴って必要となる学用品費，実験実習見学費，通学用品費及び教科外活動費などの費用と，学習支援費として支給される参考書，ワークブックや辞書，学校給食費，通学のための交通費，クラブ活動費等のこと。日本国憲法に定められている就学の義務（第26条第2項）により，義務教育を健康で文化的な生活の最低基準として保障するものである。支給先としては，被保護者，親権者のほか，学校長の場合もある。高校等就学費は，教育扶助としてではなく，将来の自立を支援するための**生業扶助**として支給される。　（鷲巣典代）

仰臥位［ぎょうがい］　仰向けに寝ている状態の**体位**のことをいう。背臥位ともいう（巻末資料307頁参照）。臥位の一つ。
　　　　　　　　　　　　　（冨田川智志）

共感［きょうかん］　自分以外の特定の他者の態度や気持ち，感情などを敏感に感じとること。「同情」が，自己を忘却し感情そのものに没入することを指すのに対し，「共感」は自己と他者を明確に分けつつも相手の感情を共有しようとする状態を指す。ロジャーズ（Rogers, C. R.）はカウンセリングの条件として「共感的理解（感情移入的理解）」をあげ，クライエントの感情表現をありのままに受容する態度が重要であるとしている。　（田渕恵）

共感疲労［きょうかんひろう］　トラウマ体験にさらされた他者と関わることやその場面を繰り返し見ることで，他者の感情に対して過度に共感し，ストレスを感じる状態を指す。カウンセリングの専門技術として，クライエントの感情をありのままに受容し共感することで信頼関係を築くことが重要であるとされているため，援助者としての専門性を行使する者ほど「共感疲労」状態に陥りやすいことがわかってきている。共感疲労状態の持続は，援助者の深刻な**バーンアウト**につながる可能性も高い。　　　（田渕恵）

共済組合［きょうさいくみあい］　社会保険制度の一環として，相互救済によって組合員およびその被扶養者の生活の安定と福祉の向上に寄与するとともに，職務の能率的運営に資することを目的として設けられている組織。国家公務員，地方公務員，私立学校教職員を対象とする3つの組合がある。組合員のための短期給付（医療給付）と長期給付（年金給付）を実施している。長期給付（年金給付）は，2015年10月に厚生年金に統合された。
　　　　　　　　　　　　　（寺本尚美）

共助［きょうじょ］　介護保険などの社会保険制度のような制度化された相互扶助を指す。社会福祉や社会保障における役割分担は公私二元論でとらえられてきたが，1994年高齢社会福祉ビジョン懇談会による「21世紀福祉ビジョン」の中で，「自助・共助・公助」の重層的な地域福祉システムの概念が提示された。しかし，公助と共助は必ずしも明確に区別されてこなかった。2008年の「地域包括ケア研究会報告書〜今後の検討のための論点整理〜」では地域包括ケアを提供するための前提として，自助・互助・共助・公助の役割分担の確立を主張し，定義を行った。この定義に基づき，2013年厚生労働省は地域包括ケアシステムの構築を主張し，「自助・互助・共助・公助」を重要な視点とした。その中で，共助を「介護保険に代表される社会保険制度及びサービス」とした。　　　　　　　　　　（張継元）

狭心症［きょうしんしょう］　冠状動脈に狭窄が一部おきて，心臓部が締めつけられるような一過性の痛みを主症状とする，虚血性心疾患の一つである。労作時に胸痛発作がおこる労作性狭心症は安静にしていると収まることが多いので安定狭心症ともいう。発作回数の増加，胸痛程度の増強，軽度の動作でも発作がみられ，近い将来に心筋梗塞に移行する危険な狭心症は不安定狭心症という。また，冠状動脈のけいれんでおきる冠攣縮性狭心症もある。狭心症の胸痛は胸部だけでなく，上腹部，肩，背部，歯等，幅広い範囲でおこるため，他疾患と鑑別しにくく，見逃しやすいので必ず心電図12誘導を発作時にとり，的確な診断が求められる。　　　　　　　　　　（内田陽子）

敬田院［きょうでんいん］　593（推古天皇元）年，聖徳太子が四天王寺に設立したと伝えられている四箇院の一つである。敬田院は「一切衆生の帰依渇仰し，悪を断ち善を修め，無上大菩薩を速証する処」とされ，慈善救済施設というよりは仏教的教化を目的とする四箇院の中心的な場所であった。つまり，仏・法・護持の学術道場であった。そのため，四天王寺の別称ともいわれ，古代の仏教的教化事業として日本では先駆的なものであったとされている。　　　　　　　　　　（中根真）

共同生活援助（グループホーム）［きょうどうせいかつえんじょ（ぐるーぷほーむ）］　障害者が共同生活を営む住居（グループホーム）において，日常生活のケア，健康管理，金銭管理等々の援助を行うサービスであり，障害者総合支援法における訓練等給付の一つである。子ども期，青年期を家族の元で生活してきた障害者が，成人期に親元から離れ，グループホームに入居することが自立生活の一つのあり方として選択され，利用者は増加している。また，いわゆる「親亡き後」を見据え，在宅からグループホームへ生活の場を移行することが成人期の課題となっている。障害程度区分に応じた生活支援員が配置されるほか，世話人や夜間支援職員による支援体制がとられる。昼間は生活介護事業や就労継続支援事業において日中活動を行うことが想定されている。
　　　　　　　　　　（藤原里佳）

共同生活介護（ケアホーム）［きょうどうせいかつかいご（けあほーむ）］　日常生活を送る上で食事，入浴等の介護ニーズがある，障害程度区分2以上の知的障害者及び精神障害者が対象となるサービスである。障害者自立支援法の元では，介護給付に分類されていた。2014年，障害者総合支援法により，ケアホームはグループホームへ一元化された。障害の重度

化や高齢化により，介護が必要になっても，グループホームでの生活を継続したいというニーズの高まりがその背景にある。一元化に際して，外部の居宅介護事業者との連携を視野に，柔軟なサービスを提供することが目された。また，地域での自立生活のありかたも多様化し，共同生活ではなく，単身生活の形態に対応した住居の確保も必要であるという観点から，既存のアパート等の一室を活用するサテライト型のグループホームの創設も検討されている。　　　　（藤原里佐）

共同募金［きょうどうぼきん］　都道府県の区域を単位とし，毎年1回定められた期間内において，その区域内における地域福祉の推進を図るために寄附金を募る事業。1947年に市民主体の取り組みとして始まった民間の運動が端緒とされる。当初は主に戦争の影響を受けた福祉施設に資金支援をする機能を果たし，その後，社会福祉事業法（2000年，社会福祉法に改正）に位置づけられた，**第1種社会福祉事業**である。共同募金事業を行うことを目的とする社会福祉法人を共同募金会といい，各都道府県共同募金会とそれらの連合体である中央共同募金会が設置されている。集められた寄附金は，その区域内において社会福祉事業，更生保護事業その他の社会福祉を目的とする事業を経営する者に配分されるほか，一部は災害等準備金として大規模災害に備えて積み立てられている。　　　　（山東愛美）

郷土料理［きょうどりょうり］　地域の気候や風土により生育した食材を主に使って，その地域独自の調理法でつくられ，伝承されている料理。郷土料理を大別すると，食材や調理法，食べ方などが伝承された料理（秋田のきりたんぽ，福井のへしこなど），気候や風土など生活環境

のもとで発達した料理（北海道の石狩鍋，沖縄のゴーヤチャンプルーなど），他国との交易や宗教の影響による料理（長崎の卓袱料理，京都の普茶料理など）に分けられる。郷土料理の中には，年中行事や人生儀礼の行事食になるものもある。例えば，正月の雑煮餅は東日本では切り餅（角餅），西日本では丸餅と，郷土料理のような地域性がみられる。　　（大森玲子）

恐怖症［きょうふしょう］　ある物体や状況に対して不可解な恐怖を抱き，それを回避しようとするために日常生活に支障をきたすことである。高所や先端など特定の事物が恐怖対象である単一恐怖症，人前で話せないなどの社会恐怖症，広場恐怖症などに分類される。発症のメカニズムは学習理論の古典的条件づけで説明でき，特定の物体や状況下においてその物体・状況とは関係のない恐怖体験をした時，無関連だった特定の物体・状況と恐怖反応が関連づけられると考えられる。恐怖となっている対象を回避することで恐怖は一時的には低減するが，根本的な恐怖症の低減にはつながらない。そのため治療には，関連づけを解除するために段階的にその物体・状況に暴露する方法や，呼吸法を取り入れる場合がある。

（深瀬裕子）

興味・喜びの喪失［きょうみ・よろこびのそうしつ］　興味・喜びの喪失とは，以前は楽しめていた自分の趣味や，やりがいを感じていた活動でさえも楽しめなくなるうつ病の基本症状の一つである。何をしていても，楽しいといった感情が湧かず，あらゆる出来事に対する関心が減退し，性的な関心や欲求も感じなくなり，極端な場合は全く笑うことがなくなり無表情となるといった感情消失が認められる。この感情消失の症状は，意欲低下や

思考抑制といったうつ病のその他の症状と連動して，周囲の出来事に対する無感情・無関心な状態へと進み，最重度のうつ病では，うつ病性混迷状態に至る場合がある。うつ病性混迷では，自発的な運動が全くなくなり，話しかけられても，体を揺すられても，反応しなくなってしまう。　　　　　　　　　　　（幸田るみ子）

業務独占資格［ぎょうむどくせんしかく］当該資格を有している者以外がその業務に従事することを禁止し，資格者に業務を独占させる資格。医師や弁護士，看護師などが業務独占資格である。国民の生命や財産の安定を図るうえで重要な業務を担うものなどが業務独占資格として位置づけられている。それに対し，その名称を使用することができない資格を**名称独占資格**という。　　　　　　　（鵜浦直子）

協力医療機関［きょうりょくいりょうきかん］　高齢者や障害者（児）に対して，医療機関ではないところがサービス提供中，利用者に異変があった場合，すぐに連絡のとれる外部の医療機関のことをいう。介護保険法，障害者総合支援法，児童福祉法（障害児関連）によるサービスの一部で，指定事業者の開設要件としてあげられている。　　　　　　　（内藤雅子）

虚血性心疾患［きょけつせいしんしっかん］　冠状動脈に狭窄や閉塞が生じ，心臓への酸素と栄養が不足したためにおこる心疾患の総称。動脈硬化性心疾患，冠動脈性心疾患とほぼ同義語である。日本では欧米に比べて発症率は低いが，高齢化に伴って患者数は増加している。原因の多くは動脈硬化で，冠動脈硬化症やそれに伴う冠動脈血栓症があり，血管の狭窄では**狭心症**，閉塞すれば**心筋梗塞**になる。狭心症ではニトログリセリン舌下が有効であるが，急性心筋梗塞は無効で心

筋が壊死をおこし突然死に至る。危険因子には高血圧症，糖尿病，高脂血症，高尿酸血症，肥満，喫煙などがある。薬物療法のほか，カテーテル治療，重症の場合は，冠動脈バイパス術などの治療法がある。　　　　　　　　　　　（内田陽子）

居室［きょしつ］　普段使用している住宅の寝室・食事室・居間などの部屋のことをいう。建築基準法（1950年施行。国民の生命，健康，財産の保護を目的として，建築物の構造，設備等に関する最低限の基準を定めた法律）では，居住・執務・作業などの目的のために継続的に使用する室と定義されている。居室は，継続的に使用するため，利用者に配慮し採光・換気・天井の高さや床の高さといった環境や衛生・防火や避難などへの配慮も必要である。特に，福祉施設では，子どもや障害者，高齢者などの居住者の定員や身体状況などを考慮して居室の最低面積基準が決められている。　　　（大塚順子）

居宅介護［きょたくかいご］　ホームヘルパーが家庭を訪問し，居宅における生活を支援する，**障害者総合支援法**における**介護給付**のサービスの一つである。入浴・排せつ・食事等の**身体介護**，調理・洗濯・掃除・生活必需品の買い物などを行う家事支援のほか，生活全般の相談，通院介助も含まれる。障害程度区分1以上，障害児の場合には，これに相当する心身の状態にある人が対象となる。通院介助は障害区分2以上となる。居宅介護事業の充実化には，介護者の量的・質的充足が課題である。2001年度より，ホームヘルパーの資格要件は，養成研修の課程を修了した者とされ，重度訪問介護従業者養成研修行動障害支援課程も設けられている。障害者自立支援法施行以降のサービス利用者の増加，ニーズの多様化

に対応すべく，居宅介護従業者等養成研修事業が都道府県の地域生活支援事業に位置づけられている。　　　　　（藤原里佐）

居宅介護計画 ［きょたくかいごけいかく］在宅生活をしている**障害者総合支援法**における訪問系の介護サービスに関する支援計画のことを指す。**サービス等利用計画**や市町村が決定した支給量，利用者の意向や心身の状況等のアセスメント等に基づき，居宅介護計画書が作成される。障害福祉サービス事業所における**サービス提供責任者**が，居宅介護計画を作成する。居宅介護計画書には，利用者に提供する具体的なサービス内容が記載されており，介護は居宅介護計画書に沿って提供される。居宅介護計画書の項目としては，例えば利用者・家族の生活に対する意向，総合的な援助の方針，本人のニーズ，支援目標（長期目標，短期目標），支援内容，支援期間等がある。なお，通所系・入所系サービスに関する支援計画は，個別支援計画という。　　　（萬代由希子）

居宅介護サービス ［きょたくかいごさーびす］　介護保険制度に基づき，在宅で生活する要介護被保険者に対して提供される居宅サービスのことである。主に訪問介護や，通所介護，短期入所型の形態がある。訪問サービスでは，**訪問介護**，**訪問入浴介護**，**訪問看護**，**訪問リハビリテーション**，**居宅療養管理指導**がある。通所サービスでは，**通所介護**，**通所リハビリテーション**がある。短期入所サービスでは，**短期入所生活介護**，**短期入所療養介護**がある。その他，**特定施設入居者生活介護**，**福祉用具貸与**および**特定福祉用具販売**がある。　　　　（森川明人）

居宅介護サービス計画費 ［きょたくかいごさーびすけいかくひ］　要介護者が，居宅介護支援事業者から**居宅介護支援**を受

けた時に支払われる介護保険における介護給付のことをいう。全額が保険給付となり，本人負担はない。　　　（畑智惠美）

居宅介護支援（ケアマネジメント） ［きょたくかいごしえん（けあまねじめんと）］居宅の要介護者の心身の状況，おかれる環境，希望等を勘案して，適切な保健医療サービス及び福祉サービスが，総合的効率的に利用できるよう**居宅サービス計画**を作成するとともに，計画に基づいてサービスの提供が確保されるように行う一連の支援をいう。

　介護支援専門員（ケアマネジャー）によるケアマネジメントを意味しており，「指定居宅介護支援等の事業の人員及び運営に関する基準」（厚生労働省令）では，居宅介護支援を提供するのは介護支援専門員であること，介護支援専門員が居宅サービス計画を作成すること，常に利用者の立場に立って公正中立に行われることなどが定められている。　（畑智惠美）

居宅介護住宅改修費 ［きょたくかいごじゅうたくかいしゅうひ］　**介護保険制度**に基づく要介護1〜5の認定を受けた人を対象に支給される居宅介護サービスの一種。手すりの取り付け，段差の解消，滑り止めのための床材の変更，引き戸などへの扉の変更，洋式便器などへの取り換え，その他上記の**住宅改修**に付帯する工事などが保険給付の対象となる。1つの住宅につき20万円を限度として，改修費用の9割から8割が償還払いで支給され，自己負担は1割から2割となる。支給は原則1回のみであるが，要介護状態が重くなった場合や引っ越しをした場合などは，再度の支給が受けられる場合がある。　　　　　　　　　（高石豪）

居宅サービス計画（ケアプラン） ［きょたくさーびすけいかく（けあぷらん）］　介

護支援専門員（ケアマネジャー）が利用者の自立した日常生活の支援を効果的に行うために，利用者の心身や家族の状況に応じて継続的・計画的にサービスが利用できるように組み立てる計画のことをいう。要介護認定で居宅サービス，**地域密着型サービス**を希望する利用者が対象となる。計画を策定するにあたっては，利用者の居宅を訪問しての**アセスメント**を実施し，アセスメント結果や利用者の希望を基に，把握された課題解決のために適切な居宅サービス等の組み合わせを検討する。作成される居宅サービス計画には，利用者・家族の意向，総合的な援助の方針，生活全般の解決すべき課題，提供されるサービスの目標と達成時期，留意事項などが記載される。　（畑智惠美）

居宅サービス計画ガイドライン［きょたくさーびすけいかくがいどらいん］　**介護支援専門員（ケアマネジャー）の居宅サービス計画**の作成を支援する目的で，全国社会福祉協議会が刊行したガイドラインのことをいう。最新版は，「居宅サービス計画ガイドライン ver.2」（2017 年）である。居宅サービス計画の要は，介護サービスを必要とする高齢者に関するアセスメント（情報収集と課題分析）であるため，その支援ツールとしてアセスメント様式を開発提案しており，居宅サービス計画ガイドライン方式と呼ばれている。　（畑智惠美）

居宅寝たきり老人実態調査［きょたくねたきりろうじんじったいちょうさ］　居宅寝たきり高齢者の総数や傷病の状態などに関する実態を把握するために，全国社会福祉協議会が民生委員の協力を得て，1968 年に実施した全国で初めての調査である。この調査結果によると，70 歳以上の居宅寝たきり高齢者の総数は約 20

万人（当該年齢層人口の 5.2％）であり，寝たきり高齢者の傷病の状態では「老衰」が 26.2％と最も多く，以下，「脳卒中」が 22.1％，「高血圧」が 18.1％と続いていた。また，おもな介護者では「嫁」が 49.8％と最も多く，以下，「配偶者」が 25.1％，「娘」が 14.5％と続いていた。この調査によって，わが国の居宅寝たきり高齢者に関する実態とそれを取り巻く諸問題が明らかとなり，新聞などでも大きく取り上げられたことで社会的に広く認知されるようになった。　（神部智司）

居宅療養管理指導［きょたくりょうようかんりしどう］　介護保険制度の居宅介護サービスのうち，訪問サービスの一つで介護給付を行う。要介護状態となっても利用者が可能な限りその居宅において，自立した日常生活を営むことができるよう，医師，歯科医師，薬剤師，歯科衛生士または管理栄養士等が，通院が困難な利用者の居宅を訪問して，アセスメントを行い，それを踏まえて療養上の管理および指導を行うことにより，利用者の心身機能の維持回復を図り，もって利用者の生活機能の維持または向上を目指すもの。医師等は，居宅介護支援事業者または居宅サービス事業者に，居宅サービス計画の作成，居宅サービスの提供等に必要な情報提供または助言を行う。居宅療養管理指導を行うことができるのは，病院，診療所，薬局等である。　（岡田直人）

筋萎縮性側索硬化症（ALS）［きんいしゅくせいそくさくこうかしょう（えーえるえす）］　筋肉を動かし，運動を指示命令する神経（運動ニューロン）が障害を受け，手足の筋委縮と筋力の低下から始まり，のどや舌の筋委縮による構音障害や嚥下障害，最後は呼吸筋の麻痺による呼吸不全で死亡する進行性で原因不明の疾患で

ある。通常，進行しても感覚器は障害されず，視力，聴力，体感覚も問題はない。通常中高年から発症して人工呼吸器を使用しなければ2〜5年で死亡する。治療にはALSの進行を抑える薬物が使われている。対症療法では，呼吸困難には気管切開，嚥下障害には食物を嚥下しやすくする工夫，経管栄養や胃ろう，点滴による栄養補給，文字盤やパソコンを用いたコミュニケーション，などさまざまな対処法が使われている。指定難病である。

（小笠原知枝）

緊急措置入院［きんきゅうそちにゅういん］　精神障害者の入院形態の一つ。自傷他害のおそれがある精神障害者を強制入院させる措置入院は，人権侵害につながりうる強度の人身上の制約を加えるものであることから，厳格な手続きが定められている。しかし，急速を要し，定められた措置入院の手続きを採ることができない場合，精神保健指定医1名が，精神障害がありかつ「直ちに」入院させなければその障害のために自傷他害のおそれが「著しい」と認めたときは，72時間を限度に入院させること（緊急措置入院）が可能であるが，すみやかに，措置入院を行うかどうかを決定（再鑑定）しなければならない。　　　　　　（田辺肇）

緊急通報装置［きんきゅうつうほうそうち］　ひとり暮らしなどの高齢者や重度の身体障害者，難病のある人が，自宅での急な体調不良やケガなどの場合にすぐに関係者に連絡できる通報装置のこと。専用通報機本体や胸にかけるペンダント型無線リモコン，まくら元用押しボタンなどがある。これらのボタンを押すことにより，あらかじめ登録された親族，近隣者などの協力者，消防指令センター，警備会社などに緊急通報される。運営主

体は，市町村などの公的機関以外にも警備会社など民間業者の場合もある。公的機関の場合，市町村によって詳細は異なるが，必要と認められた世帯に装置が貸与される。　　　　　　　　　　（吉藤郁）

キングスレー館［きんぐすれーかん］（Kingsley Hall）　1893年，アメリカ・ピッツバーグ市に設立された黒人，イタリア人労働者のためのセツルメントである。設立者はホッジス（Hodges, G.）であり，イギリス国教会司祭でキリスト教社会主義者であるキングスレー（Kingsley, C.）にちなんで命名された。他方，この事業を知った片山潜は1897年，東京神田三崎町に同名の施設を設立し，下層労働者のための日曜学校，英語教育，保育事業，夜学校，社会問題講演会などを開催し，日本における隣保事業の先駆けとなった。

（中根真）

筋ジストロフィー［きんじすとろふぃー］　遺伝性で進行性の筋力低下を特徴とする指定難病である。ジストロフィーとは，遺伝子の異常による代謝障害のために成長に伴い筋肉組織が萎縮・変性をきたす病気である。遺伝子の変異により，筋肉が正常に機能せず，筋繊維に変性と壊死がおこり，筋力が低下する。骨格筋が障害されると運動機能の低下だけでなく，関節の拘縮・変形，呼吸機能の低下，咀嚼・嚥下機能の低下となり，骨粗鬆症や呼吸不全，誤嚥などの合併症へと進展しやすい。遺伝形式により6型に分類されるが，頻度の高いのは，男児の性染色体劣性遺伝病であるデュシエンヌ型である。これは小児期で発病し，20代で死亡することが多い。またベッカー型は同じ遺伝子の異常であるが良性である。治療としては遺伝子治療が期待されている。

（小笠原知枝）

金銭給付（現金給付）［きんせんきゅうふ（げんきんきゅうふ）］ 社会保障制度の給付形態には，金銭給付（現金給付）と現物給付がある。金銭給付は，制度の目的を達成する手段として金銭を支給するものである。たとえば，生活保護制度の生活扶助や，年金など所得保障制度の給付形態は金銭給付が望ましい。金銭給付の長所は，受給者が自分の判断で最適な財・サービスを選択して購入できるという消費選択の自由を確保できることである。しかし反面，制度が本来意図する財・サービスの購入にその給付があてられず，他の使途に流用される危険性がある。 （寺本尚美）

クーリング・オフ［くーりんぐ・おふ］ 契約した後，頭を冷やして（Cooling Off）冷静に考え直す時間を消費者に与え，一定の契約に限り，一定期間，説明不要で無条件で申込みの撤回または契約を解除できる特別な制度のことをいう。
（上田晴男）

苦情解決［くじょうかいけつ］ 社会福祉法（第82～86条）により規定された福祉サービスの利用者保護のしくみを指す。事業所に苦情解決責任者や担当者，第三者委員を設定して対応することと都道府県社会福祉協議会に運営適正化委員会を設置して，事業所段階での対応が困難な事案に対応するしくみがある。（上田晴男）

具体的操作期［ぐたいてきそうさき］ ピアジェ（Piaget, J.）が提唱した認知発達段階の一つであり，6-7歳頃から11-12歳頃の時期とされる。この時期には，具体的場面や実際の生活と関連した課題における対象について，見かけに左右されない論理的思考が可能になってくる。保存の概念や類（クラス）との関係の論理といった，具体的な事物の論理的操作が可能になると論じた。この具体的操作は次の段階における形式的操作の基礎として位置づけられている。 （村上太郎）

クモ膜下出血［くもまくかしゅっけつ］ 脳血管障害の一つで，クモ膜と脳の間（クモ膜下）の血管が破裂して出血した状態をいう。脳は外側から硬膜，クモ膜，軟膜の3層の膜で覆われている。クモ膜下出血をおこすと，脳脊髄液中に血液が混入することになる。原因の多くは脳動脈瘤破裂や頭部外傷である。症状は突然の強烈な頭痛，吐き気や嘔吐，項部硬直（うなじが凝る），意識喪失などがみられる。検査は頭部CTで，脳周囲の出血の有無を調べる。また脳血管撮影により，破裂した脳動脈瘤の状態や脳動静脈奇形などを診断する。治療は通常，脳動脈瘤にクリッピング手術を実施して再発を予防する。 （小笠原知枝）

グリーフケア［ぐりーふけあ］ 子ども，配偶者，親など，身近な人の死を嘆き悲しむ人に対して，その深い悲しみから立ち直って社会的に適応するまで，寄り添って支援すること。介護福祉の場面では，サービス利用者は高齢者が多いため，介護職員は終末期の介護を担当することがある。介護職員自身が「もっとできることがあったかもしれない」「私の対応でよかったのだろうか」等，担当した利用者の死に対して自分を責める気持ちが生じたりする。亡くなった人の家族だけではなく，ケアする人（介護職員）に対するグリーフケアも求められる。（笠原幸子）

グループホーム［ぐるーぷほーむ］⇒共同生活援助

グループホーム［ぐるーぷほーむ］⇒認知症対応型共同生活介護

車いす［くるまいす］ 歩行機能が低下しているまたは消失している人が，屋内，

屋外を問わず，主に移動手段として使用する車輪の付いたいすの総称のことをいう。歩行機能の補助を前提とせず，移動手段として使用する歩行の代替用具である。使用者の身体機能によってはいすの代替用具としても使用される。電動型や手動型，座位変換型，モジュラー型等様々なタイプがある。使用者の環境，使用目的，使用者の能力，介助者の能力，予算等を考慮するとともに，理学療法士や作業療法士に相談した上で，総合的に判断して選ぶようにする。車いすは介護保険における福祉用具貸与および介護予防福祉用具貸与の対象種目になっており，「自走用標準型車いす，普通型電動車いす，又は介助用標準型車いすに限る」と規定されている（巻末資料309頁参照）。

（冨田川智志）

クレッチマー［くれっちまー］（Kretschmer, E.；1888-1964）　特定の体格の人には特徴的なパーソナリティ傾向があると想定する体格類型論を提案したドイツの精神科医。1920年代に，自身の臨床的観察から，特定の精神病患者に典型的な体つきがあるという着想を得た。そして精神病患者に認められる特徴的な心理的傾向と体つきの関係性について，病気とまではいかない適応的な範囲で，一般的な人々においても同様の関係性が成立すると考えた。統合失調症（かつての名称は精神分裂病）の患者には虚弱な痩せ型（細長型）の人が多いとされ，内向的で繊細な分裂気質と名づけられた。双極性障害の患者には小柄な肥満型の人が多いとされ，社交的で親切な循環気質と名づけられた。てんかんの患者には，筋肉質な闘士型（筋骨型）の人が多いとされ，こだわりが強くマイペースな粘着気質と名づけられた。

（箕浦有希久）

クロイツフェルト・ヤコブ病［くろいつふぇると・やこぶびょう］　プリオン病の一種であり，異常プリオンタンパクが脳内に蓄積し，脳細胞を破壊しながら海綿状に変化させ，致死性の感染性認知症をきたす疾患である。正常なプリオンタンパクは病原性を認めず，ヒトの体内で生産されている。異常プリオンタンパクの発生の原因は，老年期を中心に孤発性に発生する場合，遺伝性，感染性のものがある。症例数としては孤発性が80〜90％と最も多いが，牛海綿状脳症（BSE）感染牛の特定危険部位の摂取によるものが一般に知られている。症状は，病型によって多少違いがあるが，認知症，不随意運動（ミオクローヌスなど）が特徴的で，数か月で急速に症状が進行し，無言，無動状態となり，呼吸麻痺や感染症などの合併症で死に至る。有効な治療法は確立されていない。

（幸田るみ子）

クロックポジション［くろっくぽじしょん］　部屋や施設，卓上等の位置関係をアナログ時計の短針にたとえて説明する手段のことをいう（図表参照）。介護の場面では，視覚障害者に目の前の位置関係を認識してもらうために用いられることが多い。卓上の食器の位置関係を説明す

図表　クロックポジション

る際は，視覚障害者の手前側を6時の方向，奥側を12時の方向とし，実際にお盆や食器等に触れて大きさ，形，重さ等を確認してもらいながら，時計の短針に例えて説明する（例：「○○時の方向に，○○があります」）。その際，汁物をこぼさないよう，また，やけどしないように量や温度にも注意を払うようにする。部屋や施設内等の位置関係を説明する際は，視覚障害者の正面を12時，真後ろを6時の方向として説明する。クロックポジションを活用することで，視覚障害者が安心して自立した生活を送ることにつなげることができる。　　　　（冨田川智志）

訓練等給付［くんれんとうきゅうふ］　障害者が日常生活に必要な訓練等を受けるサービスであり，**障害者総合支援法**における**自立支援給付**の一つである。訓練等給付は，自立訓練（機能訓練・生活訓練），**就労移行支援**，**就労継続支援A型**（雇用型），就労継続支援B型（非雇用型），**共同生活援助**（グループホーム），そして2018年4月より就労定着支援，自立生活援助が追加となった。訓練等給付を利用する場合は，**サービス等利用計画**の作成が必要となる。障害支援区分の認定は必要ないが，共同生活援助（グループホーム）を利用する際に，身体介護を希望する場合は障害支援区分の認定が必要となる。また，自立訓練，就労移行支援，就労継続支援については，暫定支給決定の仕組みがある。なお，利用者負担については**応能負担**となっている。（萬代由希子）

ケア［けあ］　広い意味では，気がかり，気づかい，心配，注意，関心，世話，配慮，手入れ等という意味があり，狭い意味では，**介護**，看護，保育等の意味がある。　　　　（笠原幸子）

ケアカンファレンス［けあかんふぁれんす］　ソーシャルワーカーや介護福祉士等の専門職がクライエントの援助について検討する会議のことをいう。ケースカンファレンスや事例検討会など，呼び方はさまざまである。クライエントに関する情報を共有した上で，課題解決に向けて，参加メンバーで論点の検討を行い，解決の方向性を導き出していく。本人，家族をはじめ，多様な関係者が参加することから，本人主体のケアのあり方を検討すると同時に，多職種連携，チームアプローチの場としても機能する。参加メンバーは，意見を受け止め，考え，積極的に発言する姿勢が求められる。事例提供者や参加メンバーの教育・研修の場として機能する一面をもつ。介護保険制度においては，サービスを提供する担当者が集まり，ケアプランを検討する場を**サービス担当者会議**と呼ぶ。　（小松尾京子）

ケアハウス［けあはうす］　広く**軽費老人ホーム**全体のことを指す。または従来の軽費老人ホームの3類型におけるケアハウス（C型）のみを指すこともある（その他にはA型・B型がある）。3類型におけるケアハウスの特徴とは，身体機能の低下により，自立した日常生活を営むことに不安があり，家族による援助が困難な60歳以上の者を対象に，食事の提供や日常生活に必要な便宜などに加え，介護が必要になった場合には必要なサービスを，無料または低額な料金で受けることができる施設である。居室は原則個室とされており，自立した日常生活を営むことができるよう，車いすの利用や介護サービスを利用しやすい施設構造や設備の工夫がなされている。　（長谷川武史）

ケアプラン［けあぷらん］⇒介護サービス計画

ケアホーム［けあほーむ］⇒共同生活介

護

ケアマネジメント［けあまねじめんと］
⇒居宅介護支援

ケアマネジャー［けあまねじゃー］⇒介護支援専門員

ケアリング［けありんぐ］ ケアというのは関わり方の概念であるが，「ケアリング」という用語は，メイヤロフ（Mayeroff, M.）が，「最も深い意味において，他の人格の成長と自己実現を援助することであり，同時に，ケアする者も成長する」と定義しているように，ケアする者とされる者の両者に帰属する概念であり，連続性のあるプロセスを重視した概念である。 （笠原幸子）

ケアワーク［けあわーく］ ケアの労働（無償労働と有償労働がある）としての意味を強調した用語で，身体的，精神・心理的，社会環境的に支援が必要な人が人間らしく生きていくために，ケアする者が，社会的スキル，情緒的投資，関係構築等を活用して支援することである。このように，労働に焦点を当てた文脈から，ケアワークは，ケアする者に帰属する概念だといえる。 （笠原幸子）

計画相談支援［けいかくそうだんしえん］
障害者総合支援法に基づく障害福祉サービス等の利用計画の作成を支援するものをいい，サービス利用支援と継続サービス利用支援がある。サービス利用支援は，障害福祉サービスを利用するにあたって，サービス支給決定の前にサービス等利用計画案を作成し，支給決定後には，サービス事業者との間で連絡調整等を行うとともに，サービス等利用計画の作成を行う。継続サービス利用支援は，障害福祉サービスの利用状況の**モニタリング**（利用計画が利用者ニーズと適合した計画になっているかどうかの検証）を実施し，

サービス事業者等との連絡調整を行うことをいう。 （中村和彦）

経管栄養［けいかんえいよう］ 経口摂取ができなくなった場合，または，経口摂取や点滴だけでは栄養が不十分の場合の栄養確保の方法の一つ。口腔または鼻腔から胃内に管を通し，液状，半固形状の専用の栄養剤を注入する（経鼻経管栄養）方法と，内視鏡を用いて胃に空気を送りふくらませ，腹壁から胃に直接穴を開け，専用の管を固定し（胃ろう，**経皮内視鏡的胃ろう造設術**），そこから専用の栄養剤を注入する方法とがある。経管栄養による合併症には，下痢，便秘，腹痛，腹部膨満感，管が皮膚に接触することによる皮膚・粘膜のびらん，潰瘍などがある。介護福祉士は，一定の条件を満たすと，経管栄養を実施できる。

（鈴木峰子）

経口感染［けいこうかんせん］ 病原微生物の混入した飲食物などを口から摂取して，胃や腸などの消化器官に入り**感染**すること。 （久保田チエコ）

経済的虐待［けいざいてきぎゃくたい］
高齢者虐待防止法では，高齢者の財産を不当に処分すること，その他当該高齢者から不当に財産上の利益を得ることと定義されている。障害者虐待防止法でも同様の定義である。なお，**児童虐待防止法**では虐待の定義に含まれていない。

（上田晴男）

経済連携協定（EPA）［けいざいれんけいきょうてい（いーぴーえー）］ Economic Partnership Agreement のこと。EPA は，大きく2つの協定から構成されている。1つ目は，実質上すべての貿易について，一定期間内に関税等を廃止する等の自由貿易協定。2つ目は，ヒト，モノ，カネの移動を自由にし，経済関係の強化を図

る協定。これらの協定は，2つ以上の国（または地域）の間で締結される。外国人の介護福祉士をめぐる状況に焦点を当てると，日本とインドネシア，フィリピン，ベトナムとの間で締結された協定によって来日した多くの外国人労働者は，介護の現場で就労している（**外国人介護労働者**）。　　　　　　　　（笠原幸子）

形式的操作期［けいしきてきそうさき］ピアジェ（Piaget, J.）が提唱した認知発達段階の一つであり，11-12歳以降の時期とされる。この段階では，仮説演繹的推論（問題を解決するために様々な仮説を立て，適切な解決法をシステマティックに推論することができる）や組み合わせによる推論（与えられたモノについて，すべての可能な配置，置換，組み合わせを考慮することができる）といった，抽象的な論理操作が可能になり，知能の発達段階としてはこの段階をもって完成するとピアジェは論じた。　　（村上太郎）

継続サービス利用支援［けいぞくさーびすりようしえん］⇒計画相談支援

携帯用会話補助装置［けいたいようかいわほじょそうち］　口頭や筆談によるコミュニケーションが困難な人が，機器のキーボードを操作したり文字盤にあるキーや画面のアイコンなどを押したりして，自分の意思を音声や文章で伝えることのできる機器のこと。また，あらかじめ登録させた任意の文章や音声を文字盤にあるシンボルキーなどを押すことで再生させたり文字表記させたりする機能をもつ機器もある。携帯性を重視して機器の特徴から管理が容易であり，屋外やショートステイなどでも有効に活用できる。障害者総合支援法では，日常生活用具に位置づけられており，費用は利用者負担，金額は市町村が決定する。補装具に位置

づけられる重度障害者用意思伝達装置は，外部の操作スイッチを操作することでメッセージを入力することができるのに対し，携帯用会話補助装置は，本体上のボタンを操作してメッセージを入力することができるところに特徴がある。最近では，iPadを本体機器として使用できるアプリケーションソフトウエアも開発されている。　　　　　　　　　　（吉藤郁）

傾聴［けいちょう］　介護者が，利用者の「わかってほしい」という気持ちに寄り添い，理解しようとする姿勢のこと。余計なことを言わない，解決しようとしない態度のことをいう。人間関係確立のために必要な基本的態度で，利用者の気持ちに応答しつつ（受容），わからないところは伝え返して確かめつつ（共感），利用者に対しても自分の気持ちに対しても耳を澄ませ（自己一致），利用者とともに深い気持ちに踏みとどまること。利用者は「わかってもらえている」という経験をすると，安心感や満足感が得られ，自分の心に素直になれるようになる。また，利用者は，信頼できる介護者の姿勢を真似び（学び），介護者と同じように「自分の気持ちを聴く（傾聴）」ようになっていく。このことが，利用者に気づきを促し，生きる姿勢，自分自身への関わり方などの変化を引き起こす。（倉田郁也）

軽度認知障害（MCI）［けいどにんちしょうがい（えむしーあい）］　正常加齢と認知症の中間に位置し，近時記憶の障害や何らかの認知機能障害は認められるが，日常生活には大きな支障を生じていない状態である。MCIともいう。正常な一般高齢者が1年以内に認知症を発症するのは約1％だが，軽度認知障害（MCI）では約10％が発症するといわれている。臨床・認知機能面からの診断基準は，①正

常ではないが認知症の診断基準を満たさ
ない，②身の回りの生活機能は自立して
いる，③本人または他者から認知機能低
下の証拠が示されている，④神経心理検
査において，近時記憶など1つ以上の認
知機能領域で以前より明らかな低下が認
められる。軽度認知障害は適切な治療
・予防をすることで回復したり，認知症発
症を遅延させることができるので，早期
に軽度認知障害に気づき，対策を行うこ
とが大切である。　　　　　（幸田るみ子）

経鼻経管栄養 ［けいびけいかんえいよ
う］⇒経管栄養

経皮内視鏡的胃ろう造設術 ［けいひない
しきょうてきいろうぞうせつじゅつ］　誤
嚥や通過障害のため経口摂取ができない
場合，栄養確保を行うため，内視鏡を用
いて，胃に空気を送りふくらませ，腹壁
と胃壁を近づかせて腹壁から胃に直接穴
を開け，専用の管（PEGカテーテル）を
固定し，通り道を造るろう孔術式である。
PEG（ペグ：Percutaneous Endoscopic
Gastrostomy），内視鏡的胃ろう造設術，
単に胃ろうともいう。
　その通り道を介して，液状，半固形状
の専用の栄養剤を注入する。　（鈴木峰子）

軽費老人ホーム ［けいひろうじんほーむ］
家庭環境・住宅事情・経済状況等の理由
により，居宅において生活することが困
難な60歳以上の者を入所させ，無料ま
たは低額な料金で，食事その他日常生活
上必要な便宜を提供する施設。老人福祉
法第20条第6項に規定されており，
1961（昭和36）年に創設された。以前は，
入居者の状態により食事の提供や日常生
活の便宜を図るA型，自炊可能な者へ日
常生活への便宜を図るB型，食事の提供
や日常生活への便宜に加え，必要な介護
サービスを受けることができる**ケアハウ**

スの3類型に分かれていたが，2008（平
成20）年6月より全てケアハウスに統一。
現在の規定上の軽費老人ホームはケアハ
ウスのことを指す。なお，地価の高い都
心では，設置基準が緩和された都市型軽
費老人ホームや，特定施設入居者生活介
護の指定を受け，地域密着型サービスを
提供する施設もある。　　　　（長谷川武史）

ケースマネジメント ［けーすまねじめん
と］　クライエント（利用者）の多様な
社会生活上のニーズを充足させるために，
制度等の**フォーマル**なサービス，家族や
友人，近隣，ボランティア等の**インフォ
ーマル**な**サービス**とを結びつけ，パッケ
ージとして提供する援助方法。白澤政和
の「対象者の社会生活上での複数のニー
ズを充足させるため適切な社会資源と結
びつける手続きの総体」が代表的な定義
である。日本ではケアマネジメントとい
う言葉で使用され，地域福祉や地域医療
の推進，そして介護保険制度とケアマネ
ジメントが同時に導入されたことにより
広く普及した。①ケース発見，②**アセス
メント**，③ケースの目標設定とサービス
計画，④計画の実施，⑤**モニタリング**，
⑥再アセスメント，⑦終結，という過程
をもつ。クライエント（利用者）の困難
状況に対して必要な社会資源を結びつけ
るだけでなく，クライエント（利用者）
の**ストレングス**にも目を向け，ストレン
グスを活かしたアセスメント，計画策定，
計画の実施等の視点も求められる。
　　　　　　　　　　　　　　（鵜浦直子）

ケースワーカー ［けーすわーかー］　ケ
ースワークの仕事に従事する人。福祉事務
所に配置される現業員を一般的に「ケー
スワーカー」と呼ぶことが多い。その他
の社会福祉に関する相談援助機関や社会
福祉施設において相談援助の仕事に従事

する職員をケースワーカーと呼ぶこともある。ケースワークは，1970年代以降，グループワークやコミュニティワークなどの諸々のソーシャルワークの方法とともに統合され，ジェネラリスト・ソーシャルワークの中に組み込まれた。ケースワーカーは，ソーシャルワーカーと同義語として用いられることもある。

（鵜浦直子）

ケースワーク［けーすわーく］　個人や家族を対象とする**ソーシャルワーク**の主要な援助技術の一つ。相談面接を主な手段とし，日常生活に必要な基本的欲求の充足や生活環境の調整，家庭内の人間関係の調整などを行う。個人や家族を問題解決の主体者として位置づけ，社会資源を活用しながら，彼らが問題を解決できるように援助していく。イギリスやアメリカにおける慈善組織協会の友愛訪問活動がその起源であり，「ケースワークの母」と称される**リッチモンド**（Richmond, M.）によって科学的に体系化された。1970年代以降，ケースワークはグループワークやコミュニティワークなどの諸々のソーシャルワークの方法とともに統合され，ジェネラリスト・ソーシャルワークの中に組み込まれた。ケースワークは，ケースワーカーとクライエント（利用者）との間で結ばれる援助関係を基盤に進められていく。

（鵜浦直子）

化粧療法［けしょうりょうほう］　化粧を行うことによって自己満足度を高め，対象者のプラス面の発揮を促すことによって対人関係等も円滑にすること。美容業界を中心に様々な民間の認定資格はあるが，化粧療法として統一した定義は存在しない。一方，研究成果としては，化粧という行為によって「気分の高揚」や「積極性の向上」，そして「免疫機能の向上」という生理的効果まで実証されている。今後の発展が期待されている領域であるものの，利用者個人の生活習慣や文化的背景等への配慮や，高度なメイク技術を伴っていることが重要である。これらを欠いた安易な実施は，かえって利用者の尊厳を揺るがす危険性があることに注意を要する。

（渡邉泰夫）

血圧［けつあつ］　心臓から送り出された血液が血管を流れる際に，血管壁を内側から外側に向かって押す力（内圧）のこと。心臓が収縮したときの血圧を**最高血圧**（収縮期血圧），心臓が拡張したときの血圧を**最低血圧**（拡張期血圧）と呼ぶ。英語では Blood Pressure と表記され，BPと略される。単位は mmHg（水銀柱ミリメートル）で表記する。WHO（**世界保健機構**）では，**高血圧**を収縮期血圧／拡張期血圧のどちらか一方，あるいは両方が140/90 mmHg 以上と定義している（図表参照）。高齢になると，最高血圧は上がりやすく，最低血圧は低くなる傾向がある。血圧値の変動に関係する**生活習慣病**がある。その他日常生活活動では，体位，食事，入浴，運動，精神的興奮，飲酒，喫煙，排便などがある。特に入浴時には血圧の変動が激しいので，脱衣室と入浴室の温度差をなくすなどの配慮が必要である。

（吉藤郁）

血液透析［けつえきとうせき］　透析用監視装置・血液回路を用い，血液を体外循環させて，ダイアライザと呼ばれる透析膜を利用し，血液中の老廃物や電解質の調節を行った血液を体内に戻す**透析療法**である。血液透析を行う場合は，血液を体外循環させ体内に戻るための出入り口であるバスキュラアクセス（内シャント，透析用カテーテルなど）が必要である。人工透析ともいわれる。**内部障害**の腎機

図表 血圧

分類	収縮期血圧		拡張期血圧
正常血圧	120 未満	かつ	80 未満
正常高値血圧	120〜129	かつ（注）	80 未満
高値血圧	130〜139	かつ/または	80〜89
Ⅰ度高血圧	140〜159	かつ/または	90〜99
Ⅱ度高血圧	160〜179	かつ/または	100〜109
Ⅲ度高血圧	180 以上	かつ/または	110 以上
（孤立性）収縮期高血圧	140 以上	かつ	90 未満

注：上記の値は診察室で測定した場合の血圧値。家庭血圧は上記の値より
　　5mmHg 低い値がめやすとなる。
出所：日本高血圧学会高血圧治療ガイドライン作成委員会編（2019）『高血圧治
　　療ガイドライン2019』日本高血圧学会.

能不全で**自立支援医療**の適用となる。
　　　　　　　　　　　　　（鈴木峰子）
結核［けっかく］　結核菌によって引き起こされる**感染症**である。通常，肺を侵し，さらに気管支，細気管支リンパ節，胸膜を侵すが，他の器官や組織に大きな変化をもたらす場合もある。結核菌が体内に入れば感染したことになるが，たとえ結核菌が肺に入り菌が増殖し始めたとしても，多くの場合，免疫の働きによって菌の増殖が抑えられ発病することは少ない。しかし，免疫機能が低下した場合，結核菌が増殖して結核症を引き起こすことになる。症状としては，長期間 37 ℃前後の微熱の持続，体重減少，全身倦怠感，食欲不振，寝汗，さらに進行にしたがって咳嗽（がいそう）や血痰が生じる。特に，高齢者，栄養失調，AIDS，がん，糖尿病，ステロイドや免疫抑制剤の使用時などには免疫力や抵抗力が低下しており注意が必要である。1950 年までは日本の死因の 1 位であった。
　　活動型肺結核患者の咳，会話，くしゃみなどの飛沫による空気感染で感染する。診断はツベルクリン反応（ツ反）と喀痰検査で結核菌の有無を確認する。薬剤治療が中心となる。　　　　　（小笠原知枝）
血管性認知症［けっかんせいにんちしょう］　**脳血管障害**の結果として生じる**認知症**の総称であり，急性発症の広範な脳血管障害により認知機能低下をきたす場合と，多発梗塞性認知症とがある。脳血管障害の誘因となる高血圧，**糖尿病**，脂質代謝異常，**心房細動**などの心疾患や，飲酒や喫煙などの生活習慣を有している者が多い。認知機能低下以外に，血管障害の病態が生じた部位に対応した**構音障害**，**片麻痺**，歩行障害などの神経症候が出現し，意欲低下や感情の平板化などアパシーといわれる症状が認められることもある。症状は段階的に進行し，**アルツハイマー型認知症**に比較し人格が保たれていることが多い。治療は，脳血管障害の再発予防，生活習慣の改善が中心である。**行動・心理症状**（BPSD）に対しては，漢方薬や少量の抗精神病薬，非薬物療法が用いられる。　　　　　（幸田るみ子）
結晶性知能［けっしょうせいちのう］　長年にわたる経験，教育や学習から獲得する知的能力であり，言語能力，理解力，洞察力，批判的吟味力，創造力，内省力，自制力，社会適応力，コミュニケーショ

ン能力などを含む。結晶性知能は20歳以降も向上し、高齢になっても安定しているとされている。**流動性知能**に比して高齢になっても保持される知的能力といえる。流動性・結晶性因子説（キャッテル，R.B.）や知能の鼎立理論（スターンバーグ，R.J.）によって焦点を当てられた知能の2側面の一つである。結晶性知能は，過去の学習経験に基づく判断力や習慣で，流動性知能を基盤とするが，環境的・文化的要因の影響を受けると考えられている。　　　　　　　　　（田辺肇）

下痢［げり］　液体または液状に近い糞便をいう。一日の便に含まれる水分量が200 ml以上，または，80％以上液体の便で反復する便意や腹痛とともに排出する。食べ過ぎ，消化不良，細菌やウイルスによる胃腸炎，冷えたものや刺激物の摂取，食中毒，過度のストレス等が原因である。下痢の際には多くの水分が失われるので，脱水にならぬよう摂水に努める必要がある。経口摂取ができない場合は補液を行う。便は感染源にもなるので，直接触れず，手洗いを徹底する。細菌には塩化ベンザルコニウムやアルコールが消毒薬として使用されるが，**ノロウイルス**の感染者の便や吐物は塩素系消毒を行う。
　　　　　　　　　　　　　　（内田陽子）

ケリーパッド［けりーぱっど］　ベッドや布団上に寝たままの人の洗髪をする際に，頭髪にかけたお湯の流れ道を作るための介助用具をいう。ケリーパッドを使用することで，入浴のできない人が寝具や寝衣を濡らさずに洗髪をすることができる。病院では専用洗髪台を用意していることも多く，ケリーパッドは在宅介護の場面で簡易的，一時的に使用されることが多い。また，介助用品としても販売されているが，大きめのバスタオルを棒状に丸め，U字型にしたらビニール袋をかぶせ，洗濯バサミなどで形を整えることで簡単に作ることができる。「**洗髪の支援**」も参照。　　　　　　　　　　（植北康嗣）

限界集落［げんかいしゅうらく］　当該地域の人口の半数以上が高齢者となり，各種社会サービスを保つことが難しく集落維持が困難となり，将来の無人化が懸念される地域のことを指す。環境社会学者の大野晃によって，1988年に提示された概念である。具体的には，①65歳以上の高齢人口が集落構成員の半数をこえる，②あとつぎ確保世帯がほとんどなく，集落が独居老人世帯の滞留する場になる，③社会的共同生活を基盤とした集落の自治機能喪失により構成員の相互交流が乏しくなり，各自の生活が私的に閉ざされた「タコツボ」的生活に陥る，④以上の結果として，集落構成員の社会的生活の維持が困難な状態になり，人間が社会的生活を営む限界状況におかれている，といった特徴をもつ。以降大野は「共同生活や相互交流が崩壊しているところ」に警鐘を鳴らしつつ，地域の価値を再発見し，地域を再生する活動に地域住民とともに取り組んだ。　　　　　（税所真也）

幻覚［げんかく］　実際には存在しない映像，音，味，触覚，臭いなどをまるで存在するかのように知覚することであり，「対象なき知覚」などといわれる。知覚とは，感覚器官がとらえた刺激（視覚，聴覚，味覚，触覚など）が何であるかを認識する心の働きである。知覚の異常には，感覚器官で受け取った現実に存在する刺激情報を誤って知覚される錯覚と，現実に存在しない対象を存在するかのように知覚する幻覚とに大別される。
　幻覚はその知覚する感覚器官ごとに分類され，実際には存在しない音が聞こえ

ることを幻聴，実際には存在しないものが見えることを**幻視**，実際には存在しない臭いを知覚することを幻臭，実際には触られていないのに触られている感覚があることを幻触などという。**認知症**の行動・心理症状やせん妄で出現することがある。　　　　　　　　　　　（幸田るみ子）

現金給付［げんきんきゅうふ］⇒金銭給付

健康［けんこう］　WHO（世界保健機関）憲章による健康の定義では，「Health is a state of complete physical, mental and social well-being and not merely the absence of disease or infirmity.」と記されている。日本 WHO 協会は「健康とは，病気でないとか，弱っていないということではなく，肉体的にも，精神的にも，そして社会的にも，すべてが満たされた状態にあること」と訳している。WHO では 1998 年に，健康の定義について新しい提案を行ったが，現行の健康の定義は適切に機能しているなどの理由で採択が見送られている。介護における健康は，単に病気がないだけでなく，こころとからだ，くらしを合わせて生活機能をみることが大切である。　　　　　（横井光治）

肩甲骨［けんこうこつ］　肩の背中側にある三角形をした大きな骨のことをいう。体幹と上肢の骨をつないでいる（巻末資料 303 頁参照）。　　　　　（冨田川智志）

健康診断［けんこうしんだん］　健康の維持や疾病の予防や早期発見のために，診察やさまざまな検査によって健康状態を評価することである。健診や健康審査ともいう。労働安全衛生法で義務づけられ，学校や職場や地方公共団体で行われている。一般健康診断と個人が任意に行う人間ドックがある。前者の定期健康診断では①既往歴，業務歴の調査，②自覚症状，

他覚症状の有無の検査，③身長，体重，腹囲，視力，聴力の検査，④胸部エックス線検査，喀痰検査，⑤血圧の測定，⑥貧血検査，⑦肝機能検査，⑧血中脂質検査，⑨血糖検査，⑩尿検査，⑪心電図検査の 11 項目があげられる。受診率は男性 40～50％，女性 30～40％と低い。

（小笠原知枝）

健康増進法［けんこうぞうしんほう］　わが国における急速な高齢化の進展及び疾病構造の変化に伴い，国民の健康の増進の重要性が著しく増大しているため，国民の健康の増進の総合的な推進に関し基本的な事項を定めるとともに，国民の栄養の改善その他の国民の健康の増進を図るための措置を講じることにより，国民保健の向上を図ることを目的としている法律。栄養改善法に代り，2002 年に制定された。本法に基づいて，**メタボリックシンドローム**の基準の作成，特定検診及び特定保健指導の実施等が行われるようになった。また，受動喫煙の防止について明文化されている。　　　（内藤雅子）

健康転換［けんこうてんかん］　衛生の改善や栄養の改善，基本的知識の普及などによって，人々の健康状態が改善され疾病構造が変化することを意味する言葉で，レナー（Lerner, M.）が 1973 年米国公衆衛生学会で初めて用いた。平均余命が伸びるに従い，疾病と死因が，流行病や飢饉から，慢性疾患や生活習慣病へと変化していく。わが国ではこうした変化が，欧米と比較してより早いスピードで転換した。このように健康転換は人口転換と疫学的転換から捉えられる。（小笠原知枝）

健康日本 21［けんこうにほんにじゅういち］　「21 世紀における国民健康づくり運動」の略称である。国民の健康に関する課題や目標を示した国民健康づくり対策

が基本となっている。2000〜2010年度までをめどに第一次健康日本21が進められてきたが，**健康増進法**の施行を受け，特定健康診査・特定保健指導が開始された2008年に改訂され，現在は健康日本21［第2次］（21世紀における第2次国民健康づくり運動）（2013〜2022年度）が進められている。

　21世紀のわが国において少子高齢化や疾病構造の変化が進む中で，社会保障制度が持続可能なものとなるよう，基本方針として，①健康寿命の延伸と健康格差の縮小，②生活習慣病の発症予防と重症化予防の徹底（非感染性疾患の予防），③社会生活を営むために必要な機能の維持および向上，④健康を支え，守るための社会環境の整備，⑤栄養・食生活，身体活動・運動，休養，飲酒，喫煙及び歯・口腔の健康に関する生活習慣及び社会環境の改善があげられている。

（内藤雅子）

言語聴覚士（ST）［げんごちょうかくし（えすてぃー）］　言語聴覚士法第2条において，「音声機能，言語機能又は聴覚に障害のある者についてその機能の維持向上を図るため，言語訓練その他の訓練，これに必要な検査及び助言，指導その他の援助を行うことを業とする者」と規定されている，名称独占の国家資格である。ST（Speech therapist）と略して表わされる。

　高齢期に多い脳血管疾患の後遺症による**失語症**や言語障害，嚥下障害，幼児期の言葉の発達の遅れや音声障害，聴覚障害などの高次脳機能障害を対象に訓練や検査，指導を行う。嚥下訓練，人工内耳の調整その他，厚生労働省令で定める行為を行う場合は，医師や歯科医師の指示が必要である（言語聴覚士法第42条）。

言語聴覚士の多くが医療機関で従事しているが，福祉，教育現場でも活躍している。

（種橋征子）

言語的コミュニケーション［げんごてきこみゅにけーしょん］　発信者が言葉や記号を使って，受け手である他者と情報や意思の伝達をすることをいう。この場合，発信者が声に出した言葉の意味と発信者の心情が相手に伝わる。手話や筆談なども言語的コミュニケーションに含まれる。

（益川順子）

幻視［げんし］　現実に存在しない対象を存在するかのように知覚する**幻覚**の一種であり，実際には存在しないものが見えることをいう。**認知症**，意識障害（せん妄など），一部の薬物中毒，アルコール離脱症状，てんかん発作時などに認められる。健常者でも，極端に疲労した状態で意識レベルが低下している時に過去の懐かしい情景が蘇る感覚をもつなど，必ずしも全ての幻視が病的現象とはいえない。疾患によって特異的な幻視が出現することがあり，たとえばアルコール離脱症状の一つには，小さな動物がたくさん動いて見える「小動物幻視」が出現することがある。認知症のなかでも**レビー小体型認知症**は，生々しい幻視や幻視と結びついた妄想が特徴的である。幻視で見える人物が自分の家に住み着いていると訴えることもあり，俗に"幻の同居人"などといわれる。

（幸田るみ子）

健側［けんそく］　身体の左右どちらか片側の上肢および下肢が自分の意思で運動しにくくなる障害，又はその状態になった際に，自分の意思で運動できる側のこと。その反対を**患側**という。例えば，脳血管障害（脳出血や脳梗塞など）により，右側の大脳が障害されたことで，左側上下肢に運動麻痺が現れた場合，左側が患

側，右側が健側となる。日常生活の介護場面では，ベッドと車いす間の移乗や衣類の着脱，入浴の際に湯温の確認をしてもらう場合など，健側と患側を確認してから介護することが大切である。それは，自立支援や対象者と介助者双方の負担軽減につながる。　　　　　　　（横井光治）

見当識障害 [けんとうしきしょうがい]　見当識とは，自分を取り巻く周囲の状況を正しく理解し，自分が置かれている状況を認識する能力である。見当識には，季節や日時，一日の時間帯などを判断する時間の見当識，自分のいる場所の理解や認識に関わる場所の見当識，目の前で話している人を認識する人物の見当識がある。見当識障害は，**認知症**や意識障害（せん妄やもうろう状態など）によってその見当識が障害される状態である。認知症の初期には，まず時間の見当識障害が出現し，今日の日付がわからなくなったり，症状が進むと昼と夜や季節がわからなくなったりする。次いで自分がいる場所がわからなくなる場所の見当識障害が生じる。さらに症状が進むと，人を間違えることが多くなり，重症例では家族を認識できなくなるなど，人物の見当識障害が生じる。　　　　　　（幸田るみ子）

現物給付 [げんぶつきゅうふ]　社会保障制度の給付形態には，金銭給付（現金給付）と現物給付がある。現物給付は，制度の目的を達成する手段として，財・サービスを現物の形で支給するものである。具体的には，医療保険制度の療養の給付や介護保険制度の介護給付等がある。現物給付では，必要な財・サービスを市場を通じて購入することが困難な場合や，現金給付は受給者が購入にあたって正しい判断をすることが難しい場合には有効な手段となるが，受給者の消費選択の自由を阻害する側面をもつ。　（寺本尚美）

権利擁護 [けんりようご]　法的・社会的に認められた権利の行使を侵害されて不利益を受けた場合に，それを守ること。社会生活上リスクの大きい高齢者や障害者等を社会的に守るためのしくみを指す場合もある。　　　　　　　（上田晴男）

権利擁護人材育成事業 [けんりようごじんざいいくせいじぎょう]　2011 年度から2014 年度までは「市民後見推進事業」として行われ，市長村長申立ての進展など相応の成果をみせた。2015 年度より同事業は，介護人材確保対策事業の中の権利擁護人材育成事業として改編され，医療介護総合確保基金による実施となった。

　事業内容は，認知症高齢者等の状態の変化を見守りながら，介護保険サービス等の利用援助や日常生活上の金銭管理など，成年後見制度の利用に至る前の支援から成年後見制度の利用に至るまでの支援が，切れ目なく一体的に確保されるよう，権利擁護人材の育成を総合的に推進することである。　　　　　（上田晴男）

広域避難場所 [こういきひなんばしょ]　地方自治体が地域の実情に応じて地域防災計画に基づき指定した公園や大学などの広い屋外空間を有する避難場所で，災害時に大人数が避難可能な場所のことである。災害発生直後には近隣の一時避難場所に避難するが，一時避難場所が危険と判断された際は広域避難場所に避難することになる。広域避難場所は主に地震時の大規模な火災を想定した避難場所であるため，火災時の安全性は高いものの，洪水などの他の災害時には危険となる可能性もあり，災害種別に応じて広域避難場所を選択する必要がある。広域避難場所は災害時の安全性は比較的高いものの，想定避難可能人数を上回る避難者が集中

することにより，将棋倒しなどの群集事故が発生したり，想定を大きく超える周辺の火災延焼により広域避難場所自体が危険となったりする可能性もある。

（生田英輔）

構音障害 [こうおんしょうがい]　言葉を発するための音をつくることを構音という。構音障害とは，その語音を正しく発音できない状態をいう。機能性構音障害と器質性構音障害に大別される。機能性構音障害は，「サッカー」を「タッカー」と発音したり，構音のしかたが未発達で，小さい頃からの音の誤りが固定化した状態をいう。サ行，タ行などの子音やイ列などの母音を誤ることがある。器質性構音障害は，構音に関係ある口唇・口蓋・舌・咽頭・喉頭（巻末資料306頁参照）などの形状的，運動的，神経的な問題によりおこる。構音障害がある場合，聴覚の問題を検査し，難聴がなければ口腔・咽頭や舌や唇の精細運動を調べる（器質性構音障害）。

（内田陽子）

高額医療費合算介護サービス費 [こうがくいりょうひがっさんかいごさーびすひ]　介護保険制度の介護給付の一つである。1か月にかかった自己負担額が高額になった場合，介護保険では高額介護サービス費が，医療保険では高額療養費が申請によりその要介護被保険者にそれぞれ支給される。高額医療費合算介護サービス費は，これらに加えて，介護保険と医療保険における自己負担額の1年間の合計額が著しく高額になる場合には，介護保険に係る部分について，申請により負担額の一部がその要介護被保険者に対して支給されるもの。なお，医療保険に係る部分については，同様に高額介護合算療養費として支給される。

（岡田直人）

高額介護サービス費 [こうがくかいごさーびすひ]　介護保険制度の介護給付の一つである。介護保険法第51条により，市町村は，要介護被保険者が受けた居宅サービス，地域密着型サービスまたは施設サービスの利用者負担額の合計が，1か月に一定額（利用者負担上限額）を超えた分を，その要介護被保険者に対して支給するもの。ただし，対象となるのは保険給付分のみで，福祉用具購入費，住宅改修費，食費・居住費などの実費負担分は該当しない。

（岡田直人）

高額介護予防サービス費 [こうがくかいごよぼうさーびすひ]⇒高額介護サービス費

交感神経 [こうかんしんけい]　自律神経運動ニューロンの一つ。副交感神経と拮抗する働きをもつ。「闘争か逃走」の神経ともいわれ，身体活動が活発な時に優位に働く。たとえば運動時や興奮時，心拍数や呼吸数が増加するのは，交感神経が優位に働いている証拠である。ただし，消化管だけは，交感神経により消化活動が抑制され，食物の消化機能が低下する。

（小山智史）

後期高齢者 [こうきこうれいしゃ]　75歳以上の高齢者を指す。近年，団塊の世代が後期高齢者に達することにより介護・医療などにかかる社会保障費が急増するという「2025年問題」が懸念されている。高齢者医療を社会全体で支える観点で，2006年には医療制度改革がなされ，後期高齢者を対象とした後期高齢者医療制度が創設された。一般的に75歳を区切りとして65歳以上75歳未満を前期高齢者，75歳以上を後期高齢者として区分している。

（小松亜弥音）

後期高齢者医療制度 [こうきこうれいしゃいりょうせいど]　75歳以上および65歳以上75歳未満で寝たきり等の一定の

障害の状態にある者を被保険者とし，都道府県ごとに全市町村が加入する後期高齢者医療広域連合が保険者となる**医療保険制度**である。2008年施行の，高齢者の医療の確保に関する法律に基づいて創設された。医療費の支払いの負担割合は原則として1割であるが，現役並みの所得者は3割負担となる。　　　　（内藤雅子）

公共職業安定所［こうきょうしょくぎょうあんていしょ］　厚生労働省設置法第23条に基づき，国民に安定した雇用機会を確保することを目的として厚生労働省が設置する行政機関である。全国に540か所以上あり，愛称はハローワークである。求職者には，就職（転職）についての相談・指導，適性や希望にあった職場への職業紹介，雇用保険の受給手続きを，雇用主には，雇用保険や雇用に関する国の助成金・補助金の申請窓口業務や，求人の受理などのサービスを提供する。専門的な職業相談を行う「新卒応援ハローワーク」「わかものハローワーク」「マザーズハローワーク」「ふるさとハローワーク」等も設置している。また，就職困難者等（身体障害者，60歳以上の高齢者などや社会的経験に乏しい若者母子家庭の母，一定した住居をもたない求職者（いわゆるホームレスやネットカフェ難民））などを雇用した企業への助成制度を設け，就職機会を拡大するための支援を行っている。　　　　（鷲巣典代）

口腔ケア［こうくうけあ］　口腔ケアは，狭義的には，口腔内や義歯の清掃等を中心とした口腔内の清潔の保持・向上，口腔疾患・肺炎・感染等の予防を図るケアのことをいう。広義的には，口腔のもつ機能（摂食，発音，呼吸等）の維持や向上，口腔疾患や障害の治療・リハビリテーション等までを含んだケアのことをい

う。したがって口腔ケアとは，口腔内の清潔の保持・向上，口腔疾患やそれに起因する疾患の予防といったことだけでなく，口腔機能の維持・向上，口腔疾患や障害の治療・リハビリテーションによって，健康の保持や増進，さらにはQOLの維持・向上を目指したケアであるといえる。　　　　（冨田川智志）

合計特殊出生率［ごうけいとくしゅしゅっしょうりつ］　出生力の分析に最もよく使われる指標であり，年齢別出生率を再生産年齢（通常は15〜49歳）について合計した値である。ある年次の年齢別出生率を合計した値は「期間合計特殊出生率」と呼ばれる。これは，ある年次の年齢別出生率にしたがって子どもを産んだ場合に，1人の女性が最終的に持つ平均的な子ども数に相当する。令和元年人口動態調査（厚生労働省）によると，日本の期間合計特殊出生率は1.36であった。なお，期間合計特殊出生率とは別に，同一世代生まれ（コーホート）の女性の各年齢（15〜49歳）の出生率を過去から積み上げて計算する，「コーホート合計特殊出生率」というものも存在する。

　　　　（藤間公太）

高血圧［こうけつあつ］　日本高血圧学会のガイドライン2019の草案によると，最大血圧（収縮期血圧すなわち心臓が収縮して血液を送り出した時の**血圧**）が140mmHg以上，最小血圧（拡張期血圧すなわち心臓が拡張した時の血圧）90mmHg以上の状態が続く場合，高血圧症という。高血圧症のほとんどは原因不明の**本態性高血圧症**である。**老人性高血圧**は，最高血圧が高く最低血圧が低く，その差（脈圧）が大きいことが特徴である。その原因は動脈硬化や加齢といわれている。

そもそも血圧とは，血液が血管の中を流れるときに血管壁にかかる圧力を意味している。したがって，血管が多い眼や脳や腎や心臓は，高血圧の影響を受けやすく，眼底出血，脳梗塞や脳出血，腎不全，心不全などの合併症をおこしやすい。そのため，高血圧の予防が重要である。減塩，肥満予防，禁煙・禁酒（節酒），運動などを心がける。　（小笠原知枝）

後見［こうけん］　言葉の意味としては，後ろ盾や補佐を示す。法的には，民法上の後見制度における類型の一つ。後見は，精神上の障害により「契約等の意味・内容を自ら理解し，判断することができない状態」の者が対象で，本人ができない部分を支援する。「任意後見契約に関する法律」に基づく任意後見を指す場合もある。　（上田晴男）

後見人［こうけんにん］　成年後見制度（法定後見）の後見類型で選任される代理人。本人に代わって契約を結ぶことや，本人の契約を取り消したりすることができる権限がある。　（上田晴男）

交互型四脚歩行器［こうごがたよんきゃくほこうき］　前脚，後脚がある一対のフレームと前方のフレームとをつなぐ部分にジョイントをつけることで，左右のフレームを持ち上げずに交互に動かせるように可動性をもたせた**歩行器**のことをいう。折りたたみ式と非折りたたみ式がある。体幹バランスがよく，歩くとふらつく程度の人に有効である。左右のフレームを持ち上げずに移動することができるため，上肢筋力への負担が少なくてすむ。また，左右のフレームを交互にずらすことができるため，固定型に比べて狭いところも通りやすい。交互型四脚歩行器を使って歩行する時は，交互にフレームを動かして前方に出し，下肢を一歩前に出す。この繰り返しの動作により前進する。　（冨田川智志）

高次脳機能障害［こうじのうきのうしょうがい］　脳の損傷に起因する認知機能の障害で，一般には**失語**，**失認**，**失行**を含むものだが，2001～05年度に実施された厚生労働省の高次脳機能障害支援モデル事業では，**記憶障害**，注意障害，**遂行機能障害**，社会的行動障害を意味する。他に**半側空間無視**，半側身体失認，地誌的障害，行動と感情の障害，などがある。脳の損傷部位によりさまざまな症状が生じるが，これらの症状は重複して生じることも多いので，各自の障害と日常生活状況を確認し，本人と家族の理解とニーズを明確にしてかかわることが求められる。　（田辺肇）

公衆衛生［こうしゅうえいせい］　疾病を予防し，命を延ばし，健康増進を図る科学と技術。環境衛生，市中感染の予防，対人保健の原則に基づく個人教育，疾病の早期診断と予防治療のための医療と看護サービスの組織化，健康維持のための十分な生活水準を保障する社会のしくみの発展を通して取り組む。公衆衛生は予防と深く結びついており，予防を一次予防，二次予防，三次予防と分けている。一次予防には，健康増進と特異的一次予防がある。健康増進は，生活習慣に配慮するなどし，病気になりにくいからだづくりを行う。特異的一次予防では，予防接種や工場での作業環境の改善等を行う。二次予防は，発症した疾病の自覚症状が出るまえに早期に治療する。早期発見のための健康診断が実施される。三次予防では，疾病の進展を防いだり，合併症の発生を防ぐ。　（鵜浦直子）

拘縮［こうしゅく］　何らかの理由で，関節や筋肉などの運動組織が伸縮できずに

固まり，通常の動きが制限されたり，動かなくなったりした状態のことをいう。

関節拘縮とは，関節が固まり，**関節可動域**が制限されたり，動かなくなったりした状態をいう。皮膚が損傷し，皮膚が引きつって通常の動きが制限されることを皮膚性拘縮という。一般的に，拘縮と表現しているものは関節拘縮を指している。関節拘縮は，長期臥床による**生活不活発病**（廃用性症候群），**脳血管障害**や**骨折**の後遺症，**脊髄損傷**などによる麻痺などが原因で起こる。関節が伸びたまま拘縮することを伸展拘縮，曲がったまま拘縮することを屈曲拘縮と呼んでいる。

（横井光治）

公助［こうじょ］　福祉供給における公私役割分担において，公的責任の部分を指すものである。社会福祉や社会保障における公私の役割分担は，公私二元論でとらえられてきたが，その後，1986年の「社会福祉改革の基本構想」においては，「自助・互助・公助」の新しい体系が主張され，1994年「21世紀福祉ビジョン」において，「自助・共助・公助」と改め，2008年の「地域包括ケア研究会報告書」においては「自助・互助・共助・公助」へと変化した。しかし，いずれにしても，公助は最終の手段として位置づけられている。たとえば，同報告書の中で，公助を「自助・互助・共助では対応できない困窮等の状況に対し，所得や生活水準・家庭状況等の受給要件を定めた上で必要な生活保障を行う社会福祉等」とした。
（張継元）

恒常性［こうじょうせい］　身体の制御機構が相互に働くことで，体内環境がほぼ一定に保たれていることをいう。たとえば，体温が上昇したとき，汗をかくことで体温を下げる，体温が低下したとき，全身の筋肉を震えさせ体温を上げる，これにより体の中心温度が37℃前後に保たれるといった状態のことである。同義語はホメオスタシス。　（小山智史）

更生医療［こうせいいりょう］　18歳以上で**身体障害者手帳**を取得している**身体障害者**を対象に，手術などにより確実に治療効果が期待できる医療に関する公的医療費負担制度である。障害者総合支援法における**自立支援医療**の一つである。利用により，医療費の自己負担を軽減することができる。対象となる治療は，例えば白内障における水晶体摘出手術，外耳性難聴における形成術，発音構語障害における形成術，関節拘縮・硬直における人工関節置換術，腎臓機能障害における人工透析治療，肝臓機能障害による肝臓移植術，小腸機能障害における中心静脈栄養法，HIVによる免疫機能障害における抗HIV療法等がある。なお，自立支援医療費の申請先および実施主体は市町村である。支給認定の判定は**身体障害者更生相談所**が行う。　（萬代由希子）

更生援護［こうせいえんご］　**身体障害者福祉法**や**知的障害者福祉法**において，身体障害者・知的障害者の自立と社会経済活動への参加を促進するための援助と必要な保護をいう。国および地方公共団体は治療や指導，訓練等の援助を総合的に提供することで，障害者の自立や社会経済活動への参加を支えていくことが求められている。国立の更生援護機関としては国立障害者リハビリテーションセンターがある。　（近藤尚也）

更生施設［こうせいしせつ］　生活保護法第38条により「身体上又は精神上の理由により養護及び生活指導を必要とする要保護者を入所させて生活扶助を行う」と定められている保護施設の一つである。

売春や犯罪，放浪などの経歴により，安定した生活や就業が困難な状態にある人が対象となる。施設では，居室，食事の提供，生活用品等を現物で提供するとともに，自立と社会復帰に向けて，生活指導，健康指導職業訓練を行う。また，退所後も，訪問を行い，**公共職業安定所**（ハローワーク）とも連携して援助する。（鷲巣典代）

交通バリアフリー法［こうつうばりあふりーほう］⇒高齢者，身体障害者等の公共交通機関を利用した移動の円滑化の促進に関する法律

公的扶助［こうてきふじょ］　国が，税を財源として公的機関によって行われる拠出を伴わない制度である。資力調査を要件とし給付と社会的自立を促進する相談・支援活動を行う貧困者対策（生活保護）と，所得調査を要件とする低所得者対策（社会手当制度・**生活福祉資金貸付制度・公営住宅制度**）がある。（鷲巣典代）

行動援護［こうどうえんご］　知的障害もしくは精神障害がある人を対象に，日常生活で行動する際におこり得る危険を回避するための援護，外出時における移動中の介護，食事や排せつ等の介護を行うサービスである。**障害者総合支援法**における**介護給付**の一つである。サービス内容は，「予防的対応」として，利用者が初めての場所でも不安になりパニックなどの行動をおこさないようあらかじめ対応を考えること等が規定されている。また，「制御的対応」として，問題行動がおきた時に適切に対応するよう規定されている。さらには，「身体介護的対応」として，便意の認識ができない者の介助等を行うことも規定されている。対象者は，知的障害・精神障害のある人で，**障害支援区分3以上**の人であり，なおかつ障害支援

区分の認定調査項目のうち行動関連項目等の合計点数が10点以上の人である。
（萬代由希子）

行動・心理症状（周辺症状：BPSD）［こうどう・しんりしょうじょう（しゅうへんしょうじょう：びーぴーえすでぃー）］　**認知症**の症状は，**中核症状**（認知症状）と行動・心理症状（周辺症状）の2つに大別される。行動・心理症状は，神経生物学的要因に加え，心理的要因，社会的要因が複雑に絡み合い環境との相互作用で出現する症状である。行動・心理症状は，行動症状と心理症状に大別される。行動症状とは，焦燥，興奮，脱抑制および行動異常など，活動性亢進の要素が強く関わる症状である。認知症の初期から認められる症状であり，物忘れを自覚し，不安を感じ，焦燥感から怒りやすくなり，物忘れや間違いを他者から指摘されることで，さらに焦燥感・興奮へと発展する。行動異常の中で徘徊や暴力行為，不潔行為は，ある程度進行した病期で出現してくる。

　心理症状は，①精神病症状の要素が深く関わる妄想，幻覚，夜間行動異常，②感情障害が深く関わる不安，抑うつ，③アパシーが深く関わるアパシー，食行動異常に分けられる。妄想や幻覚は，本人にはその病識がなく，内容の不合理や矛盾には気付かず説得しても訂正することは困難である。妄想では，財布や通帳など大切なものを盗まれたとする物盗られ妄想の出現頻度が高い。わが国では女性に多くみられ，猜疑的な病前性格と関連している。

　不安，抑うつ症状は，記憶障害を自覚する早期から出現し，病気が進むにつれて頻度は減少する傾向がある。アパシーは，初期から後期まで高頻度に認められ

る症状であり，それまでやっていた趣味や社会活動への興味が低下し，日常生活も面倒がって意欲が低下した状態をいう。行動・心理症状は，介護を困難にする要因であるが，適切な対応をとることで軽減可能な症状であり，早期発見，早期対応が求められる。　　　　　（幸田るみ子）

更年期障害［こうねんきしょうがい］　卵巣機能が低下することにより，エストロゲンが欠乏し，ホルモンバランスが崩れておこる症候群である。女性では閉経によるエストロゲン低下が原因，男性では40歳以降加齢やストレスなどによる男性ホルモンであるテストステロンの低下が原因となる。症状はさまざまであり，自律神経失調症（ほてり，のぼせ，多汗，動悸，しびれ，など），消化器症状，精神症状（うつ，頭痛，不眠，不定愁訴），運動器症状（肩こり，関節痛）などがあげられる。男性では上記症状に，性機能症状（性欲の低下，勃起障害）などが加わる。　　　　　（小笠原知枝）

高年齢者等の雇用の安定等に関する法律（高年齢者雇用安定法）［こうねんれいしゃとうのこようのあんていとうにかんするほうりつ（こうねんれいしゃこようあんていほう）］　急速な高齢化に伴う労働人口の変化に対応し，高年齢者が年金受給開始年齢まで働き続けられる環境を整備するために，国と事業主の責務を定めた法律。1971年5月「中高年齢者等の雇用の促進に関する特別措置法」として制定，1986年に現在の名称に改称・施行された。第1条でその目的を「定年の引上げ，継続雇用制度の導入等による高年齢者の安定した雇用の確保の促進，高年齢者等の再就職の促進，定年退職者その他の高年齢退職者に対する就業の機会の確保等の措置を総合的に講じ，もって高年齢者等

の職業の安定その他福祉の増進を図るとともに，経済及び社会の発展に寄与すること」と規定している。2013年改正法施行に続き，2021年4月からは，「70歳までの就業確保措置を努力義務とする」ことなどを含む改正法が施行される。この法律における「高年齢者」とは，厚生労働省令で定める年齢（55歳）以上の者をいう。　　　　　（鷲巣典代）

合理的配慮［ごうりてきはいりょ］　障害者の権利に関する条約の第2条で「障害者が他の者との平等を基礎として全ての人権及び基本的自由を享有し，又は行使することを確保するための必要かつ適当な変更及び調整であって，特定の場合において必要とされるもの」であると定義されている。障害のある人が，日常生活や社会生活を送る上で何らかの不便が生じ，彼らから何らかの助けを求める意思の表明があった場合，障害のない人にとって過度の負担にならない範囲で，彼らの不便さを取り除くために提供される臨機応変な対応のことをいう。　（笠原幸子）

高齢化［こうれいか］　⇒少子高齢化

高齢化社会［こうれいかしゃかい］　高齢化社会（aging society）とは，総人口に占める高齢者の比率が高まっている社会であり，国連や世界保健機関（WHO）の定義では総人口に占める65歳以上人口の比率（**高齢化率**）が7〜14％に達した社会である。日本では1970年に高齢化率が7.1％となり，高齢化社会の段階に達した。また日本では高齢化社会となって数年後の1973年に「福祉元年」が宣言され，70歳以上老人医療費の無料化（当時）や年金の物価スライド制導入など高齢者向け福祉の充実が図られた。
　　　　　（中西泰子）

高齢化率［こうれいかりつ］　人口高齢化

の程度を示す指標の中で最も広く使われるもので，総人口に対する65歳以上人口比率を指す。国連や世界保健機関（WHO）の定義ではこの高齢化率をもとに，**高齢化社会**，**高齢社会**，**超高齢社会**を定義している。日本の高齢化率は2020年時点で28.7％である。また国立社会保障・人口問題研究所の推計（2017）によれば，日本の高齢化率は，2035年に32.8％で3人に1人，2060年には38.1％に達して，約2.5人に1人が65歳以上の高齢者になるとされている。なお高齢化の指標としては，他にも，老年人口（65歳以上人口）を生産年齢人口（15〜64歳人口）で割って計算する老年人口指数や，老年人口を年少人口（0〜14歳人口）で割って計算する老年化指数などがある。
（中西泰子）

高齢者［こうれいしゃ］　一般的に65歳以上が高齢者とされる。たとえ同じ年齢でもさまざまな側面で相当の個人差が存在するため，一律に年齢だけで区分することは難しいが，国際的には65歳を一つの区切りとして使用している。日本では，高齢者の同義語として「老人」があり，これは老人福祉法などの法律において用いられている。高齢化率は世界的に上昇傾向にあり，日本の高齢化率は1950年には4.9％（約25人に1人）であったのが，2019年には28.4％（約3.5人に1人）となり，2025年には30％（約3人に1人）を超えると推定されている。なお，2017年に日本老年学会・日本老年医学会が65歳以上75歳未満を准高齢者，75歳以上90歳未満を高齢者，90歳以上を超高齢者とする区分を提言するなど，高齢者の定義を再検討する動きもみられる。
（小松亜弥音）

高齢社会［こうれいしゃかい］　高齢社会（aged society）とは，総人口に占める高齢者の比率が一定水準を超えた社会であり，国連や世界保健機関（WHO）の定義では**高齢化率**（65歳以上人口比率）が14〜21％の社会である。日本では1994年に高齢化率が14％を超えて高齢社会となった。なお，日本は1970年に高齢化社会に達したが，そのわずか24年後（1994年）に高齢社会の水準に達した。これはフランスの126年，ドイツの40年など他の主要先進国に比べても非常に短い期間であるといえる。また，日本が高齢社会の水準に達する数年前（1990年）には，**合計特殊出生率**が1.57を下回るいわゆる「1.57ショック」によって，少子化が社会問題として注目される状況となっていた。
（中西泰子）

高齢者介護施設における感染対策マニュアル［こうれいしゃかいごしせつにおけるかんせんたいさくまにゅある］　2012年度老人保健健康増進等事業として実施された「介護施設の重度化に対応したケアのあり方に関する研究事業」において取りまとめられたマニュアル（2013年3月発表）のこと。**感染症**に対する抵抗力が弱い高齢者が集団で生活している施設では，感染が広がりやすい状況にある。感染を予防する体制を整備し，平常時から対策を実施するとともに，感染症発生時には感染拡大防止のための対応を図ることが必要となる。さらに，慢性感染症（HIV感染症，肝炎など）をもつ対象者に対する偏見や差別をなくす観点も重要である。これらを踏まえ，このマニュアルには「感染症対策の基本」「感染管理体制のあり方」「平常時の衛生管理のあり方」「感染症等発生時における対応法」が述べられている。2019年3月には，近年の施設における感染症の動向や新たな知

見を踏まえて，改訂版が出されている。
（吉藤郁）

高齢社会対策基本法［こうれいしゃかいたいさくきほんほう］　人口高齢化が急速に進行するなか，国民一人ひとりが生涯にわたり真に幸福を享受できる社会の構築を目指し，国をはじめ社会全体として高齢社会対策を総合的に推進していくための法律で，1995年に公布，施行された。基本理念（第2条）として，①国民が生涯にわたって就業その他の多様な社会的活動に参加する機会が確保される公正で活力ある社会，②国民が生涯にわたって社会を構成する重要な一員として尊重され，地域社会が自立と連帯の精神に立脚して形成される社会，③国民が生涯にわたって健やかで充実した生活を営むことができる豊かな社会が構築されることを掲げている。国が講ずるべき基本的施策として，就業および所得，健康および福祉，学習および社会参加，生活環境，調査研究等の推進，国民の意見の反映をあげている。
（岡本秀明）

高齢者が居住する住宅の設計に係る指針［こうれいしゃがきょじゅうするじゅうたくのせっけいにかかるししん］　この指針では，高齢者が暮らす住宅で，加齢等に伴って心身の機能に低下が生じた場合にも，高齢者がその住宅にそのまま暮らし続けられるように，一般的な住宅を設計する際の配慮すべき事項を示している。加えて，実際に心身の機能が低下したり，または障害がある居住者が暮らし続けられるように，その者の状況に応じた個別の住宅を設計する際の配慮すべき事項を示している。具体的には，高齢者が暮らす住宅および屋外部分に関して，高齢者の移動等に伴う転倒，転落等の防止のための基本的な措置，介助が必要な場合を想定し，介助用車いす使用者が基本的な生活行為を容易にできるための措置等を確保した上で一般的な住宅を設計するための配慮すべき事項を示している。
（岡田直人）

高齢者虐待の防止，高齢者の養護者に対する支援等に関する法律（高齢者虐待防止法）［こうれいしゃぎゃくたいのぼうし，こうれいしゃのようごしゃにたいするしえんとうにかんするほうりつ（こうれいしゃぎゃくたいぼうしほう）］　高齢者虐待防止等に関する国等の責務，**虐待**を受けた高齢者に対する保護のための措置，養護者の高齢者虐待の防止に資する支援のための措置等が規定された法律。2005年に制定，2006年に施行。高齢者虐待については，「養護者」と「養介護施設従事者」によるものに分かれており，①**身体的虐待**（暴行），②介護・世話の放棄・放任（減食等，養護を著しく怠ること），③**心理的虐待**（暴言等，著しい心理的外傷を与えること），④**性的虐待**（わいせつ行為をすること，させること），⑤**経済的虐待**（財産の不当処分，不当に財産上の利益を得ること）の5つに分類されている。「緊急やむを得ない」（切迫性，非代替性，一時性）に該当しない**身体拘束**は，高齢者虐待行為の一部に含まれている。
（山口友佑）

高齢者ケアの意思決定プロセスに関するガイドライン［こうれいしゃけあのいしけっていぷろせすにかんするがいどらいん］　社団法人日本老年医学会が2012年に発表したガイドラインで，「人工的水分・栄養補給の導入を中心として」という副題がついている。人工的水分・栄養補給法とは，口から自然に水分や栄養を摂取するのではなく，人工的に水分や栄養を補給する方法である。たとえば，胃

ろう栄養法や**中心静脈栄養法**等である。人工的に栄養を補給する方法を導入すれば，導入しない場合よりも生きる時間を延長できるかもしれない。しかし，医療・介護・福祉の関係者等の間では，生きる時間が長ければよいと無条件にいえるのかどうかについて，共通理解が構築できていなかった。そこで，医療・介護・福祉の関係者等が担当する事例に対して，人工的水分・栄養補給の導入について，適切に対応できるための手引きとしてガイドラインを作成した。(笠原幸子)

高齢者，障害者等の移動等の円滑化の促進に関する法律（バリアフリー新法）[こうれいしゃ，しょうがいしゃとうのいどうとうのえんかつかのそくしんにかんするほうりつ（ばりあふりーしんぽう）]　高齢者や障害者等の移動や施設利用の利便性や安全性の向上を促進するために，公共交通機関，道路，路外駐車場，公園施設，建築物のバリアフリー化を推進することを目的として2006年に公布・施行された法律。旧来の交通バリアフリー法とハートビル法が統合され，通称をバリアフリー新法という。2018年に公布された改正法では，社会的障壁の除去と共生社会の実現に留意するべき旨の理念規定が設けられたことに加えて，国および国民の責務として公共交通機関を利用する高齢者，障害者等に対する支援が明記された。公共交通事業者等には，旅客施設や車両等のハード面のみならず，車両の乗降の際の介助や旅客施設での誘導等のソフト面も含めた対策についての計画作成とその公表が義務づけられることになった。　　　　　　　　(鳥海直美)

高齢者，身体障害者等が円滑に利用できる特定建築物の建築の促進に関する法律（ハートビル法）[こうれいしゃ，しんたいしょうがいしゃとうがえんかつにりようできるとくていけんちくぶつのけんちくのそくしんにかんするほうりつ（はーとびるほう）]　病院，デパート，劇場，福祉施設，美術館等，不特定多数の人が利用する公共的な施設・建築物において高齢者や妊産婦，身体障害者等が安全・快適に利用できるよう出入口，廊下，階段，トイレ等のバリアフリー化を推進することを目的に，1994年に制定，2000年より施行された法律である。ハートビル法と略される。2006年に交通バリアフリー法と統合され，高齢者，障害者等の移動等の円滑化の促進に関する法律（バリアフリー法）として制定，施行されている。従来，本法律においてバリアフリー基準への適合は，努力義務であったが，2002年の改正（2003年施行）に伴い，一定規模の建築物については建築主にバリアフリー化が義務づけられた。また，所管行政庁の認定を受けた建築主には，税制上の特例措置や低利の融資，エレベーター，トイレ等の整備費の一部に対して補助が受けられる等の優遇措置が設けられた。
　　　　　　　　(橋本卓也)

高齢者，身体障害者等の公共交通機関を利用した移動の円滑化の促進に関する法律（交通バリアフリー法）[こうれいしゃ，しんたいしょうがいしゃとうのこうきょうこうつうきかんをりようしたいどうのえんかつかのそくしんにかんするほうりつ（こうつうばりあふりーほう）]　高齢者，身体障害者等が公共交通機関を利用する際の移動の利便性・安全性の向上を図るために，鉄道駅等の旅客施設および車両，そして，旅客施設を中心とした一定の地区において，市町村の基本構想に基づき周辺道路，駅前等のバリアフリー化を推進することを目的として，2000年5月に

制定，11月より施行された法律である。交通バリアフリー法と略される。2006年にハートビル法と統合され，高齢者，障害者等の移動等の円滑化の促進に関する法律（バリアフリー法）として制定，施行されている。一定の旅客施設とは，1日の乗降客数が5,000人以上，あるいは相当数の高齢者，身体障害者等の利用が見込まれる環境を指す。公共交通事業者に対しては，旅客施設の新設・改良，あるいは新規車両の導入等に際しては，バリアフリー化を義務づけているが，既存の施設，車両等については努力義務としている。　　　　　　　　　　　（橋本卓也）

高齢者世話付住宅（シルバーハウジング） ［こうれいしゃせわつきじゅうたく（しるばーはうじんぐ）］　高齢者等が在宅で安心して生活できるよう，バリアフリーなどの配慮がなされた住宅等であり，さらに生活援助員（**ライフサポートアドバイザー**）による支援を受けることができる公営の賃貸住宅である。バリアフリー化された住宅は，高齢者が生活しやすいよう，手すりや**緊急通報装置**等が設置されている。また，生活援助員による高齢者への支援は，日常における生活指導や相談，安否の確認，また緊急時の対応等のサービスがある。入居対象者は，60歳以上の高齢者単身世帯，高齢者夫婦世帯（夫婦のいずれかが60歳以上で可能），60歳以上の高齢者のみからなる世帯，障害者単身世帯または障害者とその配偶者からなる世帯等である。　　（橋本力）

高齢者の医療の確保に関する法律（高齢者医療確保法） ［こうれいしゃのいりょうのかくほにかんするほうりつ（こうれいしゃいりょうかくほほう）］　国民の高齢期における適切な医療の確保を図るため，高齢期の医療について国民の共同連帯の

理念等に基づき，**前期高齢者**については保険者間の費用負担の調整を行い，後期高齢者に対しては適切な医療の給付等を行うために必要な制度を設けることにより，国民保健の向上及び高齢者の福祉の向上を図ることを目的とする法律。**老人保健法**（1982年制定，1983年施行）が法律名を含み2007年に全面改正され，2008年に施行された。

本法により，75歳以上の老人医療は後期高齢者医療制度に，また，保健事業は**健康増進法**に移行した。　　（内藤雅子）

高齢者の虐待 ［こうれいしゃのぎゃくたい］⇒虐待

高齢者の居住の安定確保に関する法律（高齢者住まい法） ［こうれいしゃのきょじゅうのあんていかくほにかんするほうりつ（こうれいしゃすまいほう）］　高齢者の居住の安定を確保するため，加齢に伴う高齢者の身体機能の低下の状況に対応した構造をもつ賃貸住宅等として，心身の状況の確認，生活相談等のサービスを提供する「**サービス付き高齢者向け住宅（サ高住）**」を，国土交通省と厚生労働省の共管制度とし，都道府県知事への登録制度とする法律。高齢者住まい法のほかに，高齢者居住法，高齢者居住安定確保法，高齢者居住安定法とも呼ばれる。この法律が制定された2001年の当初は，要件に当てはまる賃貸住宅を「高齢者円滑入居賃金住宅（高円賃）」「高齢者専用賃貸住宅（高専賃）」「高齢者向け優良賃貸住宅（高優賃）」としていた。これらは2011年の法改正で，「高円賃」「高専賃」「高優賃（地方公共団体によるものは存続）」を廃止された。　　（岡田直人）

高齢者の地域社会への参加に関する意識調査 ［こうれいしゃのちいきしゃかいへのさんかにかんするいしきちょうさ］　高

齢者の地域社会への参加に関する意識を把握し，今後の高齢社会対策の推進に資することを目的として，内閣府が1988年度より原則5年ごとに実施している調査。2013年度の調査は，全国の60歳以上の者から無作為抽出された3,000名を対象に面接聴取法を用いて実施された（回収率66.6%）。調査事項は，①日常の意識に関する事項（「生きがい（喜びや楽しみ）」など），②社会参加活動への考え方に関する事項（参加している活動の満足度や参加意向など），③地域活動への考え方に関する事項（地域活動を行うための必要条件など），④世代間交流の意向に関する事項（若い世代との交流への参加意向や参加状況，世代間交流推進のための必要条件など），⑤高齢者政策や支援に関する事項で構成され，高齢社会対策の方向性を具体的に示していくための重要な基礎資料とされている。

（神部智司）

高齢者保健福祉推進十カ年戦略（ゴールドプラン）［こうれいしゃほけんふくしすいしんじゅっかねんせんりゃく（ごーるどぷらん）］　1990年度から1999年度末までの10年間の高齢者介護にかかる在宅サービス，施設サービスの整備目標値が設定されたものである。在宅福祉対策として，ホームヘルパー10万人，ショートステイ5万床，デイサービス1万か所，在宅介護支援センター1万か所（1990年度から事業化），ホームヘルパー，デイサービス，在宅介護支援センターを全市町村に普及させることが目標とされた。施設対策では，特別養護老人ホーム24万床，老人保健施設28万床，ケアハウス10万人，高齢者生活福祉センター400か所，さらに，寝たきり老人ゼロ作戦として，機能訓練や健康教育等の整備，脳

卒中情報システムの整備，保健師・看護師等による在宅介護指導員2万人，地域のボランティアによる在宅介護相談協力員8万人の計画的配置等が盛り込まれた。

（畠山明子）

高齢者保健福祉推進十カ年戦略の見直しについて（新ゴールドプラン）［こうれいしゃほけんふくしすいしんじゅっかねんせんりゃくのみなおしについて（しんごーるどぷらん）］　1990年度から10年間の高齢者介護にかかる在宅サービス，施設サービスの整備目標値が設定されたゴールドプランについて，1994年12月に各市町村に義務づけられた市町村老人保健福祉計画の目標値を見直し，新たに1999年度末までの計画目標として設定された。新ゴールドプランでは，ホームヘルプサービス，ホームヘルパーステーション，ショートステイ，デイサービスセンター・デイケアの充実，新たに1991年に創設された老人訪問看護ステーション，特別養護老人ホームの入所定員も増加された。さらに人材養成・確保として，寮母・介護職員20万人，看護職員等10万人，作業療法士・理学療法士1.5万人が目標とされた。

（畠山明子）

誤嚥［ごえん］　飲食物や唾液等が何らかの理由によって，食道ではなく誤って喉頭や気管の気道に入ってしまった状態のことをいう。喉頭や気管に入ってしまうと，肺の中で細菌が繁殖し炎症を引き起こす原因となる。誤嚥は，病気やストレス，薬剤の副作用等によって飲み込む動作が難しくなったり，飲み込む力が弱くなったり，飲食物や唾液がうまく食道を通過できなかったりした時に起こることが多い。通常，むせたり，咳き込んだり，ぜいぜいといった息苦しそうな音がしたりするが，必ずしも症状が現れると

は限らない。適切な対応をしないと**誤嚥性肺炎**になる可能性がある。誤嚥を防ぐには，対象者の摂食・嚥下機能の状態を把握し，状態に合わせた食事形態を提供し，食事時の姿勢を適切に保つようにする。また，口腔機能を維持・向上できるような**口腔ケア**を行うことも有効である。
（冨田川智志）

誤嚥性肺炎［ごえんせいはいえん］　食物や水，唾液，胃の内容物などが，食道ではなく気管に入る状態を**誤嚥**というが，この誤嚥により発症する肺炎。高齢者や神経疾患を有する患者など，嚥下機能が衰えている人におこりやすい。誤嚥の結果，肺に流れ込んだ細菌が繁殖することでおこる。誤嚥の予防策として，口腔内を清潔に保つことが効果的であるとされている。
（久保田チエコ）

コーチング［こーちんぐ］　利用者の自発的行動を促し，利用者が自ら目標を達成することをサポートするコミュニケーション技法のことをいう。カウンセリングと共通する技法として，環境設定，傾聴，承認，要約，対決，言い換え，質問，提案などがある。また，コーチングの一理論として GROW モデルがあり，① Goal（目標），② Reality（現実），③ Options（選択），④ Will（意志）の４つがあげられる。介護の現場にあてはめてみていくと，まず，介護者は利用者に目指す目標をたずね，現実とのギャップを把握し，目標を明確化していく。次に，現在行動できないでいる問題や，解決のための強みを利用者とともに考え，行動可能な方法を選択していく。そして，利用者が自らの意志で現実に可能な行動を決める。介護者は，フォローアップや振り返りなどのプロセスを通して，利用者を勇気づけ，やる気を引き出し，潜在能力を最大限に発揮できるように支援する。
（倉田郁也）

コーピング［こーぴんぐ］　ヒトはストレッサーに直面した時，自分の能力，過去の経験，ストレッサーの種類や強さ，解決の可能性などを評価して，ストレスに対処する行動をとる。このストレスに対処するために行われる個人の認知的および行動的努力のことをコーピング（ストレス対処行動）という。

ラザルス（Lazarus, R. S.）は，このコーピングを問題焦点型コーピングと情動焦点型コーピングに分類した。問題解決型コーピングは，直面している問題に対して，自分の努力や上司・友人・家族などのアドバイスなど社会的支援を探索することで解決しようとする対処行動である。一方，情動焦点型コーピングは，解決や対応の方法がない，またはないと評価した問題に対して，感情の発散やとらえ方や発想を変えて新しい適応の方法を探す対処法である。
（幸田るみ子）

ゴールドプラン［ごーるどぷらん］⇒高齢者保健福祉推進十カ年戦略

ゴールドプラン 21［ごーるどぷらんにじゅういち］⇒今後五か年間の高齢者保健福祉施策の方向

股関節屈曲［こかんせつくっきょく］　仰臥位の状態から，体幹と大腿骨が近づくように股関節を動かす股関節の運動のこと（図表参照）をいう。「関節可動域表示ならびに測定法」（日本整形外科学会及び日本リハビリテーション医学会）では，

図表　股関節屈曲

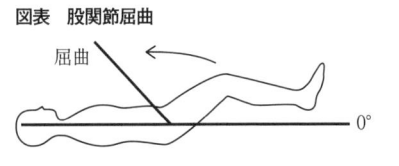

屈曲　　0°

股関節屈曲の参考可動域角度は，体幹と平行な線を基本軸として，体幹と大腿骨が近づくように股関節を動かした時の大腿骨までの角度を 125 度と示している。また，可動域角度を測定する際は，膝を曲げた状態で行うこととしている。(冨田川智志)

股関節伸展［こかんせつしんてん］　**腹臥位**の状態から，体幹と大腿骨が遠ざかるように股関節を動かす股関節の運動のこと（図表参照）をいう。「関節可動域表示ならびに測定法」（日本整形外科学会及び日本リハビリテーション医学会）では，股関節伸展の参考可動域角度を 15 度と示している。また，可動域角度を測定する際は，膝を伸ばした状態で行うこととしている。　　　　　　　　　(冨田川智志)

図表　股関節伸展

伸展
0°

呼吸［こきゅう］　呼吸とは，成長や活動にとって必要となる酸素（O_2）を体内に取り入れ，物質代謝の結果生じた二酸化炭素（CO_2）を体外に排出すること。英語では Respiration と表記される。R と略されることもある。呼吸には，肺で行われる外呼吸（肺呼吸）と，毛細血管内で行われる内呼吸（組織呼吸）があるが，バイタルサインとしても観察する。成人の正常な呼吸数は 1 分間で約 16〜20 回である。一般的に男性より女性のほうが呼吸数は多く，また，体格・気温・運動・入浴，精神状態などによっても変化する。呼吸を測定する場合には，数の他に，深さやリズムや長さも合わせて観察する。呼吸は意識して一時的に変化させることが可能なため，測定する場合は，脈を測りながら呼吸数を数えるなど，呼吸数を測っていることがわからないようにする工夫が必要である。異常な呼吸には，①数の異常（頻呼吸，徐呼吸），②深さの異常（過呼吸，減呼吸），③数と深さの異常（多呼吸，小呼吸）がある。努力性の呼吸には，呼吸困難，鼻翼呼吸，下顎呼吸，起坐呼吸がある。　　　(吉藤郁)

呼吸困難［こきゅうこんなん］　呼吸するのに困難さや息切れ，努力感，苦しさを感じる自覚症状がある状態である。一般に呼吸困難時は，肺のガス交換が妨げられ，組織に十分な酸素が供給されない状態になっている。正常な呼吸運動は成人で 1 分間に 12〜15 回である。それによって肺に空気が適当に送り込まれ，身体の隅々まで酸素を供給するが，呼吸困難時では充分に酸素が供給できないため，腹部や鼻翼等の筋肉が呼吸運動に加わり苦しむ。仰臥位では息が一層苦しいため，患者は起座呼吸しようとする。治療には原疾患の治療に加え，酸素療法，鎮静のためのモルヒネ投与，重症であれば気道切開を行う。過剰な酸素投与で悪化することもあるので，医師の指示を守る。

　　　　　　　　　　　　　　　(内田陽子)

国際疾病分類［こくさいしっぺいぶんるい］⇒ICD

国際障害者年［こくさいしょうがいしゃねん］　国際連合が，第 31 回総会で障害者の「完全参加と平等」をテーマに 1981 年を国際障害者年と定めた。①障害者が身体的にも精神的にも社会に適応することができるように援助すること，②適切な援助，訓練，医療及び指導を行うことにより，障害者が適切な仕事につき，社会生活に十分に参加できるようにすること，③障害者が社会生活に実際に参加で

きるよう，公共建築物や交通機関を利用しやすくすることなどについての調査研究プロジェクトを推進すること，④障害者が経済的，社会的及び政治的活動に参加する権利を有していることについて一般国民の理解を深めること，⑤障害の発生予防対策及びリハビリテーション対策を推進することを実現するため，国際的な取り組みを行うこととした。さらに，第37回総会では，「障害者に関する世界行動計画」を採択するとともに，1992年までを「国連・障害者の十年」と定め，10年間で世界各国が積極的な障害者対策を推進することを提唱した。（笠原幸子）

国際障害分類 ［こくさいしょうがいぶんるい］⇒ICIDH

国際生活機能分類 ［こくさいせいかつきのうぶんるい］⇒ICF

国際ソーシャルワーカー連盟（IFSW） ［こくさいそーしゃるわーかーれんめい（あいえふえすだぶりゅー）］　ソーシャルワーカーの国際組織。2020年現在，129か国が加盟している。1つの国で1組織が加盟することが基本であるが，日本では「社会福祉専門職団体協議会」を調整団体として，日本ソーシャルワーカー協会，日本社会福祉士会，日本医療社会事業協会および日本精神保健福祉士協会の4団体が加盟している。国際的なレベルでの協力や活動を通して各国のソーシャルワーカーを支援し，ソーシャルワークの推進，社会政策の策定過程への参加，国連等のさまざまな国際組織との協力を通じて，社会正義，人権，包括的で持続可能な社会開発を目指す。　（鵜浦直子）

国民健康保険 ［こくみんけんこうほけん］　被用者保険に加入している**被保険者**やその被扶養者，**後期高齢者医療**制度の対象者および生活保護の医療扶助受給者以外の者（農業従事者，自営業者および無職者等）を被保険者とする**医療保険制度**である。国民健康保険法（1958年制定，1959年施行）に基づき保険給付を行う。1961年に全面的に実施されたことにより，国民**皆保険**が実現した。市町村と東京都特別区（以下「市町村」）が保険者となって運営する国民健康保険および同種の事業または業務に従事する者を組合員（医師，薬剤師，土木建築業等）とする国民健康保険組合がある。国民健康保険組合には，市町村の国民健康保険にはない傷病手当金の金銭給付がある保険者もある。

（内藤雅子）

国民生活基礎調査 ［こくみんせいかつきそちょうさ］　厚生労働省が実施している，保健，医療，福祉，年金，所得といった，国民生活の基礎的事項についての調査である。主な目的は厚生労働行政の企画および運営に必要な基礎資料を得るとともに，各種調査（たとえば，国立社会保障・人口問題研究所による「社会保障・人口問題基本調査」など）の調査客体を抽出するための親標本の設定にある。1986（昭和61）年よりスタートし，3年ごとに大規模な調査が，中間の各年には世帯の基本的事項および所得の状況に関する小規模な調査が実施されている。大規模調査は6月に配布される世帯票，健康票，介護票，7月に配布される所得票，貯蓄票の，5つの調査票からなる。調査は，あらかじめ調査員が配布した調査票に世帯員が自ら記入し，後日，調査員が回収するという方法で行われる。

（藤間公太）

国民生活センター ［こくみんせいかつせんたー］　国民の消費生活に関する情報提供や調査研究，消費者と事業者との紛争のうち，その解決が全国的に重要なも

のについて法による解決手続きを実施する中核的機関。都道府県や市区町村に設置される消費生活センターは，消費者の身近な相談窓口の役割を担う。国民生活センターは，消費生活センターの後方支援と連携を行う。主な業務として，①消費生活センター経由の相談受付，消費者ホットラインで最寄りの消費生活センターにつながらない場合のバックアップ相談，②全国の消費者相談の情報収集・分析・提供，③商品テスト，④広報・普及啓発，最新の消費者被害等の情報提供，⑤消費生活センター相談員等への教育研修，消費生活専門相談員資格認定，⑥全国の消費者センターでのあっせん困難事案の解決にあたる裁判外紛争解決手続きの実施がある。　　　　　　（鵜浦直子）

国民年金［こくみんねんきん］　国民年金法によって規定された公的年金。政府が管掌し，日本年金機構が運営する。日本国内に住む20歳以上60歳未満のすべての人が加入し，基礎年金制度の1階部分に位置づけられ，老齢・障害・死亡により「基礎年金」を受けられる。保険料納付に関しては，所得や障害等によって法定免除制度がある。被保険者には，**第1号被保険者**（自営業者・学生・無職の人等），**第2号被保険者**（会社員，公務員等），**第3号被保険者**（第2号被保険者に扶養されている配偶者等）の種別がある。　　　　　　（鷲巣典代）

個室ユニット型［こしつゆにっとがた］居室を原則個室とし，それをいくつかのグループ（ユニット）に分け，家庭に近い居住環境の中で入居者の尊厳を重視したケアを提供する，**ユニットケア**の推進を目的とした**介護保険施設**等の一類型のこと。介護保険制度において，従来の4人部屋主体の居住環境を抜本的に改善し，集団処遇型ケアを個別ケアに転換するために「新型特養」として2002年度に整備され，2003年度の制度化以降，介護老人福祉施設の整備における原則となった。個室床面積は10.65m^2以上，1ユニットの定員はおおむね10人以下，共同生活室をユニットごとに設置，洗面設備・便所を居室または共同生活室ごとに適当数設置，入居前の居宅における生活と入居後の生活が連続したものとなるよう配慮すること，各ユニットにおいて入居者が相互に社会的関係を築き，自律的な日常生活を営むことを支援しなければならないことなどが定められている。

（小木曽真司）

互助［ごじょ］　インフォーマルな相互扶助を指す。たとえば，家族・友人・隣人・クラブ活動仲間などによる助け合い，ボランティアによる生活支援，NPOなどによる有償ボランティアなどがある。互助は「共助」と共通する部分が多いが，費用負担が制度的に裏づけられているか否かで区別される。互助は費用負担が制度的に裏づけられていない自発的なものであるのに対し，共助は介護保険などのように制度化されたものを指す。（張継元）

個人因子（ICF）［こじんいんし（あいしーえふ）］　ICF（国際生活機能分類）を構成する分類の一つで，個人因子（personal factors）は，「個人の人生や生活の特別な背景」と定義され，背景要因の中に位置づけられている。なお，背景因子にはもう一つ，環境因子がある。　（國definition美香）

個人情報の保護に関する法律（個人情報保護法）［こじんじょうほうのほごにかんするほうりつ（こじんじょうほうほごほう）］　情報化社会の進展に伴い，個人情報の取り扱いによって個人の権利や利益が侵害されないようにするため，個人情

報を取り扱う事業者が個人情報の保護や有効活用をするルールを定めた法律。2003年に成立，一部施行され，2005年に全面施行された。2015年の法改正により，2017年5月30日から個人情報を取り扱うすべての事業者がこの法律の対象となった。利用者やその家族など多くの個人情報を取り扱う医療機関や介護サービス事業者に対しても，「医療・介護関係事業者における個人情報の適切な取扱いのためのガイダンス」において，基本的な考え方や事業者の取り組むべきことが示されている。アセスメントや援助の過程において得た多くの個人情報を保護し，それらを有効活用して，利用者に対してよりよい援助を行うことが求められている。　　　　　　　　　　　（多久島慎一）

個人の尊重［こじんのそんちょう］　日本国憲法第13条で「すべて国民は，個人として尊重される。生命，自由及び幸福追求に対する国民の権利については，公共の福祉に反しない限り，立法その他の国政の上で，最大の尊重を必要とする」と規定されるように，個人の尊重は侵すことができない権利として定められている。しかし，「公共の福祉に反しない限り」という一定の限定を設定している。公共の福祉とは，社会全体に共通する利益であると理解することができる。個人の尊重は侵すことができないが，人権と人権がぶつかった場合，他の個人も同じように尊重されなければならないため，自己中心的な考えや行動を助長するものではない。　　　　　　　　　　　（笠原幸子）

5大栄養素［ごだいえいようそ］⇒栄養素

骨折［こっせつ］　直接・間接的に加わった強い外力により骨が部分的あるいは完全に離断された状態をいう。部分的な骨折は不完全骨折，完全に連絡が断たれたものは完全骨折という。骨折に伴い皮膚の損傷がないものは皮下骨折（単純骨折），皮膚が損傷して外から骨が見える場合は開放骨折（複雑骨折）で，感染の恐れが高い。外力による損傷の特性では，裂離骨折，撓曲骨折，陥没骨折，圧迫骨折，引違い骨折，捻転骨折，粉砕骨折などに分けられる。骨折時は痛み，腫れ，皮下出血がみられるが，ショック症状，脂肪栓塞を伴うこともある。治療に骨を元通りに癒合させるための整復と手術固定・安静，加えて機能訓練が行われる。
　　　　　　　　　　　　　　　（内田陽子）

骨粗鬆症［こつそしょうしょう］　骨量が減少して骨がもろく折れやすくなった状態で，全骨量が減少するのが特徴。圧倒的に高齢女性に多い。骨も他の身体器官と同様に，新陳代謝をして新しい骨を作っているが，女性の場合，閉経を迎える50歳前後からこの新陳代謝が低下する。若い女性でも，偏食や極端なダイエット，喫煙や過度の飲酒などで骨粗鬆症になる。骨がもろくなるため，ちょっとした衝撃でも骨折しやすく，一度の骨折により，次の骨折がおこりやすくなる。高齢者の場合，骨粗鬆症による骨折が原因で要介護の状態になる人も多い。予防には，カルシウムやビタミンD等の摂取等，毎日の食事を見直すとともに，喫煙や飲酒をひかえる，太陽の下で適度な運動をすることが大切である。　　　　　（内田陽子）

骨盤底筋群［こつばんていきんぐん］　膀胱や尿道，子宮，直腸等の腹部の臓器を囲む骨盤の底を支えている筋群。肛門挙筋，尾骨筋，球海綿体筋，坐骨海綿体筋，尿道括約筋などがある。妊娠や出産，肥満，便秘，加齢，ホルモンのバランスなどで，骨盤底筋群が緩み収縮する力が弱

まると，尿道括約筋の収縮が不十分になり，尿**失禁**がおきやすい状態となる。咳やくしゃみ，運動などで腹圧がかかり失禁することを腹圧性尿失禁という。これについては骨盤底筋体操が有効である。

（内田陽子）

骨密度［こつみつど］　骨の強度を表す指標の一つ。一定容積の骨に含まれるカルシウム・マグネシウムなどのミネラル成分の量を骨密度（BMD）という。骨密度が低下し骨量が少なくなると，軽い転倒でも骨折する。骨密度は骨質とともに**骨粗鬆症**と密接に関係する。骨密度は成長と共に増加し，減少に転じるのは，男性で25〜30歳前後，女性で20〜25歳前後である。特に更年期・閉経では女性ホルモン（エストロゲン）が減少するとともに，骨密度も著しく低下，骨粗鬆症のリスクも高まる。予防にはバランスの取れた食事やサプリメントでカルシウムやビタミンDなどを補い，カルシウムの吸収を高めるため日光があたるウォーキングなどをするとよい。　　　（内田陽子）

固定型四脚歩行器［こていがたよんきゃくほこうき］　前脚，後脚がある一対のフレームと前方のフレームを「コ」の字型に固定した歩行器のことをいう。ピックアップ歩行器ともいう。折りたたみ式と非折りたたみ式があり，大腿部骨折やリウマチ等，杖が使えない場合に有効である。身体を歩行器全体で支えながら移動できるため，安定した歩行ができる。また，左右のフレームを持ち上げて歩行するため，少しの段差や障害物であれば乗り越えて進むことができる。固定型四脚歩行器を使って歩行する時は，フレームを持ち上げて前方に下ろし，次に歩行器に体重をかけながら片側ずつ下肢を前に出し，両下肢を揃える。この動作の繰り返しにより少しずつ前進する。

（冨田川智志）

孤独死［こどくし］　ひとり暮らしの人が，生活中の突発的な疾病などにより，誰からも看取られることなく住居内で死亡し，遺体発見までに長時間経過して発見される死のあり方を指す。学術的・法的な定義はなく，孤立死，無縁死などと表現されることもある。ただし，ひとり住戸内で亡くなること自体は問題でない。死亡の発見までの所要時間こそが問題なのである。したがって，ホームヘルプや配食といった在宅介護，あるいは生協などの各種宅配サービスを利用することで，発見の遅れはある程度解決される問題である。社会学者の上野千鶴子は，それを孤独死ではなく「在宅ひとり死」と呼ぶべきだと提唱する。解決策を病院や入所施設での看取りに求めるのではなく，地域内で相互に安否確認が行われる見守り体制の構築こそが重要になる。　（税所真也）

子の看護休暇［このかんごきゅうか］　小学校就学前の子どもを養育する労働者は，1年度において5日（子どもが2人以上の場合は10日）を限度として，病気やけがをした子どもの看護をするために，または子どもに予防接種・健康診断を受けさせるために，休暇を取得することができる。子の看護休暇は，**労働基準法**の規定による年次有給休暇とは別に，労働者が事業主に申し出ることにより，時間単位で取得することができる。対象者は，日々雇用を除く労働者である。2005年施行の改正**育児・介護休業法**により導入された。　　　　　　　　　　（寺本尚美）

コミュニケーション［こみゅにけーしょん］　言語，文字，身ぶり，画像などの記号を手段とした，情報，意思，感情を相互に伝達する行為と交流のこと。使用す

る手段の側面から，**言語的コミュニケーション**と**非言語的コミュニケーション**に分類される。人間社会においては，関係性を成立させる基礎的な条件であり，コミュニケーションの過程は，精神的内容や必要事項を物質的に表現する発信者と，それを受容する受け手による相互関係からなる。特に対人援助技術場面においては，いずれも場面に応じて，積極的に手段として用いられる。　　　（益川順子）

コミュニケーションエイド［こみゅにけーしょんえいど］　言語障害，視覚障害，聴覚障害をもつ人や重度身体障害者が社会参加に必要なコミュニケーション（意思や情報の伝達）がとれるように，電話やパソコンなどに文字変換装置や音声変換装置，椅子に文字盤をつけるなどの機能補助をした福祉機器である。いずれも社会参加に不可欠なコミュニケーションの手段として利用される。　（益川順子）

コミュニケーション障害［こみゅにけーしょんしょうがい］　コミュニケーションの過程において，視覚障害や聴覚障害など，身体的障害に起因するものや，精神障害や何らかの支障のために情報の授受が充分にできず，コミュニケーションが成立できない状態を指す。また近年，医学的観点以外の面で，人体に特別問題がなく健康な人にも現れる心の障害や，人間関係におけるコミュニケーションに対する苦手意識に起因する障害にも用いられることがある。　　　　（益川順子）

コミュニケーションノート［こみゅにけーしょんのーと］　重度の加齢性難聴者や失語症者などと，家族や関係者との間で意思を伝達することを補助するための道具のことをいう。日常生活上重要性が高いと考えられる事物の写真や絵，日常よく使う単語をカテゴリーごとに掲載し，

伝えたい項目を指差すことで，相互のコミュニケーションを可能とする。また，家族や介護者の写真や名前を載せたり，趣味に関することなども載せておくと会話が広がる。この会話補助ツールを使うことによって，コミュニケーションの負担を軽減し，意思疎通の意欲が向上することをめざす。そして，日常生活場面だけでなく，知人宅や通所介護など，社会参加の拡大をめざしていく。ただし，利用者のプライドを傷つけない配慮が必要であり，本人の希望を聞いてから使用する。　　　　　　　　　　（倉田郁也）

コミュニケーションの技法［こみゅにけーしょんのぎほう］　介護者が言葉や動作を通して利用者と円滑に意思疎通を図り，信頼関係を築くために必要となる，話の聴き方や対応のあり方。利用者や家族について理解を深めるためには，「対人距離」（物理的・心理的距離）や，「言語的・非言語的コミュニケーション」「**受容・共感・傾聴**」などに配慮が必要である。

「対人距離」とは，援助者が利用者に対して親しみや馴染みがあると，心理的距離が近くなり，利用者との物理的距離も近くなる。対人援助の場面では，場面に応じた心理的・物理的距離の使い分けが必要となる。また，言葉を通じて伝達する「**言語的コミュニケーション**」（手紙やメール，点字・手話を含む）だけでなく，表情やしぐさ，身振り，目線，姿勢など「**非言語的コミュニケーション**」に気を配ることが大切となる。心理学者のイーガン（Eagan, G.）が提唱した非言語的技法に，SOLER（ソーラー）として次の5つがあげられている。①相手とまっすぐに向かい合う，②開いた姿勢，③相手に身体を傾ける，④適切に視線を合わ

せる，⑤リラックスした態度，がある。そして，介護者には，利用者の意向を十分に把握する援助者の態度として，受容・共感・傾聴が求められる。また，利用者の納得と同意を得る技法として，①「明確化」（閉じられた質問や開かれた質問を通して，利用者の主訴を明らかにする），②「焦点化」（利用者の訴えに優先順位をつけて確認する），③「要約」（利用者の話をわかりやすく整理して伝える），④「直面化」（利用者の行動とその影響を利用者が自ら受け入れられるように関わる）がある。なお，イーガンは，「共感」を第一次共感（言葉にされた感情とその感情の理由）と第二次共感（言葉にならない感情）の２つに分類している。

（倉田郁也）

コミュニティ［こみゅにてぃ］　コミュニティはさまざまな用法をもつ言葉であるが，その要素は大きく分けて２点ある。限定された地理範囲の地域性と，所属する構成員の共同性である。よって地域社会／共同社会と訳されることもある。従来，農村社会において，地域性と共同性は一体だったが，都市化，産業化，個人化などの社会変動を通してそれは，農村地域では解体傾向に向かい，都市部では流入した住民と旧住民との間であらたな構築が必要となり，1970年以降，行政によって積極的に用いられるようになっていった。コミュニティの衰退が指摘される一方，NPO法人や生活協同組合等が子育て・高齢者介護・障害者介助といった，地域で必要とされるサービスを地域のなかで生み出すなど，サービス提供者と受給者，支援者を基盤とした福祉のまちづくりに期待が高まっている。

（税所真也）

コミュニティビジネス［こみゅにてぃびじねす］　ソーシャルビジネス（社会的企業）の中で地域性の高いものを指し，地域貢献型事業とも呼ばれる。行政部門や民間営利企業では解決できないような，地域の抱える課題やニーズに対し，その地域の住民などが主体となって取り組む事業である。社会貢献性をもつ点ではボランティア活動と共通点をもつが，収益性とビジネスとしての継続性を求められる点で大きく異なる。その地域に新たな産業や雇用，サービスなどを提供するだけでなく，参画する住民の生きがいや居場所となる効果をもつ。　（松溪智恵）

コミュニティワーク［こみゅにてぃわーく］　地域住民の生活課題を地域住民自らが解決できるように働きかける，ソーシャルワークの主要な援助技術の一つ。地域住民に共通する物理的な生活問題や地域の中で排除されやすい人たちが抱える生活課題，地域住民の意識や態度によって生じる生活課題などの解決を目指す。コミュニティワークの過程には，①活動主体としての地域住民の組織化，②解決すべき地域の生活課題の特定，③解決に向けた活動の計画，④計画に基づく活動の実施，⑤活動に対する評価，がある。この過程を進めていく技術として，調査，集団討議，広報教育，計画立案，連絡調整，資源動員・配分，圧力行動などがある。コミュニティワークを行うコミュニティワーカーの代表として，市町村社会福祉協議会の福祉活動専門員などがあげられる。　（鵜浦直子）

コメディカル［こめでぃかる］　和製英語で，医師・歯科医師以外の医療従事者（看護師・薬剤師・理学療法士等）のことを指し，文脈によっては，社会福祉士・介護福祉士・精神保健福祉士も含まれる。英語ではparamedicalという。接

頭語の para（パラ）には従属する・補足するという意味があり，co（コ）は協同するという意味をもつことから，医師・歯科医師と協働する専門職を意味する。患者や家族から質の高い，安心・安全な医療が求められるなか，2010年3月に発表された厚生労働省によるチーム医療の推進に関する検討会では，「チーム医療を推進するためには，①各医療スタッフの専門性の向上，②各医療スタッフの役割の拡大，③医療スタッフ間の連携・補完の推進，といった方向を基本として，関係者がそれぞれの立場でさまざまな取組を進め，これを全国に普及させていく必要がある」と述べている。　（笠原幸子）

雇用保険［こようほけん］　労働者の生活と雇用の安定，失業の予防，総合的な機能をもつ保険制度で，政府が管掌し，労働者を雇用する事業は原則として強制加入となっている。被保険者となる条件は雇用期間所定労働時間によって決まる。保険料は，労働者が受け取る総支給額に政府が毎年決める保険料率をかけた金額を，労働者と事業主で分担して支払う。給付には2種類あり，失業等給付（失業した場合，雇用継続が困難となる事由が生じた場合，職業に関する訓練を受けた場合に給付されるもの）と雇用保険二事業（失業の予防，雇用状態の改善，雇用機会の拡大，労働者の能力開発向上，福祉の増進に関するもの）に分かれている。失業等給付には，求職者給付，就職促進給付，教育訓練給付，雇用継続給付（高年齢雇用継続給付，育児休業給付，介護休業給付）があり，雇用保険二事業としては，雇用安定事業（事業主に対する助成金，若者や子育て女性に対する就労支援等）と能力開発事業（在職者や離職者に対する訓練，キャリア形成促進助成金

等）がある。　　　　　　　　（鷲巣典代）

コレラ［これら］　コレラ毒素をもつコレラ菌による急性感染性腸炎。菌に汚染された水や魚介類の摂取で発生し，海外で感染することが多い。2～3日の潜伏期間後，下痢と嘔吐で突然発病し，米のとぎ汁のような下痢便のため脱水となり，意識障害やいれんなども生じ，死に至る場合もある。コレラ患者と診断した場合には，届出を直ちに行わなければならない。日本では「感染症の予防及び感染症の患者に対する医療に関する法律等の一部を改正する法律」で3類感染症に指定されている（巻末資料311頁参照）。

（内田陽子）

コロナウイルス［ころなういるす］　表面の王冠からコロナと呼称され，一般的な風邪などの感染を引き起こすウイルスである。2019年12月に中国の武漢で発見されたコロナの新株COVID-19は，直後から全世界に蔓延した。感染者が約2m以内で咳，くしゃみ，会話，歌，呼吸をすると飛沫で感染する。密接な接触，換気の悪い閉鎖空間，付着物，マスク未装着から拡散しやすい。鼻腔の奥と喉の奥の粘膜に付着し，増殖して肺組織に移行して，他の組織にも広がる。感染から症状が現れる潜伏期間の平均は約5日である。症状は，発熱，咳，息切れ，呼吸困難，味や匂いの異和感，感冒症状など重症度も多様である。診断は，唾液，鼻や喉を拭ってPCR検査する。免疫系の弱体化した患者や高齢者に集団感染（クラスター）しやすい。特効薬がないために，感染予防するワクチンが緊急的に開発されて，2021年から全世界で接種が展開された。　　　　　　　　　　　（住居広士）

今後五か年間の高齢者保健福祉施策の方向（ゴールドプラン21）［こんごごかねん

かんのこうれいしゃほけんふくししさくのほうこう（ごーるどぷらんにじゅういち）］ 2000（平成 12）年度から 2004（平成 16）年度までの 5 か年を期間として，高齢者の保健および福祉施策の方向性を総合的にまとめた計画である。ゴールドプラン 21 で掲げられた基本的な目標は，活力ある高齢者像の構築，高齢者の尊厳の確保と自立支援，支え合う地域社会の形成，利用者から信頼される介護サービスの確立である。また，ゴールドプラン 21 では，取り組むべき具体的施策として，介護サービス基盤の整備，認知症高齢者（ゴールドプラン 21 の原文では，痴呆性高齢者と記載）への支援対策の推進，元気高齢者づくり対策の推進，地域生活支援体制の整備，利用者保護と信頼できる介護サービスの育成，高齢者の保健福祉を支える社会的基礎の確立が掲げられていた。　　　　　　　　　　　　　（橋本力）

今後のあるべき介護福祉士像［こんごのあるべきかいごふくししぞう］　2017 年10 月，厚生労働省社会保障審議会福祉部会福祉人材確保専門委員会は「介護人材に求められる機能の明確化とキャリアパスの実現に向けて」を発表した。この報告書では，2006 年に「介護福祉士のあり方及びその養成プロセスの見直し等に関する検討会」が「これからの介護を支える人材について」の報告書で発表した「求められる介護福祉士像」を修正した「今後のあるべき介護福祉士像」が明記された。その内容は，①尊厳と自立を支えるケアを実践する，②専門職として自律的に介護過程の展開ができる，③身体的な支援だけでなく，心理的・社会的支援も展開できる，④介護ニーズの複雑化・多様化・高度化に対応し，本人や家族等のエンパワメントを重視した支援ができる，

⑤QOL（生活の質）の維持・向上の視点をもって，介護予防からリハビリテーション，看取りまで，対象者の状態の変化に対応できる，⑥地域の中で，施設・在宅にかかわらず，本人が望む生活を支えることができる，⑦関連領域の基本的なことを理解し，多職種協働によるチームケアを実践する，⑧本人や家族，チームに対するコミュニケーションや，的確な記録・記述ができる，⑨制度を理解しつつ，地域や社会のニーズに対応できる，⑩介護職の中で中核的な役割を担う，これら 10 項目に加えて，高い倫理性の保持が付け加えられた。　　　　（笠原幸子）

今後の介護人材養成の在り方について［こんごのかいごじんざいようせいのありかたについて］　2011 年 1 月に「今後の介護人材養成の在り方に関する検討会」がまとめた報告書。当時，介護分野には，ホームヘルパー養成研修，**介護職員基礎研修**，実務者研修等の研修や，**介護福祉士資格**が存在していたが，介護福祉士資格取得後の明確なキャリアパスがなかった（**介護職員のキャリアパス**）。そこで，介護福祉士資格取得までのキャリアパスのあり方と介護福祉士取得後のキャリアパスのあり方を検討した。この時，**認定介護福祉士**の創設が検討された。

　　　　　　　　　　　　　（笠原幸子）

今後の社会福祉のあり方について［こんごのしゃかいふくしのありかたについて］中央社会福祉審議会，身体障害者福祉審議会，中央児童福祉審議会の福祉関係三審議会合同企画分科会が，1989（平成元）年 3 月に発表した福祉制度改革の提言。戦後の福祉制度のあり方を見直し，多元的な福祉サービスの供給，特に在宅サービスを拡大し，施設サービスとともに，住民に最も身近な市町村で一元的に提供

できるよう新たな運営実施体制を構築することなどが提案された。これらの提言は，翌1990年6月，社会福祉関係八法改正（老人福祉法等の一部を改正する法律）により具体化し，福祉各法における在宅福祉サービスの位置づけの明確化，措置権などについて都道府県から市町村への移譲，市町村および都道府県老人福祉計画の策定などが実施された。　（所道彦）

今後の障害保健福祉施策について［こんごのしょうがいほけんふくししさくについて］　障害者本人を中心とした個別支援を，効果的・効率的に進められるよう，基盤づくりを目指したグランドデザイン案のこと。①障害保健福祉の統合化，②自立支援型システムへの転換，③制度の持続可能性の確保の3つの視点を柱とした内容であり，その後の障害保健福祉施策の基本的方向性を決定づけるものとなっている。2004年10月に厚生労働省が公表した。　　　　　　　（中村和彦）

今後の認知症施策の方向性について［こんごのにんちしょうしさくのほうこうせいについて］　2012年6月に，厚生労働省認知症施策検討プロジェクトチームより発表された通知。「認知症になっても本人の意思が尊重され，できる限り住み慣れた地域のよい環境で暮らし続けることができる社会」の実現を目指すもの。

この実現のため，新たな視点に立脚した施策の導入を積極的に進めることにより，これまでの危機が発生してからの事後的な対応，たとえば「自宅→グループホーム→施設あるいは一般病院・精神科病院」というような「ケアの流れ」を，危機を未然に防ぐ早期・事前的な対応に変え，標準的な認知症ケアパス（状態に応じた適切なサービス提供の流れ）を構築することを，基本目標とした。以下の7つの視点が示され，具体的な施策が進められている。

　　1．標準的な認知症ケアパスの作成・普及，2．早期診断・早期対応，3．地域での生活を支える医療サービスの構築，4．地域での生活を支える介護サービスの構築，5．地域での日常生活・家族の支援の強化，6．若年性認知症施策の強化，7．医療・介護サービスを担う人材の育成。

　この通知をもとに，2012年9月に，2013年度から2017年度までの計画として「認知症施策推進5か年計画（オレンジプラン）」が策定された。さらに，2015年1月には，「認知症施策推進総合戦略〜認知症高齢者等にやさしい地域づくりに向けて〜（新オレンジプラン）」が策定された。　　　　　　　（田中悠美子）

さ
▽

サーカディアンリズム［さーかでぃあんりずむ］⇒概日リズム

SARS［さーず］⇒重症急性呼吸器症候群

サービス管理責任者［さーびすかんりせきにんしゃ］　障害者総合支援法とその関連法に規定され，各種の指定障害福祉サービス事業所に配置が義務付けられた，利用者またはその保護者との面接による**アセスメント**を踏まえて，個別支援計画を作成し，それに基づく支援の適切な実施を管理する役割と責任を担う職員のこと。また，定期的な**モニタリング**の実施や，他事業所との連絡による全般的なサービス利用状況の把握，必要に応じた自立支援の実施，他従業員への技術指導や助言なども含まれる。主な指定事業は，**療養介護**，生活介護，**自立訓練**（機能訓練・生活訓練），**就労移行支援**，就労継続支援（Ａ型・Ｂ型），**共同生活援助**などである。任命には実務経験や研修受講などの要件がある。　　　　（西田充潔）

サービス担当者会議［さーびすたんとうしゃかいぎ］　**介護保険制度**における**居宅介護支援**の一環で，担当**介護支援専門員**の召集により，利用者の居宅サービス計画原案に関わる指定居宅サービス等担当者のみならず，利用者本人やその家族の参加を基本として行われる会議である。会議では，利用者の身体機能的側面，精神心理的側面，社会環境的側面等に関する情報を関係者と共有するとともに，居宅サービス計画原案の内容に関して，サービス提供担当者に専門的見地から意見を求めるだけでなく，利用者やその家族の意見や要望を収集して，**居宅サービス計画**に記載される生活全般の解決すべき課題（生活ニーズ）や長・短期の目標，援助内容について，関係者のコンセンサスを得ていく。新規作成等，国が求める機会に開催がない場合，**介護報酬**が減算される。　　　　　　　　　（岡田直人）

サービス付き高齢者向け住宅（サ高住）［さーびすつきこうれいしゃむけじゅうたく（さこうじゅう）］　主に単身の高齢者や夫婦世帯の高齢者などを対象にした，サービス付きの賃貸等の住宅である。サービス付き高齢者向け住宅（サ高住）は，バリアフリー構造であり，日常生活における支援として，状況把握サービスや生活相談サービスといったサービス等を受けることができる。状況把握サービスでは，入居者の心身状況の定期的な把握がなされる。また，生活相談サービスとは，入居者の生活上での相談に応じ，必要な助言を行うことで，日常生活を支障なく営むことができるようにするためのサービスである。高齢者の居住の安定確保に関する法律（高齢者住まい法）の改正により，2011年に創設されたものである。　　　　　　　　　（橋本力）

サービス提供責任者（サ責）［さーびすていきょうせきにんしゃ（させき）］　利用者への**訪問介護**サービスの提供に際して，訪問介護計画の作成を柱としてサービスに対しての総括的な役割を担う者のことである。具体的には，訪問介護計画の作成のほか，**居宅介護支援**事業所との連携，

訪問介護員への指示・管理・指導，利用者の状況変化やサービス意向の定期的な把握などの業務を行う。指定訪問介護事業所では，利用者数が40人に対して1人以上のサービス提供責任者の配置義務がある。

（畑智恵美）

サービス等利用計画［さーびすとうりようけいかく］　障害者総合支援法などに定められる，障害福祉サービスなどの利用において作成が必要となる計画のことをいう。サービス利用を市町村に申請する時，障害者本人の心身の状況や環境，本人・保護者のサービス利用に関する意向，また総合的な援助方針と生活全般の解決すべき課題，支援の目標と達成時期，利用しようとする支援の種類・内容・量・日時，その他の留意事項などを記した「サービス等利用計画案」の提出が求められる。そして，利用（支給）の決定後には，これらの内容の他，利用料及び支援の担当者が記された「サービス等利用計画」が作成される。これらの計画（案）は，地域の指定特定相談支援事業所などで作成するが，そのための費用も給付される（計画相談給付費）。

（西田充潔）

サービス利用支援［さーびすりようしえん］⇒計画相談支援

座位［ざい］　上半身を起こして座っている体位のことをいう（巻末資料308頁参照）。端座位，長座位，起座位等がある。

（冨田川智志）

災害介護［さいがいかいご］　近年，多くの自然災害が発生して各地に大きな被害をもたらしているため，2018年5月，厚生労働省社会・援護局長は「災害時の福祉支援体制の整備に向けたガイドライン」を作成し，都道府県知事宛に「災害時の福祉支援体制の整備について」とい

う通知を出した。その内容は，都道府県，社会福祉協議会，社会福祉施設等関係団体などの官民協働による「災害福祉支援ネットワーク」の構築，一般避難所で災害時要配慮者に対する福祉支援を行う災害派遣福祉チームの組織化であった。「災害福祉支援ネットワーク」の構成メンバーには，社会福祉施設の職員や職能団体である介護福祉士会の会員等が含まれる。社会福祉法人はネットワークやチームへ積極的に参加することが期待されている。費用負担や保健医療関係の災害派遣医療チーム（DMAT）等との連携等，多くの課題があるが，介護福祉専門職への期待は大きい。

（笠原幸子）

災害時要援護者［さいがいじようえんごしゃ］　災害時に，災害から自らを守るために，必要な情報を迅速かつ的確に把握し，自分で安全な場所に避難することが困難な人のことをいい，例えば，高齢者・障がい者・外国人・乳幼児・妊婦等を指す。災害時要配慮者とも呼ばれる。

（笠原幸子）

災害時要援護者の避難支援ガイドライン［さいがいじようえんごしゃのひなんしえんがいどらいん］　内閣府に設置された「集中豪雨時等における情報伝達及び高齢者等の避難支援に関する検討会」は，2005年3月に「災害時要援護者の避難支援ガイドライン」を発表した。その内容は，①情報伝達体制の整備，②災害時要援護者情報の共有，③災害時要援護者の避難支援計画の具体化についてであった。要援護者に関する情報（住居，情報伝達体制，必要な支援内容等）を普段から電子データ等で管理するとともに，一人ひとりの要援護者に対して複数の避難支援者を定める等，具体的な避難支援計画を策定しておくことが求められ，「災害時

要援護者避難支援プラン作成の促進について」等を踏まえ，「災害時要援護者の避難対策に関する検討会」は，2006年3月に再度「災害時要援護者の避難支援ガイドライン」を発表した。　　　（笠原幸子）

災害対策基本法［さいがいたいさくきほんほう］　災害対策全体を体系化し，「総合的かつ計画的な防災行政の整備及び推進を図り，もつて社会の秩序の維持と公共の福祉の確保に資する」ことを目的として，1961年に制定された法律。この法律では，①国，都道府県，市町村，指定公共機関等は，防災計画を作成し実施するとともに，防災に関する責務を明らかにすること，②国，都道府県，市町村等は，防災会議の設置や災害発生時は災害対策本部を設置すること，③国は防災基本計画，都道府県は地域防災計画，指定公共機関等は防災業務計画を作成すること，④災害対策を3段階（災害予防，災害応急対策，災害復旧）に分け，それぞれの段階で，国，都道府県，市町村の果たすべき役割や権限を定めること，⑤地方公共団体における災害対策の費用や被災者に対する助成等について，国が援助すること，⑥非常に激しい災害が発生した場合，内閣総理大臣は災害緊急事態を布告することができること等を定めている。　　　（笠原幸子）

災害派遣医療チーム（DMAT）［さいがいはけんいりょうちーむ（でぃーまっと）］　通称「ディーマット」（DMAT＝Disaster Medical Assistance Team）。大規模災害や傷病者が多数発生した事故現場等で活動できるように，専門的なトレーニングを受けた医療チームで，医師，看護師，業務調整員（医師，看護師以外の医療職及び事務職）から構成される。阪神・淡路大震災（1995年）における災害医療の

課題を教訓とし，2005年4月に日本DMATは発足した。現在では災害現場での医療に加え，被災地の病院支援や，重症患者を被災地外に搬送するなどのさまざまな医療的支援を行っている。
　　　（砂田貴彦）

最高血圧［さいこうけつあつ］　心臓が血液を全身に送り出すために，収縮した時の血圧をいい，収縮期血圧，最大血圧とも呼ばれる。健康人で，120 mmHg くらいが正常値で 140 mmHg 以上で高血圧とされる。　　　（内田陽子）

済世顧問制度［さいせいこもんせいど］　1917年に岡山県で創設された貧困対策の制度。現在の民生委員制度の源流といわれている。第一次世界大戦末期の当時，宮中で開催された地方長官会議において，岡山県知事の笠井信一が大正天皇より岡山県下の貧民の生活状態についてたずねられた。これをきっかけに実態調査を行った結果，県民の約1割が悲惨な生活状態にあることが判明した。知事は早急に貧困対策に取り組むべきであると考え，ドイツのエルバーフェルト市における救貧委員制度を参考に，「済世顧問設置規程」を公布した。済世顧問とは，知事より委嘱された篤志家であり，生活困窮者の相談に応じて精神的感化や物のあっせん等により防貧活動を推進することが使命であった。　　　（山東愛美）

再接近期［さいせっきんき］　母子関係における精神分析的発達理論のうちマーラー（Mahler, M.）が提唱した発達段階の一つ。歩行運動が自由になる1歳半ごろ（14か月から24か月ごろ）になると，行動範囲も広がり，子どもは母親から離れていることを意識しはじめる一方で，母親のもとから離れることに不安を感じることが再び強くなり，積極的に母親への

接近，後追い行動が多くなる（分離不安）。この時期になると幼児は母親を別の存在として認識し，改めて依存対象としての母親の愛を求めるようになるが，一方で母が適切に情緒的応対を示さないと後の人格発達に悪影響を与える可能性が高くなる，とマーラーは論じる。　（村上太郎）

在宅介護［ざいたくかいご］　疾病や障害等によって何らかの介護が必要な者に対して，介護の専門職や家族等が住み慣れた自宅等で介護すること。もともとは家族による自宅での介護を意味していたが，急速な少子高齢化の進展により，介護の担い手が，家族に加えて介護の専門職・近隣住民・ボランティア等へ拡大した。**介護保険制度**において在宅介護を円滑に継続するためには，生活全体をマネジメントする**介護支援専門員**の役割が重要である。　　　　　　　　　（小木曽真司）

在宅介護支援センター［ざいたくかいごしえんせんたー］⇒老人介護支援センター

在宅患者訪問栄養食事指導［ざいたくかんじゃほうもんえいようしょくじしどう］　在宅で療養を行う患者で通院が困難な者に対して，医師が患者に特別食の提供が必要と認めた場合または癌患者，摂食機能・嚥下機能が低下した患者，低栄養状態にある患者に対して，医師が栄養管理は必要と認めた場合に，医師の指示に基づき，管理栄養士が患家を訪問し，患者の生活条件，嗜好等を踏まえた食事計画案または具体的な献立等を示した栄養食事指導箋を患者等に対して交付し，栄養食事に関して指導を行うもの。在宅患者訪問栄養食事指導は，介護保険の要介護・要支援認定を申請していないもしくは認定結果が非該当で介護保険被保険者証を所持していない者に対して医療保険

として行われる。介護保険を利用している場合は，介護保険優先となり，介護保険の居宅療養管理指導もしくは介護予防居宅療養管理指導の対象となる。
　　　　　　　　　　　　（岡田直人）

在宅患者訪問薬剤管理指導［ざいたくかんじゃほうもんやくざいかんりしどう］　在宅で療養を行う患者で通院が困難な者に対して，医師の指示に基づき，保健師が薬学的な管理指導計画を作成し，患家を訪問して，薬歴管理，服薬指導，服薬支援，薬剤の服薬状況・保管状況および残薬の有無の確認を行い，訪問結果を医師に報告するもの。在宅患者訪問薬剤管理指導は，介護保険の要介護・要支援認定を申請していないもしくは認定結果が非該当で介護保険被保険者証を所持していない者に対して医療保険として行われる。介護保険を利用している場合は，介護保険優先となり，介護保険の居宅療養管理指導もしくは介護予防居宅療養管理指導の対象となる。　　　（岡田直人）

在宅3本柱［ざいたくさんぽんばしら］　ホームヘルプ・サービス事業，デイ・サービス事業，ショートステイ・サービス事業の3事業を指す。「ゴールドプラン（高齢者保健福祉推進十カ年戦略）」の目標達成に向けて，市町村が主体的に高齢者福祉を推進することおよび在宅福祉サービスの充実を目指して，1990年に老人福祉法等の一部を改正する法律が成立し，老人福祉法をはじめとする8つの法律が改正された。この**社会福祉八法改正**は，戦後成立した複数の法律を，平成の時代にマッチした社会福祉制度として抜本的に見直したものである。改正時の中心的な課題の一つとして，高齢者等の地域生活をできるだけ可能にし，その期間を延長するため，住民に最も身近な市町村が

実施する事業として，上記の3つの事業を「在宅3本柱」と位置づけた。

（笠原幸子）

在宅療養支援診療所［ざいたくりょうようしえんしんりょうじょ］　在宅で療養している人とその介護者に，24時間体制で往診，訪問看護等で対応する診療所のことをいう。在宅療養者ができるだけ住み慣れた地域で療養生活ができるように診療報酬に明記されている。その主な施設基準は以下である。①診療所，②24時間連絡を受ける体制を確保している，③24時間往診可能である，④24時間訪問看護が可能である，⑤緊急時に入院できる体制を確保している，⑥連携する保険医療機関，訪問看護ステーションに適切に患者の情報を提供している，⑦年に1回看取りの数を報告している。（内藤雅子）

在宅療養支援病院［ざいたくりょうようしえんびょういん］　診療所のない地域において，**在宅療養支援診療所**と同様に在宅医療の主たる担い手となっている**病院**のことであり，診療報酬に定められている。主な施設基準は，①200床未満又は4km以内に**診療所**がない病院，②24時間連絡を受ける体制を確保している，③24時間往診可能である，④24時間訪問看護が可能である，⑤緊急時に入院できる体制を確保している，⑥連携する医療機関等に適切に患者の情報を提供している，⑦年に1回看取りの数を報告している等である。　（内藤雅子）

最低血圧［さいていけつあつ］　心臓の筋肉が最も拡張した時の血圧。拡張期血圧，最小血圧とも呼ばれる。血圧計には最高血圧と最低血圧が表示されるが，値が低い血圧のことをさす。健康人で，80mmHg前後が正常値。90mmHg以上が高血圧とされる。

（内田陽子）

サイドケイン［さいどけいん］⇒歩行器型杖

作業療法士 (OT)［さぎょうりょうほうし（おーてぃー）］　医師の指示の下，身体または精神に障害のある者に対し，主としてその応用的動作能力または社会的適応能力の回復を図るため，手芸，工作その他の作業を行わせることを業とする者であり，名称独占の国家資格である。OT（Occupational therapist）と略して表される。基本的な動作能力だけでなく，日常の生活機能や社会生活を送る上で必要な技能の回復・向上を目指し，利用者の必要性に応じ，さまざまな作業，レクリエーション，コミュニケーションなど多岐にわたる方法で行う。作業療法士は，病院や診療所，精神科病院，保健所，リハビリテーションセンターや介護保険施設，訪問リハビリテーション事業所，障害者福祉施設，特別支援学校などで従事している。　（種橋征子）

サクセスフル・エイジング［さくせすふる・えいじんぐ］　米国発祥の用語で統一的な日本語訳はないが，豊かな老いや豊かな高齢期の生き方のことを指す。社会学では，高齢期になっても壮年期と同様に活動する「**活動理論**」と，高齢期になれば引退し社会から離脱する「**離脱理論**」がある。心理学では，高齢期の喪失や衰退に対して適応していく過程をサクセスフルとしている研究がある。医学では，加齢に関連した変化は人為的に制御が可能であるため，予防できるという研究がある。これらの研究は，それぞれの立場から，望ましい状況や過程をサクセスフルとしている。　（笠原幸子）

鎖骨［さこつ］　肩の前部分にある左右に長い一対の骨のことをいう（巻末資料303頁参照）。体幹と肩甲骨をつないでい

図表　差し込み便器

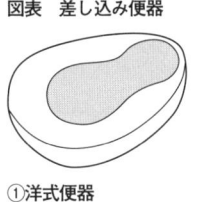

①洋式便器

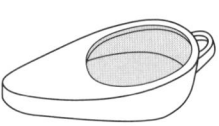

②和式便器

る。　　　　　　　　　　（冨田川智志）

差し込み便器［さしこみべんき］　ベッド上で排便する場合に使用する容器のこと。ベッド上で仰臥位からファーラー位などできる限り腹圧をかけやすい体位をとり，臀部の下に便器を差し込み使用する。対象者の臀部の大きさや材質の好みを確認したうえで，種類を選択する。種類には，洋式便器，和式便器，和洋折衷式便器，ゴム便器などがある。洋式便器（図表①参照）は，ステンレス製で，ふたが付いていない。排便量が多いときや女性の排尿に適している。また，重量があり，安定感があるため体格のよい対象者に適している。しかし，便器自体に高さがあるため，腰部を安静にしなければならない対象者への使用は望ましくない。和式便器（図表②参照）は，ステンレス製とプラスチック製があり，いずれもふたが付いている。便器自体の高さが低いため，腰部を安静にしなければならない対象者でも使用することができる。しかし，便器に安定感が少ないため，体格のよい対象者の使用には適さない。　　（横井光治）

サテライト型小規模多機能型居宅介護事業［さてらいとがたしょうきぼたきのうがたきょたくかいごじぎょう］　介護保険制度の地域密着型サービスの一つである。小規模多機能型居宅介護支援事業の形態の一つ。本体事業所から概ね20分以内の距離にサテライト型事業所を設置し，

「通い」「泊まり」「訪問」を提供する。サテライトの利用者はサテライト型事業所を利用するが，宿泊室に空きがある場合，本体事業所に泊まることも可能である。登録定員は18名以下，通いの定員は12名まで，泊まりは6名までと定められている。代表者や管理者が本体事業所の代表者や管理者を兼ねることも可能である。また，宿直職員や看護職員についても，本体事業所からの適切な支援が受けられる場合は置かないことができる。本体事業所の職員がサテライト利用者を訪問することも可能である。複数の事業所で人材を有効活用しながら，より利用者に身近な地域でサービス提供が可能となることをねらいとしている。　（山井理恵）

サリービー［さりーびー］（Saleebey, D.；1936- ）　1980年代後半，人と環境の双方の**ストレングス**に着目した援助のあり方としてストレングス視点を提唱した研究者。サリービーは，ストレングス視点の原則を6つあげている。その内容は，①すべての個人，グループ，家族，そしてコミュニティはストレングスをもっている，②トラウマや虐待，病気や苦闘は，挑戦や新たな機会のきっかけにもなる，③クライエントの願望を尊重するとともに，高い期待をもつ，④クライエントと協働すること，⑤あらゆる環境に資源があること，⑥互いにケアすること，である。　　　　　　　　　　（鵜浦直子）

参加（ICF）［さんか（あいしーえふ）］
ICF（国際生活機能分類）を構成する分類の一つで，「生活・人生場面への関わりのことであり，社会的な観点からとらえた生活機能」と定義され，生活機能と障害を構成する３つの要素の一つとして位置づけられている。参加と活動の２つの構成要素は，主に個人の生活や人生を送る中で生じることへの関わり方や遂行することである。　　　　　　（國定美香）

三世代世帯［さんせだいせたい］　同居する人員の世代数をもとに世帯構造を分類したとき，世帯主を中心に，その親世代と子世代の三世代から構成されている世帯を指す。孫世代等を含め３つ以上の世代が同居している世帯全般を指すこともある。時系列的にみると，三世代世帯は減少傾向にある。厚生労働省の国民生活基礎調査によれば，1975 年に全世帯のうちその割合は 16.9％であったが，2013 年には 6.6％まで下がっている。とりわけ，高齢者のいる世帯における三世代世帯の減少は著しく，65 歳以上の人がいる世帯のうち三世代世帯の占める割合は，1975 年には 54.4％と最も多い世帯構造であったが，2013 年には 13.2％と大幅に低下している。

　ちなみに，都道府県別にみるとその割合には大きく違いがあり，全国で，三世代世帯割合が最も低く，単独世帯が最も高いのが東京である。　　　　（阪井裕一郎）

酸素飽和度（SpO₂）［さんそほうわど（えすぴーおーつー）］　動脈血液中の赤血球ヘモグロビンと酸素がどの程度の割合で結合しているのかを示した数値。単位はパーセント（％）。基準値は 95〜99％。この値が 90％以下になると酸素療法の対象となる。経皮的に測定する場合，パルスオキシメーターを使って測定する。

サチュレーションといわれることもある。呼吸不全がすべて，SpO₂ が低下するとはかぎらない。　　　　　　　（小山智史）

酸素療法［さんそりょうほう］　大気から十分な量の酸素を血液中に取り込めなくなったときに実施される治療。酸素を投与することで，吸い込む空気の酸素濃度を上昇させ，血液中に十分な量の酸素を取り込めるようにする。酸素は酸素マスクや鼻カニューレなどを用いて投与する。この治療開始の目安は，**酸素飽和度**が90％以下となった時である。　（小山智史）

CSR［しーえすあーる］⇒企業の社会的責任

CO［しーおー］⇒視能訓練士

COPD［しーおーぴーでぃー］⇒慢性閉塞性肺疾患

C型肝炎［しーがたかんえん］　C 型肝炎ウイルス（HCV）が原因で発症する肝炎。症状は，急性肝炎の場合，全身倦怠感，食欲不振，悪心・嘔吐，発熱，皮膚や眼球が黄色くなる（黄疸）などである。慢性肝炎の場合は全身倦怠感や食欲不振などがみられる。B 型肝炎に比べ，慢性化しやすいといわれている。主な感染源は血液であり，輸血や針刺し事故などによる血液暴露が原因となる。また，ピアス，刺青などに使う針の使い回しからも感染するといわれている。感染予防は，血液への暴露を避けるため，手袋やエプロン，目を保護するためのゴーグルなどの着用が重要である。治療は，急性肝炎の場合，安静と栄養療法が中心で，慢性肝炎の場合，ウイルス駆除を目的とした薬剤投与が多い。　　　　　　　　　（小山智史）

CT［しーてぃー］　コンピュータ断層撮影の略語である。トンネル状の装置内で横になった状態でX線を照射しその透過の度合いを分析して，からだの内部を画

像化したものである。CT はからだの全ての部分の撮影をすることができるが，特に骨の異常や出血性の病気などの評価に有用である。造影剤を使用しない単純 CT と造影剤を使用する造影 CT があり，造影剤を用いると画像がより鮮明になり，病変や血管の様子がわかりやすくなる。しかし気管支喘息，ヨード過敏，造影剤の副作用歴のある者は通常の造影 CT を行うことができないため，事前に医師に相談する必要がある。造影剤を使用した場合は，数日後であっても副作用が出現する可能性があることを念頭に入れておく必要がある。　　　　　　（小板橋梨香）

死因［しいん］⇒病因

ジェイ・アラート［じぇい・あらーと］「全国瞬時警報システム」のこと。災害等に対する早期の避難等のための緊急情報を地域住民に伝えるシステムで，これを活用することによって，市町村等の自治体の危機管理能力が高まると考えられている。　　　　　　　　　（笠原幸子）

JCS［じぇいしーえす］　Japan Coma Scale の略語。日本でよく使われる意識障害レベルを評価する指標。覚醒度により 3 段階に分類し，さらにそれぞれの段階を 3 つに分類した（図表参照）。結果，3 × 3 の 9 段階評価となり，「3-3-9 度方式」ともよばれる。脳の疾患や頭部外傷などによる意識障害のレベルを評価する。数値が大きくなるほど意識障害が重い。たとえば，対象者の覚醒度が「Ⅱ」でその中の分類が「20」の場合，「JCS 20」あるいは「意識レベル 20」などと表現される。　　　　　　　　　　　　（小山智史）

支援相談員［しえんそうだんいん］　**介護老人保健施設**に配置される相談員のことである。主な業務内容は，入所中の利用者や家族に対する生活相談やサービス利

図表　急性期意識障害レベル（JCS）の分類法

Ⅲ　刺激で覚醒しない（3 桁の意識障害）
3．痛み刺激に全く反応せず（300）
2．少し手足を動かしたり，顔をしかめる（200）
1．はらいのける動作をする（100）
Ⅱ　刺激で覚醒する（2 桁の意識障害）
3．痛み刺激を加えつつ呼びかけを繰返すと辛うじて開眼（30）
2．大きな声または体をゆさぶることにより開眼する（20）
1．普通の呼びかけで容易に開眼する（10）
Ⅰ　覚醒している（1 桁の意識障害）
3．自分の名前，生年月日がいえない（3）
2．見当識障害がある（2）
1．大体意識清明だが，今 1 つはっきりしない（1）

出所：太田富雄・和賀志郎・半田肇ら（1975）「急性期意識障害の新しい Grading とその表現法：いわゆる 3-3-9 度方式」『脳卒中の外科研究会講演集』3（0），61-68 より引用.

用に関する説明，他職種の職員と連携を図り支援を行うことである。施設入所に関する業務としては，収集した利用者の情報を入所判定会議で報告し入所を円滑に進めたり，施設退所に際しては，他機関や介護支援専門員など利用者の地域生活を支える専門職と連絡調整を行う。支援相談員は，職名であり，資格要件は定められていない。しかし，業務内容から支援相談員の多くが**社会福祉士**や**精神保健福祉士**の資格をもっている。なお，老人保健施設における配置基準は常勤が 1 名以上（入所者数が 100 名を超える場合は，常勤職員 1 名と常勤換算で 100 を超えた数を 100 で除した数以上）である。　　　　　　　　　　　（種橋征子）

支援費制度［しえんひせいど］　障害者本人が，自ら受けたい支援や生活の場所を

選択することができ（事業者等との契約），その費用を市町村に申請して支給される（支援費）という制度。また利用費の一部は，本人がその支払い能力に応じて負担することになった（応能負担）。障害者の処遇は従来，行政がサービス内容やその提供事業者を決定する「措置制度」が長らく行われ，生活の場所や支援内容に障害者本人の意向が反映されてこなかったが，2003年4月より制度変更された。支援費制度は障害者サービスの質の向上や権利擁護に資することが大いに期待されたものの，利用の増大によって福祉財源が逼迫し，障害種別や居住地域間に格差が生じたことなど種々の問題から，2年半後の2005年11月に障害者自立支援法が制定され，障害福祉サービスの体系はさらに転換した。　　　（西田充潔）

歯科医師［しかいし］　歯科医師法に，「歯科医療及び保健指導を掌ることによつて，公衆衛生の向上及び増進に寄与し，もつて国民の健康な生活を確保するもの」と規定される，業務独占の国家資格である。病院や診療所において虫歯の処置をはじめ，差し歯の製作や装着，歯並びの矯正，口腔外科的治療等を行う。他にも学校歯科医として小中高等学校における歯科検診を行ったり，警察歯科医として，過去の歯科の診療所見を用いて，事故・事件や災害において著しく損傷した遺体の身元確認に協力している。
　　　　　　　　　　　　　　（種橋征子）

歯科衛生士［しかえいせいし］　根拠法である歯科衛生士法では，厚生労働大臣の免許を受けて，歯科医師（歯科医業をなすことのできる医師を含む）の指導の下に歯牙および口腔の疾患の予防処置として，歯牙露出面および正常な歯茎の遊離縁下の付着物および沈着物を機械的操作によって除去すること，歯牙および口腔に対して薬物を塗布することを業とする者と規定されており，他に，歯科医師の診療補助や歯科保健指導も行っている。
　　　　　　　　　　　　　　（種橋征子）

視覚障害［しかくしょうがい］　視力や視野などの視機能の回復が困難な状態のことである。見え方や見えにくさは，盲から弱視（ロービジョン）まで人によって様々で，医学的には視力0の場合を盲といい，視覚を使った日常生活が送れない状態である。弱視（ロービジョン）も，わずかな視力はあるが，日常生活に不自由が生じていることに変わりはない。視覚障害は，身体障害者福祉法（身体障害者障害程度等級表）において1級から6級まで等級があり，最も重度である視覚障害者1級は，両眼の視力の和が0.01以下（屈折異常のある者については，矯正視力）としている。　　　（國定美香）

弛緩性便秘［しかんせいべんぴ］　大腸の機能が低下して腸内の運動（蠕動運動）が鈍り，排便周期が延長する便秘をいう。原因は，食事量や繊維性食品の不足，高齢者や出産後，長期寝たきり状態，運動不足，筋力・腹圧低下，排便の意識的抑制，旅行や入院などによる食事や排泄習慣の変化などである。随伴症状は，腹部膨満感，腹痛，食欲不振，腸音が弱い等がある。対応は，腸内の運動を促進する「の」字マッサージ，運動，下剤や水分，食物繊維の摂取などがある。　（内田陽子）

市区町村社会福祉協議会［しくちょうそんしゃかいふくしきょうぎかい］⇒社会福祉協議会

耳垢栓塞［じこうせんそく］　耳垢により外耳道が閉塞した状態をいう。その結果，音の通りが悪くなり，聴力が落ちる。通常では，外耳道の皮膚は鼓膜がある内側

から外側へ移動するので，耳垢はたまることなく軟骨部と骨部の移行部まで出てくる。しかし，高齢者になるとその働きが悪くなり，耳垢が外耳道を閉塞することがある。多くの日本人の耳垢はかさかさしているが，軟性の，べたべたした耳垢は外耳道を塞ぎやすい。耳垢栓塞では，数デシベルから，最大40デシベルの聴力低下があるといわれ，正常な聴力の人で軽い難聴に，軽い難聴の人だと中程度の難聴レベルになり，小声での会話が聞き取りにくい状態となる。高齢者で難聴がある場合，耳垢が原因のこともある。

（内田陽子）

自己覚知［じこかくち］　介護者が自らの性格の偏り，感情の揺れ，行動の傾向，意欲の増減などを見つめ直し，理解しておくこと。介護者が，自分の価値観や先入観で利用者を見ては，偏った関わりになり，利用者と信頼関係を築けない。また，介護者の自己評価が低すぎても高すぎても，持続可能な援助関係を維持していくことは難しい。よって，介護者は，現場での迷いや悩み，手応えなどについて常に振り返り，意識しておくことが重要となる。さらに，専門職として，資質や力量，理論背景，法知識などの向上に努め，研鑽することも大切となる。自己覚知は，対人援助者に共通して必要とされる訓練であり，個々人が内省，振り返りの時間をもち，事例検討会や**カンファレンス**，**スーパーバイザー**などを利用し，自己理解，他者理解に努めることが求められる。

（倉田郁也）

自己決定［じこけってい］　他者に決めてもらうのではなく，自分のことは自分で決めることをいう。**バイステック**（Biesteck, F.P.）は，自己決定の原則を「クライエントの自己決定を促して尊重すること」とし，「自己決定を促すためには，クライエントが利用することができる適切な資源を地域社会やクライエント自身の中に発見して活用するよう援助すること，自己決定能力を自ら活性化するよう刺激すること，自己決定を行使するクライエントの権利は，市民法・道徳法，クライエントや社会福祉機関の能力の程度によって制限を加えられることがある」と述べている。社会福祉の領域では，クライエント（対象者）は自分の生活課題を解決する主体（主人公）であるので，自分の行動等を決めるのはあくまでもクライエントであると考えられている。したがって援助者は，判断能力が不十分なクライエントであっても，できる限り自分で決められるように支援し，命令的に指示することを避けるよう求められている。

（笠原幸子）

自己効力感［じここうりょくかん］　個人が，ある課題を自身が効果的に遂行できるかどうかを予期した感覚。セルフ・エフィカシー。心理学者のバンデューラ（Bandura, A.）によって提唱された。人の行動を理解しようとするとき，行動に先行する予期は，その後の行動を大きく左右すると考えられる。予期には2種類あり，ひとつは行動がある結果をもたらすであろうと考える結果予期である。もうひとつは，その結果を生むための行動を自分は適切に遂行できるだろうと考える効力予期である。結果予期が成立していなければ行動が生じることはなく，また，たとえ結果予期が適切であっても効力予期がなければやはり行動は生じない。特定の課題だけでなく，日常で経験するさまざまな課題に対する全般的な自己効力感は，精神的健康や適応の総合的な指標としても利用される。

（箕浦有希久）

自己責任 [じこせきにん]　自分で決めて行ったことの結果は自分で受け止めるべきだという考え方。介護福祉の現場においてしばしば問題になることがある。たとえば社会福祉の各種サービスが，利用者とサービスの供給元との契約で行われる場合，利用者が適切なサービスを受けられるかどうかは，そのサービス供給元を選択した利用者の責任であるといえるかどうか，などである。介護の現場で働く専門職には，利用者がその決定に至った背景や環境についても熟慮し，利用者に寄り添う支援が求められる。(笠原幸子)

自己導尿 [じこどうにょう]　自然排尿で充分に尿を排泄できないために，カテーテルを自分で尿道に挿入し，膀胱内に貯まった尿を体外に排泄することをいう。脊髄損傷や骨盤内手術，**留置カテーテル**抜去後等で尿閉や残尿がある場合に適応される。自己導尿は本人が手技を取得しなければならず，指導が必要である。専用のカテーテルを使用し，残尿量に応じて1日数回の自己導尿で尿路感染を予防し，腎機能を保持する。清潔間欠導尿（CIC）は一定の膀胱容量（400〜500 ml）を超えないように，一定時間ごとにカテーテルを用いて尿を排出する。(内田陽子)

支持基底面積 [しじきていめんせき]　物体を支えるために床面に接地している部分を囲んだ面積のことをいう。たとえば，両足で起立した状態でいうと，両足底の外縁を囲んだ面積をいう。物体は支持基底面積が広いほど力学的に安定し，狭いほど不安定となる。両足をそろえて立つよりも広げて立った方が支持基底面積が増すため安定性はよくなる。杖を使用すると両足底と杖の外縁を囲んだ面積となる（面積が増す）ためより安定性はよくなる（図表参照）。また，物体の重心線

図表　支持基底面積

起立時の
支持基底面積

杖利用者の
支持基底面積

（重心から垂直方向に下ろした線）が支持基底面積の中心に近いほど力学的に安定し，外れるほど不安定となる。身体でいい換えると，支持基底面積が広いほど安定しやすく，狭いほど運動しやすいといえる。したがって，介助する際は，対象者・介護者双方の安定と運動のバランスを考慮した上で行うことが重要である。(冨田川智志)

脂質 [ししつ]　三大栄養素の一つであり，1 gあたり9 kcalと三大栄養素の中で最も単位当たりのエネルギー量が大きい。炭水化物と同様に，炭素・水素・酸素から構成されるが，水には溶けず，エーテルやクロロホルムなどの有機溶媒に溶ける。脂質は，単純脂質（中性脂肪・ろう），複合脂質（リン脂質・糖脂質），誘導脂質（ステロール）に分けられ，エネルギー源や生体膜の構成成分となる。脂質を構成する脂肪酸のうち，リノール酸，γ-リノレン酸，アラキドン酸などのn-6系脂肪酸とα-リノレン酸，エイコサペンタエン酸，ドコサヘキサエン酸などのn-3系脂肪酸は，生体内で合成されないか，合成されても必要量に満たないことから，必須脂肪酸と呼ばれる。n-3系脂

肪酸は動脈硬化性疾患を予防する成分として有効である。　　　　　　（大森玲子）

脂質異常症［ししついじょうしょう］
LDL コレステロール（悪玉）の増加（140 mg/dl 以上）やトリグリセライド（中性脂肪）の増加（150 mg/dl 以上）やHDL コレステロール（善玉）が低下（40 mg/dl 未満）した状態である。2007年に高脂血症から，名前が変更された。こうした状態は，血管の動脈硬化を進行させ，**心筋梗塞**や**脳血管障害**を引き起こすことが知られている。原因には，肥満（内臓脂肪型肥満），過食，運動不足，喫煙，アルコールの飲み過ぎなどがあげられている。脂質異常症の症状は自覚されずあまり表面化されない。したがって，健康診断などのデータを基にコレステロールや中性脂肪の管理が重要である。治療の中心は食事療法と運動療法である。
　　　　　　　　　　　　（小笠原知枝）

自助［じじょ］　自分の力で生活を維持することを指す。たとえば，自らの労働収入や年金収入などによる生活維持や，自らの健康管理や市場サービスの購入による健康維持などをいう。社会福祉や社会保障における公私の役割分担は，公私二元論でとらえられてきたが，1986 年の厚生白書と「社会福祉改革の基本構想」においては，「自助・互助・公助」の新しい体系が主張され，1994 年の「21 世紀福祉ビジョン」において，「自助・共助・公助」と改め，2008 年の「地域包括ケア研究会報告書〜今後の検討のための論点整理〜」においては「自助・互助・共助・公助」へと変化した。この変遷において，自助の概念も変化してきた。公私二元論の時代では自助は相互協力や相互扶助も含めるものであったが，そこから**互助・共助**が徐々に分離され，社会保

障と社会福祉の発展に伴い，現在のように年金収入や市場サービスの購入も含めるものとなった。　　　　　　（張継元）

自助具［じじょぐ］　けが，病気，加齢等により身体機能が低下した人の食事，排泄，清潔，コミュニケーション，整容，家事，レクリエーション等といった日常生活上のあらゆる場面の不自由を，可能な限り容易にし，自立へと導くために工夫・改良された用具や道具のことをいう（図表参照）。英語では Self-help device（自らを助ける用具）と表記される。大型のものや機械類，電気製品等は含まれない。自助具は，身体機能の低下だけでなく，**高次脳機能障害**や発達障害のある人においても適用される。使用者の機能，使用用途，使用環境，好み等を考慮するとともに，製造元や販売元，**作業療法士**等と相談し，総合的に判断して選ぶようにする。　　　　　　　　　　　（冨田川智志）

図表　自助具

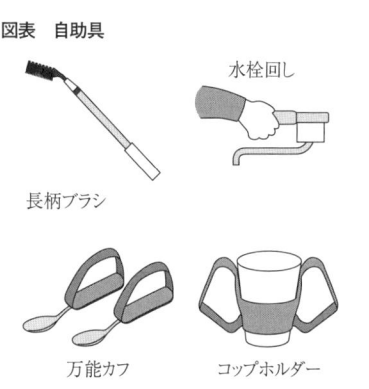

長柄ブラシ

水栓回し

万能カフ　　　　コップホルダー

死生観［しせいかん］　生と死についての判断や行為の基準となる考え方。心理学的死生観や宗教的死生観等があり，また，フロイト，ユング，**キューブラー＝ロス**等，多様な立場から死生観が語られている。フロイトの場合「生は死をはらむ。

生は喪失の連続であり，無常である。だからといって生が無意味だということではない。生は永遠ではないからこそ意味がある。臨床的には，死を否認すると抑うつなどの症状に陥ることが観察される」という指摘がある。『厚生労働白書（平成26年）』は死生観について取り上げ，「死が身近な年齢になればなるほど，死を間近なものとして受け容れた結果，それについてあまり意識しないようになり，とてもこわいと恐れを抱くことも少なくなり…」，「自分自身が最期を迎える場合の希望として最も近いものは，ある日突然苦しまず死にたいが6割を占めていた」という記述がある。　　　（笠原幸子）

施設介護［しせつかいご］　疾病や障害等によって何らかの介護が必要な人に対して，その人の自宅以外の場所で介護の専門職が介護サービスを提供すること。高齢期において自宅以外の住まいは多様に存在し，在宅介護と施設介護の明確な区分は難しくなっている。**介護保険制度**において介護が必要な者（**要介護認定を受けた者**）が利用する施設には，**介護老人福祉施設，介護老人保健施設，介護療養型医療施設**（2024年3月末を期限に廃止または介護老人保健施設や介護医療院へ転換）がある。　　　（笠原幸子）

施設サービス計画［しせつさーびすけいかく］　介護保険法に基づく**介護保険施設**（**介護老人福祉施設，介護老人保健施設，介護医療院，介護療養型医療施設**〔2024年度末に廃止・新制度に移行〕）を利用する際，介護支援専門員が作成し利用者に交付する計画で，「施設ケアプラン」の通称で呼ばれることもある。施設ケアにおいてもケアマネジメントを行うことが重要であり，利用者本人およびその家族に対し，面接によるニーズのアセ

スメントを行い，その結果に基づいて計画を作成することが求められる。施設サービス計画の原案は，**サービス担当者会議**等で専門的見地からの意見を踏まえて作成され，最終的に本人またはその家族への説明と，文書による同意を得なければならない。また，定期的に**モニタリング**を行い，必要に応じて計画の変更を行う必要がある。　　　（樽井康彦）

施設入所支援［しせつにゅうしょしえん］　障害者支援施設等の入所者を対象に，主に夜間において，入浴，排せつ，食事等の日常生活上の介護を行うサービスである。**障害者総合支援法**における**介護給付**の一つである。サービスには居住の場の提供，生活等に関する相談・助言，健康管理等も含まれている。利用するにあたっては，生活介護，自立訓練，就労移行支援等の日中活動のサービスを利用する必要がある。対象者は，生活介護を受けていて**障害支援区分**4以上（50歳以上の場合は区分3以上），自立訓練または就労移行支援を利用していて入所しながら訓練をした方が効果的であると認められた人，または通所によって訓練等を受けることが困難な人等である。（萬代由希子）

死前喘鳴［しぜんぜんめい］　死が切迫している臨死期の人にみられ，気道に分泌物がたまることによって下咽頭から喉頭にかけてゼーゼーと音が出る現象である。気道に分泌物が貯留する原因には，咽頭の後方部分での唾液の貯留と身体組織の水分過剰の2つがある。そのため，体位を少し左右に向きを変え，セミファーラー位にして分泌物の流出を促す。また水分の摂取量を少なくする。分泌物の吸引はむしろ苦痛を与えるので避ける。その時期には通常意識がなければ苦痛もないとされているが，そばで介護している家

族にとっては苦痛になることが多い。本人は苦痛を感じていないことを家族に説明することが必要となる。　（小笠原知枝）

自尊感情［じそんかんじょう］　自分自身に対する評価感情であり，基本的に自分を価値ある存在と認める感覚のことをいう。自尊感情は，こころの健康と社会への適応に欠かせない基礎となる感情であると考えられている。また，年齢による変化についても議論されており，自尊感情は児童期に高く，青年期に低下し，成人期から回復を示して成人後期で頂点に達し，老年期はまた急激に低下するという傾向がある。一方，自尊感情は個人差が大きく，老年期においてさまざまな機能低下を経験しながらも，自尊感情を保つことを求められている。　（渡邉泰夫）

肢体不自由［したいふじゆう］　四肢や体幹の機能障害によって，運動障害が生じた状態のことである。**身体障害者福祉法**（身体障害者障害程度等級表）において肢体不自由は，上肢・下肢・体幹・乳幼児期以前の非進行性の脳病変による運動機能障害の４つに分類され，１級から７級まで等級がある。　（國定美香）

市町村障害福祉計画［しちょうそんしょうがいふくしけいかく］⇒障害福祉計画

失禁［しっきん］　自分の意思で排せつや感情のコントロールができず，排せつ物や涙が出てしまう状態のことをいう。一般的に尿や便の失禁のことを示していることが多い。排尿のコントロールができず排尿してしまうことを**尿失禁**，排便のコントロールができず排便してしまうことを便失禁という。感情がコントロールできず，些細なことでも感情が通常よりも高ぶり，大喜びや激怒して涙を流すことを**感情失禁**という。感情失禁は情動失禁とも呼ばれている。尿失禁や便失禁は，

器質性失禁と機能性失禁に分けることができ，その原因によって細かく分類されている。また，感情失禁は，脳内の神経伝達物質が原因で生じることが多く，脳血管障害や統合失調症，**高次脳機能障害**を伴うことがある。　（横井光治）

シックハウス症候群［しっくはうすしょうこうぐん］　建物の高気密・高断熱化や，建具や家具などから揮発する有機化合物が原因でおこる健康障害の総称。欧米でのシックビル症候群から転じた日本における造語である。校舎が原因のものはシックスクール症候群という。症状は人によりさまざまで，目，鼻，喉の痛み，頭痛，頭重，吐き気，ぜん息，皮膚のかゆみ，湿疹，耳鳴り，集中力低下，不眠，だるさ，微熱，腹痛，関節炎などがおこる。軽症であれば，クリーンルームでしばらく過ごすことでよくなる。原因となる有機化合物には，ホルムアルデヒド，エチルベンゼン，トリエン，キシレンなどの揮発性有機化合物や，殺虫剤，防虫剤，衣類やじゅうたんに含まれる化学物質などがある。　（内田陽子）

失語［しつご］　高次脳機能障害の一つで，麻痺などの運動障害・聴覚障害・意欲の問題によらずに，一旦獲得された言葉の理解や表出が障害されること。損傷部位により，**運動性失語**，**感覚性失語**，伝導性失語，全失語，健忘失語などさまざまな失語症が生じる。ものの名前が出てこない喚語困難・呼称障害は名詞失語ともよばれ，多くの失語症でみられる。そのため生じる代名詞の多用，迂遠な表現が特徴の健忘性失語は，ほとんどすべての失語でもみられ，回復とともに健忘性失語に分類変更される例も多い。失語症の人は多くの場合，物事の判断力は保たれているので，自尊心を傷つけて意欲をそ

ぐことのないよう留意し，特に急性期は細かな点の訂正等はせず，コミュニケーションをとることを重視した対応を心がける。 (田辺肇)

失行［しっこう］ 高次脳機能障害の一つで，麻痺などの運動障害や理解力・意欲の問題によらずに，食事や着替えといった日常の簡単な事ができなくなること。観念運動失行では，特に意識しなければ自然にできる動作が，意図的にはできない，あるいは，する真似（ジェスチャー）ができない。観念失行では，行為の順番が正しく処理されず時系列が乱れたり特定の動作を繰り返したりしてまとまらない，状況に応じた道具を選べない，道具を用いる対象がわからないなど，道具の名前や用途は言えるのに使えない。他に肢節運動失行，構成失行，着衣失行などがある。日常的な支援では，できない動作にかかわらず，失行があっても日常生活がこなせるよう工夫することを優先するのがよい。 (田辺肇)

実行（遂行）機能障害［じっこう（すいこう）きのうしょうがい］ 実行機能とは，高次機能の一つであり，生活上の課題を解決および実行するために，目的ある一連の行動を有効に行うための問題解決能力のことである。そうした行動ができなくなることを実行機能障害という。実行機能は，主に前頭前野背外側部が中心的役割を担っており，認知症や脳血管障害，頭部外傷などで前頭前野に障害が起こると実行機能障害が生じる。具体的には，実行機能とは①動機と意図をもって目標の設定を行う能力，②目標遂行のために採るべき手段を考案・評価・選択する計画立案能力，③目標達成に必要な作業を開始・維持しながら状況に応じて方法を修正する計画の実行能力，④目標を常に

念頭に置き柔軟に効率的な方法に修正する等，行動を監視し修正し調節する能力の4カテゴリーに分けられる。 (幸田るみ子)

失語症［しつごしょう］⇒失語

実習指導者［じっしゅうしどうしゃ］ 介護実習施設において，配置が求められる資格。要件としては「介護福祉士として3年以上実務に従事した経験があり，かつ厚生労働大臣が別に定める基準を満たす研修課程を修了した」となる。2007（平成19）年12月，社会福祉士及び介護福祉士法等の一部を改正する法律が公布されたことに伴い，介護福祉士養成カリキュラムが変更された。そのなかで，一定の要件の介護実習については，「介護福祉士実習指導者講習会」を修了した実習指導者の配置が義務づけられることとなった。 (杉原優子)

質的研究［しつてきけんきゅう］ 数値で表現されない質的データの分析に基づく研究のこと。質的研究で分析の対象となる質的データには，インタビュー調査によって得られた個人の語り，調査者がフィールドにおいて観察した現象を自ら記録したフィールドノート，フィールドで起こったことをビデオ機材を用いて録画した動画データ，雑誌や新聞などのマスメディアに掲載された記事などがある。これらの多様なデータを分析する方法もまた多様であり，グラウンデッド・セオリーや会話分析などは体系化が進んでいるが，採用する方法を明示せず，個人の職人芸に頼った研究も少なくない。このようにデータも方法も多様ではあるとはいえ，量的研究と比べると，一つひとつの対象の個別的な特徴を詳細に把握することに関心があるという点は，多くの質的研究におおむね共通している。

（松木洋人）

室内環境［しつないかんきょう］　1年を通して快適に生活するためには，温熱環境や換気，光，音などを適切に調整する必要がある。室内環境は，そこで暮らす人の五感に関係し，安全や衛生面にも影響するものなので，身体状況や障害・疾病の状況を考慮して，ていねいな整備が必要である。光環境では，太陽光と人工照明をうまく使い分け，身体に負担がなく安全に生活行為が行える様にする。住宅における照明の基準は，JISで定められており，住宅の寝室で20 lx，台所調理台で300 lxとなっている。音環境では，生活時間や生活習慣の違いから騒音トラブルに結びつくことがないように配慮する必要がある。特に，不特定多数の人が居住する集合住宅や各種施設などではルールづくりとその理解が求められる。温熱環境に関しては，特に冬場のヒートショック現象や湿度とのバランスが必要になる。また，換気により新鮮な空気を維持する工夫も必要である。快適な室内温度の目安は，夏25〜28℃，冬は17〜22℃程度といわれているが，年齢や体調によっても快適に感じる温度は異なることを考慮する必要がある。また，居室間の温度差が5℃以上にならないように配慮することが望ましい。また，湿度は45〜55％程度を目安とし，熱中症や感染症に配慮する必要がある。　　（大塚順子）

失認［しつにん］　高次脳機能障害の一つで，視・聴・触など感覚機能の障害や理解力・意欲の問題によらずに，特定の感覚を介した物事の認識ができなくなること。たとえば視覚失認では，触れれば理解できるのに見ても理解できない。模写ができず形態をとらえられない統覚型視覚失認と，形態の把握はできるが名前や用途を示せない連合型視覚失認などに区別できる。ほかに，何かはわかるがその方向・大きさ・距離・運動が把握できない視空間失認，声を聞けばわかるのに親しい人でも見ても誰かわからず表情も読み取れない相貌失認，失音楽，半側身体失認，**半側空間無視**などがある。日常的な支援では他の感覚等できることを活かし，失認があっても暮らせる環境を工夫するのがよい。　　（田辺肇）

疾病［しっぺい］　病気などにより，からだの機能の障害をおこして健康でない状態をいう。　　（安藤純子）

実務研修受講試験［じつむけんしゅうじゅこうしけん］　介護支援専門員の資格を取得するために必要な試験。2015年度から**介護支援専門員**の研修体系は大きく変更され，実務研修受講試験の受験要件も見直された。これまでの受験要件は，保健・医療・福祉に係る法定資格保有者，相談援助業務従事者及び介護等の業務従事者であって定められた実務経験期間を満たした者であった。介護支援専門員に必要な資質や専門性の向上を図っていくために，保健・医療・福祉に係る法定資格保有者または生活相談員，支援相談員，相談支援専門員，主任相談支援員の相談援助業務従事者であって定められた実務経験期間（通算して5年以上）を満たした者を受験対象要件とする見直しが行われた。　　（綾部貴子）

実務者研修［じつむしゃけんしゅう］　介護福祉士国家試験を受験する実務者に対して，義務づけられた研修。2016（平成28）年度の介護福祉士国家試験より実務者研修修了が受験要件となった。介護福祉士養成施設の到達目標である「幅広い利用者に対して，基本的な介護を提供できる能力を修得する」という水準と同等

の到達目標を実務経験者においても求めたものである。　　　　　　（杉原優子）

指定一般相談支援事業者［していいっぱんそうだんしえんじぎょうしゃ］　障害者総合支援法第5条による地域相談支援，すなわち地域移行支援および地域定着支援の委託を受けるための指定を受けた事業者のことである。この事業者は，市町村の委託を受けて，市町村地域生活支援事業（障害者総合支援法第77条）における一般的な相談などの事業を行うこともある。事業者の指定は，都道府県，政令指定都市，中核都市が行う。指定を受けるための主な要件として，法人格をもつこと（法人の形態は問われない），人員や設備，運営に関する条件を満たすことなどが規定されている。　（樽井康彦）

指定介護老人福祉施設［していかいごろうじんふくししせつ］　指定介護老人福祉施設は，老人福祉法第20条の5に規定される特別養護老人ホームであり，老人福祉法上の基準を満たすことが指定要件となっている。介護保険法施行時は，老人福祉法により認可済の特別養護老人ホームは，介護老人福祉施設の指定があったとみなされる経過措置がとられていた。介護保険法施行後は介護支援専門員が必置となっている。　　　　　（佐藤博彦）

指定緊急避難場所［していきんきゅうひなんばしょ］　災害時または災害のおそれがある場合に，迅速かつ安全に避難ができる場所。東日本大震災では，発生直後の災害から逃れる場所としての「緊急避難場所」と，その後の避難生活をする「避難所」の区別が明確でなかったことが被害拡大の一因となった。その教訓に基づき，市町村長は，洪水や津波などの大規模災害の種類ごとに，安全性などの一定の基準を満たす施設または場所をあ

らかじめ指定し住民に周知することが，災害対策基本法の改正で新たに定められた。　　　　　　　　　　（砂田貴彦）

指定障害児相談支援事業者［していしょうがいじそうだんしえんじぎょうしゃ］　障害児相談支援を行う事業者として市町村による指定を受けたもの。障害者総合支援法による相談支援を行う事業者が申請できる。障害児相談支援は，児童福祉法に規定され，障害児および保護者の意思を尊重し，関係機関との連携を図りながら，本人の意向・適性・障害の特性などに応じた効果的な支援の実施に向けた相談を行う事業である。具体的には，障害児通所支援事業（児童発達支援・放課後等デイサービスなど）の利用にあたり，指定障害児相談支援事業者により作成された障害児支援利用計画案を提出する。利用（支給）決定後は，障害児通所支援事業所などでの支援が適切に実施されるよう，定期的に継続障害児支援利用計画の作成（モニタリング）なども行う。
　　　　　　　　　　（西田充潔）

指定特定相談支援事業者［していとくていそうだんしえんじぎょうしゃ］　障害者総合支援法第5条による計画相談支援，すなわちサービス利用支援および継続サービス利用支援の委託を受けるための指定を受けた事業者のことである。この事業者は，市町村の委託を受けて，市町村地域生活支援事業（障害者総合支援法第77条）における一般的な相談などの事業を行うこともある。指定を受けるための主な要件として，法人格をもつこと（法人の形態は問われない），人員や設備，運営に関する条件を満たすことなどが規定されている。なお，事業者の指定は，指定障害福祉サービス事業者や指定障害者支援施設，または指定一般相談支援事

業者の場合とは異なり，市町村長が行うこととなっている。　　　　（樽井康康）

指定避難所［していひなんじょ］　災害発生後に避難した住民などが，災害の危険がなくなるまでの間や，居住場所が被災して戻れない場合に，一時的に滞在することが想定された場所。あらかじめ市町村長が，様々な災害発生を想定し，住民の状況等も勘案して，政令で定める基準に適合する公共の施設などを指定し，住民に周知することが，災害対策基本法で定められた。「**指定緊急避難場所**」を兼ねることができるが，「指定避難所」は場所や構造などの基準があるため，必ずしも同一ではない。　　　（砂田貴彦）

私的扶養［してきふよう］　高齢者や子どもなど働くことができない人の生活を，家族や親族で支えることをいう。それに対して，社会保障制度を通じて社会全体で支えることを社会的扶養という。核家族化の進展や家族規模の縮小等により家族機能が脆弱化する中で，私的扶養の分野が次第に縮小し，社会的扶養によって代替されるようになってきた。たとえば，高齢の親の生活はかつては子どもによる私的扶養に委ねられていた。しかし，現役世代が保険料を納め，国を通じて高齢者へ年金を支給する公的年金制度の成立により，老親の私的扶養を社会保障制度が代替するしくみがつくられた。

（寺本尚美）

児童委員［じどういいん］　市町村の区域に配置される，児童の健やかな育成の機運を醸成すること，および，児童，妊産婦の福祉の増進を図るための活動を行うことを目的とした民間の奉仕者である。地域住民の福祉に関する相談者として厚生労働大臣から**委嘱**される**民生委員**が児童委員を兼務している。児童委員の根拠

法である児童福祉法には任期の規定はない。しかし，兼務の民生委員の任期は，その根拠法である民生委員法に3年（再認可）とあるため，児童委員もその規定に準じ，任期は3年（再認可）である。児童福祉に関する事項を専門的に担当する主任児童委員は，民生委員・児童委員の中から指名される。児童委員の活動のほか，市区町村や**児童相談所**，**福祉事務所**等の関係機関や児童委員と連携・協力し，児童や児童をとりまく環境の情報を収集したり，地域における児童健全育成事業や母子保健活動等の推進，地域ぐるみで子育てを行うための啓発活動等を行う。　　　　　　　　　　　　　（種橋征子）

児童虐待の防止等に関する法律（児童虐待防止法）［じどうぎゃくたいのぼうしとうにかんするほうりつ（じどうぎゃくたいぼうしほう）］　2000年11月に児童（18歳以下）への**虐待**を防止する目的で施行された法律。成立の背景には1990年代に入り児童虐待相談件数が増加し，児童虐待の定義を明確にする必要性が生じたことがある。この法令において，児童虐待は①身体的虐待，②性的虐待，③心理的虐待，④ネグレクトの4つに定義されている。2004年には第1回目の一部見直しが行われ，この時の見直しでは，保護者ではない同居人の児童虐待と同様の行為は，保護者のネグレクトとすること，また子どもの面前でDVを行うことも心理的虐待であるとした。また通告義務も拡大され，「虐待と思われる」状況でも通告が可能になった。2007年に第2回目の見直しが行われ，立ち入りの強化や，保護者の面会・通信等の制限が強化され，保護者が指導に従わない場合の措置が明確にされた。　　　　　　　（鎮朋子）

児童相談所［じどうそうだんしょ］　児童

福祉法第12条に定められ，都道府県と政令指定都市に設置が義務づけられている児童福祉の行政機関である。2004年の児童福祉法改正で，中核市と政令で定める市にも児童相談所が設置できることになった。児童相談所は，所長，児童福祉士，児童心理司，医師，指導員，弁護士等で構成される，児童家庭福祉に関するすべての相談に対応できる児童家庭福祉相談の専門機関である。その機能は①相談機能，②心理判定機能，③一時保護機能である。相談種別としては虐待や養育に関する養護相談，子どもの発達に関する障害相談，不良行為に関する非行相談，性格行動や不登校に関する育成相談，それ以外の相談や里親に関する相談などがある。

　児童相談所は受理した相談について，専門職員が子ども・保護者・学校等関係機関との面談をおこなう。場合によっては子どもを一時保護して調査・診断・判定を行い，援助指針を決定する。子どもを自宅から児童相談所に通わせ（通所指導），または施設に入所することで，その問題の改善を図るようにする。(鎮朋子)

児童発達支援 ［じどうはったつしえん］
児童福祉法に基づく**障害児通所支援**の一つである。療育の観点から集団療育および個別療育を行う必要があると認められる就学前の障害のある子どもを対象として，児童発達支援センター等において，日常生活における基本的な動作の指導，社会生活への適応性を高めるような知識技術の付与，集団生活への適応訓練，その他の必要な支援を行う。

　児童発達支援は，障害のある子どもに対し，身体的・精神的機能の適正な発達を促し，日常生活および社会生活を円滑に営めるようにするために行うもので，

それぞれの障害の特性に応じた福祉的，心理的，教育的および医療的な援助である。具体的には，障害のある子どものニーズに応じて，発達支援（本人支援および移行支援），家族支援および地域支援を総合的に提供していくものである。
（寺本尚美）

児童福祉司 ［じどうふくしし］　**児童福祉法**に規定される**児童相談所**に配置される所員で，子どもや保護者からの子どもに関する福祉の相談に応じたり，子どもの保護者，関係機関等に必要な支援や援助を行ったり，子どもと保護者の関係調整等を行う。児童福祉司は**任用資格**である。任用の要件は，児童福祉司養成校を卒業，もしくは都道府県知事が指定した講習会を修了した者，大学で心理学，教育学もしくは社会学を専修する学科等を卒業し指定施設で1年以上相談援助業務に従事した者，社会福祉士，医師等である。いずれにしても，児童相談所の設置は都道府県，政令指定都市，児童相談所設置市であるため，まずは当該区域の公務員となる必要がある。（種橋征子）

児童福祉法 ［じどうふくしほう］　児童の福祉に関する総合的で基盤となる法律。第二次世界大戦後の1947（昭和22）年に制定され，その後時代の変遷に合わせて改正が重ねられている。

　この法律における「児童」は，18歳未満である。第1条は「児童福祉の理念」として，児童の権利に関する条約の精神を位置づけたうえで，すべての児童が権利を有していると示している。第2条は「児童育成の責任」として，すべての国民による努力義務を示したうえで，児童の保護者が第一義的責任を負うこと，国および地方公共団体も児童の保護者とともに責任を負うことが明記されている。

第3条では「児童福祉保障の原理」として，第1条，第2条は児童の福祉を保障するための原理であり，これは他のすべての児童に関する法令においても常に尊重されなければならないと示している。

（井元真澄）

児童養護施設［じどうようごしせつ］保護者のない児童，虐待されている児童，その他環境上養護を要する児童を入所させて，それらの児童を養護するとともに，退所した者に対する相談その他の自立のための援助を行うことを目的とする施設。地域の住民に対して，児童の養育に関する相談に応じ，助言を行う役割も担っている。児童養護施設における養護は，児童に対して安定した生活環境を整えるとともに，生活指導，学習指導，職業指導及び家庭環境の調整を行いつつ児童を養育することにより，児童の心身の健やかな成長とその自立を支援することを目的として行われる。児童福祉法における児童福祉施設の一つである。　（井元真澄）

死にゆく人の受容過程［しにゆくひとのじゅようかてい］⇒キューブラー＝ロス

視能訓練士（CO）［しのうくんれんし（しーおー）］視能訓練士法において，医師の指示の下に，両眼視機能に障害のある者に対するその両眼視機能の回復のための矯正訓練およびこれに必要な検査を行うことを業とする者と規定される。**名称独占**の国家資格である。具体的には，斜視や弱視の人に対する視能訓練や，遠視や近視といった屈折異常や白内障や緑内障など眼疾患の患者に対し，視力検査や眼圧検査，超音波検査，眼底写真撮影などの検査を行ったり，高齢者など視力が低下している人に対して，拡大鏡や遮光眼鏡などの補助具の選定や訓練，相談を行っている。視能訓練士の多くが病院や眼科診療所で従事している。　（種橋征子）

自閉症［じへいしょう］⇒自閉症スペクトラム

自閉症スペクトラム（ASD）［じへいしょうすぺくとらむ（えーえすでぃー）］社会性・対人関係の質的な障害，コミュニケーションの質的な障害（言葉の遅れも含む），限定された活動や興味といった行動傾向に特徴づけられる発達障害。アメリカ精神医学会の診断マニュアル（DSM-Ⅳ-TR）では，広汎性発達障害というカテゴリーの中に自閉症（自閉性障害），アスペルガー障害（知的発達の遅れを伴わない自閉症）などが位置づけられていたが，2013年に改訂されたDSM-5では，自閉性の強さに基づいて自閉スペクトラムという診断名に分類されるようになった。スペクトラムとは「連続体」の意を示す。　（村上太郎）

死亡診断書［しぼうしんだんしょ］死亡診断書は，死亡届の提出時に必要となる書類で医師が作成する。記入内容は，死亡日時，死亡場所の種別，死亡原因，死因の種類，外因死の追加事項等がある。死亡診断書には，人間の死亡を医学的・法律的に証明すること，そして死因統計作成のための資料，の2つの意義がある。主に死因が明白な場合は死亡診断書，不明な時は死体検案書が発行される。

（安藤純子）

死亡届［しぼうとどけ］人の死亡を届け出る書類のことをいう。人が死亡した場合，**死亡診断書**（または死体検案書）を添えて，7日以内に市町村役場の戸籍係に死亡届書を提出しなければならないと法律で定められている。　（安藤純子）

市民後見推進事業［しみんこうけんすいしんじぎょう］認知症高齢者等の増加に伴う**成年後見制度**の需要の増大に対応

するため，市民を含めた後見人（以下「市民後見人」という）も後見等の業務を担えるよう，市町村（特別区含む）で市民後見人を確保できる体制を整備・強化し，地域での市民後見人の活動を推進する事業。2011〜2014年度に実施された。2015年度からは，権利擁護人材育成事業に移行している。　　　　　（上田晴男）

社会権 [しゃかいけん]　基本的人権における一つの権利体系。自由権が，不当な逮捕や財産の没収など，国家権力からの自由を保障するための権利であるのに対し，国家に対して生活や教育の保障を求める権利である。20世紀になってドイツのワイマール憲法（1919年）で規定されたのをはじめ，第二次世界大戦後，各国で規定されるようになるとともに，国家の役割も，治安維持などに限定されたいわゆる夜警国家から国民生活のために積極的関与を行う福祉国家へと転換することとなった。現在，日本でも日本国憲法において，生存権，教育権，労働権などが明記されており，これらを実体化するための社会保障制度や教育制度が整備されている。社会権の概念は固定的でなく，時代の変化とともに，新たな権利が確立することもある。　　　　　　（所道彦）

社会貢献 [しゃかいこうけん]　個人や団体，法人などが社会に役立つ公益的な活動を行うことをいう。社会貢献の形として，ボランティア活動，フィランソロピー（企業が行う慈善），メセナ（企業による芸術・文化の援護活動），寄付などがある。また，2016年に社会福祉法が改正され，社会福祉法人に対し，地域における公益的な取り組みを行う努力義務が課せられた。具体的には日常生活または社会生活上の支援を必要とする者に対して，無料または低額な料金で，福祉サービスを積極的に提供するよう努めなければならないと定められた。社会福祉法人による社会貢献は，制度の狭間にあるニーズなど，既存の制度やしくみでは手が届かないニーズへの対応や，地域におけるまちづくりへの発展につながるとして期待されている。　　　　　（鵜浦直子）

社会資源 [しゃかいしげん]　人々の社会生活上のニーズを充足するために活用される施設・事業所，設備，人材，制度，資金など人的・物的な資源の総称。介護福祉の領域では，要介護者やその家族のニーズを充足し，生活の質を高めていくために必要な社会資源が活用される。サービスの提供主体から社会資源を類型化した場合，フォーマルサービスとインフォーマルサービスに大別される。前者には行政，法人，民間機関・団体のサービスや職員等があり，後者には家族，親戚，友人，同僚，近隣の人，ボランティア等がある。利用者は，これらの社会資源を適切に組み合わせて利用することになるが，介護保険制度では介護支援専門員や地域包括支援センターが，利用者やその家族のニーズに対応した社会資源を調整するという役割を担っている。（神部智司）

社会情動的選択性理論 [しゃかいじょうどうてきせんたくせいりろん]　高齢期の人の社会関係の変化を将来展望の視点から説明する理論。心理学者のカーステンセン（Carstensen, L.L.）によって提唱された。人は将来に無限の可能性を感じるとき，未来志向の新しい知識の獲得に動機づけられた社会的交流をもつようになる。反対に，人が将来の可能性が有限であると感じるとき，現在の情動的な満足に動機づけられた社会的交流をもつようになる。そのため高齢期になると，成人期や中年期と比較して社会関係の広さや

対人接触の頻度は減少せざるを得ないことがあるが，たとえ量的には少ないとしても，深い付き合いのある少数の相手を選び，質の高い交流をもつようになる。この理論が適用される範囲は高齢者に限らず，将来展望が限定される状況（命を脅かす重病，夢や人生目標の挫折など）におかれた人の行動や選択を説明することも可能である。　　　　　　（箕浦有希久）

社会生活介護士（フランス）［しゃかいせいかつかいごし（ふらんす）］　フランスにおける福祉職としての国家資格。日本の**介護福祉士**と近似している。社会生活介護士は，要介護高齢者，障害児者等のいる家庭を訪問して，利用者の尊厳を保持しつつ，利用者の日常生活を支援する。具体的には，移動・衣服の着脱・食事等の介護，買物，料理，洗濯，掃除等の生活援助，余暇活動の付き添いや行政事務処理等の支援をする。　　　（笠原幸子）

社会手当［しゃかいてあて］　国民の生活を守るための社会保障の一部で，給付により所得保障を行うしくみでそれぞれに法令が定められている。財源は税が中心である。事前の拠出を必要とせず，法の定める一定の条件を満たした場合に現金で支給され，資産調査はない。使用目的についての具体的な規定はない。日本における社会手当の種類としては，児童手当（中学生までの児童の父母等対象），児童扶養手当（母子，父子家庭の一人親対象），特別児童手当（障害児の父母等対象），障害児福祉手当（重度の障害児対象），特別障害者手当（著しく重度の障害者対象），子どもの年齢，所得，障害の程度等で，給付の可否，金額等が決められている。　　　　　　　　（鷲巣典代）

社会的孤立［しゃかいてきこりつ］　身体的・精神的・経済的・社会的な要因によって，親族や地域とのつながりを欠いた状態にあることを示す客観的概念である。タウンゼント（Townsend, P.）によって1957年に発表され，日本でも70年代から80年代にかけて紹介された。その特徴は，人々の社会的接触回数を数値化し，その量を測定可能な客観的指標として提示した点にある。これにより，主観的概念である「孤独（lonliness）」との区別化が図られた。社会的孤立の状態は，高齢者や障害者，貧困，子ども，子育て中の親，失業中の若者，外国籍労働者などにとくに生じやすく，社会的接触回数が限定的であることで，社会参加が制限され，社会の中で安定的な居場所をもてないことが問題になる。社会的孤立にある状態を記述できるようになり，これにいかなる社会的介入がなされるべきかが，問われている。　　　　　　　（税所真也）

社会的入院［しゃかいてきにゅういん］　治療の必要がないにもかかわらず，退院後の生活環境が整わず，長期間にわたり入院し続けている状態。高齢者と精神障害のある人の入院において，この問題が取り上げられることが多い。社会的入院が問題となるのは，医療費の増大や必要とする人の入院治療に支障が出るということである。しかし，社会的入院には，退院後の自宅での生活を送る上での介護の担い手や介護サービスの確保の難しさなどの背景がある。したがって，社会的入院を解消するためには，社会基盤の整備が不可欠となる。**地域包括ケアシステム**の構築や，精神保健福祉領域における退院支援や，地域生活における医療や生活面での支援体制のさらなる充実が求められる。　　　　　　　　　（鵜浦直子）

社会福祉［しゃかいふくし］　個人や家族，地域社会が直面する生活上の障害や困難

等の諸問題に対して，社会的な支援による問題の解決ないし軽減を図り，生活の質を向上させていくことを目的とした活動の総称。わが国の社会福祉の歴史は，相互扶助や救済，慈善・博愛事業などに始まり，それが国家の政策的介入による社会福祉関係法制度上のサービス提供へとつながっていった。2000年に社会福祉法が施行されると，行政主導による措置制度から利用者が事業者を選択し，契約する利用制度へ移行されることになった（一部では措置制度が存続している）（**措置から契約**）。このことは，社会福祉の対象の拡大やニーズの多様化・高度化などを背景として，個人の尊厳の保持や自己実現，自立支援など利用者の立場に立った社会福祉制度がより一層重視されるようになったことを意味している。また，社会福祉サービスの量的拡充とともに質的向上への積極的な取り組みも進められている。　　　　　　　　（神部智司）

社会福祉援助技術［しゃかいふくしえんじょぎじゅつ］⇒ソーシャルワーク

社会福祉基礎構造改革［しゃかいふくしきそこうぞうかいかく］　国民の福祉ニーズの増大と多様化に対応するために，社会福祉の共通基盤制度の見直しを行うこと。厚生省（当時）の中央社会福祉審議会社会福祉基礎構造改革分科会が1998年に提出した報告書「社会福祉基礎構造改革について（中間まとめ）」では，社会福祉の理念である個人の尊厳の保持と自立生活支援のもとに本改革を推進していくこと，また，改革の具体的な方向として，①個人の自立を基本とし，その選択を尊重した制度の確立，②質の高い福祉サービスの拡充，③地域での生活を総合的に支援するための地域福祉の充実が掲げられた。そして，これらの具現化に向

けて，2000年5月に，社会福祉の増進のための社会福祉事業法等の一部を改正する等の法律が成立し，利用者の立場に立った社会福祉制度の構築（措置制度から利用制度への移行），サービスの質の向上，社会福祉事業の充実・活性化，地域福祉の推進等を内容とした制度改正が行われた。　　　　　　　　　　　　（神部智司）

社会福祉協議会（社協）［しゃかいふくしきょうぎかい（しゃきょう）］　社会福祉法に基づいて設置されている，社会福祉活動の推進を目的とする非営利の民間組織。「社協」という略称で知られており，市区町村社会福祉協議会（市区町村社協），都道府県社会福祉協議会（都道府県社協），全国社会福祉協議会（全社協）で構成される。市区町村社協は，地域との協働による地域福祉の推進，多様な福祉サービスの実施，ボランティア活動や福祉教育の支援等，住民に身近な福祉活動の拠点として機能している。都道府県社協は，県域における地域福祉の充実のため，**日常生活自立支援事業**や**生活福祉資金貸付制度**といった各種事業や福祉関係者向けの専門的研修の実施，都道府県福祉人材センターの運営等に取り組んでいる。全社協は，都道府県社協の連合体として日本の社会福祉の増進に努めている。

　　　　　　　　　　　　（山東愛美）

社会福祉士［しゃかいふくしし］　社会福祉士及び介護福祉士法第2条において，「専門的知識及び技術を持って，身体上若しくは精神上の障害がある，あるいは環境上の理由により日常生活に問題を抱える人たちの福祉に関する相談に応じ，福祉サービス事業者や医師その他の保健医療サービスを提供する者及びその人たちを取り巻く関係者との連絡，調整その他の援助を行うことを業とする者」と規

定されるソーシャルワーカー（相談援助職）の国家資格である。高齢者福祉や児童福祉，障害者福祉など従来から社会福祉事業として取り組まれてきた領域だけでなく，ひきこもりや地域において社会的に孤立した人たちに対する支援など，生活の多様化，社会の変化によって社会福祉士が求められる領域は広がりつつある。　　　　　　　　　　（種橋征子）

社会福祉士及び介護福祉士法［しゃかいふくししおよびかいごふくししほう］　日本における社会福祉分野の専門職である社会福祉士と介護福祉士について定めた法律。1987 年に制定された。2000 年以降，介護保険法や障害者総合支援法が施行され，認知症高齢者の介護や児童虐待及び家庭内暴力など介護や福祉に関わる問題も多様化，複雑化している。それらの問題に対応できる質の高い人材を養成するため，本法は 2007 年の改正により両福祉士の定義規定の変更，義務規定に「誠実義務」「資質向上の責務」が加わり，他職種や関係者などとの「連携」の規定が見直された。あわせて，養成校のカリキュラムも変更された。　　　　（種橋征子）

社会福祉事業に従事する者の確保を図るための措置に関する基本的な指針（福祉人材確保指針）［しゃかいふくしじぎょうにじゅうじするもののかくほをはかるためのそちにかんするきほんてきなししん（ふくしじんざいかくほししん）］　1993 年に発表された旧「福祉人材確保指針」が，少子高齢化の進行のなか，福祉・介護サービスを担う人材の安定的な確保のために，2007 年に新「福祉人材確保指針」が発表された。新指針では，人材確保の方策として，①給与，労働時間，職員配置，福利厚生等の労働環境の改善，②福祉・介護サービスを行うのにふさわしい経営

理念や明確な人事戦略等の新たな経営モデルの確立，③より質の高い福祉・介護サービスを提供するための，介護技術等に関する研究および普及，④福祉・介護サービス分野における従事者のキャリアパスの作成とキャリアパスに対応した研修体系等，キャリアアップのしくみの構築，⑤新たな人材の参入を促すための福祉・介護サービスの周知・理解等の 5 項目を示した。　　　　　　　（笠原幸子）

社会福祉事業法［しゃかいふくしじぎょうほう］　社会福祉事業におけるすべての分野において共通する基本事項を定めた法律で，1951 年に成立，施行された。生活保護法や児童福祉法，身体障害者福祉法など，社会福祉を目的として制定された法律と一体となって，社会福祉事業が公正かつ適正に行われることを確保することで，社会福祉の増進に資することを目的としている。社会福祉事業の定義や理念，社会福祉審議会，福祉事務所，社会福祉主事，社会福祉法人，社会福祉事業従事者の確保，共同募金および社会福祉協議会などに関することが規定されている。増大や多様化が見込まれる国民の福祉ニーズに対応するために，社会福祉基礎構造改革が進められる中で，2000 年に法改正が行われ，**社会福祉法**に名称が変更された。　　　　　　（多久島慎一）

社会福祉施設［しゃかいふくししせつ］　社会福祉法に規定された社会福祉事業やサービスを提供する施設の総称であり，一般的には**第 1 種社会福祉事業**に分類される入所利用型の施設を意味している。具体的には，高齢者を対象とした**老人福祉施設**，障害者を対象とした**障害者支援施設**，児童を対象とした児童福祉施設，要保護者を対象とした保護施設などの社会福祉施設があり，その種類は多岐にわ

たっている（巻末資料313頁参照）。社会福祉施設の運営主体は，原則として国，地方公共団体（都道府県・市町村），社会福祉法人とされている。高齢者や障害者等を対象とした社会福祉施設の多くは，**介護保険法**に基づく**介護報酬**や**介護給付費**，**障害者総合支援法**に基づく**自立支援給付**など利用契約制度下で運営されているが，児童等を対象とした社会福祉施設など措置費により運営されているものもある。　　　　　　　　　　（神部智司）

社会福祉主事［しゃかいふくししゅじ］都道府県及び市が設置する**福祉事務所**や**知的障害者更生相談所**，**身体障害者更生相談所**，児童相談所の現業員や，福祉施設の生活相談員等の任用資格である。各相談所，事業所において，クライエントの相談援助や関係機関との連絡調整，専門的な調査，判定等の業務を行う。社会福祉主事任用資格を取得するには，大学等において社会福祉に関する科目を3科目以上修めること，厚生労働大臣が指定した養成機関を修了すること，**社会福祉士**や**精神保健福祉士**の資格を取得していることなどの要件がある。　　（種橋征子）

社会福祉におけるケアワーカー（介護職員）の専門性と資格制度について（意見）［しゃかいふくしにおけるけあわーかー（かいごしょくいん）のせんもんせいとしかくせいどについて（いけん）］　日本学術会議社会福祉・社会保障研究連絡委員会報告として1987年3月に発表された，ケアワーカーの専門性についての意見書。「専門分化した専門性ではなく，諸科学を応用，統合するなかで，直接，生命と生活にかかわる専門性として，位置づけられなければならない」。また，資格制度については，施設等で採用する前に求められる知識や技術として，ホームヘル

パーと寮母職には，「①社会福祉の倫理および制度，さらに方法，②援助に必要な家政学的知識と食，衣，住生活援助のための家事実技，③摂食，排泄，衣服の着脱，入浴など介護に関する理解と援助技術，④保健・医療に関する理解」が求められるといった内容が当時の厚生大臣に対して具申された。そしてその後，同年5月に，社会福祉士及び介護福祉士法が成立した。　　　　　　　（笠原幸子）

社会福祉八法改正［しゃかいふくしはっぽうかいせい］　社会福祉制度の全般的な見直しを行うことを目的として，1990年6月に「老人福祉法等の一部を改正する法律」が成立し，**老人福祉法**，**身体障害者福祉法**，精神薄弱者福祉法（現・**知的障害者福祉法**），**児童福祉法**，母子及び寡婦福祉法（現・**母子及び父子並びに寡婦福祉法**），社会福祉事業法（現・**社会福祉法**），老人保健法（現・**高齢者の医療の確保に関する法律**），社会福祉・医療事業団（2002年に廃止）の8つの社会福祉関係法の一部改正が行われた。主な内容としては，在宅福祉サービスを社会福祉事業に位置づけて在宅福祉を推進したこと，高齢者および身体障害者を対象とした在宅・施設福祉サービスの実施権限を市町村に一元化したこと，市町村および都道府県に対して老人保健福祉計画の策定を義務づけたことなどである。　　　　　　　　　　（神部智司）

社会福祉法［しゃかいふくしほう］　社会福祉基礎構造改革による，措置制度から契約による利用制度への転換や社会福祉サービスを提供する主体の多様化など，社会福祉の共通基盤となる制度の見直しに伴い，社会福祉事業法を改正した法律。2000年に「社会福祉の増進のための社会福祉事業法等の一部を改正する等の法

律」が成立し，社会福祉法へと名称が変更された。内容も大きく改正され，①地域福祉権利擁護事業や苦情解決の仕組みの導入といった利用者保護のための制度の創設，②評価や情報開示などによる福祉サービスの質の向上，③社会福祉事業の拡充や社会福祉法人設立の要件緩和などの社会福祉事業の充実や活性化，④地域福祉計画の策定や市町村社会福祉協議会を地域福祉の推進役として明確に位置づけるなどの地域福祉の推進，が盛り込まれた。　　　　　　　　　（多久島慎一）

社会福祉法人［しゃかいふくしほうじん］
社会福祉法の規定に基づき，社会福祉事業を行うことを目的として設立された法人をいう。社会福祉法人の設立は，定款（設立目的や法人の名称，社会福祉事業の種類，事務所の所在地などを定めたもの）を作成して所轄庁の認可を受け，その主たる事務所の所在地において設立の登記をすることによって成立する。社会福祉法人には，社会福祉事業を効果的かつ適正に行うことが求められており，2016 年 3 月に成立した社会福祉法等の一部を改正する法律では，経営組織のガバナンスの強化，事業運営の透明性の向上，財務規律の強化および地域における公益的な取り組みの責務化などを図ることとされている。また，社会福祉事業の経営に支障がない限りにおいて，公益事業や収益事業についても行うことができる。　　　　　　　　　（神部智司）

社会福祉六法［しゃかいふくしろっぽう］
生活保護法，**児童福祉法**，**身体障害者福祉法**，**知的障害者福祉法**（制定当初は精神薄弱者福祉法），老人福祉法，母子及び父子並びに寡婦福祉法（制定当初は**母子福祉法**）の六法のことをいう。これら六法は，各法が対象とする生活困窮者，

児童，身体障害者，知的障害者，高齢者，ひとり親家庭等及び寡婦の福祉の向上を図るための支援やサービス・事業の種類や内容，実施体制，費用等，さらには国や地方公共団体の責務等について具体的かつ体系的に定められており，今日のわが国における社会福祉制度の基盤を形成している。また，社会福祉六法に定める援護，育成または更生の措置に関する事務をつかさどる第一線の行政機関として「福祉に関する事務所（**福祉事務所**）」が置かれている。　　　　　　　　　（神部智司）

社会保険制度［しゃかいほけんせいど］
生活を困難に陥れるような一般的なリスクに対して，保険の技術を用いて対応する制度の総称。社会保障を構成する中心的な制度の一つである。被保険者が事前に保険料を拠出していることを条件に，定められたリスクが発生した場合に，約束された拠出に見合う給付を自動的に支給するしくみである。対象とするリスクは，生計維持者の所得の中断や喪失，出費の増大を招くようなライフサイクル上の事態で，傷病，老齢，障害，死亡，失業，要介護状態などが含まれる。

　これらのリスクに対応して，わが国では，**医療保険**，**年金保険**，**雇用保険**，**労働者災害補償保険**，**介護保険**の 5 つの社会保険が設けられている。国や公的な団体を保険者とし，被保険者は強制加入が原則である。財源は，被保険者の保険料のほか，国庫負担，事業主負担等からなる。　　　　　　　　　（寺本尚美）

社会モデル［しゃかいもでる］　社会の一員として生きている利用者の問題は，環境や他者との関係性等に大きく関連していると考え，利用者が抱えている問題を，利用者を取り巻く環境との関連で明らかにして，利用者が生きている生活をより

よくしようとするモデル。社会モデルにおいて大切にすることは，利用者が疾病や障害等の問題を抱えながら，社会で生きているという事実である。　（笠原幸子）

社協［しゃきょう］⇒社会福祉協議会

若年性認知症［じゃくねんせいにんちしょう］　18〜64歳の間に発症する**認知症**のことをいう。2009年の厚生労働省の調査では，約4万人の若年性認知症患者が存在し，女性よりも男性に多い。患者の平均発症年齢は約51歳で，まれに10代で発症した例も認められた。脳血管性認知症が約40%，アルツハイマー型認知症が約25%と多くを占めているが，レビー小体型認知症やアルコール多飲によるアルコール性認知症なども認められる。

　発症時の年齢が若いため，本人および周囲が認知症であることに気づきにくく，診察を受けてもうつ病や更年期障害と間違われ診断が遅れる場合がある。症状や対応は老年期の認知症と同じだが，若年性の認知症の方が一般に症状の進行が早いといわれている。また患者の病状の受け入れが困難で不安が強いことが多い。
　　　　　　　　　　　　　　（幸田るみ子）

JAS 法［じゃすほう］⇒日本農林規格等に関する法律

シャワーチェア［しゃわーちぇあ］　浴室内で体を洗ったり洗髪する時に使用する椅子のことをいう。福祉用具としても販売されており，一般的なバスチェアよりも安定した座位を保つことができる。背もたれやひじ掛けのあるもの，座面の回転機能や折り畳みができるものがある。浴室の広さや使用する人の体格，身体状況に合わせて選ぶようにする。福祉施設では，シャワーチェアにキャスターがついたものを使用して脱衣所と浴室間の移動をしやすくしたものもある。シャワー

チェアは，介護保険における**特定福祉用具販売**の対象種目（入浴補助用具）である。
　　　　　　　　　　　　　　（植北康嗣）

シャワー浴［しゃわーよく］　体力低下や全身状態に不安があり，浴槽につかることができない人が，シャワーのみで入浴することをいう。シャワー浴は浴槽につかる入浴法に比べて入浴効果は下がるが，体力の消耗や心臓への負担は少なくなる。シャワーチェアを使用するため，一定の座位保持が可能かを確認しておく。シャワー浴だが，浴槽にお湯を張っておくことで保温効果がある。あらかじめ浴室（24℃±2度）の温度調節や適度なシャワー量を確保する。　　（植北康嗣）

周期性四肢運動障害［しゅうきせいししうんどうしょうがい］　睡眠中に，下肢が不随意にピクっと動いたり，ひじがすばやく動いたり，ひざ蹴りする動作が特徴であり，このような四肢の動きが睡眠中に繰り返されることをいう。1時間あたり下肢の無意識的な運動は周期的におこり，成人では15回以上おこることが多い。この動作は夜間中に続くのではなく，睡眠前半から中盤に発生しやすい。加齢とともに患者は増加し，65歳以上では約半数にみられる。手足の動きにより脳が覚醒するため，眠りの質が悪く，日中眠たくなり，生活に支障をきたすこともある（睡眠障害）。　　　　　　（内田陽子）

収縮期血圧［しゅうしゅくきけつあつ］⇒最高血圧

重症急性呼吸器症候群（SARS）［じゅうしょうきゅうせいこきゅうきしょうこうぐん（さーず）］　SARS コロナウイルスを病原体とする新しい感染症である。2002年の中国での発現を期に急速に感染が広がった。日本では，2003年に第1類指定感染症に指定された。症状は，感

染後2〜10日の潜伏期間を経て，38℃以上の発熱・悪寒・戦慄（震え）・筋肉痛などのインフルエンザに似た症状を認め，発症後3〜7日後には乾性咳嗽や呼吸困難・下痢などの症状が出現する。発症者の約80％は軽快するが，急速に呼吸困難が進行し死亡する例も報告された。有効な治療法や予防策は確立されておらず，全身管理や呼吸管理など症状を緩和する治療を行い，飛沫感染に対して手洗い・うがい・マスク着用などで感染を予防する。　　　　　　　　　　（福田未来）

重症心身障害［じゅうしょうしんしんしょうがい］　重度の知的障害及び重度の肢体不自由が重複している状態である。障害の程度は様々であるが，常時，医療を必要とする場合も多く，また日常生活のケアや，ライフステージに合わせた支援が必要である。　　　　　（國定美香）

住生活基本法［じゅうせいかつきほんほう］　住宅の供給量が充足し，少子高齢化や人口・世帯の減少が進む中で，住宅の量の確保から質の向上へと住宅政策の転換を図るために，2006年に成立，施行された。基本理念として「国民の住生活の基盤となる良質な住宅の供給」「良好な住環境の形成」「住宅を購入する者等の利益の擁護及び増進」「低額所得者，高齢者等の居住の安定の確保」の4つを掲げている。この基本理念の実現に向けて，国は「全国計画」，都道府県は「都道府県計画」を策定することが義務づけられている。2016年に閣議決定された「住生活基本計画（全国計画）」では，若年・子育て世帯や高齢者の住生活に関する目標や，空き家対策に関する目標などが設定されている。　　　　　　　　（多久島慎一）

従属人口［じゅうぞくじんこう］　0〜14歳までの**年少人口**と65歳以上の**老年人口**を合わせた人口のことをいう。社会的扶養の対象となることが想定される人口階層。なお生産年齢人口（15〜64歳）に対する従属人口の比率を従属人口指数と呼ぶ。　　　　　　　　　　（大日義晴）

住宅改修［じゅうたくかいしゅう］　住み慣れた地域や住宅で，高齢者の自立した生活の持続，転倒など事故の防止，要介護度の重症化の防止，介護者の負担軽減などを目的に，手すりの設置，段差の解消など，小規模に住宅を改修することを意味する。改修費用の負担軽減については，住宅金融支援機構の資金融資，各市区町村が実施する資金助成，**介護保険制度**における住宅改修の支給などが受けられる。この内，介護保険制度における住宅改修の支給については，要介護認定・要支援認定を受けた人を対象に，手すりの取り付け，段差の解消，滑り止め防止のための床材の変更，引き戸などへの扉の変更，洋式便器などへの取り換え，その他上記の住宅改修に付帯する工事などが保険給付の対象となる。　（高石豪）

住宅扶助［じゅうたくふじょ］　生活保護法によって支給される，経済的困窮のために最低限度の生活を維持することのできない人に対して，家賃，間代，地代等や，補修費等住宅維持費を給付する扶助である。原則，現金で支給される。地域ごと（級地）に厚生労働大臣によって決められる基準額とそれを超える場合に適用される特別基準額がある。家賃物価の動向や被保護世帯の支払家賃の実態等を勘案して改定が行われている。（鷲巣典代）

重度障害者等包括支援［じゅうどしょうがいしゃとうほうかつしえん］　常時介護を要する障害者等であって，意思疎通を図ることに著しい支障がある者に対して，居宅介護，**重度訪問介護**，**同行援護**，行

動護護，生活介護，短期入所，自立訓練，就労移行支援，就労継続支援，就労定着援助，自立生活援助，共同生活援助を包括的に提供するものである。**障害者総合支援法**に基づく**介護給付**の一つ。利用要件は障害支援区分の区分6に該当し，意思疎通に著しい困難を有する者であって，次の3つの類型のいずれかに該当する者である。重度訪問介護の対象であって，四肢すべてに麻痺等があり，寝たきり状態にある障害者のうち，人工呼吸器による呼吸管理を行っている身体障害者（Ⅰ類型），または，最重度知的障害者（Ⅱ類型），加えて，知的障害または精神障害により行動上著しい困難があり，障害支援区分の認定調査項目の行動関連項目が一定の点数を超える者（Ⅲ類型）である。
（鳥海直美）

重度脳性麻痺者介護人派遣事業［じゅうどのうせいまひしゃかいごにんはけんじぎょう］　重度の脳性麻痺者であって，単独で屋外における活動が困難な者に対して，屋外への手引きや外出の同行，その他の必要な支援を行うものである。介護保障を要求する障害者運動によって，東京都は1974年に障害者が推薦する介護人に対して介護料を支払う事業を開始し，その後は実施主体が都内の市区町村に変わって提供されてきた。派遣対象者の年齢や利用要件は市区町村によって異なるものの，脳性麻痺者のうち障害の程度が身体障害者手帳1級であり，**障害者総合支援法**における障害福祉サービス，**地域生活支援事業**における**移動支援**，介護保険法における**訪問介護**や**通所介護**のいずれも利用していないという要件を掲げている自治体が多い。介護人は対象者の推薦によるものとされるが，その範囲を家族に限定している自治体が多くみら

れ，**家族介護者**に支給する手当としての意味が大きくなっている。　（鳥海直美）

重度訪問介護［じゅうどほうもんかいご］　重度の肢体不自由者，または重度の知的障害，精神障害であって常時介護を要する障害者が対象で，在宅で日常生活に必要な介護を行うサービスである。**障害者総合支援法**における**介護給付**の一つである。サービス内容としては，「身体介護」として，在宅における入浴，排せつ，食事等の介護がある。「家事援助」として，調理・洗濯・掃除・買物等の家事支援や育児支援がある。また，その他に生活全般にわたる援助，外出時における移動中の介護も含まれている。対象者は，**障害支援区分**4以上で，二肢以上に麻痺があり，障害支援区分の認定調査項目のうち「歩行」「移乗」「排尿」「排便」のいずれも支援が不要以外と認定されている人である。あるいは，障害支援区分4以上で，障害支援区分の認定調査項目のうち行動関連項目等（12項目）の合計点数が10点以上の人も対象である。（萬代由希子）

周辺症状［しゅうへんしょうじょう］⇒行動・心理症状

終末期［しゅうまつき］　人生の最終段階の一定の期間のこと。年齢に関係なく，がんや難病等によっても，人生の最終段階を意識して迎えることもある。エンドオブライフ，ターミナル期などと表記されることもある。　（笠原幸子）

終末期医療［しゅうまつきいりょう］　人生の最終段階の一定の期間に提供する医療のこと。日本医師会生命倫理懇談会が2017年11月に発表した第ⅩⅤ次生命倫理懇談会答申「超高齢社会と終末期医療」では，「厚生労働省は，これまで『終末期医療』としてきたことを，2015年から『人生の最終段階における医療』と呼び

変えるようになっている」と記述している。この答申では，終末期医療を「死に至るまでの時間が限られていることを考慮に入れる必要性のある状況下における医療」と定義している。現在，人生の最終段階の時期に提供する医療の決定プロセスでは，医師だけで判断せず，多職種による医療・ケアチームによって判断すること，本人の意思を尊重するとともに，家族の合意を得ること，**緩和ケア**の充実を図ること等が求められている。

（笠原幸子）

終末期医療の決定プロセスに関するガイドライン［しゅうまつきいりょうのけっていぷろせすにかんするがいどらいん］厚生労働省が2007年に，よりよい終末期医療の構築を目指して，患者，家族，医療・ケアチームの合意が得られるような終末期医療のあり方について確認し，それをガイドラインとして示したもの。終末期を迎えた患者とその家族，そして，医療・ケアチームが一つとなって，最善の医療とケアをつくり上げていくためのプロセスを示した手引き書である。

（笠原幸子）

終末期介護［しゅうまつきかいご］　人生の最終段階の一定の期間に提供する介護のこと。**終末期**の介護，看護，医療等を総合した支援や活動のことを指す。人生の最後の時期を生きている人々へのサポートのことをいう。人生の最終段階の一定の期間において，対象者の生活がより良く，生きやすくするための介護の支援や活動のこと。介護の支援や活動とは，対象者に何もしなくても，何もできなくても，そばに寄り添うだけで対象者は心強く感じることもある。エンドオブライフケア（End of Life Care：EOLC），ターミナルケア，看取り介護などと表記する

こともある。

（笠原幸子）

重要事項説明書（介護保険）［じゅうようじこうせつめいしょ（かいごほけん）］　介護保険制度において事業者が各サービスを提供する際，利用者およびその家族がサービスの選択や契約を結ぶために必要であると認められる重要な事項を記した文書。各サービス内容を規定する厚生労働省令において，この文書を交付して説明を行い，当該サービスの提供の開始について利用申込者の同意を得なければならないと定められている。文書に盛り込む内容としては，概ね以下の内容が含まれる。事業者概要，事業所概要，事業理念，運営方針，サービス内容，職員体制，職務内容，営業時間，サービス利用者状況，サービス利用者の条件，保証人の条件・義務，利用料，支払方法，苦情解決，緊急時対応，損害賠償，秘密保持等。

（長谷川武史）

就労移行支援［しゅうろういこうしえん］障害者総合支援法第5条に規定される障害福祉サービス（訓練等給付）の一つで，就労を希望する障害者（原則65歳未満，要件を満たせば65歳以上の者も利用可能）のうち，企業等に雇用されることが可能と見込まれる者に，生産活動，職場体験などの活動の機会を提供するほか，就労のために必要な訓練（職業習慣の確立やマナー等の習得など），求職活動に関する支援（履歴書の書き方の指導や面接練習など），適性に応じた職場の開拓（ハローワークとの連携，企業訪問など），就職後における職場への定着のために必要な相談等を実施する。利用期間は原則2年で，個別支援計画に基づいた支援が行われ，企業等へ就職し，そこで継続して働くことのできる力の獲得を目指す。

（永井順子）

就労移行支援事業所［しゅうろういこうしえんじぎょうしょ］　障害者総合支援法第5条第13項に規定される**就労移行支援**を実施する事業所。生産活動その他の活動の機会の提供を通じて，利用者が就労に必要な知識及び能力を向上できるよう必要な訓練などを適切かつ効果的に行わなければならない。そのためのスタッフとして職業指導員及び生活支援員（資格等の定めはない）をそれぞれ1人以上，かつ，両者の総数が利用者6人に対して常勤換算で1人以上になるようにおく。また，就労支援員（資格等の定めはない）を利用者15人あたり1人以上，個別支援計画を作成するなどの役割を担う**サービス管理責任者**（実務経験と指定の研修の受講が必要）を利用者60人あたり1人以上おくことになっている。

（永井順子）

就労継続支援［しゅうろうけいぞくしえん］　障害者総合支援法第5条に規定される障害福祉サービス（**訓練等給付**）で，就労や生産活動等の機会を提供し，就労に必要な知識及び能力の向上のために必要な訓練，その他の支援を実施する。A型とB型があり，A型（雇用型）は企業等に就職することが困難であるが，継続的な就労が可能な障害者（原則65歳未満）を対象として雇用契約に基づき行われる。そのため，原則として最低賃金が保障され，雇用保険への加入などもある。B型（非雇用型）は年齢や障害の状況等によって企業等に雇用されることが困難な障害者を対象とし，雇用契約に基づかず実施，最低賃金適用外の工賃が作業に応じて支払われる。　　　（永井順子）

就労継続支援A型［しゅうろうけいぞくしえんえーがた］⇒就労継続支援

就労継続支援B型［しゅうろうけいぞく

しえんびーがた］⇒就労継続支援

手関節屈曲［しゅかんせつくっきょく］　手関節を手掌方向に曲げる手関節の運動のことをいう。手関節掌屈ともいう。「関節可動域表示ならびに測定法」（日本整形外科学会及び日本リハビリテーション医学会）では，手関節屈曲の参考可動域角度（橈骨を基本軸として，手関節を手掌方向に曲げた時の第2中手骨までの角度）を90度と示している。また，手関節屈曲の可動域角度を測定する際は，前腕を中間位（前腕回内・回外0度の位置）にして行うこととしている。

（冨田川智志）

手関節伸展［しゅかんせつしんてん］　手関節を手の甲方向に反らす手関節の運動のことをいう。手関節背屈ともいう。「関節可動域表示ならびに測定法」（日本整形外科学会及び日本リハビリテーション医学会）では，手関節伸展の参考可動域角度を70度と示している。また，手関節伸展の可動域角度を測定する際は，前腕を中間位（前腕回内・回外0度の位置）にして行うこととしている。

（冨田川智志）

宿所提供施設［しゅくしょていきょうしせつ］　住居のない要保護者の世帯に対して住宅扶助を行うための施設のことをいう。生活保護法第38条に基づく5つの保護施設の一つである。都道府県，または市町村単位で設置される。同法第39条により施設の運営や最低基準が定められている。住居の提供が目的で，介護等の援助は行われないが，生活の相談等に応じ，利用者の生活の向上を図ることが定められている。福祉事務所長が施設利用を認めた者が対象となる。　（鷲巣典代）

主治医［しゅじい］　患者の治療に対して主に責任をもつ医師。かかりつけ医と同

じ意味で用いられることが多い。日本医師会・四病院団体協議会合同提言（2013年8月8日）「医療提供体制のあり方」によると，かかりつけ医は，日ごろから患者の生活背景や健康状態を把握し，適切な診療及び保健指導を行うとともに，自らの専門性を超えて診療や指導が必要な場合には，地域の他の医師や医療機関等へつなぎ対応していくとしている。介護保険制度における要介護認定を行う際には，主治医からの意見書を提出することが求められる。障害者総合支援法における障害支援区分の認定においては，主治医等の医師の意見書が求められる。

(鵜浦直子)

主治医意見書［しゅじいいけんしょ］　要介護（要支援）認定を行う場合には，被保険者の主治医が作成する。疾病，負傷の状況等についての医学的な意見書のことをいう。必要事項をかかりつけ医等に記載してもらう必要がある。主治医意見書は，主治医が申請者の疾病や負傷の状況などについての意見を記すものであり，要介護認定を行う際のコンピュータによる一次判定や介護認定審査会での判定資料として用いられる。主治医意見書を作成する医師に心当たりがない場合には，市町村等が指定する医師の診断を受ける必要がある。主治医意見書の記載内容は，「傷病に関する意見」「特別な医療」「心身の状態に関する意見」「生活機能とサービスに関する意見」「特記すべき事項」の5領域である。また，被保険者の心身の状況をより明確なものとするために，「移動」「栄養・食生活」「現在あるかまたは今後発生の高い状態とその対処方針」等の項目が見直されている。　(佐藤博彦)

手段的ADL［しゅだんてきえーでぃーえる］⇒IADL

恤救規則［じゅっきゅうきそく］　1874年に府県に対して出された通達（明治7年太政官達162号）であり，生活困窮者に対する国の救済策である。この規則は「人民相互の情誼」，すなわち生活困窮者の支援は血縁・地縁による相互扶助が最優先であることを強調した。したがって，公的救済は家族の扶養を受けられない者（極貧の労働不能者，70歳以上の老衰者，病者，13歳以下の子ども）に対象を限定し，一定限度の米（後に米代に変更）を支給した。なお，1932年の救護法施行に伴い廃止された。　(中根真)

出産扶助［しゅっさんふじょ］　生活保護法によって支給される出産について必要な費用の扶助のことをいう。居宅分娩，施設分娩別に決められた基準額と出産に伴う入院費および衛生材料費が一定範囲で支給される。生活保護受給者が出産する場合には，児童福祉法第36条により定められた病院・助産所である助産施設で出産することが優先される。助産施設の場合には，国が直接助産施設に費用を支給する。事情により助産施設以外で出産する場合には，生活保護法によって受給者に出産扶助が支給され，費用を支払うことになる。異常分娩等のため手術処置等を行う場合は医療扶助が適用される。

(鷲巣典代)

出生動向基本調査［しゅっしょうどうこうきほんちょうさ］　国内の結婚，出産，子育ての現状や政策的課題を探ることを目的とし，国立社会保障・人口問題研究所が約5年に1度行う全国標本調査である。夫婦調査と独身者調査とを同時に実施している。独身者調査の対象者は，「国民生活基礎調査」で設定された調査区から無作為に選ばれた調査区に居住する，18歳以上50歳未満のすべての独身

者である。夫婦調査の対象者は，独身者調査と同じ調査区に居住する50歳未満の有配偶女性である。第15回調査（2015年）では，いずれは結婚しようと考えている者は依然として多く存在する一方で異性の交際相手がいない者が増えていることや，半数を超える夫婦が子どもをもつ一方で1人だけしか子どもをもたない夫婦が増えていることなどが明らかにされている。　　　　　　　　（藤間公太）

主任介護支援専門員（主任ケアマネジャー）［しゅにんかいごしえんせんもんいん（しゅにんけあまねじゃー）］　**介護保険制度**における専門職で，**介護支援専門員**の上級資格である。地域包括支援センターに配置される専門三職種の一つである。また，2018年度から**居宅介護支援**事業所における人材育成の取り組みを促進させるために，その管理者要件となり（3年間の経過措置あり），居宅介護支援の特定事業所加算の対象にもなった。介護支援専門員の人材育成と地域づくりなどを通じて地域包括ケアシステム構築に向けた役割を期待されている。資格取得のためには，介護支援専門員としての実務経験が原則5年以上で，主任介護支援専門員研修（70時間）の受講が必要である。また主任介護支援専門員にも継続的に資質向上が求められていることから，更新研修（46時間）を5年毎に受講しなければならない。　　　　　　　　（岡田直人）

守秘義務［しゅひぎむ］⇒秘密保持義務
受容［じゅよう］　受容とは，利用者のあるがままの姿を受けいれることである。あるがままの姿とは，利用者の今ある状態や状況に伴う本人からの言葉や態度，価値観等が含まれる。その姿に対して，援助者は自分の判断基準での評価や指示をしないことである。受容は，**バイステ**ックの7原則の一つである。受容の意義には，①援助関係づくりにつながる，②援助の遂行を目指すことができる，③利用者自身が様々な表現をすることが可能になる，④利用者自身が自分の今の状況や状態をみつめたり，整理したりする等自身を受容（自己受容）することが可能になる，⑤自己受容を通して自身が変わっていき（自己変容），他者への理解をしていくことができるようになる，等があげられる。　　　　　　　　（綾部貴子）

手浴［しゅよく］　手に対して行う部分浴の一つ。寝たきりによる長期臥床や麻痺のある人は，指の間に汚れが溜まりやすくなる。手浴はそのような人にも，移動せずにベッド上での半座位や側臥位でも行うことができる。手首までをお湯（40℃程度）につけることで，清潔保持や爽快感をもたらすことができる。また，手指にある末梢血管を広げることで全身を温める効果もあり，マッサージやアロマをすることでさらにリラックス効果も得られる。手浴後は柔らかくなった爪の手入れや必要に応じて保湿クリームなどを使用する。　　　　　　　　（植北康嗣）

手話［しゅわ］　手と指の形や位置，動き，また顔の表情などを組み合わせて使用する視覚的言語である。また，2006（平成18）年，国際連合「障害者の権利に関する条約」第2条に「言語とは，音声言語及び手話その他の形態の非音声言語をいう。（一部抜粋）」と非音声言語とされた。主には，ろう者のコミュニケーション手段として用いられてきた。　　　　　　　　（國定美香）

准看護師［じゅんかんごし］　**保健師助産師看護師法**に都道府県知事の免許を受けて，医師，歯科医師又は**看護師**の指示を受けて，傷病者若しくはじょく婦に対する療養上の世話又は診療の補助を行うこ

とを業とする者と規定されている。医療の高度化や診療報酬体系の見直し，看護師養成校の増加等により，准看護師数は減少してきている。しかし，准看護師は，看護師と比較し養成期間も短く，就業場所も看護師と比較し，診療所や介護保険施設等で従事する者の割合が高く（2018年度末時点で診療所で従事する看護師は，就業している看護師総数（実人員）の12.8％であるのに対し准看護師は32.2％，介護保険施設等では看護師総数（実人員）の7.3％に対し准看護師は23.2％である），現状の高齢社会では，地域医療を担う看護職員としてその存在は欠かせなくなっている。「**看護の資格**」も参照。

（種橋征子）

障害基礎年金［しょうがいきそねんきん］⇒基礎年金制度

障害高齢者の日常生活自立度（寝たきり度）［しょうがいこうれいしゃのにちじょうせいかつじりつど（ねたきりど）］　何らかの障害を有する高齢者の日常生活自立を，客観的かつ短時間に判定することを目的として1989年に作成された基準。障害をもつ高齢者の日常生活の自立度を，ランクJ（生活自立），ランクA（準寝たきり），ランクB（寝たきり），ランクC（重度寝たきり）の4段階にランク分けすることで評価する。この基準においては，障害をもたない，いわゆる健常な高齢者は対象としない。また，一日の中での時間帯，体調等によって能力の程度が異なる場合は，調査日より概ね過去1週間の状況をみて判断することになっている（図表参照）。　　　（樋口大）

障害児［しょうがいじ］　児童福祉法においては，身体に障害のある児童，知的障害のある児童，精神に障害のある児童（発達障害支援法第2条第2項に規定す

図表　障害高齢者の日常生活自立度（寝たきり度）

生活自立	ランクJ	何らかの障害等を有するが，日常生活はほぼ自立しており独力で外出する 1．交通機関等を利用して外出する 2．隣近所へなら外出する
準寝たきり	ランクA	屋内での生活は概ね自立しているが，介助なしには外出しない 1．介助により外出し，日中はほとんどベッドから離れて生活する 2．外出の頻度が少なく，日中も寝たり起きたりの生活をしている
寝たきり	ランクB	屋内での生活は何らかの介助を要し，日中もベッド上での生活が主体であるが，座位を保つ 1．車いすに移乗し，食事，排泄はベッドから離れて行う 2．介助により車いすに移乗する
	ランクC	1日中ベッド上で過ごし，排泄，食事，着替において介助を要する 1．自力で寝返りをうつ 2．自力では寝返りもうてない

注：判定に当たっては，補装具や自助具等の器具を使用した状態であっても差し支えない。

る発達障害児を含む），治療方法が確立していない疾病その他の特殊の疾病であつて障害者の日常生活及び社会生活を総合的に支援するための法律第4条第1項の政令で定めるものによる障害の程度が同項の厚生労働大臣が定める程度である児童をいう（第4条第2項）と定義され

ている。 （鎮朋子）

障害支援区分［しょうがいしえんくぶん］障害者等の障害の多様な特性その他の心身の状態に応じて必要とされる標準的な支援の度合いを総合的に示すもので，**障害者総合支援法**の第4条第4項に規定されている。障害者総合支援法の施行にともない，「障害程度区分」から名称が改められた。障害支援区分は，非該当から区分6までの7段階に分かれ，必要とされる支援の度合いが高いほど，数字が大きくなる。また，この区分に示された必要とされる支援の度合いに応じて，利用できるサービスと利用できないものがあり，量もサービスごとに基準が設定されている。障害支援区分は，コンピュータによる一次判定，市町村審査会による二次判定を経て行われる。ただし，介護給付と異なり，訓練等給付の場合は，基本的に障害支援区分の認定を必要としないので，区分による利用制限はない。

（與那嶺司）

障害児支援施策［しょうがいじしえんしさく］ 障害児の成長発達に必要な支援のことをいう。具体的には，入所施設や通所施設の整備，相談機関の充実，それらに関する法整備等を指す。 （鎮朋子）

障害児相談支援［しょうがいじそうだんしえん］ 障害児が通所施設や放課後等デイサービス等を利用する際に，支援計画を立案したり，利用中の支援内容を見直すことの相談支援をいう。障害児支援利用援助と継続障害児支援利用援助の2種類がある。障害児支援利用援助は，障害児通所支援の利用申請手続きにおいて，障害児の心身の状況や環境，障害児または保護者の意向などを踏まえて「障害児支援利用計画案」の作成を行う。継続障害児支援利用援助は，現在利用している障害児通所支援について，その内容が適切かどうかについて一定期間ごとにサービス等の利用状況の検証を行い，「障害児支援利用計画」の見直しを行う。必要に応じて利用計画の内容を変更し，より障害児や保護者のニーズに合った支援が得られるようにする。 （鎮朋子）

障害児・知的障害者ホームヘルプサービス事業［しょうがいじ・ちてきしょうがいしゃほーむへるぷさーびすじぎょう］障害児者家族の生活安定，自立と社会参加を促進することを目的に，障害児・知的障害者のいる世帯にホームヘルパーを派遣する事業である。支援費制度導入前の2000年に「障害児・知的障害者ホームヘルプサービス事業運営要綱」が改訂され，軽度・中度の障害者に対象が拡大した。併せて，社会生活上不可欠な外出に限定されていた移動支援が，余暇活動や社会参加への利用も認められるようになった。また，グループホーム入居者への派遣が行われることで，要支援度の高い知的障害者の生活自立の可能性が高まる。実施主体となる市区町村の財政力と供給力によって運用上の差異がみられるが，ホームヘルプ事業を活用することで，家族介護者の負担軽減や，**知的障害者の**QOL向上が期待されている。 （藤原里佐）

障害児通所支援［しょうがいじつうしょしえん］ **児童福祉法**に基づき，障害のある18歳未満の子どもを対象として，施設等への通所によって，日常生活における基本的な動作の指導，知識技能の付与，集団生活への適応訓練，地域社会との交流の促進などの支援を行うサービスである。利用する子どもの状態や年齢に応じて，**児童発達支援**，**医療型児童発達支援**，**放課後等デイサービス**，居宅訪問型児童発達支援，保育所等訪問支援に分

けられる。障害児通所支援の利用にあたっては，障害児支援利用計画を作成することが必要である。

　障害児に対する施策体系は，従来障害の種別や法によって分かれていたが，2012 年 4 月 1 日より，通所・入所の利用形態別に再編され，通所支援はすべて児童福祉法に一括され，市町村が実施主体となった。　　　　　　　　（寺本尚美）

障害児入所施設［しょうがいじにゅうしょしせつ］　障害児を入所させ，その生活を支援する施設。児童は日常生活の確立や将来の自立を目指した支援を受ける。児童の障害の程度に合った自立支援の機能強化，支援目標の明確化，個別支援計画を踏まえた支援の提供を目指す児童福祉施設である「福祉型障害児入所施設」と，「医療型障害児入所施設」がある。
　　　　　　　　　　　　　　（鎮目子）

障害者［しょうがいしゃ］　1970 年に制定された心身障害者対策基本法において，障害者の基本的な定義が示された。その後，同法は 1993 年に改正され，障害者施策全般について基本的事項を定めた障害者基本法となり，「精神障害」が加えられた。現在，障害者基本法では，第 2 条第 1 項において，障害者は「身体障害，知的障害，精神障害（発達障害を含む。）その他の心身の機能の障害がある者であつて，障害及び社会的障壁により継続的に日常生活又は社会生活に相当な制限を受ける状態にあるものをいう」と定義され，本条第 2 項において，「社会的障壁」とは「障害がある者にとつて日常生活又は社会生活を営む上で障壁となるような社会における事物，制度，慣行，観念その他一切のものをいう」とされている。
　　　　　　　　　　　　（奥那嶺司）

障害者基本計画［しょうがいしゃきほん

けいかく］　障害者基本法に基づいて，障害者に対する施策の総合的かつ計画的な推進を図るために，策定される計画。2004 年の障害者基本法改正後の第 11 条で，国および地方自治体において障害者基本計画等を策定することが義務付けられた。現在，第 4 次計画（平成 30 年度から 34 年度）まで策定されている。第 4 次計画では，わが国が批准した障害者の権利に関する条約や 2020 年の東京オリンピック・パラリンピック開催も踏まえ，「安心・安全な生活環境の整備」「情報アクセシビリティの向上及び意思疎通支援の充実」「防災，防犯等の推進」「差別の解消，権利擁護の推進及び虐待の防止」「自立した生活の支援・意思決定支援の推進」「雇用・就業，経済的自立の支援」「文化芸術活動・スポーツ等の振興」等が各分野の障害者施策の基本的な方向として掲げられている。　　（奥那嶺司）

障害者基本法［しょうがいしゃきほんほう］　1970 年に制定された心身障害者対策基本法を，1993 年に改正して制定された法律である。その後，2004 年と 2011 年に法改正がなされた。この法律では，障害者の自立や社会参加を支援するための施策について基本事項を定めている。具体的には，第 2 条第 1 項において，障害者を「身体障害，知的障害，精神障害（発達障害を含む。）その他の心身の機能の障害がある者であつて，障害及び社会的障壁により継続的に日常生活又は社会生活に相当な制限を受ける状態にあるものをいう」と定義し，障害者の福祉を増進するために，国や地方公共団体だけでなく，社会の連帯という理念に基づいて国民の責務も明らかにしている。また，基本的な施策として，医療，介護，教育，療育，職業相談，雇用の促進，住宅の確

保，公共的施設のバリアフリー化，情報の利用におけるバリアフリー化，相談，文化的諸条件の整備，防災及び防犯，選挙等における配慮等を掲げている。

（奧那嶺司）

障害者虐待の防止，障害者の養護者に対する支援等に関する法律（障害者虐待防止法）[しょうがいしゃぎゃくたいのぼうし，しょうがいしゃのようごしゃにたいするしえんとうにかんするほうりつ（しょうがいしゃぎゃくたいぼうしほう）]

「障害者に対する虐待が障害者の尊厳を害するものであり，障害者の自立及び社会参加にとって障害者に対する虐待を防止することが極めて重要であること等に鑑み，障害者に対する虐待の禁止，国等の責務，障害者虐待を受けた障害者に対する保護及び自立の支援のための措置，養護者に対する支援のための措置等を定めることにより，障害者虐待の防止，養護者に対する支援等に関する施策を促進し，もって障害者の権利利益の擁護に資することを目的」（第1条）として2012年10月1日に施行された。この法律では障害者虐待を①養護者による障害者虐待，②障害者福祉施設従事者等による障害者虐待，③使用者による障害者虐待と規定している。

（上田晴男）

障害者ケアガイドライン [しょうがいしゃけあがいどらいん]

市町村等が障害者の保健・福祉等のサービスを提供していく上で，**ケアマネジメント**の援助方法を用いるときの理念，原則，実施体制等を明らかにし，それにより，ケアマネジメントを必要とする人に，複合的なニーズを満たすためのサービスを的確に提供していくためのものである。厚生労働省の障害者ケアマネジメント体制整備検討委員会において，身体障害者，知的障害者，精神障害者の三障害共通の「障害者ケアガイドライン」をとりまとめ，2002年3月に厚生労働省から発表された。それまで，障害種別ごとのケアガイドラインが策定されていたが，この障害者ケアガイドラインによって，三障害共通の障害者ケアマネジメントの援助方法の骨格が示された。

（奧那嶺司）

障害者計画 [しょうがいしゃけいかく]

障害者基本法に基づき，都道府県や市町村が策定する療育，教育，就労，福祉等の障害者施策全般に関する基本的な計画。国が策定する**障害者基本計画**を基本としている。都道府県や市町村は，それぞれの障害者の状況等を踏まえ，都道府県障害者計画，市町村障害者計画を策定しなければならない。1993年に制定された障害者基本法では，都道府県に対しては障害者計画の策定が義務づけられていたが，市町村に対しては努力義務にとどまっていた。しかし，2004年の同法改正後は，市町村にも策定が義務づけられた。ちなみに，障害者福祉計画は，障害者総合支援法に基づき，国の定める基本方針に即して，都道府県や市町村が障害福祉サービスや地域生活支援事業等の提供体制を確保するために策定する計画である。

（奧那嶺司）

障害者雇用率制度 [しょうがいしゃこようりつせいど]

行政や企業に対して課される障害者の雇用義務を示す率のことであり，障害者の雇用の促進等に関する法律に規定される制度である。法定雇用率とも呼ばれる。全労働者数に対する障害者の労働者数を基準として設定され，少なくとも5年ごとに改定される。2018（平成30）年度からは民間の事業者にあっては2.2%（2021年4月までに2.3%），国及び地方公共団体等にあっては2.5%

（2021年4月までに2.6%），都道府県等の教育委員会にあっては2.4%（2021年4月までに2.5%）以上の障害者を雇用する義務を負う。事業主には，障害者雇用率の達成状況に応じて，障害者雇用調整金の支給等及び障害者雇用納付金の徴収が行われる。　　　　　　（堀智久）

障害者差別解消法［しょうがいしゃさべつかいしょうほう］⇒障害を理由とする差別の解消の推進に関する法律

障害者支援施設［しょうがいしゃしえんしせつ］　夜間における入浴や排せつ等の介護や生活等に関する相談および助言等（施設入所支援）を行うとともに，昼間に生活介護や自立訓練等のサービスを行う施設。障害者総合支援法を根拠とし，都道府県知事の指定を受けたものを指定障害者支援施設という。戦後，障害者が入所してさまざまな援助を受ける施設は，身体障害者福祉法等の障害別の法律によって設置されてきたが，障害者自立支援法の施行に伴って3障害が一元化された際に新設された名称である。（森口弘美）

障害者自立支援法［しょうがいしゃじりつしえんほう］　障害児者が自立した生活を営むことができるよう，障害福祉サービスに係る給付や支援を行い，障害の有無にかかわらず安心して暮らすことのできる地域社会の実現を目指して，2005年に制定，2006年に施行された法律。この法律により，それまでは**身体障害者福祉法**，**知的障害者福祉法**，**精神保健及び精神障害者福祉に関する法律**，**児童福祉法**といった障害別に規定されていた福祉サービスや公的医療等を，共通の制度のもとで一元的に提供するしくみとなった。福祉サービス等の利用者に一定の費用負担を課すものであったことから，障害者自立支援法違憲訴訟があり，2010年に原告団らと国との間で，利用者負担を廃止するとともに，障害者自立支援法の廃止と新法の制定を目指す旨の基本合意がなされた。それをうけて，2012年に**障害者の日常生活及び社会生活を総合的に支援するための法律**と名称変更された。

（森口弘美）

障害者総合支援法［しょうがいしゃそうごうしえんほう］⇒障害者の日常生活及び社会生活を総合的に支援するための法律

障害者に関する世界行動計画［しょうがいしゃにかんするせかいこうどうけいかく］　障害の予防，リハビリテーションならびに，障害者の社会生活と社会の発展への「完全参加」と「平等」という目標実現のための効果的な対策を推進することを目的として，1982年12月の第37回国連総会で採択された計画。1976年の第31回国連総会では，1981年を「完全参加と平等」をテーマとする「**国際障害者年**」とすることを決議した。この「国際障害者年」の成果をもとに検討されてきたのが「障害者に関する世界行動計画」である。国家レベルの行動として，あるいは国際的活動として実行する具体的な内容や方法を示している。（堀智久）

障害者の権利宣言［しょうがいしゃのけんりせんげん］　国際連合憲章において宣言された人権，基本的自由，平和，人間の尊厳と価値，社会正義に関する諸原則に対する信念を再確認し，障害者の権利と権利保護のための国内的及び国際的行動を要請することを目的として1975年12月の第30回国連総会で採択された宣言。具体的な権利として，①年齢相応の生活を送る権利，②市民権及び政治的権利，③自立のための施策を受ける権利，④リハビリテーション等のサービスを受

ける権利，⑤経済的社会的保障を受ける権利，⑥経済社会計画においてその特別のニーズが考慮される権利，⑦家族と生活し，施設に入所したとしても通常の生活に近い生活をする権利，⑧搾取等から保護される権利，⑨人格及び財産の保護のための法的援助を受ける権利等があげられている。　　　　　　　　　（堀智久）

障害者の権利に関する条約［しょうがいしゃのけんりにかんするじょうやく］「全ての障害者によるあらゆる人権及び基本的自由の完全かつ平等な享有を促進し，保護し，及び確保すること並びに障害者の固有の尊厳の尊重を促進すること」を目的として 2006 年 12 月に第 61 回国連総会で採択された条約。本条約は，前文と本文 50 条からなり，司法へのアクセス，自立生活，教育，労働などのあらゆる領域に及んでいる。本条約は，法的な拘束力のある条約として，障害者の権利に関する各国の取り組みを推進する点で，重要な意義をもっている。また，本条約の策定過程においては障害当事者が関わり，また実施過程においても障害当事者の参加が規定されている点も着目される。日本は 2007 年 9 月に署名をし，2014 年 1 月に批准書を寄託した。
　　　　　　　　　　　　　　（堀智久）

障害者の雇用の促進等に関する法律［しょうがいしゃのこようのそくしんとうにかんするほうりつ］「障害者の雇用義務等に基づく雇用の促進等のための措置，雇用の分野における障害者と障害者でない者との均等な機会及び待遇の確保並びに障害者がその有する能力を有効に発揮することができるようにするための措置，職業リハビリテーションの措置その他障害者がその能力に適合する職業に就くこと等を通じてその職業生活において自立

することを促進するための措置を総合的に講じ，もつて障害者の職業の安定を図ること」を目的としている。**公共職業安定所**，障害者職業センター，障害者就業・生活支援センター等における職業リハビリテーションの推進，差別の禁止等，雇用義務（**障害者雇用率制度**），障害者雇用納付金制度などについて定めている。
　　　　　　　　　　　　　　（堀智久）

障害者のための国際シンボルマーク［しょうがいしゃのためのこくさいしんぼるまーく］　1969 年国際リハビリテーション協会が，障害のある人々が利用できる建築物や公共輸送機関であることを示すマークとして発表した。　　（國定美香）

障害者の日常生活及び社会生活を総合的に支援するための法律（障害者総合支援法）［しょうがいしゃのにちじょうせいかつおよびしゃかいせいかつをそうごうてきにしえんするためのほうりつ（しょうがいしゃそうごうしえんほう）］　障がい者制度改革推進本部における検討を経て整備された法律の一つで，**障害者自立支援法**をもとに改正され，名称も変更された。障害児者が基本的人権を有する個人としての尊厳にふさわしい生活を営むことができるよう障害福祉サービスに係る給付や支援を行い，安心して暮らすことのできる地域社会の実現を目指し，2012 年に公布，2013 年に施行された。基本理念として，この法律に基づく日常生活・社会生活の支援が，共生社会の実現，社会参加や選択の機会の確保，また社会的な障壁の除去につながるよう，総合的かつ計画的に行われるべきであることが新たに書き加えられた。制度の谷間を埋めるため，障害者の範囲に難病等も加えられた。また，「障害程度区分」に代わり，障害の多様性や心身の状態に応じた支援の度合

いを総合的に示す「障害支援区分」が採
用された。
　　　　　　　　　　　　　（森口弘美）

障害者プラン（ノーマライゼーション7
か年戦略）［しょうがいしゃぷらん（の—
まらいぜーしょんななかねんせんりゃく）］
1995年に，リハビリテーションとノーマ
ライゼーションを基本理念とし，障害者
対策に関する新長期計画の後期重点施策
実施計画として，総理府障害者対策推進
本部が決定した計画。障害のある人が社
会の構成員として地域の中で共に生活が
送れることを目標としている。1996年度
から2002年度までの7年間にわたって，
関係省庁が横断的に取り組む各種施策を
盛り込むとともに，ホームヘルパーの増
員等の数値目標を設定するなど具体的な
施策目標を明記した。本計画において，
障害者施策の分野において初めて，数値
による施策の達成目標が掲げられた。
　　　　　　　　　　　　　（與那嶺司）

障害受容［しょうがいじゅよう］　障害受
容は，障害者本人のものと，その周囲に
いる人のものに分類される。その人に障
害があり，日常生活での困難さや機能的
にできないことがあったとしても，それ
がその人の本質的な価値を損なうもので
はないという考えにもとづいている。具
体的な要素として，①障害の特性を理解
できていること，②障害ゆえの生活上の
困難さに対して解決策を有し，不安が緩
和されていること，③将来への展望をも
てていること，の3つが達成されている
状態を指す。　　　　　　　（西田宏太郎）

障害程度区分［しょうがいていどくぶ
ん］⇒障害支援区分

生涯発達心理学［しょうがいはったつし
んりがく］⇒バルテス

障害福祉計画［しょうがいふくしけいか
く］　2006年度より策定が始まった障害

に関する行政計画である。障害者総合支
援法に規定されている。市町村および都
道府県に策定が義務付けられており，国
の基本指針に即して3年を1期として策
定される。市町村障害福祉計画は，障害
福祉サービスの提供体制の確保やサービ
スの必要見込量などについて，数値目標
を挙げて策定され，その内容は障害者基
本法に基づく市町村障害者計画や，都道
府県障害者計画との調和が図られなけれ
ばならない。都道府県障害福祉計画は，
市町村障害福祉計画の達成に資するため，
広域的な見地から策定されるものであり，
障害者基本法に基づく都道府県障害者計
画との調和を図ることや，医療法による
医療計画と相まって，精神障害者の退院
促進に資する計画であることが求められ
る。　　　　　　　　　　　（樽井康彦）

障害を理由とする差別の解消の推進に関
する法律（障害者差別解消法）［しょうが
いをりゆうとするさべつのかいしょうの
すいしんにかんするほうりつ（しょうがい
しゃさべつかいしょうほう）］　2011年に
改正された障害者基本法の第4条に規定
されている「差別の禁止」を具体化する
ために制定された法律（2013年6月26
日公布，2016年4月1日施行）。「行政機
関等及び事業者における障害を理由とす
る差別を解消するための措置等を定める
ことにより，障害を理由とする差別の解
消を推進し，もって全ての国民が，障害
の有無によって分け隔てられることなく，
相互に人格と個性を尊重し合いながら共
生する社会の実現に資すること」を目的
としている。行政機関等や事業者に対し
て，不当な差別的取り扱いによる障害者
の権利利益を侵害してはならないこと，
障害者からの意思表明があった場合には，
その実施に伴う負担が過重でないときは，

社会的障壁の除去のための合理的な配慮を行うことなどを盛り込んでいる。

（堀智久）

小規模多機能型居宅介護［しょうきぼたきのうがたきょたくかいご］　利用者が可能な限り自立した日常生活を送ることができるように，利用者の選択に応じて，利用者宅から施設への「通い」を中心に，短期間の「泊まり」や職員による利用者宅への随時の「訪問」を組み合わせたサービス。介護保険制度の**地域密着型サービス**の一つ。家庭的な環境と地域住民との交流の下で，日常生活上の支援や機能訓練を行う。利用者と職員がお互いになじみの関係を築きながら，サービスを提供することを重視するため，１事業所当たりの登録定員は29名以下，通いは15名以下と定められているが，一定の広さが確保できる場合は18名までの利用が可能である。泊まりは９名以下と定められている。住民との協働により，地域づくりへの貢献や利用者の地域生活を支援するなど，地域包括ケアシステムの中で，高齢者が生活する地域の安心拠点としての期待がなされている。　（山井理恵）

少子化［しょうしか］⇒少子高齢化

少子高齢化［しょうしこうれいか］　総人口に占める子どもの割合が減り，高齢者の割合（高齢化率）が増えることを指す。背景には，**合計特殊出生率**が低下したことと，医療技術の発展などにより**平均寿命**が延びていることがある。国立社会保障・人口問題研究所が刊行した「人口統計資料集2020」によると，日本は1970年代に高齢化率が７％を超え，高齢化社会となった。その後，1995年に14％を超え，**高齢社会**に突入した。日本における高齢化率はその後も伸び続けており，2015年には26.3％と，世界的にみて非常

に高い数値を記録している。2065年には日本の高齢化率は38.4％になるとみられており，年金，医療費など社会保障制度の改革が急務となっている。　（藤間公太）

上肢装具［じょうしそうぐ］　疾病や損傷により障害された欠損のない上肢の体表に装着して機能を補助する**装具**のこと。上肢装具には，静的装具と動的装具といった分類がある。静的装具は，装具が覆っている部分の関節が動かないようにする場合において，安静及び固定，良肢位の保持，拘縮や変形の予防または矯正，不安定な関節の支持や保護などのために用いられる。動的装具は，継手などの可動部分をもち，特定の運動が許される場合に，手術や火傷などによる傷痕や癒着の予防，拘縮の矯正，手術後の筋や腱機能の回復の促進，麻痺筋の代償などのために用いられる。大きく分けると以下の５つの種類がある。①指装具：拘縮や変形の予防のために，指関節の固定，適切な角度での保持，手指の動きを補助するための装具（図表参照），②対立装具：親指と他の指を対立位にするための装具，③手関節装具：手関節の固定，手指での保持や把持動作を行いやすくするための装具，④肘装具：上腕部から前腕部の関節の変形予防・矯正，保持するための装

図表　上肢装具（指装具）

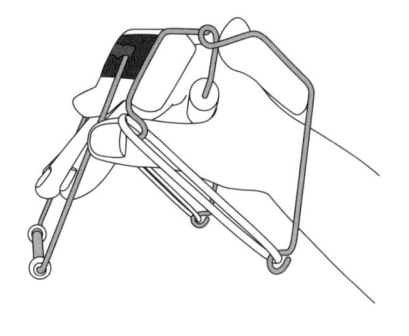

具，⑤肩装具：肩関節を固定し，安静に
させるための装具。　　　　　　（吉藤郁）

上肢リンパ浮腫［じょうしりんぱふしゅ］
全身に張り巡らされたリンパ管を流れる
リンパ液が，なんらかの原因で流れが滞
り，それが上肢に浮腫をおこしたもので
ある。たとえば乳がんの手術後，腋窩リ
ンパ節を取り除かれたことが原因となっ
てリンパ液の排液がうまくいかず浮腫と
なって現れる。　　　　　　　（安藤純子）

消毒［しょうどく］　薬品・熱・紫外線な
どによって，人体に有害な物質（病原
菌）を除去または無害化し，病原微生物
の増殖を阻止し**感染**を防ぐことである。
このために使用する薬剤を消毒薬と呼び，
手指等の皮膚表面や，備品の消毒に用い
られる。消毒は，安全性を考慮し，使用
濃度を間違わないようにすることが重要
である。類似する用語として，殺菌（微
生物を死滅させること），滅菌（細菌な
どの有害・無害を問わず死滅させ，除去
すること）がある。　　　　　（益川順子）

消費者のための介護サービス情報ガイド
［しょうひしゃのためのかいごさーびすじ
ょうほうがいど］　介護サービスの利用
者が，数多くの介護サービス事業者から
自分の希望にあった事業者を選ぶときに，
全国すべての事業者の介護サービス情報
（介護サービスの内容や事業者の運営状
況など）を公開している「介護サービス
情報公表システム」を活用するための方
法が書かれている。2006年に始まった**介
護サービス情報の公表制度**が，2012年に
介護保険法の改正で見直されたことに伴
い，作成された。介護サービス情報の項
目の説明や見るポイント，比較すること
でわかる事業者間の違いなどが具体的に
示されており，利用者の事業者選択を支
援するものになっている。介護サービス

事業者は介護サービス情報を年1回都道
府県に報告し，都道府県は報告された情
報をインターネットで公表している。
　　　　　　　　　　　　　（多久島慎一）

消費者被害［しょうひしゃひがい］　消費
者安全法では，消費者事故等として「生
命・身体に関する消費者被害」と「財産
に関する消費者被害」を定義している。
「消費者被害」の対象としては，消費に
伴って発生する問題と問題に対する対応
が考えられている。　　　　　（上田晴男）

踵部［しょうぶ］　かかとの部分のことを
いう（巻末資料302頁参照）。（冨田川智志）

上腕骨［じょうわんこつ］　肩関節から肘
関節までの部分（上腕部）にある太い管
状骨のことをいう（巻末資料303頁参照）。
　　　　　　　　　　　　　　（冨田川智志）

上腕骨近位端骨折［じょうわんこつきん
いたんこっせつ］　上腕骨（巻末資料303頁
参照）は近位部・骨幹部・遠位部の3部
位に分けられ，肩関節に近い上部の部位
を近位という。その近位の**骨折**をいう。
手をついた際や肩から転落した際に骨折
しやすく，高齢者に多く見られる。高齢
者の転倒によって引きおこされる四大骨
折のうちの一つである。治療は，保存療
法や手術の固定方法で，三角巾やリスト
バンドを用い，同時にリハビリも行う。
合併症には，神経損傷（肩関節の挙上困
難）や臼などがある。　　　　（内田陽子）

ショートステイ［しょーとすてい］　高齢
者や障害者が住み慣れた居宅において自
立した生活が持続できるよう，短期間施
設に入所し各種支援や機能訓練を受ける
ことで心身機能の維持を図ると同時に，
介護する家族等の身体的精神的な負担軽減
を図る福祉サービスの一種。高齢者に対
しては，特別養護老人ホームなどで実施
されるものを「短期入所生活介護」とい

い，介護老人保健施設や病院等で実施されるものを「短期入所療養介護」という。また，障害者に対しては，障害者支援施設等において実施されるものを「短期入所福祉型」といい，介護老人保健施設，病院等で実施されるものを「短期入所医療型」という。また，児童に対して，保護者の病気，仕事の都合等で一時的に養育が困難になった場合に，保護者に代わって児童養護施設等で児童を養育するものとして「短期入所生活援助事業」がある。　　　　　　　　　　　　　（高石豪）

食育基本法［しょくいくきほんほう］　食を大切にする心や伝統ある食文化の喪失，栄養バランスが偏った食事や不規則な食事の増加，生活習慣病の増加，食品の安全を脅かす問題の発生，食料自給率の低下など，食をめぐる問題を社会全体の問題ととらえ，その対策として食育を推進していくために，2005年に成立，施行された法律。食育を，①生きる上での基本であって，知育，徳育及び体育の基礎となるべきもの，②様々な経験を通じて「食」に関する知識と「食」を選択する力を習得し，健全な食生活を実践することができる人間を育てること，と位置づけている。国は，食育推進会議を開催して，具体的な施策や目標値を定めた「食育推進基本計画」を策定すると規定されている。都道府県や市町村は，基本計画に基づいて，「食育推進計画」の策定に努めなければならない。　　　　　（多久島慎一）

職業的リハビリテーション［しょくぎょうてきりはびりてーしょん］　障害者が適切な雇用に就き，それを継続し，かつ，それにおいて向上することができるようにすること並びにそれにより障害者の社会への統合または再統合を促進すること，を目的に行われるリハビリテーションの

ことをいう（国際労働機関，第159号条約，168号勧告）。日本においては，障害者の雇用の促進等に関する法律の第2条6で，「障害者がその能力に適合する職業に就くこと等を通じてその職業生活において自立することを促進するための措置を総合的に講じもって障害者の職業の安定を図ること」を目的としている。また障害者の雇用の促進等に関する法律で各障害者の雇用を法律施行規則にしている。　　　　　　　　　　　　　（安藤純子）

食事摂取基準［しょくじせっしゅきじゅん］　健康な個人または集団を対象として，国民の健康の保持・増進，生活習慣病の予防を目的に，エネルギー及び各栄養素の摂取量の基準を科学的根拠に基づいて示したもの。健康増進法に基づき厚生労働大臣が定め，5年毎に改定が行われる。各栄養素の指標として，摂取不足の回避には推定平均必要量（EAR），推奨量（RDA），目安量（AI），過剰摂取による健康障害からの回避には耐容上限量（UL），生活習慣病の一次予防には目標量（DG）が設定されている。　（大森玲子）

食事バランスガイド［しょくじばらんすがいど］　健康で豊かな食生活の実現を目的に策定された「食生活指針」（2000年3月）を具体的な行動に結びつけるものとして，2005年6月に農林水産省と厚生労働省により決定されたコマの形と料理のイラストをいう（図表参照）。主食，副菜，主菜，牛乳・乳製品，果物の5つの料理グループに分けられ，1日に「何を」，「どれだけ」食べたらよいかが誰でも簡単に把握できるよう，食事の望ましい組み合わせとおおよその量がイラストでわかりやすく示されている。地域の特色を生かした地域版も公開されている。　　　　　　　　　　　　　（大森玲子）

図表　食事バランスガイド

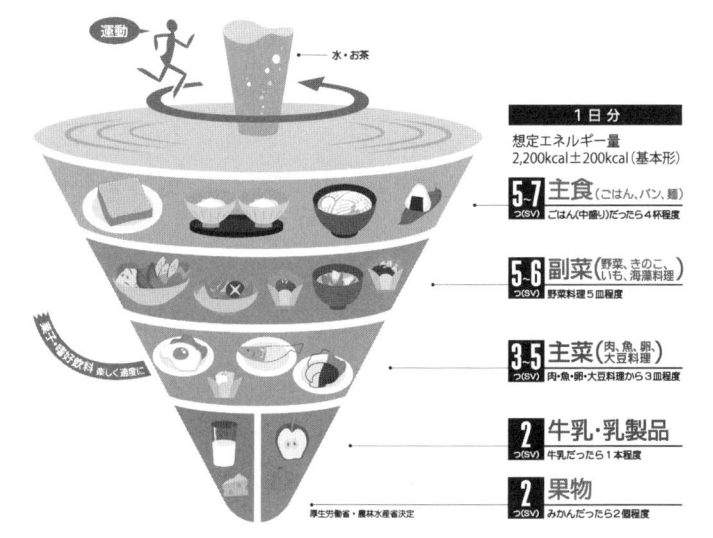

運動

水・お茶

1日分

想定エネルギー量
2,200kcal±200kcal（基本形）

5-7 つ(SV)　**主食**（ごはん、パン、麺）
ごはん（中盛り）だったら4杯程度

5-6 つ(SV)　**副菜**（野菜、きのこ、いも、海藻料理）
野菜料理5皿程度

3-5 つ(SV)　**主菜**（肉、魚、卵、大豆料理）
肉・魚・卵・大豆料理から3皿程度

2 つ(SV)　**牛乳・乳製品**
牛乳だったら1本程度

2 つ(SV)　**果物**
みかんだったら2個程度

厚生労働省・農林水産省決定

褥瘡［じょくそう］　安静による長期臥床状態が続いた場合など，皮膚への圧力（体圧）や摩擦力によっておこる皮膚が損傷した状態のこと。身体の一部に持続的な圧力がかかると血流が悪くなるため，皮膚に酸素や栄養が行き渡らず，壊死した状態になる。自分で体動ができず，体圧分散が困難な場合，ベッド上に仰臥位で同一部位を圧迫すると2時間，車いすに座位で同一部位を圧迫すると20分で壊死が始まる。臥床状態では2時間毎に体位変換を行い，車いすに座っている状態では20分毎に体圧を分散させることが必要である。褥瘡ができた場合，その損傷の深さによってⅠ度～Ⅳ度で分類（アメリカ褥瘡諮問委員会・ヨーロッパ褥瘡諮問委員会共同褥瘡ガイドライン）されている。また，褥瘡の深さと経過を同時に評価するスケールとして，褥瘡の重症度を分類するDESIGN-R（日本褥瘡学会）が使用されている。厚生労働省は，

褥瘡のできやすい条件を危険因子として，「基本的動作能力」「病的骨突出の有無」「関節拘縮の有無」「栄養状態低下の有無」「皮膚湿潤（多汗・尿失禁・便失禁）の有無」「浮腫（局所以外の部位）の有無」の6項目をあげている。これらに該当する場合は，褥瘡になるリスクがあるため，それらを取り除くような関わりが必要である。褥瘡が発生しやすい部位を好発部位という。仰臥位では，仙骨部に最もできやすく，側臥位では大転子部に最もできやすい。褥瘡は，発症してから治療するのではなく，体圧分散，栄養状態の改善，湿潤の除去を行いながら予防することが大切である。ベッド上での褥瘡予防として，体圧分散のためにエアマット（床ずれ防止用具）が使用されている。エアマットは**介護保険**の特定福祉用具貸与の対象種目である。

（横井光治）

褥瘡予防・管理ガイドライン［じょくそ

うよぼう・かんりがいどらいん]　日本褥瘡学会が2015年に第4版を出しているガイドライン。このガイドラインの目的は，「褥瘡管理にかかわるすべての医療者が，それぞれの医療状況において，褥瘡の予防・管理をめぐる臨床決断を行うあらゆる局面で活用するために，現時点で利用可能な最良の**エビデンス**に基づいて推奨項目を提示すること」である。保存的治療，外科的治療，全身管理，リハビリテーション，スキンケア，体位変換・ポジショニング，体圧分散マットレス，QOLなど，全13項目からなる。エビデンスに基づいた報告が掲載されている。　　　　　　　　　　　（安藤純子）

食中毒［しょくちゅうどく］　食品自体や加工目的で使用された添加物，食品に関連する器具や容器包装などに含まれたり付着したりした微生物，化学物質，自然毒等を摂取することによって起きる急性の生理的異常のこと。多くは，嘔吐，頭痛，下痢などの症状を伴う。原因別では，細菌，ウィルス，自然毒，寄生虫，化学物質による食中毒に分類されるが，細菌とウィルスによる健康被害が大部分である。食中毒を予防するには，細菌を「つけない」「増やさない」「やっつける」，ウィルスを「持ち込まない」「ひろげない」「つけない」「やっつける」が原則とされる。細菌性食中毒のうち，感染型は，細菌に汚染された飲食物を摂取することにより腸管内で細菌が増殖して発症し，カンピロバクターや腸炎ビブリオ，サルモネラ属菌などが原因菌となる。毒素型は，細菌が増殖した際に毒素が食品内や生体内で産生され，その毒素により発症し，黄色ブドウ球菌やボツリヌス菌などがある。ウィルス性食中毒は短期間で広範囲に拡大しやすく患者数が多くなることが

特徴的であり，**ノロウイルス**が代表的である。自然毒は動物性と植物性があり，冬に増えるフグの毒（テトロドトキシン），秋に増える毒キノコの成分（ムスカリン，アマニチンなど）による被害のように季節性がみられる。魚介類の寄生虫による食中毒ではアニサキスが多く，食後数時間から十数時間で，激しい胃の痛み，悪心，嘔吐の症状を伴う。化学物質による被害では，魚やその加工品に含まれるアミノ酸の一種であるヒスチジンがヒスタミン産生菌によりヒスタミンに変換されて食品中に蓄積されることにより，それを摂取して発症するアレルギー様の食中毒がある。　　　　　　　　　　　（大森玲子）

職場における腰痛予防対策指針［しょくばにおけるようつうよぼうたいさくししん］　厚生労働省が職場における腰痛予防を広く一層推進するための対策として定めた指針のことをいう。2013年に福祉・医療分野における介護・看護作業，長時間の車両運転や建設機械の運転の作業等を対象に改訂した。介護・看護作業等では，重量の負荷や腰痛の発生要因となる姿勢・動作を繰り返しとることから，包括的な腰痛予防対策を推進するために，事業者に対してリスクアセスメントおよび労働衛生マネジメントシステムの導入や腰痛予防のための労働衛生教育を実施するよう指導している。　　（冨田川智志）

食品の凝固［しょくひんのぎょうこ］　食品にとろみをつけたりゼリー状にしたりする時に利用する食品の特徴のこと。液状の食品を固体のような性状に変化させるゲル化にも用いられる。多用される食品は，動物由来のゼラチン，植物由来の寒天，片栗粉，ペクチン等である。ゼラチンは水に浸して膨潤させ50℃程度の湯煎で溶解する。寒天は水に浸した後，

沸騰させて十分に溶解する。片栗粉は同量程度の水で溶いて加熱調理にとろみづけとして用いられる。ペクチンのゲル化には砂糖と酸のバランスが重要である。ゼラチンは低温で凝固するため，夏場のゼリーづくりに適さない。　（大森玲子）

食文化［しょくぶんか］　民族や地域，時代などにより共有され，一定の様式として習慣化し伝承されて定着した食物摂取に関する生活様式のこと。食物の生産・流通から，調理・加工して配膳し，食事作法に従って摂取するまでが含まれる。食文化は自然環境と社会環境による影響を受け，たとえば，社会環境では宗教上の理由によりある種の食物の摂食を禁ずる食物禁忌がある。イスラム教では豚肉やアルコール類，ヒンズー教では牛肉などが禁忌とされている。食事作法をみると，日本では食器を手に持ち，箸などの食具で食事をするが，世界には手で食べる地域やナイフやフォークを中心に使用する地域もある。日本の食文化である「和食」は，2013年ユネスコ無形文化遺産に登録された。　　　　（大森玲子）

食物アレルギー［しょくもつあれるぎー］食物によって引き起こされる抗原特異的な免疫学的な機序を介して，蕁麻疹や湿疹，下痢，咳など生体にとって不利益な症状が惹起される現象のこと。免疫学的機序は即時型と非即時型（遅発型）に大別され，食物アレルギーの多くは免疫グロブリンE（IgE抗体）が介在して起こる即時型である。IgE抗体が皮膚や腸粘膜，気管支粘膜などに存在するマスト細胞に結合した状態で食物などの抗原（アレルゲン）と反応することにより，マスト細胞からヒスタミンやロイコトリエンなどの化学伝達物質が放出され**アレルギー症**状があらわれる。抗原となる食物を摂取

した直後から2時間以内程度で認められることが多い。乳児期には鶏卵，牛乳，小麦，大豆の食物アレルギーが多いが，成長するに伴い乳児期のアレルギー症状は軽減することが多い。　　　（大森玲子）

助産師［じょさんし］　「厚生労働大臣の免許を受けて，助産又は妊婦，じょく婦若しくは新生児の保健指導を行うことを業とする女子をいう」と定義づけられている医療の専門職（保健師助産師看護師法第3条）。また第7条第2項に「助産師になろうとする者は，助産師国家試験及び看護師国家試験に合格し，厚生労働大臣の免許を受けなければならない」とされている。さらに国家試験に合格後，看護師籍，助産師籍に登録されてはじめて助産師となれる。　　　（安藤純子）

所得再分配［しょとくさいぶんぱい］　市場システムを通じて分配された所得の一部を税金や社会保険料として吸い上げ，それを低所得者など保障を必要としている人々へ社会保障給付として移転すること。**公的扶助**で行われているような，異なる所得階層の間で所得の高い人から所得の低い人に向けて行われる再分配を垂直的所得再分配という。一方，同一所得階層の間でリスクの発生した人へ発生しなかった人から所得が再分配されることを水平的所得再分配といい，**医療保険**や**雇用保険**などがその典型である。また，賦課方式をとる年金制度において，各年の老齢年金給付の費用をその年の稼働世代が負担する場合には，世代間の所得再分配が行われている。　　　（寺本尚美）

ジョハリの窓［じょはりのまど］　4分割の「窓」の図を使って自己理解を促進するグループワークのことをいう。心理学者ジョセフ（Luft, J.）とハリー（Ingham, H.）によって提唱され，2人の名前をと

図表　ジョハリの窓

	自分は 気づいている	自分は 気づいていない
他人は 知っている	①開放された窓(自己)	②盲点の窓(自己)
他人は 知らない	③隠された窓(自己)	④未知の窓(自己)

って「ジョハリ」と名づけられた。

　自分の思う「自分」について書き出した内容と，他の人からもらった「自分」についての内容を比べて，4つの窓に入れていき（図表参照），どの窓に何が入るかを見ていくいことで，自分への理解を深める手法である。図中①の窓に入るのは，自分も他人も知っている「開放された窓（自己）」，②に入るのは，自分は知らないが他人には見えている「盲点の窓（自己）」，③に入るのは，自分ではそう思っているけれど他人は気づいていない「隠された窓（自己）」，④に入るのは，自分も他人も知らない「未知の窓（自己）」となる。　　　　　　　　　　（倉田郁也）

ジョブコーチ［じょぶこーち］　職場適応援助者ともいう。障害者の雇用の促進等に関する法律第20条第3号では，「身体障害者，知的障害者，精神障害者その他厚生労働省令で定める障害者が職場に適応することを容易にするための援助を行う者をいう」と規定されている。障害者が就職を目指して実習を行っている現場や雇用されて働いている職場において専門的な支援を行うことによって，障害者の就職及び職場定着の促進を図るものである。　　　　　　　　　　　（堀智久）

自律［じりつ］　自分で自分の言動をコントロールすることや，他者のコントロールから逃れ，自分の判断・評価・行為などの基準となるべき原則に従って生きることをいう。社会福祉や介護福祉の領域では，人権意識の高まりやノーマライゼーションの考え方の普及を背景として，その人の有する能力に応じて，「自己決定に基づき自分の生活を主体的に生きること」「自分の生活を自分で管理すること」「自己実現に向けて社会活動すること」等を意味する。　　　　（笠原幸子）

自立［じりつ］　「他者の援助を受けずに身体的・経済的・精神的に自分の力で生きる」という意味である。自立と自律は近似しているが，主として身体的，経済的に他から援助を受けずに生活，行動することに着目した自立と，精神的に独り立ちすることに着目した自律がある。

　　　　　　　　　　　　　（笠原幸子）

自立訓練［じりつくんれん］　**障害者総合支援法**に基づき提供される障害福祉サービスの一つ。障害者が自立した日常生活又は社会生活を営むことができるよう，一定の期間，身体機能または生活能力の向上のために必要な訓練などを行う。市町村が行う自立支援給付のうち，**就労移**

行支援，就労継続支援，共同生活援助とともに**訓練等給付**に分類される。自立訓練のうち身体障害者や難病の人にリハビリテーション等を行うのが自立訓練（機能訓練），知的障害者や精神障害者に入浴，排せつ，食事といった日常生活を送るために必要な訓練等を行うのが自立訓練（生活訓練）。さらに，自立訓練（生活訓練）の利用者に対して居室その他の設備において，家事等の日常生活能力の向上のための支援を行うのが宿泊型自立訓練である。　　　　　　　　　　（森口弘美）

自立支援［じりつしえん］　自立支援とは，その人の有する能力に応じて，「自己決定にもとづき自分の生活を主体的に生きること」「自分の生活を自分で管理すること」「自己実現に向けて社会活動すること」等を支援することをいう。援助への依存を避けようとして他者との結びつきを絶つのではなく，福祉サービスの主体的な利用者になることも支援する。介護保険法第1条においても，要介護状態にあっても，その有する能力に応じ自立した日常生活を営むことができるように支援することが明記されている。社会福祉や介護福祉の領域では，**人権**意識の高まりや**ノーマライゼーション**の考え方の普及を背景として注目されるようになった。　　　　　　　　　　　　（笠原幸子）

自立支援医療［じりつしえんいりょう］　障害児者に対して行う心身の障害の状態を軽減・除去するための医療について，自立支援医療費を支給することで，その医療費の自己負担額を軽減する，**障害者の日常生活及び社会生活を総合的に支援するための法律（障害者総合支援法）**に基づく公的制度である。身体障害者手帳の交付を受けた者（18歳以上）を対象とした**更生医療**，身体に障害を有する児童

（18歳未満）を対象とした**育成医療**，精神障害があり継続的に通院による精神医療を要するものを対象とした**精神通院医療**の3種類がある。　　　（近藤尚也）

自立支援給付［じりつしえんきゅうふ］　障害者の日常生活及び社会生活を総合的に支援するための法律（障害者総合支援法）に基づく個別給付である。障害者の自己決定を尊重し，利用者本位のサービス提供を基本としている。利用者が自ら選択し，契約によりサービスを利用するしくみである。自立支援給付の支給内容は，**介護給付費**，特例介護給付費，**訓練等給付費**，特例訓練等給付費，特定障害者特別給付費，特例特定障害者特別給付費，地域相談支援給付費，特例地域相談支援給付費，計画相談支援給付費，特例計画相談支援給付費，**自立支援医療**費，療養介護医療費，基準該当療養介護医療費，**補装具費**，高額障害福祉サービス等給付費に分類される。代表的なものとして，介護給付費，訓練等給付費があげられ，これらに規定されている居宅介護等のサービスは，障害福祉サービスと呼ばれている。介護給付等の支給を受けるためには市町村に申請を行い，支給決定を受ける必要がある。支給決定は，基本的に居住地の市町村より受けなくてはならないが，居住地を有しないとき，または明らかでないときは，現在地の市町村が行う。また，障害福祉サービスの利用を申請する際には，原則として指定特定相談支援事業者が作成した**サービス等利用計画**（案）が必要となる。　　（近藤尚也）

自立生活（IL）運動［じりつせいかつ（あいえる）うんどう］　1960年代，米国のカリフォルニア州立大学バークレー校を中心として展開されたとする障害者自身の自己選択と自己決定による主体的な生活

のための運動である。障害者自らが望む人生や生活を送るために，自らが選んだサービスを利用しながら，地域社会で生活することなどに取り組んだ。CIL（障害者自立生活センター）は，自立生活（IL）運動を背景に始まり，障害者が主体的に生活するための支援センターとして全米各地に設立されていった。

（國定美香）

視力障害［しりょくしょうがい］　眼鏡やコンタクトレンズ等を用いて視力を矯正しても，一定レベルまでの回復が期待できない場合を視力障害という。視力とは離れたところにある物体の位置や形を見分けることができる目の能力をいう。身体障害の中の視覚障害の一種である。

（近藤尚也）

シルバーカー［しるばーかー］　自立歩行ができる人が，外出の際の歩行や物の運搬，休息時に使用する歩行補助車のことをいう。フレームの脚部に車輪がついており，休息用の椅子として利用できる買い物カゴが取りつけられている。また，ブレーキが付けられており，下り坂での使用も考慮されている。パーキングブレーキがついているものも多く，シートに腰掛けて作業することも可能である。肘掛けや杖置きが付けられた機種もあり，デザインも豊富である。しかし，シルバーカーの場合，使用者がシルバーカーの**支持基底面積**の中に身体を入れることができないため，歩行器や歩行車に比べ歩行を補う機能としては不十分となる。そのため，使用者の身体機能，使用目的，環境，好み等を考慮し，総合的に判断して選ぶようにする。　（冨田川智志）

シルバー人材センター［しるばーじんざいせんたー］　原則として60歳以上の定年退職者その他の高年齢退職者の会員の希望に応じ，臨時的かつ短期的な雇用またはその他の軽易な業務に係る仕事を提供する機関。高齢者の生きがいを得るための就業と地域社会の活性化を目的とする。「高齢者等の雇用の安定等に関する法律」に規定され，都道府県知事によって市町村の区域ごとに一か所に限り指定される。職業紹介事業，就業に必要な知識および技能の付与を目的とした講習，以上の業務に係る就業に関し必要な業務を行う。民間企業や個人，公共団体からの請負または委任契約により仕事の受注を受ける。　（鵜浦直子）

シルバーハウジング［しるばーはうじんぐ］⇒高齢者世話付住宅

心因性頻尿［しんいんせいひんにょう］⇒頻尿

腎盂腎炎［じんうじんえん］　細菌が尿道および膀胱・尿管を経て，腎臓の実質である腎盂・腎胚まで至り，そこで感染がおきている状態である。なんらかの基礎疾患がある複雑性腎盂腎炎と，基礎疾患のない単純性腎盂腎炎に分けられる。くり返し発症する慢性腎盂腎炎は複雑性の場合が多い。急性に発症する急性腎盂腎炎の多くは単純性である。症状は，発熱，悪寒，腰痛，背部痛，側腹部痛がある。治療は抗生剤の投与・水分摂取である。予防としては，日頃から清潔に努め，排尿し，体を冷やさないようにすることなどがあげられる。　（内田陽子）

新オレンジプラン［しんおれんじぷらん］⇒認知症施策推進総合戦略

心筋梗塞［しんきんこうそく］　心臓の冠状動脈の血栓などによる閉塞や，急激な血流の減少により，酸素と栄養の供給が止まり，心筋細胞が壊死する病態をいう。冠状動脈硬化，高血圧性心疾患，その他の心疾患に発症することが多い。一度壊

死した心筋は元にもどらない。一般症状としては独特の不安感の強い胸内苦悶や前胸部・上胸部の激痛，心音は弱く，顔面蒼白，血圧の低下，呼吸困難，ショック状態などがおこる。中年以降に多い。冬季，早朝に発症しやすい。**狭心症**では有効なニトログリセリンが効かない。発症早期であれば，血栓を溶かす血栓溶解療法か，経皮的冠動脈形成術により閉塞した血管を開通させることができる。

（内田陽子）

人権［じんけん］　人間が人間として当然に有する権利。国家に付与されたものではなく，また，原則として国家・公権力によって侵害されない権利である。また，性別，人種などとは関係なく，普遍的な権利である。人権の概念自体は，歴史的に拡大しており，近代では，財産権や自由権など国家からの自由を示す概念であったが，20世紀初頭ごろから，教育を受ける権利や労働権，生存権などが含まれるようになった。これらの人権保障の概念は，日本では日本国憲法において，その保障が明文化されている。国際的な人権保障のための枠組みとしては，「**世界人権宣言**」が1948年に国連総会で採択され，その後，「国際人権規約」として，「経済的，社会的，および文化的権利に関する国際規約（A規約）」「市民的および政治的権利に関する国際規約（B規約）」が採択され，1976年に発効している。

（所道彦）

人工骨頭置換術［じんこうこつとうちかんじゅつ］　高齢者の転倒で，いわゆる寝たきりになりやすい**骨折**として，**大腿骨頸部骨折**がある。その時の治療の一つとして，骨折している骨（骨頭）をのぞいて人工的に作った骨に置きかえる手術。

（安藤純子）

人口置換水準［じんこうちかんすいじゅん］　子ども世代の人口が親世代の人口を維持するために必要とされる出生力の水準を指す。人口が置き換わるためには，1人の女性が平均して1人の女性を産む必要がある。男女が同確率で生まれると仮定するならば，1人の女性が2人の子どもを産めば，平均して1人は女児が生まれることになる。だが，実際には女児より男児の方が多く生まれるため，1人の女性は平均して2人強の子どもを産む必要がある。日本における2015（平成27）年の人口置換水準は2.07であったが，同年の期間**合計特殊出生率**は1.45と，それを大きく下回った。国立社会保障・人口問題研究所の「日本の将来推計人口（平成29年推計）」によると，このレベルの期間合計特殊出生率が続けば，日本の総人口は，2015年の1億2,709万人（国勢調査）から，2065年には8,808万人へと，大幅に減少することが予想されている。

（藤間公太）

人口動態［じんこうどうたい］　一定期間における人口の動き。出産・死亡に伴う人口の動きを自然動態，流入・流出に伴う人口の動きを社会動態といい，自然動態と社会動態を合わせた人口の動きのことをいう。また，婚姻や離婚などの人口構造の変化も含まれる。厚生労働省は，1年間に市区町村に届けられた出生，死亡，婚姻，離婚，死産といった5種類の人口動態事象について集計し，人口動態統計を公表している。2019年の人口動態統計では，出生数865,239人（前年比53,161人減），合計特殊出生率1.36（同0.06ポイント減），死亡数1,381,093人（同18,623人増），自然増減数515,854人の減少（同71,784人減），婚姻数599,007組（同12,526組増），離婚件数208,496組

（同 163 組増）と発表されている。

（多久島慎一）

新ゴールドプラン［しんごーるどぷらん］⇒高齢者保健福祉推進十カ年戦略の見直しについて

心室細動［しんしつさいどう］　重篤な致死性不整脈の一つ。心室で不規則かつ秩序のない電気信号が発生し，心室が痙攣状態となり，全く収縮しない状態。そのため，全身への血流が途絶え，放置すると死に至る。一次救命処置の胸骨圧迫（閉胸式心臓マッサージ）実施，AED などにより，電気ショックを心臓に与えることで，正常心拍が再開することもある。

（小山智史）

寝食分離［しんしょくぶんり］　食べる場所と寝る場所を分けること。特に，高齢者は，ベッドや布団で過ごすことが多くなると，食事を寝室へ運んでとることが増加する傾向がある。在宅時間が長くなり外出が減ると，身体機能の低下を招き，生活意欲の喪失などの悪循環を引き起こすことも多い。そのため，食事をとる場所と寝室をきちんと分けることで，食事室への移動による身体機能の維持や活動，さらには外出意欲の増進などさまざまな効果が期待される。寝たきり防止の観点からも，生活のメリハリをつけることが重要である。日本の住宅では，伝統的な畳の空間を必要に応じて使い分ける転用性が特徴とされてきた。しかし，生活の質を最低限確保するためには，食事室と寝室を別々に設けることが望ましいという考え方が提唱され，建築計画として定着してきた。

（大塚順子）

心身機能・身体構造（ICF）［しんしんきのう・しんたいこうぞう（あいしーえふ）］ICF（国際生活機能分類）の生活機能と障害を構成する 3 要素の中の一つであり，

心身機能を「身体系の生理的機能」，身体構造を「器官・肢体とその構造部分などの，身体の解剖部分」と定義している。心身機能と身体構造は，別々の意味をもつが，合わせて捉えることで一つの分類に統合されている。

（國定美香）

心身の状況に応じた介護［しんしんのじょうきょうにおうじたかいご］　社会福祉士及び介護福祉士法において，介護福祉士は「介護福祉士の名称を用いて，専門的知識及び技術をもつて，身体上又は精神上の障害があることにより日常生活を営むのに支障があるものにつき心身の状況に応じた介護を行い，並びにその者及び介護者に対して介護に関する指導を行うことを業とする者をいう」と定義されている。1987 年の同法制定時には，介護は「入浴，排せつ，食事その他の介護」という表現であったが，認知症の人の介護など心身両面の支援が不可欠となって，2007 年に「心身の状況に応じた介護」に改正された。さらに 2011 年以降，心身の状況に応じた介護に「喀痰吸引その他のその者が日常生活を営むのに必要な行為であつて，医師の指示の下に行われるもの（厚生労働省令で定めるものに限る）」も含むこととなった。このように介護の意味や内容は，入浴，排せつ，食事等の限定的な説明から，拡大された。

（山下恵利子）

振戦［しんせん］　自分の意思と関係なく，一定のリズムで小刻みな動きを繰り返す**不随意運動**のこと。出現する状況により安静時振戦・動作時振戦・姿勢時振戦に分類される。安静時振戦は安静時に最も顕著に現れ動作時に減弱する特徴をもち，**パーキンソン病**にみられる。動作時振戦は動作時に現れ，動作をやめると消失する特徴をもち，多発性硬化症や脳血管疾

患などで小脳に障害をもつ者にみられる。姿勢時振戦は上肢を挙上する等の一定の姿勢をとろうとする時に現れ，振戦を止めようとすると増強する特徴をもち，症状がふるえのみである本態性振戦や，気候や心理的なものなど生理現象が原因の生理的振戦，肝性脳症や甲状腺機能亢進症・低血糖などによる振戦がある。

（福田未来）

心臓死［しんぞうし］　心臓の拍動が止まり，全身の血流が止まった状態。心臓停止による心臓死により，脳死に至る。死の判定基準3徴候には，心臓拍動停止，呼吸停止，瞳孔散大・対光反射停止がある。

（安藤純子）

心臓の血液の流れ［しんぞうのけつえきのながれ］　心臓に出入りする血液の流れには肺循環と体循環が関与する。右心室を出た血液（静脈血）が肺動脈を通して両肺に移動し，動脈血となって肺静脈を経て左心房に戻る（肺循環）。左心房，左心室から大動脈を通って出た動脈血が全身に運ばれ，各組織に酸素と栄養を与え，老廃物，二酸化炭素を受け取り，静脈血となり，上下の大静脈を経て右心房に戻る（体循環）。（図表参照）。（内田陽子）

図表　心臓の血液の流れ

親族［しんぞく］　血縁関係および婚姻関係によってつながりを形成する者をさす。日本の民法では，6親等以内の血族および，配偶者と3親等以内の姻族を親族と呼ぶ（民法第725条）。親族には，血族と姻族の区別がある。血族には，血縁関係に基づく自然血族と，血縁はないが養子縁組等を通じ法律上血縁関係があると擬制される法定血族の2つがある。姻族関係は婚姻を媒介として，配偶者の血族との間に生じる関係で，婚姻の取消しおよび離婚によって消滅する。また，兄弟姉妹などに枝分かれしない，親・本人・子ども・孫のような縦のつながりを直系親族と呼び，きょうだいやおじおば，甥姪といった直系親族以外の枝分かれしている親族を傍系親族と呼ぶ。多くの社会において，親族関係は人間の集団活動の原初から存在し，現代でも基礎的な社会構造の一部となり第一次的な社会関係として重要な機能を果たしている。日本の民法でも，親族互助の義務（民法第730条）などが定められている。（阪井裕一郎）

身体介護［しんたいかいご］　利用者の自宅や施設において，主に利用者の身体に直接接触して行う介助サービスのこと。身体介護には起床，就寝，服薬管理などの社会生活上の支援や，利用者のADLや意欲向上のために利用者とともに行う安全確保のための見守り支援も含まれる。具体的には，身体介護の主な業務として，生活介助（入浴・排せつ・着替え・食事等），整容（洗顔・歯磨き等），起床や就寝の介助，移動や外出の介助があげられる。（広瀬美千代）

身体拘束［しんたいこうそく］　高齢者や障害者の介護・支援現場において治療のじゃまになる行動がある，あるいは事故の危険性があるという理由で，ひもや抑

制帯，ミトンなどの道具を使用して，ベッドや車椅子に縛ったりすること。部屋に閉じ込めて出られないようにする，あるいは，向精神薬を過剰に飲ませて動けなくすることも同じ。やむを得ない場合を除いて，**身体的虐待**の一つとされている。　　　　　　　　　　（上田晴男）

身体障害者［しんたいしょうがいしゃ］**身体障害者福祉法**では「身体障害者とは，別表に掲げる身体上の障害がある 18 歳以上の者であつて都道府県知事から身体障害者手帳の交付を受けたものをいう」と定義づけられている。この別表によれば，身体障害は大きく分けて視覚障害，聴覚・平衡機能障害，音声・言語・そしゃく機能障害，肢体不自由，内部障害（心臓・じん臓・肝臓・呼吸器・膀胱・直腸・小腸の機能障害およびヒト免疫不全ウイルスによる免役機能障害）の 5 つに分類されている。

　『令和 2 年版障害者白書』によれば，日本における身体障害者の数は，436 万人であり，そのうち，在宅の 18 歳〜65 歳未満の障害者は 101.3 万人（23.6％），65 歳以上が 311.2 万人（72.6％）となっており高齢者の占める割合が高くなってきている。　　　　　　　　（橋本卓也）

身体障害者更生相談所［しんたいしょうがいしゃこうせいそうだんしょ］　**身体障害者福祉法**第 11 条に規定される都道府県に設置が義務づけられている機関であり，**身体障害者福祉司**などが配置される。業務内容は，市町村に対する情報の提供や市町村間の連絡調整のほか，身体障害者に対する専門的知識や技術を必要とする相談・指導，医学的・心理学的・職能的判定，さらには補装具の処方・適合判定などを行う。　　　　　（山下浩紀）

身体障害者障害程度等級表［しんたいし

ょうがいしゃしょうがいていどとうきゅうひょう］　**身体障害者福祉法施行規則**別表第 5 号として身体障害者の範囲と程度を規定している表のこと。範囲としては視覚障害，聴覚障害，平衡機能障害，音声・言語・そしゃく機能障害，肢体不自由（上肢・下肢・体幹），内部障害（心臓・じん臓・肝臓・呼吸器・膀胱または直腸・小腸の機能障害，ヒト免疫不全ウイルスによる免疫機能障害）に分類されている。程度は最重度の 1 級から 7 級までであり，それぞれの状態によって等級が定められている。身体障害者手帳交付の対象となるのは 6 級までである。なお，同一の等級について，2 つの重複する障害がある場合は合計指数により一つ上の級になる。　　　　　　　　　（山下浩紀）

身体障害者手帳［しんたいしょうがいしゃてちょう］　**身体障害者福祉法**に基づいて交付される同法に規定される福祉サービスを受けることができることを示す証票。交付手続きは，**身体障害者福祉法**別表に掲げる身体に障害のある者が（本人が 15 歳未満の場合はその保護者が代わって）都道府県知事の定める医師の診断書・意見書を添えて，その居住地の都道府県知事に申請する。対象となる障害には，①視覚障害，②聴覚又は平衡機能の障害，③音声機能，言語機能又はそしゃく機能の障害，④肢体不自由，⑤心臓，じん臓，肝臓，呼吸器，ぼうこう，直腸，小腸機能の障害，ヒト免疫不全ウイルスによる免疫機能の障害が含まれ，1 級から 6 級の等級が記載される。なお，身体障害者手帳は，18 歳未満の児童に対しても交付される。　　　　　　　（堀智久）

身体障害者福祉司［しんたいしょうがいしゃふくしし］　**身体障害者福祉法**第 11 条の 2 により**身体障害者更生相談所**に配

置される専門職である。同法第9条第7項では「身体障害者の福祉に関する事務をつかさどる職員」と規定され，同法第12条において，都道府県知事又は市町村長の補助機関である職員と位置づけられている。業務内容は，専門的な知識および技術を用いて，相談や指導，関係機関との連絡調整などを行う。市町村の設置する福祉事務所にも任意で置かれる。

（山下浩紀）

身体障害者福祉法［しんたいしょうがいしゃふくしほう］　身体障害者の福祉に関する基本事項を定めて1949年に制定された法律である。「障害者の日常生活及び社会生活を総合的に支援するための法律と相まつて，身体障害者の自立と社会経済活動への参加を促進するため，身体障害者を援助し，及び必要に応じて保護し，もつて身体障害者の福祉の増進を図ること」を目的としている。たとえば，事業に関しては，身体障害者生活訓練等事業，手話通訳事業，介助犬もしくは聴導犬訓練事業等が規定され，施設に関しては，身体障害者社会参加支援施設が規定されている。なお，身体障害者福祉法における障害の範囲は，身体障害者福祉法別表および身体障害者福祉法施行規則別表第5号で示されている。　（堀智久）

身体的虐待［しんたいてきぎゃくたい］　虐待類型の一つ。高齢者虐待防止法および障害者虐待防止法では，身体に外傷が生じたり，または生じるおそれのある暴行を加えること，または正当な理由なく障害者の身体を拘束することを指す。

（上田晴男）

心的外傷後ストレス障害（PTSD）［しんてきがいしょうごすとれすしょうがい（ぴーてぃーえすでぃー）］　事故や災害などによる親しい人との死別や虐待，強姦，

幼児誘拐など，命の安全性が脅かされるような強いストレスを感じる心的外傷を経験し，その後1か月以上にわたって「**急性ストレス反応**」が持続した場合を指す。この概念はかつて「戦争神経症」と呼ばれていた反応を含んでいる。うつ病や不安障害などを合併していることが多く，治療には**認知行動療法**などの心理療法や薬物療法が用いられる。　（田渕恵）

心不全［しんふぜん］　心臓の機能が低下しておこる血流不健全な状態をいう。心臓のポンプ機能が低下して，肺や全身に必要な血液を送り出せなくなった状態。心不全となる疾患は1つだけでなく心筋梗塞や心臓弁膜症等のあらゆる心臓病の他，長期にわたる高血圧でもおこる。倦怠感や動悸，血流が悪くなるために肺うっ血がおこり，呼吸困難，喘鳴，痰，等が生じる。また，全身の浮腫，肝腫，尿量低下等の症状が出現する。強心剤，利尿薬，血管拡張剤，ベータ遮断剤，酸素療法等が行われる。感染やストレス，過労で増悪することが多く，入退院を繰り返し，心不全を伴う。強度な運動は負荷をかけるが，適度な運動，塩分制限，節酒，禁煙を行い，体重管理が必要となる。

（内田陽子）

心房細動［しんぼうさいどう］　心臓の心房が不規則に興奮し，けいれんがおきている状態。心房から心室へ興奮が無秩序に伝わるために不規則な頻拍になる（心房は1分間で300回以上）。不整脈の一種であるが，致死的な不整脈ではない。しかし，心臓から出る血液量も約20％低下し，めまいや息切れ，胸の苦しさなどの症状を引きおこすこともある。また，**心臓の血流の流れ**が悪くなり心房内に血栓が生じやすく，それが脳の血管を詰まらせる脳リスクがある。自覚症状がない

場合が多く，心電図の所見で確認される。高齢者に多くみられる。治療には抗不整脈剤や電気ショック，心拍数（レート）コントロールの薬剤投与，血栓予防の抗凝固剤服用等がある。　　　　（内田陽子）

信用失墜行為の禁止［しんようしっついこういのきんし］　信用を落としたり，失うこと。**介護福祉士**の義務の一つで，社会福祉士及び介護福祉士法第45条において「介護福祉士の信用を傷つけるような行為をしてはならない」と定められている。　　　　　　　　　　　（杉原優子）

心理的虐待［しんりてきぎゃくたい］　虐待類型の一つ。高齢者虐待防止法及び障害者虐待防止法では，著しい暴言または著しく拒絶的な対応，不当な差別的言動その他，著しい心理的外傷を与える言動を行うことを指す。　　　　（上田晴男）

診療所［しんりょうじょ］　医療法により，「医師又は歯科医師が，公衆または特定多数人のため医業又は歯科医業を行う場所であつて，患者を入院させるための施設を有しないもの又は十九人以下の患者を入院させるための施設を有するもの」と定められている。前者を無床診療所，後者を有床診療所と呼んでいる。また，**在宅療養支援診療所**もある。

　診療所のほかに医院やクリニック等の名称を用いていることもある。

　病院には医師・看護師・薬剤師等についての配置基準があるが，診療所は管理者である医師1名のほかは特に配置基準がない。　　　　　　　　　　　（内藤雅子）

診療の補助（介護福祉士）［しんりょうのほじょ（かいごふくしし）］　医師が行う医療行為の補助を医師の指示の下に行うことを「診療の補助」といい，これまで「診療の補助」は，看護師や理学療法士，作業療法士，臨床検査技師，救命救急士等に認められてきた。しかし，2011（平成23）年の社会福祉士及び介護福祉士法（第48条の2）の一部改正により，介護福祉士の定義規定に，医師の指示の下に喀痰吸引等を行うことが追加され，2015（平成27）年4月より介護福祉士が診療の補助として，口腔・鼻腔内，気管カニューレ内部の**喀痰吸引**と胃ろうまたは腸ろうによる**経管栄養**と経鼻経管栄養も業とすることになった。　　　（川井太加子）

診療報酬制度［しんりょうほうしゅうせいど］　医療保険制度の対象となる診療を行った際に，その診療内容に対して計算され支払われる報酬である。その計算方法には，出来高払い制度と包括払い制度がある。診療報酬点数表に基づき，金額ではなく点数（1点＝10円）で計算される。報酬額は原則として2年に一度の改定が行われる。

　医療行為を行った保険医療機関（医療機関・薬局等）は医療保険制度に基づく患者負担分を窓口で支払ってもらい，残りの料金を，被用者保険では社会保険診療報酬支払基金に，**国民健康保険**では国民健康保険団体連合会に請求する。　　　　　　　　　　　（内藤雅子）

遂行機能障害［すいこうきのうしょうがい］　複雑な課題遂行に必要な，目標設定，計画立案，自己監視，自己調節，あるいは課題目標や関連情報の維持，課題ルールの切替，情報更新といった，思考や行動を制御する認知システムの障害である。前頭葉（特に背外側前頭前野 DLPFC）損傷で著しく障害され，予測を立てずに手当たり次第始める（目標設定障害），締切や段取りを組めない（計画立案障害），段取り通りできない（自己監視・自己調節障害），状況変化に応じて柔軟に変更ができない（目標やルール切替の障害）

などが生じる。また，幅広い脳領域が影響される中枢神経変性疾患であるアルツハイマー型認知症など認知症の**中核症状**としても，**記憶障害，見当識障害**とともに認められる。　　　　　　　　（田辺肇）

睡眠時無呼吸症候群［すいみんじむこきゅうしょうこうぐん］　睡眠時に長い呼吸停止または低呼吸になる病気をいう。上気道の閉塞による閉塞性睡眠時無呼吸症候群，呼吸中枢の障害による中枢性睡眠時無呼吸症候群，閉塞型と中枢型の混合性睡眠時無呼吸症候群の３種類がある。
　　　　　　　　　　　　　　（安藤純子）

睡眠障害［すいみんしょうがい］　睡眠に何らかの問題をもっている状態をさす。睡眠は，健康の維持に重要である。睡眠障害国際分類第２版（ICSD-2）によると，睡眠障害には，①不眠症，②睡眠関連呼吸障害，③中枢性過眠症，④概日リズム睡眠障害，⑤睡眠時随伴症，⑥睡眠関連運動障害などがある。　　　　（安藤純子）

スイングアーム（付）介助バー［すいんぐあーむ（つき）かいじょばー］　グリップの部分が横に開いて角度調整をできたり固定できたりする機能をもつ手すりのこと。ベッドサイドに取り付けてグリップの角度を調整することで，対象者の状態に合わせた立ち上がり動作，座位保持，移乗動作が可能となる。対象者のベッドからの転落を防ぐためのサイドレールとしても使用できる。在宅で生活する高齢者に使用する場合は，介護保険における福祉用具貸与種目の特殊寝台付属品に位置づけられる。　　　　　　　（吉藤郁）

スーパーバイザー［すーぱーばいざー］　スーパービジョンを実施する人をいう。スーパービジョンを受ける側である**スーパーバイジー**の所属する機関の職員や上司が担当する場合と，外部から招く場合

があり，いずれも信頼関係に裏打ちされたスーパービジョン関係に基づき実施する。この関係性は，スーパーバイザーからスーパーバイジーへの一方向のものではなく，相互に影響を与えあう力動的関係である。機関の目的に即して効果的な援助ができるようにする管理的機能，実践に必要な価値・知識・技術を伝える教育的機能，スーパーバイジーを支える支持的機能をその展開過程で発揮する。スーパーバイザーは，専門職としての知識と経験に加えて，人を育てることに意欲をもち，スーパーバイジーのもつ力を見極めた上で，気づきと成長を促す力量が求められる。　　　　　　　（小松尾京子）

スーパーバイジー［すーぱーばいじー］　スーパービジョンを受ける側をいう。スーパーバイジーが専門職として成長するためには，施設や機関の目的に即した援助や専門職としての価値・知識・技術を身につける必要がある。スーパーバイジーは，**スーパーバイザー**からスーパービジョンを受けることにより，これらを身につけながら成長し，専門職としての自己を確立することができるようになる。スーパービジョン関係の中で，支えられることは，スーパービジョンの場が安心できる場として機能することを意味する。このことは不安の軽減や燃え尽き症候群を予防することにつながる。スーパーバイジーはスーパービジョンを受けるにあたって，受身の姿勢ではなく，自分自身の実践を振り返り積極的に学ぶ姿勢が求められる。　　　　　　　（小松尾京子）

スーパービジョン［すーぱーびじょん］　スーパービジョンとは，専門職を養成するための方法でありプロセスである。スーパービジョンはわが国に，戦後導入された。定義はさまざまあるが，その目的

として，クライアントへの援助の向上とワーカーの養成の2点は多くの研究者で一致している。この目的を達成するために，**スーパーバイザーとスーパーバイジー**の信頼関係に裏打ちされたスーパービジョン関係に基づき展開する。主な機能として，管理的・教育的・支持的機能があるが，これらは独立した機能というよりは，それぞれに関連しながら機能している。実施形態は，1対1で行う個人スーパービジョンが基本であるが，事例検討会を活用したグループスーパービジョンとして多くの分野で実践されている。スーパービジョンは専門職としての養成課程からベテランに至るまで，対人援助の専門職に共通して必須のものといえる。
　　　　　　　　　　　　　（小松尾京子）

スキンシップ［すきんしっぷ］　肌と肌が触れ合うことなどにより，心を通わせ親密な関係を築くための行為のこと。夫婦や親子などの家族間や，家族以外にも恋人や親しい友人などとの間で行われることが多い。頭や頬を撫でたり，手をつなぐことで親近感や連帯感を強調したり，感じることができる。介護場面では，手をつないだり，包み込むように肩に触れることで安心感や共感的姿勢を感じることで信頼関係の構築や心理的不安を軽減することにつながる。　　　　　（植北康嗣）

スクーター型電動三輪車［すくーたーがたでんどうさんりんしゃ］　歩行機能が低下した人が，自分で操縦して利用する電動車いすのことをいう。シニアカーともいう。もっぱら屋外を走行することを目的としており，道路交通法では時速6kmを超える速度を出すことができない電動三輪車（電動四輪車も含む）は「原動機を用いる身体障害者用の車いす」とみなし，その使用者は歩行者として扱う

こととなっている。運転免許は必要ない。バッテリーを積んでいるため相当の重量があり，スクーター型電動三輪車を持ち上げて段差や障害物を乗り越えることは困難である。また，バッテリーが切れた場合はハンドルを押して移動させる必要があり，身体に相当の負担がかかるため，バッテリーの残量が十分であるか確認した上で使用する。使用者の身体機能，使用目的，路面環境，好み等を考慮し，総合的に判断して選ぶようにする。
　　　　　　　　　　　　　（冨田川智志）

スクリーニング［すくりーにんぐ］　集団に対して共通検査を行うことで，その集団の中からターゲットとなる対象者を選別し抽出することをいう。定量的検査の数値結果から集団のカットオフポイント（陽性と陰性を分ける検査の数値）を決めて，ターゲットを抽出する。　（田渕恵）

スタンダード・プリコーション［すたんだーど・ぷりこーしょん］⇒標準予防策

ステッキ型杖［すてっきがたつえ］　歩行時の身体の支持やバランス力が低下した人が，それらの機能を補うために使用する，前腕の固定部と支持部がない1本脚の杖のことをいう。**歩行補助杖**としては最も基本的な形をしており，握り，フレーム（支柱），杖先から構成される。握りが丸い形状になっていることが特徴で，その形状から，C字杖，J字杖ともいう。フレームは握りの中央についている方が力をまっすぐかけやすくなるが，ステッキ型杖はその形状から力をまっすぐかけることには向いていないため，体重を支えるというよりも歩行リズムをとりやすくするために用いられ，軽度の歩行障害の人に適している。　　　　　（冨田川智志）

ストーマ［すとーま］　直腸や肛門，膀胱機能が失われるなどの排泄障害をもつ人

図表　ストーマ（消化管ストーマ）

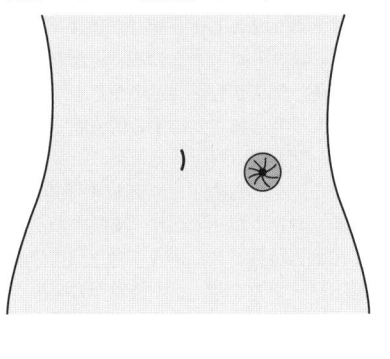

への代替法である。腹部を小切開し，消化管や尿管を体外に誘導し，そこを排泄物の出口とする開放孔を造る（消化管ストーマ，尿路ストーマ）。機能の喪失，排泄経路の変化によりボディイメージへのケアが必要となる。**内部障害**の膀胱・直腸機能障害で，**自立支援医療**の適用となる消化管ストーマ（図表参照）は，不可逆的であるものを永久的ストーマという。一方，腸閉塞による通過障害，事故やケガによる腸管損傷などにより一時的に腸管を休ませるために行う時もある。これを一時的ストーマという。開口部が１つの単孔式ストーマと，開口部が２つの双孔式ストーマがある。消化管の部位によって，結腸ストーマ（コロストーマ），回腸ストーマ（イレオストミー）という。尿路ストーマは，カテーテルを直接腎盂に挿入し，体外に尿を排泄する腎ろう，カテーテルを直接膀胱内に挿入し，体外に尿を排泄する膀胱ろう，尿管を体外に出し，尿を排泄する尿管皮膚ろう，回腸を用いて体外に尿を排泄する回腸導管がある。
　　　　　　　　　　　　（鈴木峰子）

ストレス［すとれす］　セリエ（Selye, H.）によれば，環境から心身の適応能力に課せられる要求と，その要求によって引き

起こされる心身の緊張状態を包括的に表す概念である。前者は**ストレッサー**，後者は**ストレス反応**として区別される。ホームズ（Holmes, T. H.）らは，離婚や配偶者の死などの日常生活における重大な出来事（stressful life event）が個人の心身の健康に影響を及ぼすとした。これに対して，ラザラス（Lazarus, R. S.）らは，ストレッサーとなる出来事そのものより，それに対する個人の認知的評価やそれへの対処（コーピング）を重視するトランスアクショナル・モデルを提唱した。
　　　　　　　　　　　　（吉田加代子）

ストレス反応［すとれすはんのう］　環境から課せられる要求（ストレッサー）によって引きおこされる心身の反応。ストレス反応はイライラしたり落ち込んだりといった心理面だけでなく，不眠や食欲不振，倦怠感のように身体面に現れたり，落ち着きがなくなったり怒りっぽくなったりというような行動面に現れることもある。また，セリエ（Selye, H.）は，ストレッサーが生体にある程度共通の防衛反応を引きおこすことを明らかにし，汎適応症候群と呼んだ。これは，①警告反応期（ショック相，反ショック相を含む），②抵抗期，③疲憊期の３段階に区分され

る。 （吉田加代子）

ストレスマネジメント［すとれすまねじめんと］　ストレスをうまくコントロールするための対処方略の総称。個人が自身にとって脅威となるストレッサーにさらされた場合，何らかの**コーピング**（対処）を行うことが求められる。そのためには，ストレッサーの性質（コントロール可能性や予測可能性）や個人特性（ストレス耐性や自己効力感，ソーシャルサポートなど）を吟味する必要がある。コーピングは，脅威事態そのものを解決することを目的とする問題焦点型コーピング，脅威事態によって生じた不快な情動のコントロールを目的とする情動焦点型コーピングに大別される。ストレッサーの性質や個人特性，またその組み合わせは多様であるため，コーピングのレパートリーを増やし，状況に応じて使い分けられるようにすることが有用である。
（吉田加代子）

ストレッサー［すとれっさー］　環境から生体に課せられる要求のことをいう。ストレッサーが心身の健康に及ぼす影響は，個人の認知的傾向や対処能力によって異なってくる。ストレッサーとなりうるものとして，日常生活における対人関係のトラブルや課題の失敗といった小さな出来事から離婚や配偶者の死といった大きな出来事，また突然の事故や災害などによる外傷体験などがあげられる。例えば認知症を抱える高齢者の場合には，自分としては自覚のないことで突然叱責されたり失敗を指摘される体験，自分の望む活動を制止されること，またそうしたことを通じて周囲の人との間で生じる葛藤が大きなストレッサーとなりえる。
（吉田加代子）

ストレングス［すとれんぐす］　クライエント（利用者）のもつ強さや力のこと。能力や意欲，自尊心，嗜好などがあげられる。また家族や近隣，地域，ボランティアなどもクライエント（利用者）が有する環境面でのストレングスとしてとらえる。ストレングスの視点には，クライエント（利用者）中心という考え方があり，支援のなかで，クライエント（利用者）自身が自分の強さや力に気づき，その強さや力を生かして問題を解決していくことを目指す。日本においてもストレングスの視点に基づく**ソーシャルワーク**や**ケアマネジメント**が注目され，クライエント（利用者）や家族等の意欲や意向，能力や嗜好といったストレングスを**アセスメント**し，フォーマルなサービスに加えて，その強みを生かした取り組みをケアプランに反映させる。 （鵜浦直子）

滑り止めマット［すべりどめまっと］　平面に敷き，その上部にある物品や身体が滑らないようにするためのマットのこと。介助の場面では，食事や入浴の場面で用いられることが多い。食事の場面では，食器自体に滑り止めがない場合，食器を安定させて食べやすくするために食器の下に敷いて用いる。入浴の場面では，浴槽の底面に敷き，立ち上がる際に足が滑らないように，また，入浴中の座位姿勢の安定を保つために用いる。介護保険における福祉用具購入・貸与の対象外である。 （吉藤郁）

スライディングボード［すらいでぃんぐぼーど］　移乗元と移乗先の橋渡しとなるよう設置し，ボードの上を滑って座位移乗するための補助として用いられる**福祉用具**のことをいう。主にベッドと車いす間の移乗時に用いられ，端座位の保持および体幹の屈曲はできるが，立ち上がり，立位保持，方向転換，安全な着座に

対して１つでも大きな介助を要する対象者に適用する。さまざまな形状やサイズがあるため，対象者の体格や移乗元と移乗先との距離，使用用途に合わせて選定する。介護保険法の規定に基づき，厚生労働大臣が定める**福祉用具貸与**に係る福祉用具の種目「特殊寝台付属品」の一つとして認められている。（冨田川智志）

スロープ［すろーぷ］ 傾斜，勾配，斜面のこと。介護の場面では，段差や隙間があることで移動・移乗が困難な場合に，段差や隙間を解消するために設置するものを指す。住宅改修などの工事を行ってその場に固定しているものや取り外しが可能なもの，持ち運べるように携帯用のものなどさまざまな形態がある。介護保険における福祉用具貸与では，取り付けに際して工事を伴わないものに限られている。特に車いす使用者にとっては，活動の範囲を拡大させるものである。一方，**片麻痺**や**パーキンソン病**の人では，スロープよりも階段の方が移動しやすい場合もあることから，スロープの高さや角度とその人の移動能力についてのマッチングが重要である。（吉藤郁）

生活援助［せいかつえんじょ］ 掃除，洗濯，調理，日常品などの買い物，薬の受け取りなどの日常生活への支援のこと。生活支援とも呼ばれている。利用者が独居である場合や家族が障害・疾病などのため，本人や家族が家事を行うことが困難な場合に行われる。2003 年の介護保険制度の一部改正で家事援助から生活援助へと名称変更が行われた。介護保険制度での身体介護の報酬よりも生活援助の報酬が低く設定されている。また，生活援助は家事代行サービスではないので，介護保険制度では，家族がいる場合は，生活援助が認められない場合もある。（広瀬美千代）

生活援助員［せいかつえんじょいん］⇒ライフサポートアドバイザー

生活介護［せいかつかいご］ 障害福祉サービスの一つ。常に介護を必要とする障害者に対して，**障害者支援施設**や通所型サービス事業所等において，主に昼間に，食事・入浴・排泄等の介護，調理・洗濯等の日常生活上の支援を行うとともに，作品づくりや軽作業などの創作的活動・生産活動の機会を提供する。さらに，身体機能・生活能力の向上のための援助や生活等に関する相談・助言など，さまざまなサービスを提供することで，自立した生活が営めるよう支援する。**障害者総合支援法**の**自立支援給付**の中の**介護給付**に該当し，サービスを利用するためには障害支援区分３以上（50 歳以上の場合は区分２）の認定を受ける必要がある。なお，施設入所支援を併用する場合は，障害支援区分４以上（50 歳以上の場合は区分３）の認定を受ける必要がある。（近藤尚也）

生活困窮者自立支援制度［せいかつこんきゅうしゃじりつしえんせいど］ 生活保護に至る前の段階の自立支援策の強化を図ることを目的とする制度。2013 年 12 月に制定され，2015 年４月１日から施行された生活困窮者自立支援法に基づく。生活保護を受給していないが，現に経済的に困窮し生活保護に至る可能性があり，自立が見込まれる者を対象とする。就労困難，心身の不調，家計の問題，家族問題などの多様な問題に国と自治体，公的機関と民間機関，民間機関が協働して，個別的，継続的な支援を包括的に行う。各地方自治体，あるいは委託を受けた民間団体に相談窓口が設置され，個々の状況に応じて，他の専門機関と連携しなが

ら，自立相談支援事業，就労準備支援事業，住居確保給付金の支給，家計相談支援事業，就労準備支援事業，生活困窮世帯の子どもの学習支援，一時生活支援事業等の支援を行う。　　　（鷲巣典代）

生活支援［せいかつしえん］　身体的精神的機能低下を要因として，日常生活を営むことが困難な人の意思と権利を尊重し，十分な情報のもとに自己決定しその人らしい生活ができるように生活を支援することである。生活行為としての食事，排泄，睡眠，清潔保持や就労支援，社会参加等の援助を通して，生命を護り，生きる意欲を引き出す目的を実現する手段である。　　　　　　　　　　　（益川順子）

生活支援員［せいかつしえんいん］　高齢者や障害者の生活に寄り添いながら，施設などで日常生活の支援，身体機能・生活能力の向上や自立に向けた支援や創作・生産活動を支える役割を担う職員。また，施設での人間関係や将来の不安等についての相談に応じることもある。主な働く場は，障害者支援施設，地域活動支援センター，介護施設等で多岐にわたる。　　　　　　　　　　　　（益川順子）

生活支援技術［せいかつしえんぎじゅつ］介護福祉士の養成科目の一つ。生活支援技術のねらいは，尊厳の保持の観点から，どのような状態であっても，その人の自立・自律を尊重し，潜在能力を引き出したり，見守ることも含めた適切な介護技術を用いて，安全に援助できる技術や知識について習得することである。その内容は，①生活の定義やその支援の考え方等を学ぶ「生活支援」，②安全で心地よい生活の場づくり等を学ぶ「自立に向けた居住環境の整備」，③利用者の状態等に応じた身じたく等を学ぶ「自立に向けた身じたくの介護」，④安全で的確な移動・移乗等を学ぶ「自立に向けた移動の介護」，⑤おいしく食べること等を学ぶ「自立に向けた食事の介護」，⑥爽快感・安楽を支える介護等を学ぶ「自立に向けた入浴・清潔保持の介護」，⑦気持ちよい排泄等を学ぶ「自立に向けた排泄の介護」，⑧対象者が家事に参加すること等を学ぶ「自立に向けた家事の介護」，⑨安眠のための介護等を学ぶ「自立に向けた睡眠の介護」，⑩終末期における介護の意義や目的，医療との連携等を学ぶ「自立に向けた移動の介護」から構成されている。　　　　　　　　　　（笠原幸子）

生活支援相談員［せいかつしえんそうだんいん］　日常生活自立支援事業に基づいて，**社会福祉協議会**に配属され，**介護保険制度**などの高齢者福祉サービス，**障害者自立支援法**による障害福祉サービスなどについての相談やサービスの提供を行う相談員である。日常生活の困りごとや悩みについての相談，医療，福祉サービスの利用手続きや預金の出し入れ等の日常生活に必要な手続きと，預金通帳や証書および印鑑の保管管理も行う。

　　　　　　　　　　　　　（益川順子）

生活時間［せいかつじかん］　1日24時間の生活行動のことをいう。この生活時間は，主に総務省の「社会生活基本調査」やNHKの「国民生活時間調査」において，それぞれ5年ごとに大規模な調査が実施され，国民の生活時間の実態が明らかにされている。これらの調査における生活行動は，「社会生活基本調査」では，1次活動・2次活動・3次活動に，「国民生活時間調査」では，必需行動・拘束行動・自由行動に分類されている。要介護者の生活時間の場合，仕事，家事など社会生活を営む上で義務的な性格の強い2次活動・拘束行動はほとんどない

ため，睡眠，食事など生理的に必要な1次活動・必需行動や自由時間における活動としての3次活動・自由行動が中心となる。介護者には，これらの要介護者の生活時間を整えていくことが求められる。

（中川英子）

生活習慣病［せいかつしゅうかんびょう］食事，運動，喫煙，飲酒など生活習慣が原因となっておこる病気をいう。かつては成人病といった。対策として国では特定健診・特定保健指導を推進している。

（安藤純子）

生活相談員［せいかつそうだんいん］　要支援・要介護高齢者への自立支援のために，**介護老人福祉施設（特別養護老人ホーム）**や**通所介護，短期入所生活介護**等で配置されている相談援助業務を担う従事者である。厚生労働省令等で配置や要件が義務づけられている。特別養護老人ホームの場合，特別養護老人ホームの設備及び運営に関する基準（第5条第2項）で，社会福祉法第19条第1項各号のいずれかに該当する者（大学又は専門学校で厚生労働大臣の指定する社会福祉に関する科目を修めて卒業した者，厚生労働大臣指定養成機関又は講習会の修了者，社会福祉士，厚生労働大臣の指定する社会福祉事業従事者試験合格者，同等以上の者として厚生労働省令で定めるもの）又はこれと同等以上の能力を有すると認められる者と規定されている。**支援相談員**は，介護老人保健施設に配置されている相談援助職である。　（綾部貴子）

生活の質（QOL）［せいかつのしつ（きゅーおーえる）］　QOL とは Quality of Life の略で，自分自身の人生や生活に対する主観的な満足感，幸福感，充実感等のことをいう。人がどれだけ自分らしく，人間らしい生活を送り，人生に幸福を見出

しているか等について評価する考え方でもある。高齢期の生活の質を考えた場合，食事，排せつ，移動，入浴等の日常生活動作（ADL：Activities of Daily Living）や買い物，洗濯，掃除，金銭・服薬管理，外出等の手段的日常生活動作（IADL：Instrumental Activities of Daily Living）が影響を及ぼすことが考えられる。生活の質を高めるためには，本人，家族，地域等が ADL や IADL の維持や向上に主体的に取り組み，それらを専門職がサポートすることが求められる。　（笠原幸子）

生活不活発病［せいかつふかっぱつびょう］　安静による長期臥床状態が続くことで活発な生活が営めない（営まない）場合など，心身の機能を適切に活用しないことによって，さまざまな合併症が引き起こされた状態をさす。廃用症候群とも呼ばれている。臥床状態が続くと筋肉量が低下し，関節が動きにくくなるだけでなく，脳や循環器，呼吸器，消化器，精神面といった全身にさまざまな変化が生じてくる。一度生じると治療することが困難なため，疾病や障害が重症化することがある。ベッド上で生活する時間が増加する高齢者などは特に予防が大切である。　（横井光治）

生活福祉資金貸付制度［せいかつふくししきんかしつけせいど］　低所得者世帯（市町村民税非課税程度），障害者世帯，高齢者世帯を対象とした無利子または低利子の貸付制度。社会福祉法においては，生計困難者に対して無利子または低利で資金を融通する事業として**第1種社会福祉事業**に位置づけられている。都道府県社会福祉協議会が実施主体，市区町村社会福祉協議会が相談窓口である。総合支援資金，福祉資金，教育支援資金，不動産担保型生活資金の4種類があり，世帯

の状況および必要に合わせて世帯単位で貸付が行われる。資金の貸付による経済的支援とともに，**民生委員**が貸付を受けた世帯への相談支援を行うことで，当該世帯の生活を支えることを目的としている。総合支援資金と福祉資金のうちの緊急小口資金の貸付は，生活困窮者自立支援法に基づく自立相談支援事業の利用が要件である。　　　　　　　　　（山東愛美）

生活扶助［せいかつふじょ］　生活保護法によって支給される扶助の一つで，衣食，水光熱費，家具，家電製品等その他，日常生活に必要なものすべてを賄うための給付である。級地基準（物価の地域差を勘案するための基準）に基づいて算出した基準生活費と個々の条件や季節に応じて加えられる各種加算（妊婦加算・産婦加算・児童養育加算・母子加算・介護保険料加算・障害者加算・冬季加算）を合計した金額となる。基準生活費は，居住している場所によって，①居宅基準，②入院基準（入院日の翌月から適用），③救護施設基準（救護施設，更生施設入所より適用），④介護施設基準（入所日の翌月から適用）の基準がある。（鷲巣典代）

生活保護制度［せいかつほごせいど］　日本国憲法第25条に規定する理念に基づき，国が国民の健康で文化的な最低生活の生活を保障し自立を支援することを目的とした生活保護法による制度。地方自治体が設置する福祉事務所が担当する。保護を受ける要件としては保護の補足性（資産，能力，年金，手当等他の制度等あらゆるものを活用すること）が前提となる。民法で規定される扶養義務（夫婦，直系血族，兄弟姉妹，親，子，祖父母，孫）も可能な場合には優先される。生活保護は世帯単位で行い，**生活扶助**，**住宅扶助**，**教育扶助**，**医療扶助**，**介護扶助**，**出産扶**

助，**生業扶助**，**葬祭扶助**の8種類がある。収入が厚生労働大臣の定める最低生活費に満たない場合，不足分が保護費として支給される。支給額は地域や世帯人数等の条件によって異なり，また必要に応じて，住宅扶助，医療扶助，教育扶助等が支給される。生活保護受給中は，収入の状況を毎月申告することが求められ，福祉事務所のケースワーカーにより年数回の訪問調査，可能性のある場合は就労に向けた助言や指導が行われる。（鷲巣典代）

生活モデル［せいかつもでる］　利用者が抱えている問題が，人や環境のどこにあるのかを問うのではなく，生活空間における不適切な交互作用（transaction）に問題があると考え，人と環境の接触面（interface）に焦点を当てて解決を図ろうとするモデルのこと。適応や良好な適合状態という生態学の考え方を用いて生態学や一般システム理論などの新たな理論的枠組を背景にしたモデルであり，1980年にジャーメイン（Germain, C.B.）らが体系化した。　　　　　　　　（笠原幸子）

生業扶助［せいぎょうふじょ］　生活保護法によって支給される，収入増加や自立を助ける扶助のことをいう。困窮のため最低限度の生活を維持することのできない者またはそのおそれのある者を対象とする。ただし，この扶助により，その者の収入を増加させ，またはその自立を助長することのできる見込みのある場合に限るものとされている。扶助の内容としては，①生業費（生計の維持を目的として営まれることを建前とする小規模の事業を営むために必要な資金または必要な器具等），②技法修得費（生計の維持に役立つ生業に就くために必要な技能を修得する経費，高等学校等就学費を含む），③就職支度費（就職の確定した被保護者

が，就職のため直接必要とする洋服類等のための費用）がある。　　（鷲典代）

生産年齢人口［せいさんねんれいじんこう］　人口構造を3つに区分した場合の15～64歳までの人口のことをいう。現実に就労しているか否かにかかわらず，生産活動に従事することが可能な人口階層と想定される。　　　　　　（大日義晴）

清拭［せいしき］　全身に付着した汗や汚れを拭き取り，清潔にすること。入浴ができない人に行うことが多い。清拭には全身清拭と部分清拭があり，身体を清潔にするとともにマッサージやリラックス効果もある。全身清拭は，肌の露出を抑えながら，顔→上肢→胸→腹→下肢→背→臀部（陰部）の順に末梢から中枢に向かって拭き，肘などの関節部は軽く円を描くように拭く。清拭の前には蒸しタオルを使用して十分に体を温め，清拭後は乾いたタオルで余分な水分を押さえながら拭き取り，熱放散を防ぐ。清拭後は必要に応じて保湿クリームを使用し，水分補給も行う。また，清拭と一緒に手浴や足浴を行うとさらに効果的である。
　　　　　　　　　　　　　（植北康嗣）

誠実義務［せいじつぎむ］　利用者の立場に立ち，誠実に業務を行うことをいう。介護福祉士の義務の一つである。2007年の社会福祉士及び介護福祉士法の改正で新たに追加された。同法の第44条の2に介護福祉士は「その担当する者が個人の尊厳を保持し，自立した日常生活を営むことができるよう，常にその者の立場に立つて，誠実にその業務を行わなければならない」と定められている。（杉原優子）

正常圧水頭症［せいじょうあつすいとうしょう］　認知症，歩行障害，尿失禁を3徴候とする慢性水頭症で，髄液圧が正常範囲にある場合を正常圧水頭症という。脳室と腹腔シャント術などで症状の改善をみることがある。　　　（安藤純子）

精神疾患［せいしんしっかん］⇒精神障害

精神障害［せいしんしょうがい］　定義はさまざまであるが，平均的な価値基準から考えて偏った精神状態のため，著しい苦痛や機能障害や生活上の困難を生じる障害とされる。アメリカの精神医学会によるDSM-5分類によれば，「社会的，職業的または他の重要な活動における著しい苦痛や機能低下と関連しており，よくあるストレスや死別のような喪失による予測不能な反応や，文化的に許容できる反応は精神障害ではない」と定義されている。
　　従来精神疾患は，外因性，心因性，内因性に分類されることが多かった。外因性とは，身体的基盤のある精神疾患であり，心因性とは，対象者の心理的，環境的問題などに起因する。内因性とは，外因でも心因でもない何らかの遺伝的脆弱性を背景に発症しているものをいう。しかし近年はこの分類に疑問も出てきている。　　　　　　　　　　　（幸田るみ子）

精神障害者［せいしんしょうがいしゃ］　精神保健及び精神障害者福祉に関する法律（精神保健福祉法）の第5条において，「統合失調症，精神作用物質による急性中毒又はその依存症，知的障害，精神病質その他の精神疾患を有する者」と定義されている。他方，障害者基本法の第2条においては，障害者を「身体障害，知的障害，精神障害（発達障害を含む）その他の心身の機能の障害がある者であつて，障害及び社会的障壁により継続的に日常生活又は社会生活に相当な制限を受ける状態にあるもの」と規定している。

前者は，精神疾患を有する者であり予防や治療，医学的リハビリテーションの対象として，後者は，生活上の能力障害やハンディキャップに着目し，社会福祉施策の対象として精神障害者をとらえているといえる。　　　　　　　（中村和彦）

精神障害者の入院形態［せいしんしょうがいしゃのにゅういんけいたい］　精神保健及び精神障害者福祉に関する法律（精神保健福祉法）に定められた精神障害者の入院形態には，**任意入院**，**措置入院**，**緊急措置入院**，**医療保護入院**，**応急入院**がある。また心神喪失等の状態で重大な他害行為を行った者の医療及び観察等に関する法律（心神喪失者等医療観察法）に基づく手続きで行われる指定入院医療機関への入院がある。精神保健福祉法には病院管理者は本人の同意の下に入院が行われるよう努める義務が定められているが，厚生労働省障害保健福祉部精神・障害保健課調べによると，任意入院の割合は制度制定以来医療保護入院の割合の低下と対称に増加していたが，医療保護入院における要件の明確化，移送制度の創設，成年後見制度の保佐人の同意を規定した1999年法改正時の約7割をピークに減少に転じ，現在は入院患者の半数程度を占めている。また，都道府県による割合の差も著しいことがわかっている。2013年の法改正で医療保護入院を中心に適切な退院促進策が講じられるよう定められた。　　　　　　　（田辺肇）

精神障害者保健福祉手帳［せいしんしょうがいしゃほけんふくしてちょう］　1995年の精神保健及び精神障害者福祉に関する法律（精神保健福祉法）成立に際し，精神障害者の自立と社会参加の促進をはかるよう，各種の支援策を講じやすくするために創設された（第45条）。精神疾患のため日常生活又は社会生活に制約のある人が対象で，申請書に医師の診断書（初診日から6か月以上後のもの）または障害年金証書の写しと写真を添えて居住地（ない場合は現在地）の都道府県知事あてに申請し（窓口は市町村），政令に定める1〜3級の精神障害に該当すると認められたときに交付される。交付されると，所得税や住民税の障害者控除等があるほか，生活保護の障害者加算を受けるのに必要な障害程度を手帳により示すことができる（2級以上，手帳の交付日が初診日から1年6か月以上経過していることが必要）。また，地域や事業者により差はあるが，公共施設の入場料や公共交通機関等の運賃等の割引が適用される。2年ごとに更新手続きが必要である。　　　　　　　（永井順子）

精神通院医療［せいしんつういんいりょう］　2016年4月以前には，**精神障害者**が通院による精神医療を継続的に必要とする場合に，**自立支援医療費**を支給するという，精神保健福祉法に規定されていた制度である。指定医療機関のどこに通院するかを決め，市町村に申請する。支給決定に係る判定業務は，精神保健福祉センターにより行われていた。2006年4月からは，身体障害者福祉法による「更生医療」，児童福祉法による「育成医療」とともに，支給認定の手続きおよび，利用者負担の仕組みを共通化させ，障害者総合支援法による「自立支援医療」として統合された。なお，現在の自己負担額は原則1割負担であるが，所得に応じ月当たりの負担上限額が設定されている。（中村和彦）

精神保健及び精神障害者福祉に関する法律（精神保健福祉法）［せいしんほけんおよびせいしんしょうがいしゃふくしにか

んするほうりつ（せいしんほけんふくしほう）］　精神障害者の定義，国，都道府県や各種機関等の役割，精神科病院における入院や処遇に関する各種手続き等，**精神障害者保健福祉手帳**，相談指導等に関して定めている法律。精神科病院においては本人の意思によらない入院や処遇が行われるために，その手続きや入院の必要性と処遇の妥当性を審査する機関等を定めていることが特徴である。1950 年に精神衛生法という名称で成立。精神障害者の「医療及び保護」を目的として，精神科病院への入院を推進する法律として機能した。その後，1987 年の精神保健法への改正で，精神障害者の「社会復帰の促進」が法目的に盛り込まれ，1993 年の障害者基本法成立により，精神障害者も障害者福祉の対象となったことから，1995 年には，精神保健及び精神障害者福祉に関する法律へと改正された。現行法は上記目的に加え「自立と社会経済活動への参加の促進」を掲げる。　（永井順子）

精神保健指定医［せいしんほけんしていい］　人権上適切な配慮を必要とする精神医療で，特に人身の自由を直接制約する必要のある精神保健及び精神障害者福祉に関する法律上の入院において，これらの人権の侵襲が妥当なものかの判断を独占的に行える者として，厚生労働省に指定された精神医療の専門家である。**精神保健及び精神障害者福祉に関する法律**第 18 条に定められる。精神保健指定医の職務は以下の 2 つに分けられる。①勤務先の医療機関において，**措置入院**の症状が消退しているか，**医療保護入院**や**応急入院**などの強制入院を要するか，隔離や身体拘束などの行動制限が必要か等を判断する業務。②非医療機関において，措置入院や緊急措置入院の必要性の判断，

医療機関への移送を要するか，退院請求や処遇改善請求，精神科医療機関への立ち入り調査を行う業務。　（幸田るみ子）

精神保健福祉士（PSW）［せいしんほけんふくしし（ぴーえすだぶりゅー）］　1997年に成立した精神保健福祉士法によって「精神保健福祉士の名称を用いて，精神障害者の保健及び福祉に関する専門的知識及び技術をもって，精神科病院その他の医療施設において精神障害の医療を受け，又は精神障害者の社会復帰の促進を図ることを目的とする施設を利用している者の地域相談支援の利用に関する相談その他の社会復帰に関する相談に応じ，助言，指導，日常生活への適応のために必要な訓練その他の援助を行うことを業とする者」と規定される精神科ソーシャルワーカーの国家資格である。**ソーシャルワーカー**の国家資格には 1987 年に創設された**社会福祉士**があるが，精神保健福祉士（PSW）は援助の対象を精神障害者に特化しているところに違いがある。精神障害者の生活支援においては，継続的に適切な医療的ケアを受けることが必要であるため，特に医師や看護師など医療専門職との連携が求められる。精神保健福祉士の義務規定の「連携等」では，「精神保健福祉士がその業務を行うに当たって精神障害者に主治の医師があるときは，その指導を受けなければならない」と規定されている。精神保健福祉士の多くが，精神科病院やその他の医療施設で従事している。近年，社会の変化に伴いメンタルヘルスの問題を抱える人が増加しており，企業や教育機関，司法施設など活躍の場が広がっている。

（種橋征子）

静水圧［せいすいあつ］　静止しているお湯（水）に浸かっている時に物や身体の

表面に受ける水圧のことをいう。水圧は深さに比例し，10 m で 1 気圧増える。浴槽の深さでも，肩までつかれば全身で約 500 kg 程度の水圧がかかる。静水圧には血流などの循環をよくするなどのマッサージ効果もあるが，血管を圧迫することで心臓への負担も大きくなる。高齢者や心肺疾患のある人には危険を伴うこともあるため，半身浴などを行う（静水圧作用）。　　　　　　　　　　　（植北康嗣）

生存権［せいぞんけん］　健康で文化的な最低限度の生活を営む権利のこと。日本では憲法第 25 条において明記されている。国には，国民の生存権を保障する義務があり，社会保障制度などの整備が行われている。生存権で保障される生活水準は，生存のための最低限度を指す程度のものではなく，その社会の一般的な生活水準を基本に相対的に決定される。また，その水準を維持するための社会的な給付を受ける権利が保障されるだけではなく，個々人が主体的に生きていくことが保障されなければならない。また，生存権が権利として実体化するためには，権利を行使するための支援や権利が侵害された場合の救済制度などの整備が必要となる。　　　　　　　　　　　　　（所道彦）

性的虐待［せいてきぎゃくたい］　虐待類型の一つ。高齢者虐待防止法及び障害者虐待防止法では，わいせつな行為をすること，または高齢者をしてわいせつな行為をさせることを指す。　　（上田晴男）

成年後見制度［せいねんこうけんせいど］認知症，知的障害，精神障害等により判断能力が不十分な状態になった人を保護し，支援するしくみをいう。民法の一部改正により 2000 年に施行された。**法定後見**と**任意後見制度**がある。　（上田晴男）

成年後見制度利用支援事業［せいねんこうけんせいどりようしえんじぎょう］　成年後見制度を利用することが必要な障害者，高齢者に対し，成年後見制度の利用を支援することにより，権利擁護を図ることを目的とする事業をいう。成年後見制度の利用促進のための広報・啓発（高齢者関係）や，成年後見制度の申立て経費，および後見人等の報酬等の全部または一部を補助する。　　　　（上田晴男）

成年被後見人［せいねんひこうけんにん］精神上の障害により判断能力を欠く常況にある人で，法定の手続きにより家庭裁判所から後見開始の審判を受けた人をいう。　　　　　　　　　　　（上田晴男）

整容［せいよう］　容姿や身だしなみを整えるため，洗顔，歯磨き，整髪，髭剃り，爪切り，更衣などを行うこと。整容行為により，日常の生活リズムを整え，生活意欲の向上や健康の増進によい影響を与えることにもつながる。介護の場面では，整容行動の状況により，生活意欲を図る目安にもなる。そのため，整容が不十分だと，自信の喪失や社会的交流の阻害要因となることもある。室内やベッド上で生活する外出機会の少ない人にも，整容を行える環境整備が必要である。整容は自分らしさを表現し，QOL の向上につながる。介護時には要望や嗜好を反映することが大切になる。　　　（植北康嗣）

セーフティネット［せーふてぃねっと］直訳すれば，安全網のこと。現代社会においては，生活する上で，疾病，失業，障害などのリスクが存在するが，そのために生活が困窮するような場合において，健康で文化的な最低限度の生活を下回らないように整備された社会的な制度をいう。日本では，生活保護制度を意味することが多いが，申請主義に基づく最終ラインを守るしくみを設けるだけでは十分

な機能を果たせるとはいえない。現金給付やサービス給付などの社会保障制度を基本としつつ，漏救を防止するためのインフォーマルな取り組みも必要とされる。また，生活上のリスクを生み出す社会構造上の問題への政策的対応や予防の措置・介入，セーフティネットで支えられている状況から脱却するための取り組みなども重要な課題である。　（所道彦）

世界人権宣言［せかいじんけんせんげん］人権および自由を尊重し保障するために，すべての人とすべての国が達成しなければならない共通の基準を定め，普遍的に守られるべき基本的人権を示した宣言。1948 年の第 3 回国連総会で採択された。身体の自由や奴隷，拷問の禁止などの自由権，直接または選挙を通じて政治に参加することができる参政権，教育を受ける権利や人間らしく生きる権利などの社会権，などがうたわれている。また，この宣言の内容を条約化した国際人権規約など，その後の人権に関する条約にも大きな影響を及ぼしている。1950 年の第 5 回国連総会では，宣言が採択された 12 月 10 日を「世界人権デー」と定め，日本ではこの日を最終日とする 1 週間を「人権週間」と定め，宣言の趣旨や人権について啓発する行事が行われている。

　　　　　　　　　　　　（多久島慎一）

世界保健機関（WHO）［せかいほけんきかん（だぶりゅーえいちおー）］　World Health Organizaion の頭文字から WHO と略される。1946 年，ニューヨークで開催された国際保健会議で採択された世界保健憲章によって 1948 年に設立された国際連合の専門機関である。設立日の 4 月 7 日は世界保健デーとされる。同憲章の前文では，「健康とは，完全な肉体的，精神的及び社会的福祉の状態であり，単に疾病又は病弱の存在しないことではない」と定義し，すべての人民が可能な最高の健康水準に到達することを目的としている。本部はスイスのジュネーブにあり，世界を 6 地域に分けて地域事務局が置かれ，日本は西太平洋地域に属し，地域事務局はフィリピンのマニラにある。主な活動内容は，医学情報の総合調整（国際疾病分類の作成等），国際保健事業の指導的かつ調整機関としての活動，世界各国への技術協力，感染症およびその他の疾病の撲滅事業の推進等を行っている。　（内藤雅子）

脊髄小脳変性症［せきずいしょうのうへんせいしょう］　指定難病の一つ。孤発性と遺伝性にわけられる。運動や姿勢の調節が影響され，歩行，動作等がうまくできなくなる（運動失調）症状を伴う。

　　　　　　　　　　　　（安藤純子）

脊髄損傷［せきずいそんしょう］　脊髄損傷は，主に交通事故，転落事故によっておこされる脊髄の障害。感覚，運動，反射の障害，さらに自律神経障害も加わる。そのため，損傷した部位によって，呼吸障害，排尿障害，排便障害，消化器障害などがおこる。頸髄損傷で四肢麻痺，胸腰髄損傷で対麻痺がおこる。　（安藤純子）

脊柱管狭窄症［せきちゅうかんきょうさくしょう］　脊柱管（脳からの神経である脊髄を通す管状の空間）が生まれつき狭い場合や，加齢，脊椎の変形や肥厚，骨析，椎間板の突出などが原因で脊柱が狭くなり，疼痛，腰痛，間欠性跛行などの症状が出ている状態。腰椎部や頸椎部に発生するが，高齢女性では特に腰椎部に発生するものが多い。病変部位により，腰椎脊柱管狭窄症，頸椎脊柱管狭窄症，広範脊柱管狭窄症がある。腰椎脊柱管狭窄症では，痛みに歩行障害を伴う。頸椎

脊柱管狭窄症では首，肩の痛み，手のしびれが生じる。胸椎など広範囲にわたる広範脊柱管狭窄症では複合的に症状がみられる。保存的療法として，消炎鎮痛薬や血行改善薬などの服用，温熱療法や神経ブロック注射，コルセット装用，または頸椎や腰椎の牽引を行う。　（内田陽子）

脊椎［せきつい］　一般的に背骨のことをいう。26個の椎骨（連結して脊椎を形づくっている環状の骨）が連結してできている。医学的には脊柱という（巻末資料303頁参照）。　（冨田川智志）

脊椎圧迫骨折［せきついあっぱくこっせつ］⇒圧迫骨折

セクシュアリティ［せくしゅありてぃ］
人間がもっている性的欲望，その欲望がどのような対象に向けられるかという性的指向，どのような性的行為が行われるかなどを総称する概念。重要なのは，何が正しいセクシュアリティで何がそうでないかについて社会的な境界が引かれるということである。たとえば，異性を愛することが正常な性愛のあり方とされるのに対して，同性愛やバイセクシュアルなどの性的指向はしばしば異常とされ，差別の対象となる。この意味で，現在の日本社会は異性愛主義的な社会である。他方で，古代ギリシャ社会では成人男子と少年の同性愛行為が称揚されていたし，現在の先進諸国には同性カップルによる法的な結婚が可能な社会もある。つまり，あるセクシュアリティがどのように位置づけられるのかは，その社会の規範や制度の問題なのである。　（松木洋人）

世帯［せたい］　住居と生計を共にする者の集まり，あるいは独立して住居を維持ないし生計を営む単身者を指す。日本では1920年の第1回国勢調査以降，現在まで使用されている社会生活上の単位

である。就労や就学，長期入院，入所などの理由で生じる別居家族は別世帯で扱われる場合が多く，一方，非家族でも同居し生計を共にする者は同一世帯を構成することがあるため，厳密には世帯と家族は異なっている。とはいえ，しばしば社会統計上では世帯が家族の代替指標として扱われる。現在では，世帯は「一般世帯」と「施設等の世帯」に区分され，さらに一般世帯は，「親族世帯」（2人以上の世帯員から成り，世帯主と**親族**関係にある者がいる世帯）と「非親族世帯」（2人以上の世帯員から成り，世帯主と親族関係にある者がいない世帯），「**単独世帯**」（世帯員が1人だけの世帯）の3つに分けられる。　（阪井裕一郎）

接触感染［せっしょくかんせん］⇒感染

摂食障害［せっしょくしょうがい］　神経性無食欲症（Anorexia Nervosa：AN）と神経性大食症（Bulimia Nervosa：BN）に大別される。ANは，さらに過食または排出行動（自己誘発性嘔吐・下剤の乱用等）を伴わない摂食制限型，それらを伴う過食・排出型に分けられる。その特徴は，著しい低体重，低体重を維持するための持続的努力，体重増加への恐怖，身体像の障害等である。一方，BNは，過剰な食物摂取，またそれを抑制できないという感覚，体重増加を避けるための不適切な代償行動（排出行動に加え，絶食，過剰な運動も含む）が特徴である。DSM-5では，BNと同様に過剰な食物摂取があるものの，代償行動がみられない過食性障害が新たに加えられた。

　　　　　　　　　　　　　（吉田加代子）

舌苔［ぜったい］　口腔内の老朽化した粘膜細胞や食べかすが舌の表面や舌乳頭の間に付着し，苔状（通常は白色）に角化したものをいう。味覚を感じる味蕾が舌

苔に覆われていると味を感じにくくなることがある。舌苔は細菌の温床であり，細菌が繁殖すると舌苔から揮発性硫黄化合物の臭気が発生するが，これが口臭の原因である場合が多い。また，舌苔の中の細菌が気管から肺に入ると，誤嚥性肺炎を起こす危険性がある。舌の清掃は，毛部の柔らかい歯ブラシやスポンジブラシ，舌ブラシを使用する。あまり奥に入れすぎると嘔吐反射を起こしやすいため注意する。舌苔は口腔内が乾燥していると除去しにくかったり，舌の表面を傷つけてしまったりする危険性があるため，舌の表面を保湿してから行うようにする。
（冨田川智志）

切迫性尿失禁［せっぱくせいにょうしっきん］　急に強い尿意を感じ，我慢できずに漏れてしまうタイプの**尿失禁**のことをいう。器質性尿失禁に分類され，膀胱が過敏に収縮し，膀胱に尿をためておくことが困難になることが原因で失禁する。通常，尿意を感じても一定量までは排尿を我慢することができるが，尿意を感じるとすぐに膀胱が収縮し，尿道を閉める機能が正常であっても排尿してしまう。トイレに行きたいと感じてから排尿するまでの時間が短く，トイレまでの移動中に漏れてしまう状態となる。医療機関を受診し，適切な薬物治療や排泄のトレーニングによって改善することがある。切迫性尿失禁は，腹圧性尿失禁と合併して症状が現れる場合があり，この場合は混合型尿失禁と呼ばれている。　（横井光治）

切迫性便失禁［せっぱくせいべんしっきん］　便意はあるが，便意を感じたら我慢できずに漏れてしまうタイプの失禁のことをいう。器質性便失禁に分類され，蓄便障害が原因で失禁する。肛門括約筋の機能低下や直腸の手術後などにより便

をためる機能の低下が原因である。通常，便意を感じても一定時間は排便を我慢することができるが，外肛門括約筋の働きが弱く，短時間でも我慢することができず，排便してしまう。トイレに行きたいと感じてから排便するまでの時間が短く，トイレまでの移動中に漏れてしまう状態となる。適切な薬物治療や骨盤底筋体操による肛門括約筋の強化，生活習慣を見直すことで改善されることがある。切迫性便失禁は，漏出性便失禁を合併することがある。その場合，混合性便失禁と呼ばれている。
（横井光治）

説明と同意［せつめいとどうい］⇒インフォームド・コンセント

背抜き［せぬき］　ギャッチベッドや車いす等を背上げ，背下げした際に生じる背中の皮膚のずれや圧迫を，マットレスや車いすから一時的に離すことで解放する方法のことをいう。ギャッチベッドや車いす等を背上げすると，身体には自重で下がる力，ベッド等には上がる力がはたらくため，身体接触部位の皮膚の表面と皮膚の内部にずれ（皮下組織のゆがみ）が生じる。このずれによってその部位の血管は引き伸ばされて薄く変形し，組織の血流は悪くなり，褥瘡の原因・悪化につながる。また，身体接触部位は強い圧迫を受けるため不快を感じる。したがって，背上げ，背下げした後は必ず背抜きを行うようにする。また，ポジショニンググローブ（グローブの外側は滑りやすい素材でつくられている）を着けると，荷重がかかっている部位に簡単に手を差し込むことができる。　（冨田川智志）

セミファーラー位［せみふぁーらーい］⇒ファーラー位

施薬院［せやくいん］　593（推古天皇元）年，聖徳太子が四天王寺に設立した貧窮

病者に対する薬の施し所であり，四箇院の一つと伝えられている。つまり，一切の芝草薬物の類を栽培し，施薬する場所であった。もともと薬草園に付属する施薬機関であったが，後になると医師も勤務し，施療機能を併せもった。8世紀になると興福寺に，また光明皇后が皇后宮職内に設立した。9世紀には平安京に官立施設として設置され，16世紀後半には豊臣秀吉が京都で再興した。いずれも国家的慈恵による救済施設であった。

（中根真）

セラピューティックレクリエーション

［せらぴゅーてぃっくれくりえーしょん］病気や障害のある人に対して治療や症状の軽減を目的として行われるレクリエーションプログラムのことをいう。身体機能（筋力，関節可動域，心肺機能など）や心理状態（ストレス解消，リラクゼーション効果，対人関係力）の改善などが期待できる。アメリカではセラピューティックレクリエーションが医療やリハビリテーションの分野で確立されている。方法は，集団ゲーム，音楽，スポーツ，園芸など多岐にわたる。また，特別なプログラムだけでなく，家事行為などの日常生活の中に取り入れたものもある。

（植北康嗣）

セルフケア［せるふけあ］　他者の支援を受けずに，自分の意図に従い，自分で管理し，自分でケアをすること。ケアを世話・介護等に当てはめて理解することができる。文脈によっては，健康管理という意味で用いられる場合もある。

（笠原幸子）

セルフヘルプグループ［せるふへるぷぐるーぷ］　何らかの困難を抱えた当事者で構成されるグループ。交流会（ミーティング）において，共通の困難に直面している当事者同士が日々の悩み相談や情報交換などを行い，それらを通して相互の助け合いが行われる。専門職による支援とは異なる，当事者ならではの支え合い（**ピアサポート**）の効果が期待される。ルーツはアメリカのアルコール依存症患者によるセルフヘルプグループとされている。今日ではアルコール依存症に限らず，身体障害，精神障害，慢性疾患，性的マイノリティなどさまざまなセルフヘルプグループが存在する。その目的は個人の行動変容から社会改革までと幅広く，規模も目的に応じて数名程度から世界規模のものまで存在する。日本では自助グループや当事者会，家族会といった名称が用いられることもある。　（小松亜弥音）

セン［せん］（Sen, A.：1993-　）　貧困と飢餓，不平等の本質を問い直し，1986年にノーベル経済学賞を受賞したアマルティア・センは「潜在能力（capability）アプローチ」を提唱した経済学者である。センは，資源そのものの量よりも，それを特定の機能に変換する潜在能力（capability）こそが重要だと唱えた。すなわち，人並みの生活，社会参加に必要な資源を特定の機能に変換する能力を重視した。主流派経済学では，個人の選択を，価値中立的な個人の選好（preference）として扱ってきた。これに対し，センの潜在能力アプローチでは，個人の選択がニーズを反映しているとは限らないとして，それらが選択される際の行為の選択可能性に着目する。こうしてセンはニーズと資源（財やサービスの配分）の関係を捉え直し，同じニーズでも個人間で必要な資源が異なることを見いだした。　　　　　　　（税所真也）

前期高齢者［ぜんきこうれいしゃ］　65歳以上75歳未満の高齢者を指す。65歳以

上を高齢者とする場合，かなり幅広い年齢層が含まれることになるが，65歳と80代・90代では身体的・心理的・社会的状態に相当な差が存在する。そのため一律に同じ高齢者としてとらえることは困難であるとして，一般的に75歳を区切りとして65歳以上75歳未満を前期高齢者，75歳以上を**後期高齢者**として区分している。　　　　　　　　（小松亜弥音）

全国健康保険協会［ぜんこくけんこうほけんきょうかい］　主として中小企業で働く従業員やその被扶養者が加入する，**医療保険**の**保険者**。この医療保険は通称「協会けんぽ」とよばれている。加入者数が日本最大の保険者であり，都道府県ごとに支部を設け，保険料率は都道府県単位で設定されている。

　なお，船舶の船員が加入する船員保険は全国健康保険協会の船員保険部が運営しており，日雇労働者が加入する日雇健康保険も全国健康保険協会が運営している。　　　　　　　　　　　　（内藤雅子）

仙骨部［せんこつぶ］　仙骨は，5個の仙椎が癒合してできており，脊柱中最大の骨となる。そのため，仰臥位では，仙骨部に高い圧がかかり循環障害をおこしやすいため，**褥瘡**好発部位となる。

　　　　　　　　　　　　　（安藤純子）

センサーマット［せんさーまっと］　マットの上で身体が動いたり体重がかかったりすると，センサーが感知し，介助者や家族などに音や光で通知するマットのこと。センサーマットには，ベッド上に敷くタイプ，ベッド周囲に敷くタイプなどがある。主に，一人でベッドから離れると転倒・転落の危険がある人の外傷の予防や介助者や家族などの負担軽減のために使用される。**介護保険法**における特定福祉用具貸与の対象種目である。介助者

は，この機器のみに頼らず，その人の願いや生活習慣を理解した上で見守りや支援を行う重要性を忘れてはならない。

　　　　　　　　　　　　　（吉藤郁）

全身性障害者介護人派遣事業［ぜんしんせいしょうがいしゃかいごにんはけんじぎょう］　全身性障害者が必要とする介護のうち，重度訪問介護の支援内容に相当しない介護について介護人を派遣して行うものであって，市町村が独自に提供している事業の通称である。具体的には，在宅の全身性障害者の高校や大学への通学時や，介護者不在等の理由により緊急的に介護人の派遣を希望する場合等である。1974年に東京都が開始した重度脳性麻痺者介護人派遣事業をもとにして，その派遣対象を全身性障害者に拡大させながら，全国の自治体によって実施されてきた事業名称に由来する。重度障害者が地域での自立生活を営むにあたって，障害者によって推薦された他人が介護人として，居宅における介護や家事，外出時における移動中の介護を長時間にわたって行うものであり，その支援内容の多くは**障害者総合支援法**の**重度訪問介護**に継承されている。　　　　　　　（鳥海直美）

全身浴［ぜんしんよく］　首から下の全身を浴槽につける入浴方法のことをいう。半身浴に対して，全身浴では**静水圧**による体への負担が大きくなる。静水圧では血液やリンパ液を上半身に戻そうという力も働き，循環が活発になる効果もあるが，通常は半身浴の方が体への負担が少ない。特に高齢者の場合は，静水圧により血管や心肺に負担がかかり，不調をきたすことがあるため，全身浴ではより注意が必要である。　　　　　　（植北康嗣）

前操作期［ぜんそうさき］　ピアジェ（Piaget, J.）が提唱した認知発達段階の一

つであり，1歳半ないし2歳前後から6歳前後の時期とされる。この段階では，言語や描画，直感的推理といった，表象としての操作は可能となるが，数や保存の概念などは未形成であり，論理的な思考としては不完全な時期であると論じている。 (村上太郎)

尖足［せんそく］　足関節の甲側が伸びて（底屈），つま先が下を向いたまま拘縮し，元に戻らなくなった状態をいう。足底がきちんと地面につけないため立位が困難になる。通常の車いすを使用することが困難なため，レッグサポートやフットサポートが可動式で機能性の高い車いすを使用しなければならない。一度尖足になると改善が困難なため予防が大切である。ベッド上の安静が長期になる場合は，掛け物の重みで尖足を助長させないように足元にゆとりをもたせて掛け物をかける，関節可動域訓練を行う，足関節を曲げた状態（背屈）を保つ装具を着用して予防するなどが必要である。 (横井光治)

前頭側頭型認知症［ぜんとうそくとうがたにんちしょう］⇒ピック病

前頭側頭葉変性（症）［ぜんとうそくとうようへんせい（しょう）］　大脳の前頭葉や側頭葉の限局性脳萎縮を示す疾患群をいう。限局している萎縮部位の違いから，以下の3群に分けられる。①前頭側頭型認知症：前頭葉および側頭葉の前方部分の萎縮を伴い，行動や人格の変化といった前頭症症状を中心に発症し，進行すると発動性が減退し無言状態に至る。ピック病もここに入る。②進行性非流暢性失語：左前頭葉運動性言語中枢であるBroca野近傍の萎縮がおこり，緩徐進行性運動性失語で発症する。③意味性認知症：語義失語や相貌失認など，聞いたものや見たものが何だかわからないといっ

た意味記憶の障害で発症する。 (幸田るみ子)

洗髪の支援［せんぱつのしえん］　自力で頭髪の汚れを落とすことができない人に対して，頭髪の清潔保持や爽快感が得られるように支援することをいう。洗髪することで清潔を保つことができ，円滑な人間関係を築くことにもつながる。通常は入浴時に行うが，何らかの理由により浴室などに移動できない場合は，ケリーパッドや洗髪台などを使い，ベッドの上で行うことがある（図表参照）。洗髪前に**バイタルサイン**や全身状態も確認し，対象者が安楽な体勢を保持できるようにする。シャンプーやリンスは好みのものを用意する。お湯をかける前には軽くブラシで汚れをとり，必要に応じて耳栓を用意する。お湯（37〜40℃）は髪になじませるように少しずつかけ，シャンプーは手のひらで泡立ててから指腹を使って洗う。洗髪後には，耳の中の水滴や顔も拭き取る。頭髪の乾き残しは熱放散により寒さを感じる原因となるため，ドライヤーなどを使ってしっかり乾かす。水を使わないドライシャンプーの場合は，使用後は蒸しタオルでていねいに汚れを拭き取る。 (植北康嗣)

洗面の支援［せんめんのしえん］　自力で洗面行為ができない人に対して，洗顔や口腔内の清潔，整髪を支援することをいう。決った時間に洗面することは，生活リズムを整えることにもつながる。対象者によって方法はさまざまであるが，**片麻痺**があっても**立位**や前傾姿勢ができると一般的な洗面台を使用することが可能である。ベッド上**臥位**での洗顔は，蒸しタオルで顔全体を温めながら行う。特に目元や口元の汚れが落ちにくいときは，こすらず蒸しタオルで汚れを浮かせる。

図表　洗髪の支援

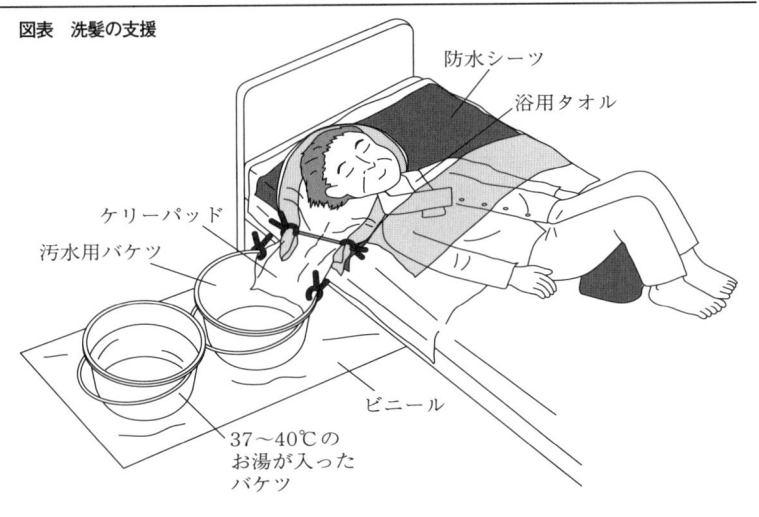

防水シーツ

浴用タオル

ケリーパッド

汚水用バケツ

ビニール

37〜40℃の
お湯が入った
バケツ

顔の清拭は目元から行い，細菌感染を防ぐためタオルの清潔な面を使って拭くようにする。目の周りは，目頭から目尻に向かって拭く。顔の額，鼻筋，頬なども内から外へ拭くことを意識して行い，生え際や顎，耳，首元など顔の周辺もていねいに拭き取る。歯磨きは，歯ブラシなどで歯や歯茎の歯垢を落として，むし歯や歯周病を予防する。対象者の身体状態に合わせて身体を起こしたり側臥位にしたりして，水や唾液が気管に入らないように注意し，歯ブラシは歯に対して90度に当てて小刻みに動かす。歯ブラシでは十分にきれいにできない場合には，スポンジやガーゼを湿らせて口腔内の汚れをとる。**義歯**は外して，専用の歯ブラシで磨くか専用液につけて汚れを落とす。

（植北康嗣）

せん妄［せんもう］　軽度から中等度の動揺性の意識障害がベースにあり，**見当識障害**や注意機能障害などの認知機能の障害が短期間に出現する状態像である。幻視や妄想などの知覚の異常を伴うことが

あるが，必須要件ではない。一日の間で症状に変動があり，夜間悪化することが多い。直接の原因には，治療薬物の影響や肝・腎機能障害，呼吸不全，感染症，電解質異常など，身体的要因が存在する。誘発因子として，睡眠障害，感覚遮断，ストレス等があり，準備因子として認知症，高齢，慢性期の**脳血管障害**等脳機能の全般的低下に関わる要因がある。せん妄の治療は，直接因子である身体的問題の治療を行うとともに，環境調整（照明の調整や日付・時間の手がかりとなるものを置いて見当識の回復を図り，安心できる環境とする）が重要である。

（幸田るみ子）

専門看護師［せんもんかんごし］　複雑で解決困難な看護問題をもつ個人，家族および集団に対して，水準の高い看護ケアを効率よく提供するための，特定の専門看護分野の知識と技術を深めた**看護師**をいう。実践，相談，調整，倫理調整，教育，研究の6つの役割機能をもつ。がん看護，精神看護，地域看護，老人看護，

小児看護，母性看護，慢性疾患看護，急性・重症患者看護，感染症看護，家族支援，在宅看護，遺伝看護，災害看護の分野がある（2016年12月現在）。看護師の免許をもつ者が日本看護系大学協議会が認定した大学院教育を修了し，実務研修をもち，日本看護協会が行う専門看護師認定審査に合格すれば登録される。

（内田陽子）

前立腺肥大症［ぜんりつせんひだいしょう］　前立腺が正常よりも肥大している状態であり，良性腫瘍である。前立腺は膀胱の下部にあり通常はクルミ大の臓器で，ほぼ中央を尿道が走行している。加齢とともに肥大する傾向にあるが，排尿困難で残尿がおこる場合は治療が必要となる。症状は，尿勢低下，尿線途絶，残尿，頻尿などがある。最悪の場合は尿が全く出ない尿閉となる。残尿が多く尿閉なども生じると腎臓に悪影響を及ぼすため，治療が必要となる。診察は，直腸診にて肥大が認められる。治療には，α1ブロッカーや抗アンドロゲン薬，漢方薬，手術がある。　　　　　　　　（内田陽子）

躁うつ病［そううつびょう］⇒双極性障害

双極性障害［そうきょくせいしょうがい］著しく気分が高揚し活動的になる躁病の病相と，悲観的になり意欲が低下した抑うつの病相の両病相を繰り返す精神疾患のことをいう。躁うつ病または双極性感情障害ともいう。躁状態の症状は，気分の高揚，イライラして怒りっぽい，多弁で目的志向性の活動が増加し，浪費や買い物が増えるなど，困った結果になる可能性が高い快楽的活動に熱中し抑えることが困難になる等がある。一方，うつ状態の症状は，うつ病のそれとほぼ同じである。双極性障害患者の病前性格は，朗

らか，親切，人付き合いがよい，親分肌などであり，循環気質といわれる。双極性障害の治療は，気分安定薬による薬物療法が基本であり，病相が一度で終わることはなく病相を何度も繰り返すため，長期間の薬物療法が必要である。

（幸田るみ子）

装具［そうぐ］　疾病や損傷により障害された欠損のない部位の体表に装着して，その部位の機能を補助する器具のこと。装具は装着部位により，**上肢装具**，体幹装具，**下肢装具**に分類される。治療の目的で作製され医療保険法が適用される「治療用装具」と，治療終了後，日常生活動作などの向上のために使用する「更生用装具」があり，どちらも医師の診断に基づき処方される。この処方をもとに，患部や障害部位を採型または採寸して装着できるようにする専門家を義肢装具士といい，国家試験に合格した者に資格が与えられる。　　　　　　　　（吉藤郁）

葬祭扶助［そうさいふじょ］　生活保護法によって支給される，①葬儀を執り行う施主（扶養義務者）が生活保護受給者の場合，②故人が生活保護受給者で遺族以外の人（家主など）が葬儀の手配をする場合に，国から最低限の葬儀費用が支給される扶助のことをいう。葬儀の前に管轄の自治体の福祉課，保護課に申請を行い，故人や遺族の収入状況・困窮状態に基づいた判断により支給が決められる。扶助の範囲は，検案（病院以外での死亡の場合に死因，死亡時刻，異状死でないか等の確認を医師が行うこと），死体の運搬，火葬または埋葬，納骨その他葬祭において必要なものとなっている。

（鷲巣典代）

喪失体験［そうしつたいけん］　家族や友人など，強く愛着をもつ他者との死別や

離別を経験することをいう。強いストレスを感じる体験であるため，精神的・身体的状態にネガティブな影響をもたらす。死別・離別した事実を受け入れられない，怒り，罪悪感，喪失感といった強いネガティブ感情を経験する「悲嘆反応」が生じ，社会的活動に支障をもたらすなど強い苦痛が持続するケースも多いため，喪失体験後のグリーフ（悲嘆）ケアが重要である。　　　　　　　　　　　　　（田渕恵）

相続［そうぞく］　亡くなった人が生前にもっていた財産上の権利・義務を，他の人が包括的に引き継ぐことをいう。
　　　　　　　　　　　　　　　　（上田晴男）

相談支援［そうだんしえん］　障害者総合支援法に基づく障害者福祉サービスの一つである相談支援は，三種に大別される。それらは①**計画相談支援**，②**地域相談支援**，③基本相談支援である。①には，障害福祉サービスの支給決定における，サービス等利用計画の作成を中核とした，サービス利用支援と，サービスの利用状況をモニタリングする継続サービス利用支援がある。②には，地域移行支援計画の作成，相談による不安解消，外出への同行支援等からなる「地域移行支援」と，居宅において単身生活をしている障害者等を対象にした「地域定着支援」がある。また市町村が事業者に委託し実施されている③では，必要情報の提供，権利擁護のために必要な援助等を行う。（中村和彦）

相談支援専門員［そうだんしえんせんもんいん］　障害者の日常生活における各種相談に応じ助言や連絡調整を行うほか，サービス利用支援（サービス等利用計画の作成）および継続サービス利用支援（モニタリング）を行う職種であり，2006年の**障害者自立支援法**において正式に位置づけられた。相談支援専門員が作成したサービス等利用計画を踏まえ，各障害福祉サービス事業所において「個別支援計画」が作成される。さらに，これ以外に地域相談支援として施設・精神科病院からの地域移行支援や利用者の地域生活の定着に向けた地域定着支援がある。相談支援専門員の資格取得については，障害者の保健・福祉・就労等の分野で3～10年の実務経験者で，相談支援従事者（初任者）研修を修了することが必須となる。　　　　　　　　　　　　　（橋本卓也）

ソーシャルインクルージョン［そーしゃるいんくるーじょん］　個人や集団が，社会への参加を阻害されている時に，その状態や社会を改善することでその人たちの参加を促進する過程をいう。社会的包摂ともいい，ソーシャルエクスクルージョン（社会的排除）と対義関係として用いられることが多い。社会的排除は，低所得や高齢，障害など単一の要素が原因で生じるのではなく，社会の変化による複合的な要因から生じたものとされる。そのため，ソーシャルインクルージョンでは，社会の変化に適応できる能力の育成や支援の方策が重視される。日本では，貧困問題の分野や障害分野のほか，2000年の厚生労働省による「社会的な援護を要する人々に対する社会福祉のあり方に関する検討会」の報告書などでこの用語が使用されているが，それぞれの分野において異なる意味で用いられているのが現状である。　　　　　　　　　　　（松渓智恵）

ソーシャルサポート［そーしゃるさぽーと］　家族や知人，近隣住民，ボランティア等といった身近な人間や公的な制度やサービス，専門職などが，社会生活を送るうえで生じる様々なニーズを支援する活動やその関係性のこと。インフォーマルな支援を中心にとらえる場合もあれ

ば，フォーマル，インフォーマル双方を含めてとらえる場合もある。ソーシャルサポートネットワークとは，これらのソーシャルサポートをクライエント（利用者）の個々の生活環境や問題に応じて組み立てられた支援体制のことを指す。

（鵜浦直子）

ソーシャルワーカー［そーしゃるわーかー］　ソーシャルワークの実践者。人々の生活上の問題を解決するための力を高める支援をしたり，必要な資源を獲得できるように手助けしたり，人々とその人々を取り巻く環境との関係性を改善したり，人々の暮らしを支える政策の策定過程に働きかけたり，人権や正義を守るために社会に変革を求めていく。日本では，社会福祉士や精神保健福祉士などが代表的なソーシャルワーカーとしてあげられている。

（鵜浦直子）

ソーシャルワーカーの倫理綱領［そーしゃるわーかーのりんりこうりょう］　ソーシャルワーカーがソーシャルワークの専門職として果たすべき社会的責任や守るべき職業倫理に関してとりまとめたもの。日本におけるソーシャルワーカーの倫理綱領は，日本のソーシャルワーカー職能４団体（日本ソーシャルワーカー協会，日本医療社会事業協会，日本社会福祉士会，日本精神保健福祉士協会）の合意により承認されている。国際ソーシャルワーカー連盟が 2014 年 7 月に改訂した「ソーシャルワーク専門職のグローバル定義」を踏まえ，日本のソーシャルワーカーの倫理綱領も 2020 年に改訂された。主な改訂内容として「価値と原則」が「原理」となり，「人間の尊厳」「人権」「社会正義」「集団的責任」「多様性の尊重」「全人的存在」が示された。　（鵜浦直子）

ソーシャルワーク［そーしゃるわーく］

社会生活上の問題は，人々とその人々を取り巻く環境との相互作用から生じると捉え，その両者の関係性を変える働きかけを行うことで，問題解決を目指す活動や方法の総体。人々の問題解決能力を高めたり，人々の生活上のニーズを充足せるために様々な社会資源を動員したり，人権や社会正義を守るために社会に変革を求めることなどを行う。ソーシャルワークは，ケースワーク，グループワーク，コミュニティワーク，ソーシャルワーク・リサーチ，ソーシャル・アドミニストレーション，ソーシャルアクションなどに分類されていたが，その後，1970 年代以降のソーシャルワークの統合化によって，こうした分類はあまり用いられなくなり，ジェネラリスト・ソーシャルワークなどと呼ばれている。　（鵜浦直子）

側臥位［そくがい］　身体の左右いずれかを下にして，横になって寝ている状態の**体位**のことをいう（巻末資料 307 頁参照）。

（冨田川智志）

足関節屈曲［そくかんせつくっきょく］腓骨と足背が近づくように足関節を動かす運動のことをいう（図表参照）。足関節底屈ともいう。「関節可動域表示ならびに測定法」（日本整形外科学会及び日本リハビリテーション医学会）では，足関節屈曲の参考可動域角度（腓骨への垂直線を基本軸として，腓骨と第 5 中足骨が近づくように足関節を動かした時の第 5 中足骨までの角度）を 45 度と示している。また，足関節屈曲の可動域角度を測定する際は，膝関節を曲げた状態で行うこととしている。足関節が底屈して**拘縮**すると**尖足**となる。　（冨田川智志）

足関節伸展［そくかんせつしんてん］　腓骨と足背が近づくように足関節を動かす運動のことをいう（図表参照）。足関節背

屈ともいう。「関節可動域表示ならびに測定法」（日本整形外科学会及び日本リハビリテーション医学会）では，足関節伸展の参考可動域角度を 20 度と示している。また，足関節背屈の可動域角度を測定する際は，膝関節を曲げた状態で行うこととしている。　　　　（冨田川智志）

図表　足関節屈曲・伸展

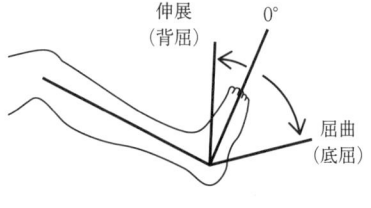

伸展
（背屈）

0°

屈曲
（底屈）

足浴［そくよく］　足に対して行う部分浴の一つ。足部の清潔保持や爽快感をもたらすことができる。また，対象によっては皮膚の状態が改善したり，全身を温めることにもつながり，血液循環を促進させるなどの治療的効果もある。足浴は，端座位やベッド上で半座位のまま行うこともできる。足浴時は，ひざ掛けなどを使用して必要以上の肌の露出を避け，保温に配慮する。足首までつかるとさらに温熱効果が高まる。足浴後のケアとしては柔らかくなった爪の手入れをしたり保湿クリームをぬるなどをする。（植北康嗣）

措置から契約［そちからけいやく］　1990年代末以降の社会福祉サービス提供システムの転換を意味する語。戦後日本では，行政機関による福祉の措置（行政処分）と公的機関および措置委託契約に基づく社会福祉法人による福祉サービスの提供を中心としたシステムが運営されてきた。措置制度は，公的機関によるニーズ決定と，利用者の応能負担を基本とする公的資源の割り当てのシステムとしての側面をもっていたが，制度導入から半世紀を経て，サービス供給量の不足，利用者のニーズの多様化への対応，行政処分的側面や利用者によるサービス提供者の選択や直接契約の不在への批判などを背景に，市場原理を導入したサービス提供システムへの転換が行われた（社会福祉基礎構造改革など）。規制緩和による多様なサービス提供者の参入，サービス供給量の増加，消費者としてのサービス利用者の位置づけへの転換などが目指されたが，サービスの質の確保，不正の防止，利用者の支援など多くの課題が表出している。　　　　　　　　　　（所道彦）

措置入院［そちにゅういん］　入院形態の一つで精神障害が原因で「自傷他害」の恐れがある場合に，本人の同意がなくても強制的に精神科病院に入院させることができる（精神保健福祉法第29条）。入院形態には，他に，本人の意思を原則とする任意入院と，家族等の同意に基づき入院が可能となる**医療保護入院**がある。措置入院は人権侵害に抵触する危険性があるので，**精神保健福祉法**（1995年制定）では，本人の意思に基づく任意入院を原則としており，措置入院にあたっては，複数（2名以上）の指定医（精神科医）の診察結果を踏まえ，知事あるいは政令指定市長が決定するという慎重な姿勢をとっている。また，退院の判断においては，**精神保健指定医**（病院）から自治体に「症状消退届」が提出され，知事の判断に基づいて退院が決定される。ちなみに 2017 年の措置入院者数は，全国で1,519 人であった。　　　　（橋本卓也）

尊厳死［そんげんし］　人が尊く，堂々と，厳かに死に至ること。最期まで命あることを肯定し前向きに生きること。尊厳あ

る死は尊厳ある生であるともいえる。死に至るまで，できる限り**生活の質**（QOL）の高い生活を保ち，よく生きるためには，適切な疼痛のコントロール等の緩和ケアの充実が求められる。また，心理的・社会的およびスピリチュアルな苦痛に対する支援も求められる。　　　（笠原幸子）

尊厳保持［そんげんほじ］　社会福祉法第3条において，「個人の尊厳の保持を旨とし，その内容は，福祉サービスの利用者が心身ともに健やかに育成され，又は

その有する能力に応じ自立した日常生活を営むことができるように支援する」ことを福祉サービスの基本的理念として謳っている。また，社会福祉士及び介護福祉士法の中でも介護福祉士は「個人の尊厳を保持し」誠実にその業務を行うことが義務づけられているように，介護における重要な理念の一つであり，これらの法令の遵守とともに，介護実践を通して常に検証が求められる。　　　（杉原優子）

た
▽

ターミナルケア［たーみなるけあ］⇒終末期介護

ターミナルケア加算［たーみなるけあかさん］　在宅における**訪問看護**や**老人保健施設**などで**終末期介護**が実施された場合に，それを評価する**介護報酬**上の加算。医師，看護師，介護職らが協働して，その人らしさを尊重した看取りを支援することができるように設けられている。**看取り介護加算**との主な違いは，医療的なケアを重点的に行う点にあり，医療方針について医師とよく話し合う必要がある。
（広瀬美千代）

体位［たいい］　重力方向に対する身体の姿勢や位置関係であり，静止した姿勢の状態のことをいう。**臥位**，**立位**，**座位**等がある（巻末資料307〜308頁参照）。
（冨田川智志）

第1号被保険者（介護保険）［だいいちごうひほけんしゃ（かいごほけん）］　**介護保険**の第1号**被保険者**は，①市町村の区域内に住所を有する（外国人登録をしている人も含む）こと，②65歳以上であることが条件となる。その介護保険料は，市町村ごとに定められる保険料率によって算定され，9つの所得段階に応じて設定されている。保険料の徴収は個人単位で行われ，年額18万円以上の老齢年金，退職年金，障害年金，遺族年金を受給している者は，年金支給時に年金保険者から天引き（特別徴収）される。年額18万円未満の年金受給者や無年金者は，市町村が納付書を発行し金融機関またはコンビニエンスストア等で納付（普通徴収）

する。保険給付は，保険料を支払い要介護認定調査の結果，要介護度が認定されると受けることができる。利用サービスに対して1割（所得によって2割，3割）を負担する。
（畠山明子）

第1号被保険者（国民年金）［だいいちごうひほけんしゃ（こくみんねんきん）］　日本国内に住所がある20歳以上60歳未満の人は，すべて**国民年金**に加入する義務があり，第1号被保険者，**第2号被保険者**，**第3号被保険者**に分類される。このうち20歳以上60歳未満の農業，漁業，商業者などの自営業者とその家族，学生，アルバイト，無職の人が第1号被保険者となる。保険料は，収入，年齢に関係なく一定で，本人または保険料連帯納付義務者である世帯主，配偶者が納める。収入の減少や失業等により国民年金保険料を納めることが困難な場合は保険料免除・納付猶予制度が利用できる。老齢基礎年金，障害基礎年金，遺族年金の受給資格があるが，加入期間や保険料納付額その他の条件により，給付内容は異なる。
（鷲巣典代）

第1種社会福祉事業［だいいっしゅしゃかいふくしじぎょう］　社会福祉法第2条第2項に規定された社会福祉事業の種別の一つである。具体的には，生活保護法上の**救護施設**や厚生施設，児童福祉法上の乳児院や**児童養護施設**，母子生活支援施設，老人福祉法上の**養護老人ホーム**や**特別養護老人ホーム**，**軽費老人ホーム**，障害者総合支援法上の**障害者支援施設**，売春防止法上の婦人保護施設などの入所

型福祉施設を経営する事業が該当する（巻末資料313頁参照）。また，授産施設を経営する事業及び生計困難者に対して無利子または低利で資金を融通する事業や共同募金を行う事業もこれに含まれる。国，地方公共団体または社会福祉法人が経営することを原則としている。また，市町村または社会福祉法人が施設を設置して第1種社会福祉事業を経営しようとするときは，その事業の開始前に，その施設を設置しようとする地の都道府県知事に届け出なければならない。（神部智司）

体位変換［たいいへんかん］　身体の姿勢や位置を変える介護のことをいう。
（冨田川智志）

体温［たいおん］　生体内部の温度のこと。英語では Body Temperature と表記する。BT と略される。体温は，1日の中で早朝が最も低く，夕方にかけて高温になる。年齢による温度差は，高齢者＜成人＜乳幼児，測定部位による温度差は，腋窩温＜口腔温＜直腸温である。体温は，外気温，体温計の種類や使用方法，測定時間の長さによっても変化するため，定期的に測定する場合は，測定部位や時間，器具などを同じにすることが原則である。介護職員が行う体温測定については，2005年厚生労働省が通知した「医師法第17条，歯科医師法第17条及び保健師助産師看護師法第31条の解釈について（通知）」により，「水銀体温計・電子体温計により腋下で体温を計測すること，及び耳式電子体温計により外耳道で体温を測定すること」は原則として医行為ではないと示されている。　　　　（吉藤郁）

体温測定［たいおんそくてい］　体の温度を測ること，検温とも呼ぶ。**バイタルサイン**のチェックの一つである。体の温度は表面に近いほど，外部の環境によって変わるので，できるだけ影響を受けにくい深いところで測ることが必要となる。体の負担を考慮すると，体温測定には，①腋窩検温（脇の下），②口腔検温（舌の下），③直腸検温（肛門）が一般的である。最近では耳で測定する耳式体温計，額で測定する額式体温計もある。平熱を知るためにはいつも同じ条件での測定が必要である。　　　　（安藤純子）

体温調節機能障害［たいおんちょうせつきのうしょうがい］　人の**体温調節中枢**は，視床下部の前部にあり，末梢温度受容器からの体温情報を処理して，自律神経を介して体温調節を行っている。その調節は，骨格筋の代謝，皮膚の小動脈の収縮機能，発汗機能などによって実行されている。

体温調節機能障害とは，脳の器質性疾患などによりその機能が障害されている状態をいう。放射線治療の副作用で生じることがあるが，その他，自律神経の調節機能が低下することでおこる。特に高齢者の場合，骨格筋での熱生産量が少なく，寒暖に対応した皮膚の血流量の変化も乏しく，発汗による体温調節機能も弱いため，全体的に体温調節機能が低下している。加えて暑さ寒さに対する感覚が鈍くなっているので，自分で服装やエアコンなど体外の環境を調節する働きが鈍っているといえる。したがって周囲の者が体温調節を支援することが望ましい。
（幸田るみ子）

退行［たいこう］　フロイト（Freud, S.）が提唱した防衛機制の一つであり，以前の未熟な発達段階の行動に逆戻りしたり，未分化な思考や表現の様式となることをいう。退行は，本人にとって不安や葛藤が喚起されるような状況で生じやすい。例えば，一般的に赤ちゃん返りと呼ばれ

る，幼児が弟や妹の誕生後に夜尿や指
しゃぶりが生じる現象はこれに当たる。成
人においても，入院や施設入所など社会
から隔離された状況では一時的な退行状
態となることもある。　　　（吉田加代子）

第3号被保険者（国民年金）［だいさんご
うひほけんしゃ（こくみんねんきん）］　第
2号被保険者（国民年金）に扶養されて
いる配偶者（妻，または夫）を指す。第
3号被保険者には，年収130万円未満
（一定の障害の状態にある人の場合は
180万円未満）という収入制限と20歳以
上60歳未満という年齢制限がある。保
険料は，**第1号，第2号被保険者**が支払
う保険料により保障されているため，保
険料の拠出はない。　　　（鷲巣典代）

第三者評価［だいさんしゃひょうか］　事
業者の提供するサービスの質を当事者
（事業者および利用者）以外の公正・中
立な第三者機関が，専門的かつ客観的な
立場から評価することをいう。（上田晴男）

帯状疱疹［たいじょうほうしん］　ヘルペ
ス，帯状ヘルペスともいう。疱疹の一種
で，水痘・帯状疱疹ウイルスに感染する
ことによって引きおこされる。2歳から
10歳頃に水痘（水ぼうそう）に感染した
時のウイルスが，治癒後も知覚神経節に
潜伏し，数十年を経て発症する。疲労，
ストレス，加齢などで，免疫が低下した
状態になると，潜伏していたウイルスが
再活性化し，皮膚に帯状の疼痛を伴う発
疹と水疱をおこす。患者の半数以上は高
齢者であり，発疹が現れる1週間ほど前
から痛みが生じ，通常は全身の左右どち
らかの皮膚に痛み・かゆみ・感覚異常な
どが現れる。4，5日後に赤い発疹がで
き，しだいに帯状の水ぶくれとなり，2，
3週間でかさぶたとなって治癒する。合
併症がおこると予後不良となる。

　　　　　　　　　　　　　（内田陽子）

大腿骨頸部骨折［だいたいこつけいぶこ
っせつ］　大腿骨と股関節の接している
部分で，大腿骨が細くなっているところ
が折れた状態をいう。大腿骨頸部骨折は
骨粗鬆症に起因することが多く，女性の
高齢者が多い。ほとんどの場合早期に歩
行できるように手術が必要となる。手術
法には，全人工股関節置換術，**人工骨頭
置換術**などがある（巻末資料303頁参照）。
　　　　　　　　　　　　　（安藤純子）

大腿骨大転子部［だいたいこつだいてん
しぶ］　ふとももの骨である大腿骨の外
側（骨頭の反対側）にある大きな凸部の
ことをいう。寝たきり等の場合に褥瘡の
好発部となる。　　　　　　（冨田川智志）

第2号被保険者（介護保険）［だいにごう
ひほけんしゃ（かいごほけん）］　介護保
険の第2号被保険者は，①市町村の区域
内に住所を有すること，②年齢40歳以
上65歳未満の者であること，③医療保
険加入者であることが条件となる。その
介護保険料は，加入する医療保険ごとの
算定ルールに基づいて賦課された医療保
険料と合わせて徴収される。保険給付対
象者の範囲は，要介護状態等であるとと
もに，その原因が加齢に伴う疾病であり
政令で認められるもの（特定疾病）であ
ることが認定された者とされる。全第2
号被保険者のうち，要介護（要支援）認
定者は1％にも満たない。　　（畠山明子）

第2号被保険者（国民年金）［だいにごう
ひほけんしゃ（こくみんねんきん）］　民
間会社員や公務員など厚生年金に加入し
ている者を指す。厚生年金保険の適用事
業所に就職した場合や公務員等になった
場合は，年齢や国内居住かどうかに関係
なく第2号被保険者となり，国民年金加
入者であると同時に厚生**年金**の加入者と

なる。事業主と折半で納付する厚生年金保険料の中に国民年金保険料も含まれている。65歳以上の厚生年金被保険者，または共済組合の組合員であって，老齢基礎・厚生年金などの受給権がある者は厚生年金被保険者となる。退職などで**第1号被保険者**となる場合には，2週間以内に国民年金被保険者種別変更の手続きが必要である。　　　　　　（鷲巣典代）

第2種社会福祉事業［だいにしゅしゃかいふくしじぎょう］　社会福祉法第2条第3項に規定された社会福祉事業の種別の一つである。具体的には，児童福祉法や老人福祉法等に規定する通所型サービスや短期入所型サービスなどを経営する事業のほか，障害者総合支援法に規定する障害福祉サービス事業，就学前の子どもに関する教育，保育等の総合的な提供の推進に関する法律に規定する幼保連携型認定こども園，各種の相談支援事業や生活支援事業，隣保事業や福祉サービス利用援助事業，生活困難者のための無料または低額な料金で簡易住宅の貸し付け，または宿泊所その他の施設を利用させる事業や診療を行う事業など多岐にわたる（巻末資料313頁参照）。経営主体については，**第1種社会福祉事業**にみられるような公的規制はないが，国及び都道府県以外の者が第2種社会福祉事業を開始した時は，事業を開始した日から1月以内に事業経営地の都道府県知事に届け出なければならない。　　　　　　（神部智司）

大脳皮質［だいのうひしつ］　大脳の縦列左右の大脳半球は，外側を取り囲む外套の表面が大脳皮質（灰白質）からなっている。大脳皮質は，神経細胞が集まって機能局在している場所である。旧皮質と古皮質と新皮質がある。その中で最も高次脳機能に関わる新皮質は，前頭葉，頭頂葉，後頭葉，側頭葉に分かれている。
　　　　　　（安藤純子）

対面法（座り方）［たいめんほう（すわりかた）］　介護者と利用者が，机を間に挟み，向かい合って座る形式の面接方法のことをいう。対面することで，常に相手を見ていることになり，観察評価をするような対立姿勢の印象になるため，利用者が緊張しやすい。よって，威圧感を与えないよう，視線を外せる花瓶などが机上にあるとリラックスしやすい。一方，公式な話や説得，指示命令の場面では，上下関係が明確になるため，その効果が発揮しやすい。　　　　　　（倉田郁也）

ダウン症候群［だうんしょうこうぐん］　体細胞の21番染色体が1本余分に存在し，計3本（トリソミー症）となることで発症する。先天性疾患群のなかでも新生児に最も多い遺伝子疾患である。臨床像としては，知的障害，先天性心疾患，低身長，肥満，筋力の弱さ，頸椎の不安定性，耳の感染症，眼科的問題（先天性白内症，眼振，斜視，屈折異常など），難聴などがあり，一般的には特徴的な顔つき，身体成長の遅れ，軽〜中度の知的障害という特徴を有する。対人的なコミュニケーションにおいては，（発音が不明瞭なため）意志を上手に伝えることが難しい，一斉指示の理解の難しさといった特徴がみられるが，性格や生活の様子に関しては個人差が大きい。予後は合併症の予防や治療，健康面の管理が重要となる場合も多い。　　　　　　（村上太郎）

滝乃川学園［たきのがわがくえん］　1896年，石井亮一によって創設された日本初の知的障害児施設。石井は立教女学校の教頭であったが，1891年の濃尾大震災の際，被災女児を自宅に引きとり，弧女学院を開設した。児童のうち2名が知的障

害児であったことから，障害児福祉・教育に専念し，その後，知的障害児施設へと移行させた。石井は渡米し，セガンの感覚訓練の方法を学び，実践した。なお，滝乃川学園は後に東京都国立市に移転している。　　　　　　　　　（中根真）

タクティールケア［たくてぃーるけあ］
介護者の手で対象者の肩や手足を包み込むように，10分間程度触れるケア。1960年代に，手で患者の体に触れることによる有効性を確信したスウェーデンの看護師によって始まった。対象者の脳の視床下部から血液中にオキシトシンが分泌され，対象者の不安やストレスのレベルが低下するといわれている。　（笠原幸子）

多床室［たしょうしつ］　入所・入居をもとに介護を行う施設における定員2名以上の居室のこと。従来の施設介護は，1人当たりの床面積が小さい居室（多床室）に複数人を収容し，流れ作業のように介護を行う集団処遇型ケアであり，プライバシーに対する配慮など，個人の尊厳が重視されているとはいい難いものであった。そのため，**特別養護老人ホーム**でいえば，居室の最低面積基準を段階的に拡大し，個別ケアの実現のために個室化を推進してきた。個室化が，入居者の孤独につながりやすく社会性を損なう，死角が増えて安全が確保できないなど，デメリット化しないように，ハード面（建物の構造などの物的要素）だけではなく，ソフト面（職員の意識や教育などの人的要素）も整備してユニットケアを推進していくことが求められる（**個室ユニット型**）。　　　　　　　　（小木曽真司）

多職種連携［たしょくしゅれんけい］　クライエント（利用者）の多様化・複雑化するニーズに対応するためには，単独で支援してもニーズを解決することは困難

である。そこで，保健，福祉・介護，医療等の専門職と必要に応じて非専門職も参加し，チームを組んでクライアントを支援することが求められる。このような考えから，多職種連携とは，複数のメンバー及び機関が，単独では解決できない問題に対して，目標を共有し，主体的に協働して目標を達成する体制のこと。機関や人の有機的なつながりに着目している一方，チームアプローチは複数の機関や人（専門職と非専門職）が一緒に行う支援に着目している。　（笠原幸子）

脱臼［だっきゅう］　骨が関節腔内の正常な位置から逸脱した状態をいう。脱臼の程度によって，完全脱臼と不完全脱臼にわけられる。特に人工骨頭置換術後に注意が必要である。治療法としては，まず整復（骨の位置を元に戻す）し，状態によって保存療法，手術療法などが選択される。　　　　　　　　　　　（安藤純子）

脱健着患［だっけんちゃっかん］　身体の麻痺や関節リウマチなどがある場合に，衣服の着脱時に苦痛や負担をかけないための基本原則を表した用語。服を脱ぐ時は麻痺や障害のない側（健側）から行い，服を着る時は，麻痺側（患側）から行うことで，できるだけ麻痺側を動かさず，苦痛や負担を最少限にできる。また，高齢者などのように関節が固くなり，関節可動域が狭くなった場合に無理な着脱を行うと関節を痛めたり，骨折する危険性もある。寝たままの状態での着脱や，かぶるタイプの上着を着用する場合もこの原則を守る。　　　　　　（植北康嗣）

脱施設（障害者）［だつしせつ（しょうがいしゃ）］　施設から出て，地域で生活すること。①施設生活から地域生活へ，②集団生活から個人の生活へ，③依存した生活から自立・自律した生活へ，等とい

う考え方にもとづき，障害のある人が施設を出て自分らしい生活をすることをいう。従来の障害者施策は施設入所によるものが中心であったが，施設生活の弊害として個人の意向が反映されづらいことや，社会との関わりが希薄になりやすいこと，終身入所となりやすく住む場所を選ぶ権利を侵害しているといったことが問題としてとらえられるようになった。障害者自立支援法以降，在宅支援制度が構築され，障害が重度であっても地域での生活を選択できる状況になりつつあるが十分とはいえない。個人の意向が尊重される支援体制の構築が求められている。
（佐藤祐輔）

脱水症［だっすいしょう］　脱水とは，体液量，特に細胞外液量が減少した状態である。のどの渇き，食欲の減退といった軽症の場合には，水を飲むなどの対処で回復される。しかし，重症になると脱力感，頭痛，眠気といった症状が現れ，最悪の場合には，電解質の異常を伴い死を招くこともある。まず予防（水分の摂取など）が大切であり，次に軽症時の早期の対策が必要である。　　（安藤純子）

達成動機［たっせいどうき］　目標を達成したり，高いレベルで課題を遂行するためにあらゆる手段を尽くそうとする欲求や動機のことをいう。達成動因や達成欲求とも呼ばれる。達成動機の強い人は，他者から認められて賞賛を獲得すること，あるいは無能で不必要な人間だと思われて他者から拒否されるといった事態を回避すること，に強く動機づけられている。また達成動機の強い人は，成功可能性があって適度にハードルの高い課題には積極的に取り組む姿勢を見せる一方で，あまりにも簡単すぎるような課題や，失敗への恐怖が優勢となるような非常に困難な課題に対しては，消極的になるという傾向がみられる。　　（蓑浦有希久）

タッピング［たっぴんぐ］　指先だけではなく，手指全体を使って水をすくう時の形でたたく（タップ）ことをいう。例えば，背中をタッピングすることで，喚気，喀痰喀出を促すことができる。
（安藤純子）

多尿［たにょう］　正常な尿量より排尿量が多いことをいう。24時間尿量が体重1kgあたり40ml以上とされる。健康成人の尿量は1日約800〜1,600mlで，多尿は一般的には1日3,000ml以上の排尿といわれる。多尿の者は**頻尿**の**排尿障害**を伴いやすい。原因は，過剰な水分摂取，多量の点滴投与，糖尿病，尿崩症，急性腎不全や慢性腎不全，慢性腎盂腎炎，高血圧，心不全などがある。治療は，原因疾患の治療と脱水に対する治療がある。夜間多尿は夜間頻尿となり，睡眠障害をおこし，QOL（生活の質）の低下を招く。
（内田陽子）

多発性脳梗塞［たはつせいのうこうそく］　脳梗塞のなかの一つである。ラクナ梗塞とも呼ばれる。ラクナとは小梗塞を意味しており，それが多発している状態をいう。階段状に脳機能が低下して記憶の低下，四肢の麻痺，運動機能の障害などの症状がでる。　　（安藤純子）

WHO［だぶりゅーえいちおー］⇒世界保健機関

短下肢装具［たんかしそうぐ］⇒装具

短期記憶［たんききおく］　たとえば，初めて聞いた言葉の意味を調べるためにインターネット検索ページに入力するまでの間，頭の中に一時的に保持されている情報を短期記憶という。記憶の貯蔵庫モデルにおいては，感覚記憶に入った情報の一部が注意の機能によって選択され，

次の段階である短期記憶へ送られると考えられている。短期記憶の情報はリハーサル（復唱）によって保持されるが、そうでない場合は数十秒から数分で消滅する。より広範な内容をとりあつかう概念として「ワーキングメモリー（作動記憶)」とみなされることもある。ワーキングメモリーとは、短期記憶を単に一時的な記憶の貯蔵庫としてとらえるだけでなく、記憶情報を用いながら課題をこなす際の重要な機能を短期記憶が果たしているという考え方である。料理・通勤・仕事・会話など、人のあらゆる日常生活はワーキングメモリーを欠いては成立しないと考えられる。　　　　（箕浦有希久）

短期記憶障害［たんききおくしょうがい］**短期記憶**とは、時間的には数秒から数分の間に存在し、消滅してしまう記憶を指す。こうした記憶は、時間の経過とともに忘却されるか、長期記憶に移行する。短期記憶障害とは、こうした短時間の記憶を格納することが困難になる状態を指す。認知症の一症状として現れることが多く、記憶障害によって総合的な判断力も低下するため、社会生活への支障が出てくる。　　　　　　　　　　（田渕恵）

短期入所（ショートステイ）［たんきにゅうしょ（しょーとすてい)］　**障害者総合支援法**第5条第8項により、居宅で介護を行う者の疾病その他の理由で障害者等を施設等へ短期間入所させ、入浴、排せつ及び食事その他の必要な支援を行う制度と規定されている。制度には福祉型と医療型があり、福祉型は、障害者支援施設等において実施され、障害支援区分1以上の障害者やそれに相当する障害児が対象となる。医療型は、病院、診療所、介護老人保健施設において実施され、定められた疾患を有する障害児・者、重症

心身障害児・者等が対象となる。ショートステイの一つ。　　　　　（櫓井康彦）

短期入所生活介護（ショートステイ）［たんきにゅうしょせいかつかいご（しょーとすてい)］　居宅で生活している要介護者が、特別養護老人ホームや指定短期入所生活介護事業所などに短期間入所し、入浴、排せつ、食事などの介護その他の日常生活上の世話および機能訓練を受けるサービス。**介護保険制度**における**居宅介護サービス**の一つである。短期入所療養介護とともに、一般的に**ショートステイ**と呼ばれる。利用者が可能な限り居宅において、その人が有する能力に応じ自立した日常生活を営むことができるよう、利用者の心身の機能の維持ならびに利用者の家族の身体的及び精神的負担の軽減を図る。要介護者の心身の状況や、家族の疾病、冠婚葬祭、出張等の理由により、または家族の介護負担の軽減等を図るために、一時的に居宅において日常生活を営むのに支障がある者が対象である。

　　　　　　　　　　　　　（井元真澄）

短期入所療養介護（ショートステイ）［たんきにゅうしょりょうようかいご（しょーとすてい)］　居宅で生活している要介護者が、介護老人保健施設等の指定短期入所療養介護事業所に短期間入所し、看護、医学的管理の下における介護及び機能訓練その他必要な医療並びに日常生活上の世話を受けるサービス。**介護保険制度**における**居宅介護サービス**の一つである。短期入所生活介護とともに、一般的に**ショートステイ**と呼ばれる。利用者が可能な限りその居宅において、その人が有する能力に応じ自立した日常生活を営むことができるよう、療養生活の質の向上及び利用者の家族の身体的及び精神的負担の軽減を図る。利用者の心身の状況や病

状により，もしくは家族の疾病，冠婚葬祭，出張等の理由により，または利用者の家族の介護負担の軽減等を図るために，一時的に入所する必要がある者が対象である。　　　　　　　　　　　　　（井元真澄）

端座位［たんざい］　ベッド等に腰かけて足を下ろして座っている状態の**体位**のことをいう（巻末資料308頁参照）。**座位**の一つ。　　　　　　　　　　　　　（冨田川智志）

炭水化物［たんすいかぶつ］　炭水化物は炭素と水の化合物である。人の消化酵素で分解され栄養素となる糖質と分解されない食物繊維に分類される。**三大栄養素**として炭水化物を用いるときは糖質をさす。炭水化物は分子量の大きさから単糖類，少糖類，多糖類に分けられ，多糖類には糖質のアミロースやアミロペクチン，グリコーゲン，食物繊維のセルロースがある。食物繊維には水に溶けない不溶性食物繊維と水に溶ける水溶性食物繊維があり，不溶性食物繊維は排便促進，水溶性食物繊維は生活習慣病予防に効果がある。　　　　　　　　　　　　　（大森玲子）

単独世帯［たんどくせたい］　世帯は，親族世帯，非親族世帯，単独世帯の3つに区分され，世帯員が1人だけの世帯を単独世帯と呼ぶ。1920年に実施された第1回国勢調査では，単独世帯割合は6.0%であったが，2010年の国勢調査では31.0%とおよそ5倍となっている。これに伴い世帯人数も縮小しており，1920年の平均世帯人員数は4.99人であったが，2010年には2.46人となっている。特に65歳以上の人が1人のみの世帯のことを高齢単独世帯と呼ぶが，近年その割合が増加している。厚生労働省が発表した国民生活基礎調査では，2015年に65歳以上の人がいる世帯が全世帯の47.1%を占め，そのうち単独世帯は26.3%である。

未婚率の上昇や少子化の進行により，家族と世帯を共にしない高齢者が増えており，社会からの孤立や**孤独死**，介護の担い手不足等が社会問題となっている。　　　　　　　　　　　　　（阪井裕一郎）

たんぱく質［たんぱくしつ］　三大栄養素の一つであるが，炭水化物や脂肪と異なり，炭素，水素，酸素のほかに窒素や硫黄から構成される。たんぱく質中には約16%の窒素が含まれる。その構造から，単純たんぱく質（アルブミンやグロブリンなど）と複合たんぱく質（核たんぱく質や色素たんぱく質など）に分けられ，筋肉や臓器など体の構成成分となるほか，酵素や免疫など体の機能調節の役割ももつ。

　たんぱく質はアミノ酸同士がペプチド結合して構成されるが，体たんぱく質を構成するアミノ酸は20種類である。体内で合成されない，あるいは合成されても必要量に満たないアミノ酸は食事から摂取する必要があり，これらを必須アミノ酸という。現在，バリン，ロイシン，イソロイシンなど9種類と考えられている。　　　　　　　　　　　　　（大森玲子）

地域移行［ちいきいこう］　障害のある人が，施設や病院から出て，自分自身が選んだ住まいで，自分らしい生活を実現すること。人権意識の高まりやノーマライゼーションの考え方を背景に，障害のある人にとっても，自分のことを自分で決めることは，人間として当たり前のことであり，自分らしいと感じられる場所で生活することが大切にされるという考え方が尊重される社会構築が求められる。地域移行を推進するためには，地域移行推進のためのプログラムや，地域移行後，その生活が定着するためのケアマネジメント等の支援が求められる。　（佐藤祐輔）

地域移行支援［ちいきいこうしえん］⇒地域相談支援

地域移行支援計画［ちいきいこうしえんけいかく］　**障害者総合支援法**第5条第20項に規定される地域移行支援の中で指定一般相談支援事業者が作成義務を負う計画。利用者との面接等により，心身の状況や本人を取り巻く環境，日常生活全般の状況等を評価，これを通じて本人の希望する生活や課題等をアセスメントし，関係機関の役割分担，連携をふまえた支援内容を検討する。その上で，本人と家族の意向，総合的な支援の方針，地域移行支援（**地域相談支援**を参照）の目標や達成時期などを記載して計画の原案を作成する。原案について，関係者らによる計画作成会議で意見聴取，本人または家族に対して説明の上で文書にて同意を得て成案とする。本人の目指す地域生活，希望を具体化させつつ，退院・退所までの具体的な支援過程を本人や家族，関係者らが共有できるように作成することが重要である。　　　　　　（永井順子）

地域医療支援病院［ちいきいりょうしえんびょういん］　地域医療体制の中核を担う**病院**のことをいう。第3次医療法改正により，1998年から機能分化した。医療機関相互の機能分担を図り，その連携を進める観点から他の医療機関から紹介された患者に対する医療の提供，施設・設備の共同利用，研修の提供等を通じてかかりつけ医を支援する。　　（内藤雅子）

地域活動支援センター［ちいきかつどうしえんせんたー］　**障害者総合支援法**に基づき市町村が行う**地域支援事業**の一つで，障害者等を通わせて，創作的活動や生産活動の機会の提供，社会との交流の促進などの援助を行う。

　障害者自立支援法が施行される際に，

地域や家庭との結びつきを重視し，福祉サービスと保健医療サービスとの連携に努めながら，地域の実情に応じた活動を行う事業として新設された。　（森口弘美）

地域ケア会議［ちいきけあかいぎ］　高齢者個人への支援の充実と，それを支える社会基盤の整備とを同時に進めていく，**地域包括ケアシステム**の実現のための手法（会議）のこと。2014（平成26）年度介護保険制度改正にて制度的に位置づけられた。地域ケア会議の目的は，個別課題への支援内容を検討すること，さらに，個別課題への支援からみえてくる地域の課題の把握や地域づくりへつなげていくことである。会議の主催は**地域包括支援センター**等である。具体的には，地域ケア会議の機能として，個別課題解決機能，ネットワーク構築機能，地域課題発見機能，地域づくり・資源開発機能，政策形成機能の5つがある。　　　　（綾部貴子）

地域支援事業［ちいきしえんじぎょう］　要支援・要介護状態になるおそれのある高齢者に対し介護予防対策や，地域で自立した日常生活を送れることを目的に実施されている介護保険制度の事業である。3つの柱の事業（**包括的支援事業**，**介護予防・日常生活支援総合事業**，**任意事業**）からなる。包括的支援事業には，**介護予防ケアマネジメント**，総合相談支援業務，権利擁護業務，包括的・継続的ケアマネジメント支援業務，地域ケア会議推進事業，在宅医療・介護連携推進事業，認知症総合支援事業，生活支援体制整備事業が含まれる。介護予防・日常生活支援総合事業には，介護予防・生活支援サービス事業と一般介護予防事業が含まれる。任意事業には**介護給付等費用適正化事業**や**家族介護支援事業**等が含まれる。

　　　　　　　　　　　　（綾部貴子）

地域生活支援事業 [ちいきせいかつしえんじぎょう]　障害児者が自立した生活を営むことができるよう，また障害の有無にかかわらず安心して暮らせる地域社会の実現のために，障害者総合支援法に基づき市町村および都道府県が主体となって実施する事業。自立支援給付とは別に，地域の特性や利用者の状況に応じて柔軟な形で効果的・効率的に事業を実施することができるよう，障害者自立支援法が施行された際に法定化された。地域生活支援事業実施要綱には，市町村の必須事業として**相談支援**，日常生活用具の給付，移動支援，**地域活動支援センター**に関わる事業等があげられている。都道府県の事業としては，専門性の高い相談支援や広域的な体制整備等があげられている。また任意事業として日常生活，社会参加，権利擁護，就業・就労の支援等を実施することができる。　　　（森口弘美）

地域相談支援 [ちいきそうだんしえん]　**障害者総合支援法**第5条第18項に規定される相談支援の一つで，地域移行支援および地域定着支援からなり，都道府県指定の指定一般相談支援事業者が実施する。地域移行支援とは，精神科病院，障害者支援施設，救護施設，矯正施設等に入院，入所している障害者に対して，訪問等により，住居の確保等の地域生活への移行に必要な活動に関する相談に応じ，地域生活の準備のための外出同行や入居支援等を実施する（原則6か月以内）。地域定着支援とは，居宅において単身等で生活する障害者につき，その地域生活を継続するために支援が必要と見込まれる場合に，常時の連絡体制を確保し，緊急の事態等に緊急訪問や緊急対応等の各種支援を行う（原則1年以内）。なお，障害者総合支援法の都道府県**地域生活支援**事業の一つである精神障害者地域生活支援広域調整等事業の中でも精神障害者の地域移行・地域生活支援事業（アウトリーチ，ピアサポートの活用，など）が実施されている。　　　　　　　（永井順子）

地域定着支援 [ちいきていちゃくしえん]　⇒地域相談支援

地域における医療及び介護の総合的な確保を推進するための関係法律の整備等に関する法律（医療介護総合確保推進法） [ちいきにおけるいりょうおよびかいごのそうごうてきなかくほをすいしんするためのかんけいほうりつのせいびとうにかんするほうりつ（いりょうかいごそうごうかくほすいしんほう）]　高度急性期から在宅医療において，患者の状態に応じた効率的かつ質の高い医療提供体制を構築するとともに，**地域包括ケアシステム**を構築することを通じ，地域における医療及び介護の総合的な確保を推進し，かつ患者の早期の社会復帰を進め，住み慣れた地域での継続的な生活を可能とすることをめざすために，医療や介護に関わる19の法案を取りまとめ，2013年に制定された。

　　　　　　　（広瀬美千代）

地域福祉 [ちいきふくし]　ある一定の地域社会で生じる生活諸問題に対して，住民主体を原則としながら，国や地方自治体による公的施策と公共サービスの提供，国や地方自治体と地域住民，民間団体の協働による生活諸問題の解決を目指す地域活動など公私の制度やサービス体系，地域活動の総称である。社会福祉法第4条に「地域福祉の推進」があるように，日本の社会福祉は地域福祉を軸に展開されている。とりわけ，2016年6月の「ニッポン一億総活躍プラン」に掲げられた地域共生社会の実現の理念を受けて，現

在，地域における住民主体の課題解決力強化・包括的な相談支援体制の構築が進められている。地域住民の力に大きな期待が寄せられているが，地域住民一人ひとりの生活の質を向上させていく公的施策の充実も不可欠であり，双方からのアプローチが求められる。　　　（鵜浦直子）

地域福祉計画［ちいきふくしけいかく］
地域福祉の推進に関する事項を一体的に進めるための計画。社会福祉法に規定され，市町村地域福祉計画（第107条）と都道府県地域福祉支援計画（第108条）からなる。市町村地域福祉計画では，①地域における高齢者の福祉，障害者の福祉，児童の福祉その他の福祉に関し，共通して取り組むべき事項，②地域における福祉サービスの適切な利用の促進に関する事項，③地域における社会福祉を目的とする事業の健全な発達に関する事項，④地域福祉に関する活動への住民の参加の促進に関する事項，⑤包括的な支援体制の整備に関する事項（第106条の3第1項各号に掲げる事業を実施する場合）を定める。都道府県地域福祉支援計画では，市町村地域福祉計画の達成に向けて，広域的な見地から市町村の地域福祉の支援に関する事項を定める。地域福祉計画の策定にあたっては，各地域の特性を踏まえるとともに，地域住民の意見を反映させることが求められる。地域住民の意見を反映させる手法として，地域住民を対象としたアンケート調査や住民懇談会，パブリックコメントなどがある。
　　　　　　　　　　　　　　（鵜浦直子）

地域福祉権利擁護事業［ちいきふくしけんりようごじぎょう］⇒日常生活自立支援事業

地域包括ケアシステム［ちいきほうかつけあしすてむ］　高齢者が住み慣れた地域で安心して生活を続けていけるようにするため，高齢者の生活上のニーズに応じたケアが包括的かつ継続的に提供されるシステムのことをいう。厚生労働省老健局長の私的研究会として設置された高齢者介護研究会が2003年に発表した報告書「2015年の高齢者介護」では，戦後の団塊世代が65歳以上の高齢者となる2015年までに実現すべき目標として「介護保険のサービスを中核としつつ，保健・福祉・医療の専門職相互の連携，さらにはボランティアなどの住民活動も含めた連携によって，地域の様々な資源を統合した包括的なケア（地域包括ケア）を提供すること」が掲げられた。

　その後，厚生労働省老人保健健康増進等事業の一環として2008年に設立された「地域包括ケア研究会」において，地域包括ケアシステムの構築に向けた具体的な取り組みに関する検討が行われている。同研究会が発表した2009年と2010年の報告書では，地域包括ケアシステムについて「ニーズに応じた住宅が提供されることを基本とした上で，生活上の安全・安心・健康を確保するために，医療や介護のみならず，福祉サービスを含めた様々な生活支援サービスが日常生活の場（日常生活圏域）で適切に提供できるような地域での体制」と定義されている。なお，日常生活圏域については「おおむね30分以内に必要なサービスが提供される圏域」として，「具体的には中学校区が基本」とされている。また，2013年の報告書では，地域包括ケアシステムの取り組みにおいて「自助」「互助」「共助」「公助」のしくみを確立させるとともに，これら4つが適切に役割分担していくことが検討されている。さらに，2016年の報告書では，地域包括ケアシステムの構

築に向けて地域の諸主体（高齢者本人や家族，介護事業者，地域の組織や団体，行政機関など）が果たすべき役割やケアを提供するサービスなど「支援」のあり方，各職種の教育など「人材育成」のあり方，効果的かつ効率的な「サービス提供体制」のあり方，さらには自治体による「地域マネジメント（地域の実態把握・課題分析を通じて，地域における共通の目標を設定し，関係者間で共有するとともに，その達成に向けた具体的な計画を作成・実行し，評価と計画の見直しを繰り返し行うことで，目標達成に向けた活動を継続的に改善する取組）」の強化および都道府県や国による自治体の後方支援などの観点から，医療や介護，福祉等の分野における諸政策のこれからの方向性について提案されている。

　これらの内容等を踏まえて，地域包括ケアに関わる法制度の改正が行われてきている。2011 年の介護保険法改正では，地域包括ケアシステムを構成する保健医療，福祉，介護，介護予防，生活支援など諸施策の有機的な連携と包括的な推進に向けた取り組みが，国および地方公共団体の責務として明文化された。また，2014 年に公布された，**地域における医療及び介護の総合的な確保を推進するための関係法律の整備等に関する法律**では，医療や看護，介護，福祉等に関連する 19 本の法律が改正されることになった。その一つである「地域における医療及び介護の総合的な確保の促進に関する法律」のなかで地域包括ケアシステムの定義が法定化され，「地域包括ケアシステムとは，地域の実情に応じて，高齢者が，住み慣れた地域でその有する能力に応じ自立した日常生活を営むことができるよう，医療，介護，介護予防，住まい及び自立し

た日常生活の支援が包括的に確保される体制をいう」（第 2 条第 1 項）と規定された。なお，地域包括ケアシステムは，団塊世代が後期高齢者となる 2025 年までに構築することが目標とされているが，2016 年の地域包括ケア研究会報告書では団塊ジュニア世代が 65 歳に達する 2040 年に向けた展望が示されるなど，より長期的な視点に立った検討が行われている。　　　　　　　　　（神部智司）

地域包括ケアシステムの強化のための介護保険法等の一部を改正する法律［ちいきほうかつけあしすてむのきょうかのためのかいごほけんほうとうのいちぶをかいせいするほうりつ］　2017 年 6 月 2 日に閣議決定された**介護保険法**の改正法である。同法での改正の視点として，「地域包括ケアシステムの深化・推進」があり，①自立支援・重度化防止に向けた取り組みの強化，②医療・介護の連携の推進，③地域共生社会の実現に向けた取り組み，などが柱となる。また，介護保険制度の持続可能性の確保も，本改正には盛り込まれており，利用者負担の定率負担を見直し，所得に応じて 1 割負担から 3 割負担に 2018 年 8 月から実施されている。また，旧来の**介護療養型医療施設**については，2024 年までの廃止に延長されると同時に，**介護医療院**（新たな介護保険施設）を創設し，順次転換していく方針が示された。本改正は，高齢者福祉，障害者福祉，児童福祉といった各分野で取り組んできた社会福祉事業を，コミュニティ・ケアに基づく新たな福祉社会の実現へ方向づけるものである。　（坂本勉）

地域包括支援センター［ちいきほうかつしえんせんたー］　2005 年の介護保険法改正により，高齢者が住み慣れた地域で可能な限り自立した生活を続けられるよ

う，さまざまな社会資源を包括的に提供するための中核機関として 2006 年 4 月より開設された。その目的は「地域住民の心身の健康の保持及び生活の安定のために必要な援助を行うことにより，その保健医療の向上及び福祉の増進を包括的に支援すること」であり（第 115 条の 46），高齢者のニーズや状態の変化に応じて，介護サービスなどさまざまな支援業務等を地域で一体的に提供するための地域のネットワークの拠点としての役割を担う機関である。職員として保健師，社会福祉士，主任介護支援専門員が原則配置されており，これらの専門職が相互に連携して包括的支援事業や介護予防支援などの業務を実施している。設置主体は市町村（特別区を含む）であるが，市町村から包括的支援事業の実施の委託を受けた法人等も設置することができる。

（神部智司）

地域包括支援センター運営協議会［ちいきほうかつしえんせんたーうんえいきょうぎかい］　**地域包括支援センター**の適切，公正かつ中立な運営を確保するために，原則として市町村ごとに 1 カ所設置されている。地域包括支援センター運営協議会が所管する事務は，地域包括支援センターの設置等に関する事項の承認，業務に係る方針，運営，職員の確保その他の地域包括ケアに関することである。また，その構成員（非常勤，再任可）については，介護サービスおよび介護予防サービスの事業者および職能団体，介護サービスおよび介護予防サービスの利用者，介護保険の被保険者，介護保険以外の地域の社会資源や地域における権利擁護，相談事業等を担う関係者，地域ケアに関する学識経験者の中から，市町村長（特別区の区長を含む）が地域の実情に応じて選定している。

（神部智司）

地域密着型介護予防サービス［ちいきみっちゃくがたかいごよぼうさーびす］　要支援者が住み慣れた地域で生活ができるように，地域の特性に応じて市町村において柔軟に提供される介護保険制度におけるサービスである。2005 年度介護保険制度改正で創設された。市町村が指定，指導・監督を行う。地域密着型介護予防サービスには，**介護予防小規模多機能型居宅介護**，**介護予防認知症対応型通所介護**，**介護予防認知症対応型共同生活介護**がある。

（綾部貴子）

地域密着型介護老人福祉施設入所者生活介護［ちいきみっちゃくがたかいごろうじんふくししせつにゅうしょしゃせいかつかいご］　地域密着型介護老人福祉施設に入所する要介護者に対し，地域密着型施設サービス計画に基づいて行われる入浴，排せつ，食事等の介護その他の日常生活上の世話，機能訓練，健康管理及び療養上の世話のことをいう。「地域密着型介護老人福祉施設」は，入所定員が 29 人以下の特別養護老人ホームであって，当該特別養護老人ホームに入所する要介護者に対し，地域密着型施設サービス計画に基づいてサービスを行うことを目的とする施設である。可能な限り，居宅における生活への復帰を念頭に置いて，入所者がその有する能力に応じ自立した日常生活を営むことができるようにすることを目指す。**介護保険制度**における**地域密着型サービス**の一つである。（井元真澄）

地域密着型サービス［ちいきみっちゃくがたさーびす］　要介護者が住み慣れた地域で生活ができるように，地域の特性に応じて市町村において柔軟に提供される介護保険制度におけるサービスである。2005 年度介護保険制度改正で創設された。

市町村が指定，指導・監督を行う。地域密着型サービスには，定期巡回・随時対応型訪問介護看護，夜間対応型訪問介護，認知症対応型通所介護，小規模多機能型居宅介護，看護小規模多機能型居宅介護，認知症対応型共同生活介護，地域密着型通所介護，地域密着型特定施設入居者生活介護，地域密着型介護老人福祉施設入所者生活介護がある。　（綾部貴子）

地域密着型通所介護［ちいきみっちゃくがたつうしょかいご］　居宅で生活する要介護者が，指定地域密着型通所介護事業所に通い，入浴，排せつ，食事等の介護その他の日常生活上の世話及び機能訓練を受けるサービス。「地域密着型通所介護事業所」は，利用定員が18人以下の小規模な老人デイサービスセンターで，2016（平成28）年4月よりスタートした。利用者が可能な限り居宅において，その人が有する能力に応じ自立した日常生活を営むことができるよう，生活機能の維持又は向上を目指し，利用者の社会的孤立感の解消及び心身の機能の維持並びに利用者の家族の身体的及び精神的負担の軽減を図る。介護保険制度における地域密着型サービスの一つである。（井元真澄）

地域密着型特定施設入居者生活介護［ちいきみっちゃくがたとくていしせつにゅうきょしゃせいかつかいご］　指定地域密着型特定施設に入居している要介護者に対して，地域密着型特定施設サービス計画に基づき行われる，入浴，排せつ，食事等の介護その他の日常生活上の世話，機能訓練及び療養上の世話。「地域密着型特定施設」は，有料老人ホーム等の介護専用型特定施設であって，入居定員が29人以下であるものをいう。指定地域密着型特定施設において，利用者がその有する能力に応じ自立した日常生活を営む

ことができるように支援を行う。介護保険制度における地域密着型サービスの一つである。　　　　　　　　　（井元真澄）

チームアプローチ［ちーむあぷろーち］⇒多職種連携

蓄尿袋［ちくにょうぶくろ］　留置カテーテルを挿入して排泄する場合や集尿器・採尿器を利用して一定時間尿をためる袋のこと。カテーテルや集尿器・採尿器と接続して使用する。ベッド上で安静にする場合や外出などで蓄尿した尿を長時間排出できない場合は，2,000～2,500 ml 程度蓄尿できる大きめの袋を選択し，歩行移動が可能な場合は，ベルトで足に固定して 350～700 ml 程度蓄尿できるサイズの袋を選択する。蓄尿した尿を排出する口の形や扱いやすさはメーカーにより異なる。蓄尿袋には逆流を防止するための逆流弁防止機能がついているが，使用する際には蓄尿袋を取りつける高さに留意する必要がある。また，留置カテーテルが折れていないか，管の中の尿が流れているか確認すること，プライバシーを守るために目隠しなどのカバーをする配慮も必要である。　　　　　　（横井光治）

知的障害者［ちてきしょうがいしゃ］　日本では「知的障害（者）」の定義は一律ではなく，法令や自治体・学術団体等によってその対象が異なる実態がある。厚生労働省が実施する「知的障害児（者）基礎調査」は，「知的機能の障害が発達期（おおむね18歳まで）にあらわれ，日常生活に支障が生じているため，何らかの特別の援助を必要とする状態にあるもの」とし，「知的機能の障害」とは標準化された知能検査による知能指数（IQ）が「おおむね70まで」，また「日常生活能力（自立機能，運動機能，意思交換，探索操作，移動，生活文化，職業など）」が

同年齢の他者に比して障害のある状態としている。知的機能の障害と日常生活の適応障害とを併せもつ状態を「知的障害」とする定義は，現在は国際的にみても一般的なものである。なお，**知的障害者福祉法**には知的障害者を定義する規定はない。　　　　　　　　　　（西田充潔）

知的障害者更生相談所 ［ちてきしょうがいしゃこうせいそうだんしょ］　都道府県に設置が義務づけられた機関で，知的障害者の福祉に関して主に次の業務を担う。①障害者支援施設等への入所による更生援護の実施または委託の措置，②知的障害者に関する相談および指導のうち専門的な知識及び技術を必要とするもの，また18歳以上の知的障害者の医学的，心理学的及び職能的判定，③障害者総合支援法に定める介護給付費等，あるいは地域相談支援給付費等の支給の決定において，市町村の求めに応じて意見を述べるとともに，関係者に意見を聴くこと，④障害者総合支援法に定める介護給付費等，あるいは地域相談支援給付費等の支給決定に関わる業務に関して，市町村の求めに応じて技術的な面で協力や援助をすること。設置の根拠および業務内容は**知的障害者福祉法**による。　　　　　　（森口弘美）

知的障害者相談員 ［ちてきしょうがいしゃそうだんいん］　市町村から委託を受けて，知的障害者や保護者の相談に応じ，知的障害者の更生のために必要な援助を行う者。社会的信望があり知的障害者の更生援護に熱意と識見をもっている者が市町村に委託されるが，市町村による委託が困難な場合は都道府県が委託することができる。根拠法は**知的障害者福祉法**。知的障害者相談員が委託を受けた業務を行うにあたっては，知的障害者や保護者が障害福祉サービスや相談支援等のサービスを円滑に利用できるように配慮するとともに，サービス事業者と関係者との連携を保つよう努めなければならないとされている。　　　　　　　　　（森口弘美）

知的障害者の権利宣言 ［ちてきしょうがいしゃのけんりせんげん］　1971年に国連総会において採択された知的障害者の権利を宣言するものである。前文では，知的障害をもつ人が多くの活動場面でその能力を発揮できるよう援助し，可能な限り通常の生活に受け入れることを促進する必要性を明記した。また，各国へ，国内的，国際的行動を要請した。具体的には，①実際上可能な限り他者と同等の権利，②医学的管理および，能力と最大限の可能性を発揮せしめ得るような教育，訓練，リハビリテーションを受ける権利，③経済的保障及び相当な生活水準を享有する権利，④家族または里親と暮らし社会生活に参加する権利，⑤後見人を与えられる権利，⑥搾取や乱用，虐待から保護される権利等である。「最大限可能な限り」という表現は，障害者の権利に関する制約であることから，1975年の国連総会では，これを削除した。（藤原里佐）

知的障害者福祉司 ［ちてきしょうがいしゃふくしし］　知的障害者福祉法に基づき，都道府県が設置する**知的障害者更生相談所**に置かれる職員。市町村が設置する福祉事務所に置くこともできる。社会福祉主事で知的障害者の福祉に2年以上従事した経験のある者，大学において厚生労働大臣の指定する社会福祉に関する科目を修めた者，医師，社会福祉士等から任用され，知的障害者の福祉に関する事務を担う。主な業務は，①知的障害者更生相談所においては，市町村の更生援護の実施に関する市町村間の連絡や調整，情報の提供，知的障害者に関する相談およ

び指導のうち，専門的な知識・技術を要すること，②福祉事務所においては，所員に対する技術的な指導，また知的障害者に関する相談，調査，指導のうち，専門的な知識・技術を要することなど。

（森口弘美）

知的障害者福祉法［ちてきしょうがいしゃふくしほう］　知的障害者福祉法（旧・精神薄弱者福祉法）は，知的障害者の自立と社会経済活動への参加を促進するため，知的障害者を援助するとともに必要な保護を行い，もって知的障害者の福祉を図ることを目的として，1960年（昭和35年）に制定された。身体障害者福祉法などとともに，社会福祉六法の一つとされる。本法では，知的障害者自身が社会経済活動に参加する努力をするとともに，その機会の確保を図ることが国・地方公共団体・国民に課された責務であるとされている。制定当初より，知的障害者に対する独自の福祉施策を規定してきたが，現在は障害者総合支援法に障害福祉サービスなどが一本化されている。（西田充潔）

地方自治法［ちほうじちほう］　地方自治の基本について定めた法律で，1947年に日本国憲法と同時に施行された。日本国憲法第92条には「地方公共団体の組織及び運営に関する事項は，地方自治の本旨に基づいて，法律でこれを定める」とあり，これにより定められた法律の中で最も基本的なものである。地方公共団体の種類や組織，国との役割分担，住民の権利と義務，条例および規則，議会，執行機関に関することなどが定められている。地方公共団体が自らの権限において行政を行う団体自治と，地方公共団体の運営が住民の意思や責任に基づいて行われる住民自治の実現により，地方自治を確立することを目的としている。

（多久島慎一）

着衣失行［ちゃくいしっこう］　高次脳機能障害による着衣障害で，身体図式障害や空間関係の障害のためにうまく着衣できない状態。独立した障害ではなく多様な**失行**や**失認**の合併症状だとする見解もある。着ようとしているものが服であることは把握できるが，衣服の構造や左右，身体と衣服各部分の空間的対応関係がわからなくなる。長袖の前開き型で特に難しい。**失語**がある場合は，手順の図示，表，写真の活用，半側身体失認がある場合は，患側肢への注意喚起，両手動作訓練など，障害の特性に応じた着衣脱衣の行程を容易にする工夫や，着やすい衣服を選択し，着ることを楽しむように心がける。　　　　　　　　　　（田辺肇）

注意欠如・多動性障害（ADHD）［ちゅういけつじょ・たどうせいしょうがい（えーでぃーえいちでぃー）］　不注意（集中力がない）・多動性（じっとしていられない）・衝動性（深く考えずに行動してしまう）の3つの臨床像から診断される**発達障害**。年齢や発達状況に不釣り合いな行動が学業や社会的場面において支障をきたすことがある障害である。アメリカ精神医学会の診断マニュアル（DSM-5）では，12歳以前に現れ，その状態が継続し，中枢神経に何らかの要因による機能不全があると推定されている。不注意・多動・衝動性の行動特徴は年齢とともに変化したり落ち着いたりしていくが，成人してもそれらの行動特徴が継続しているケースもみられるため，周囲の人のフォローや環境調整が重要となる場合がある。　　　　　　　　　（村上太郎）

中核症状［ちゅうかくしょうじょう］　認知症の中心的症状であり，脳の障害に直接起因する認知機能障害のことであり，

記憶障害，見当識障害，理解力低下，高次脳機能障害などをいう。記憶障害は近時記憶の障害が強く，物事を新しく記憶することが困難になる。それに対して過去のエピソード記憶は比較的保たれている。見当識障害は，時間・場所・人の理解が曖昧になり，自分が置かれている状況を認識する能力が障害される。理解力判断力の低下では，筋道を立てて考えることができなくなり，計画を立て，手順を考えて実行することができにくくなる**実行機能障害**がおこる。高次脳機能障害では，聞く・読む・話すといった言葉に関わる機能障害である失語，動作を組み合わせた行為ができなくなる失行，知っている物の使い方がわからなくなる失認などが起こる。　　　　　　（幸田るみ子）

中心静脈栄養法（IVH）［ちゅうしんじょうみゃくえいようほう（あいぶいえいち）］手術前後や人工呼吸器管理中，経口摂取不可能などの場合，生命維持に必要なエネルギー確保のために，上腕静脈，鎖骨下静脈，大腿静脈からカテーテルを挿入し，高カロリー輸液を，中心静脈に投与する方法である。**医療行為**となる。
　　　　　　　　　　　　　　　（鈴木峰子）

聴覚障害［ちょうかくしょうがい］　身体障害の一種で，音が聞こえない状態，もしくは聞こえにくい状態をいう。補聴器等を使っても通常の話声を解することが不可能または著しく困難である。外見上わかりにくい障害であり，他者から気づかれにくい。外耳，中耳まで伝音系に障害がある状態を**伝音性難聴**といい，音が小さくなったように聞き取りにくくなる。また，内耳から，聴神経，脳などの感音系に障害がある状態を**感音性難聴**といい，音が小さく聞こえたり，ゆがんで聞こえたりすることがある。老人性難聴も感音

性難聴の一種である。　　　　（近藤尚也）

腸管出血性大腸菌感染症［ちょうかんしゅっけつせいだいちょうきんかんせんしょう］　腸管出血性大腸菌がベロ毒素を産生して発症する3類**感染症**で，抵抗力の低い小児や高齢者に好発する。原因菌は腸管出血性大腸菌に属するO157であることが多い。感染経路は菌で汚染された食物などの経口摂取，人から人への二次感染がある。症状の重篤度はさまざまで，多くの場合，3〜5日の潜伏期の後，頻回な水様便で発症し，その後激しい腹痛を伴う水様便，血便がみられる。有症者の中には溶血性尿毒症症候群などの重症合併症を発症し死に至ることもある。治療は，安静，水分の補給および抗生剤の投与が基本となる。感染拡大防止策としては，手指衛生の徹底，排泄物処理時の防護具使用などの標準予防措置策や，衛生的な調理過程の徹底などが必要である。　　　　　　　　　　　（小板橋梨香）

長期記憶［ちょうききおく］　過去の思い出，勉強して得た知識，自転車の乗り方など，半永久的に保持されている記憶のこと。記憶の貯蔵庫モデルの最終段階であり，容量はほぼ無限大とされる。長期記憶の前段階として，短期記憶で行われるリハーサルには2種類ある。まず維持型リハーサルは単に情報を短期記憶に留めておくだけで，リハーサルをやめると情報は数十秒間で失われてしまう。もう一つの精緻化リハーサルは，短期記憶にある情報を長期記憶へ送るためのものであり，リハーサルをやめても情報は長期記憶に蓄えられることとなる。
　　　　　　　　　　　　　　　（箕浦有希久）

長期記憶障害［ちょうききおくしょうがい］　記憶障害のうち遠隔記憶を含む**長期記憶**の想起（追想）障害をいう。通常

思い出せなくなることのないような，人生上の出来事，知識，ものごとの手順が思い出せなくなる。

　認知症の中核症状である記憶障害では，たとえばアルツハイマー病の場合，症状が進行してくると，昔の記憶（遠隔記憶）の想起（追想）も新しいものから順に失われ（長期記憶障害），今居る場所や時間（年代）がわからなくなり（見当識障害），日常的な行為が，複雑なものから順にできなくなる（**実行機能障害，失行**）。また前頭前野の損傷で生じる記憶障害では，**遂行機能障害**もしくはその遂行機能を担うワーキングメモリの障害（**短期記憶障害**）により，長期記憶の時間的順序の混乱，なかったことをあったと思い出す虚記憶，あとで行うことを適時に思い出して実行する展望記憶の障害などが認められる。　　　　（田辺肇）

超高齢社会［ちょうこうれいしゃかい］超高齢社会（super aging society）とは，総人口に占める高齢者の比率が非常に高い水準に達した社会を指す用語であり，**国連**や**世界保健機関（WHO）**の定義では**高齢化率**（65歳以上人口比率）が21％を超えた社会のことである。日本では2007年にこの超高齢社会の段階に達したとされる。2020年の日本の高齢化率は全体で28.7％，女性は31.6％と3割を超えるなど，主要先進国の中で最も高い割合を示している。また少子化と平均寿命の伸びから，高齢化率はさらに高まることが予測されており，若年人口への負担の増大や介護問題が大きな課題とされている。　　　　（中西泰子）

長座位［ちょうざい］　上体を起こして，両足を前に並行に投げ出して座っている状態の**体位**のことをいう。座位の一つ（巻末資料308頁参照）。　　　　（冨田川智志）

長寿社会対応住宅設計指針［ちょうじゅしゃかいたいおうじゅうたくせっけいししん］　加齢等に伴う身体機能の低下や障害が生じた場合でも，住み慣れた自宅で可能な限り自立した生活を続けることができるように，新築や建て替える住宅のバリアフリー化を進めることを目的とした指針。21世紀の高齢社会が迫る中，1995年に当時の建設省（現在は国土交通省）が策定した。部屋の配置や段差，手すりの設置，通路や出入り口の広さなどの項目ごとに，住宅を設計する上で配慮すべき事項が示されている。また，在宅介護の充実に対応していくために，浴室やトイレなどでは介助可能な広さを確保するといった，介助のしやすさに配慮することも求めている。　　　　（多久島慎一）

直角法（座り方）［ちょっかくほう（すわりかた）］　介護者と利用者が，90度の角度（L字型の位置）に座る形式の面接方法のことをいう。利用者との関係性をつくる座り方として有効であるため，カウンセリングなどで使われる座り方である。正面を向いてもお互いの視線が合わず，互いに共通のものを見ることができるため，必要に応じて目を合わせたり，逸らしたりできる。また，目に入る場所に人がいないことで，自分だけのプライベートな空間が確保されているという安心感が得られ，利用者が緊張せずに対話をすることができる。　　　　（倉田郁也）

通院等のための乗車・降車の介助（通院等乗降介助）［ついんとうのためのじょうしゃ・こうしゃのかいじょ（つういんとうじょうこうかいじょ）］　介護保険制度の訪問介護で行われる身体介護・生活援助に並ぶメニューの一つである。要介護者である利用者に対して，通院等のため，指定訪問介護事業所の訪問介護員等が，

自らの運転する車両への乗車または降車の介助を行うとともに，併せて，乗車前もしくは降車後の屋内外における移動等の介助または通院先もしくは外出先での受診等の手続，移動等の介助を行うサービスである。予め居宅サービス計画に基づいて提供される。　　　　　（岡田直人）

通所介護［つうしょかいご］　居宅で生活する要介護者が，老人デイサービスセンター等の指定通所介護事業所に通い，入浴，排せつ，食事等の介護その他の日常生活上の世話及び機能訓練を受けるサービス。**介護保険制度**における**居宅介護サービス**の一つである。一般的に，デイサービスと呼ばれる。利用者が可能な限り居宅において，その人が有する能力に応じ自立した日常生活を営むことができるよう，生活機能の維持又は向上を目指し，利用者の社会的孤立感の解消及び心身の機能の維持並びに利用者の家族の身体的及び精神的負担の軽減を図る。
　　　　　　　　　　　　　　　（井元真澄）

通所リハビリテーション［つうしょりはびりてーしょん］　居宅で生活する要介護者が，介護老人保健施設，病院，診療所等の指定通所リハビリテーション事業所に通い，心身の機能の維持回復を図り，日常生活の自立を助けるために行われる理学療法，作業療法その他必要なリハビリテーションを受けるサービス。**介護保険制度**における**居宅介護サービス**の一つである。デイケアと呼ばれることもある。利用者が可能な限り居宅において，その人が有する能力に応じ自立した日常生活を営むことができるよう生活機能の維持又は向上を目指し，理学療法，作業療法等のリハビリテーションを行うことにより，利用者の心身の機能の維持回復を図る。　　　　　　　　　　　　（井元真澄）

DCM［でぃーしーえむ］⇒認知症ケアマッピング

DV［でぃーぶい］⇒ドメスティック・バイオレンス

DMAT［でぃーまっと］⇒災害派遣医療チーム

低栄養［ていえいよう］　食欲低下による食事摂取量の減少や偏った食事により，日常生活の活動に必要なエネルギーと筋肉や臓器などの原料となるたんぱく質などの栄養素が不足した状態のこと。特にたんぱく質とエネルギーの低栄養状態（PEM）に陥ると，日常生活動作の低下，感染症の誘発，在院日数の延長などがもたらされる。高齢者における最大の栄養問題とされており，その原因は孤食や咀嚼嚥下機能の低下，味覚や嗅覚など感覚機能の低下とされる。低栄養は，高齢により筋力や活力が衰えた段階（フレイル）にもつながるため，早期に発見し介入することで，要介護の防止にもなる。
　　　　　　　　　　　　　　　（大森玲子）

定期巡回・随時対応型訪問介護看護［ていきじゅんかい・ずいじたいおうがたほうもんかいごかんご］　要介護度が高くても，独居や認知症であっても，可能な限り安心して自宅で自立した日常生活を送ることができるよう，介護職員と看護職員が連携し，通常の定期的な訪問のほか，24時間365日必要なサービスを柔軟に提供する。**介護保険**の**地域密着型サービス**の一つ。サービス内容は，大きく4つ，①定期巡回サービス（訪問介護員が定期的に巡回），②医師の指示による訪問看護サービス，③随時対応サービス（オペレーションセンターによる相談対応），④随時訪問サービス（オペレーターの判断による訪問介護員等の訪問）である。なお，1つの事業所で訪問介護と訪問看

護を一体的に提供する「一体型」と，訪問介護を行う事業者が地域の訪問看護事業所と連携してサービスを提供する「連携型」がある。　　　　　　　（忍正人）

低血圧 ［ていけつあつ］　血圧が正常範囲を下回っている状態をいう。一般的に収縮期血圧 100 mmHg 以下の場合を低血圧とよぶ。80 mmHg 以下になると循環血液量が減少して，めまい，頭痛，息切れなどの症状が現れやすくなる。（安藤純子）

低血糖 ［ていけっとう］　血糖値が正常範囲を下回っている状態をいう。一般的に血糖値が 60〜70 mg/dL 以下の時は低血糖と考えられるが症状は人によってちがう。特に**インスリン注射**により糖尿病で血糖コントロールをしている場合は，意識障害，昏睡などが症状にでて，放置すると脳死になるため糖の摂取など迅速な対応が必要となる。　　　　　（安藤純子）

適応機制 ［てきおうきせい］　心理的葛藤や不安な状況にあった時，それを解消して心の平衡を維持・回復するために無意識に働く心のメカニズムのことである。精神分析学派から提唱された概念であり，防衛機制ともいう。主な適応機制には抑圧（不快な感情や思考を意識から閉めだして，それらを感じないようにすること），退行（より幼い発達段階に逆戻りすることで心理的葛藤を解消すること。子ども返りがこれにあたる），同一化（相手の考えや属性を取り入れて，自分も同一だと思うこと。同一視ともいう），合理化（自分の考えや行動がもっともらしくなるように言い訳をすること），昇華（心理的葛藤を社会に受け入れられる形に無意識のうちに変えること。最も適応的な防衛機制だといわれている）などがある。　　　　　　　　　　　　（深瀬裕子）

摘便 ［てきべん］　自然排便では便を排出できない場合，肛門から指を挿入し，便を摘出することである。肛門・直腸を傷つける可能性が高いため，医療行為とされる。手袋を装着し潤滑油を塗り，ゆっくり指を肛門に挿入し，便塊を確認し，指をゆっくり回しながら便をかき出す。便塊が指で触れなくなったら，腹圧を少しかけるよう促し，便が肛門付近に移動してきたら再びかき出す。行為中は患者の顔色や全身状態を観察する。頻回に行うと肛門裂傷などがおきる可能性があるため，できるだけ水分摂取や緩下剤の使用，マッサージなどで排便を調節する。　　　　　　　　　　　　（内田陽子）

手続き記憶 ［てつづききおく］　繰り返しによって習得された時系列的な処理の連なりの記憶のことをいう。たとえば，歌い慣れた歌や自転車の乗り方など日常生活に関わる動作や手順などは，系列の全体像を自覚できなくても一旦引き出されはじめると自動的に系列が再生される。認知症などの記憶障害では，比較的障害されずに保存される傾向がある。条件付けやプライミングとともに非宣言的（非陳述）記憶（潜在記憶）に含まれるとするのが一般的。なお，非宣言的記憶はスクワイヤー（Squire, L. R.）の**長期記憶**の分類に入り，自覚的で言葉で表現できる宣言的（陳述）記憶（顕在記憶）の対概念となる。　　　　　　　　　　（田辺肇）

伝音性難聴 ［でんおんせいなんちょう］　外耳から中耳（外耳道から鼓膜，耳小骨まで）にかけて音が伝わる過程で，伝音部の障害でおきる難聴をいう。外耳道の閉塞，鼓膜に孔があいた，耳小骨の動きが悪いなどが主な原因である。**感音性難聴**とは異なり，音の伝わる過程に問題があるので，入ってくる音を大きくすれば聴こえの改善が期待できる。伝音性難聴

は重くても聴力レベルが 70 デシベルを超えないとされており（難聴程度は軽度から中度），補聴器装用が有効である。外耳道閉鎖症，急性中耳炎，慢性中耳炎，滲出性中耳炎，耳硬化症，耳垢栓塞，鼓膜穿孔，鼓膜裂傷，耳管狭窄症など，病気や症状に応じた治療や手術による医学的治療で聴力を回復できる場合もある。

（内田陽子）

てんかん［てんかん］　てんかんとは，種々の病因によって大脳神経細胞の過剰放電によって反復性の発作（てんかん発作）をきたす疾患である。病因は特発性（特定の病変はなく遺伝性の素因が多い）と症候性（中枢神経に病変を有する）がある。てんかん発作には，全般発作と部分発作に分かれる。全般発作は，脳全体が過剰興奮することによって起こる発作であり，強直間代発作，欠神発作，ミオクロニー発作，脱力発作などがある。部分発作は，大脳皮質の一部の過剰興奮によっておこる発作で，意識障害のない単純部分発作と意識障害を伴う複雑部分発作がある。てんかんの診断にあたっては，発作の状況を把握する問診，神経細胞の過剰興奮をとらえる脳波検査，脳の器質的病変を探る頭部 CT や MRI など画像検査を行うことが重要である。（幸田るみ子）

点眼［てんがん］　眼に点眼薬をさすこと。介護職員が行う点眼については，2005 年厚生労働省が通知した「医師法第 17 条，歯科医師法第 17 条及び保健師助産師看護師法第 31 条の解釈について（通知）」により，対象者の容態が安定し，医師や看護師による連続的な容態の経過観察が必要でなく，医薬品の使用方法について専門的な配慮が必要でないことを医師や看護師が確認し，介護職員が医薬品の使用の介助ができることを本人または家族

に伝え了承を得た場合に，原則として**医行為**でないと示されている。点眼方法は，まず清潔な拭き綿を下瞼に当てて対象者の下瞼を軽く下に引く。やや上方を見てもらい，下瞼中央に 1 〜 2 滴点眼する。その時，容器の先端がまつ毛などに触れないよう注意する。点眼後は，しばらく目を閉じて目頭を押さえてもらう。

（吉藤郁）

点字［てんじ］　縦 3 点と横 2 列の 6 点を基本に成り立ち，視覚障害者が指先などの触覚を用いて，読み書きができる記号文字である。また触覚を用いたコミュニケーション手段としても利用できる。点字は横書きで，読むときは，左から右側へ凸面を読んでいく。1825 年，自らも視覚障害者であったフランスのルイ・ブライユ（Braille, L.）が考案した。日本では，1887（明治 20）年頃からブライユ点字の翻案に官立東京盲啞学校の小西信八校長らが取り組み，1890（明治 23）年同校の石川倉次教諭がカナ文字による点字を考案した。その後 1901（明治 34）年日本訓盲点字として官報に発表され普及した。　　　　　　　　　　（國定美香）

動機づけ［どうきづけ］　生き物の行動を方向づけて，行動を生み出すためのエネルギーや推進力となるもの。モチベーションとも呼ぶ。動機づけの原因には，空腹や渇き，性的欲求といった脳内・体内の生理的現象から，目標の達成，対人関係，文化や社会まで，幅広い内容が関わっている。動機づけ研究の理論的立場の一つは動因論であり，これは生き物としての基本的な欲求をはじめとして，さまざまな内的要因が動機づけを左右するとみなす考え方である。もう一つは誘因論であり，食べ物・飲み物・性的対象・お金・名誉など，外的な事物が動機づけを

左右するとみなす考え方である。

（箕浦有希久）

同居率 ［どうきょりつ］　一緒に同じ住居に住んでいる割合のこと。日本において65歳以上の高齢者の場合，2019年現在の子の同居率は35.9％となっている。1980年時点の子との同居率は69.0％であった。65歳以上の高齢者のいる世帯構成として，単身世帯と夫婦のみの世帯が全体に占める割合は1980年時点では28.1％であったが，2019年時点では60.0％となっている。また，未婚の子との世帯は1980年時点で10.5％であったものが，2019年現在は20.0％となっている。子との同居率は減少傾向にあるが，生涯未婚率の上昇や子の経済状況なども影響し，配偶者のいない子が親と同居する割合が高くなっていることがわかる。

（鵜浦直子）

同行援護 ［どうこうえんご］　視覚障害のある人を対象に，外出した時の移動の介護を行うサービスである。移動時や外出先における代筆・代読といった視覚的な情報の支援，排せつ・食事等の介護，外出前後の衣服の着脱を行うことも含まれている。**障害者総合支援法**における**介護給付**の一つである。利用できる外出の内容としては，学校・仕事は対象ではなく，役所等における手続きや金融機関を利用するための外出等といった「社会生活に必要不可欠な外出」，買い物や趣味のサークルに参加する等といった「余暇活動などの社会参加のための外出」に限って認められている。対象者は，視覚障害により，移動に著しい困難を有する人で，同行援護アセスメント票の調査項目に該当していることが条件となっている。身体介護を伴う場合は，**障害支援区分が2以上**等の条件がある。

（萬代由希子）

統合失調症 ［とうごうしっちょうしょう］　**双極性障害**とともに**内因性精神障害**といわれ，主に思春期から青年期に好発し，特徴的な思考障害，感情障害，意欲減退などの症状を呈し，慢性に経過する精神疾患である。有病率は人口の約1％である。明確な原因は不明であり，ドーパミン，セロトニン，グルタミン酸などの神経伝達物質のバランスの異常が背景にあると考えられている。また，発症前の病前性格として，非社交的，控えめ，内向的などがあり，ストレスを上手く処理するのが苦手というストレス脆弱性があるといわれている。その症状は，①陽性症状：幻聴，被害妄想，精神運動興奮など，②陰性症状：意欲減退，感情の平板化，無為自閉など，③認知機能障害：**実行機能障害**，注意障害，対人関係や社会生活のしづらさなどの障害を認める。

　治療は，回復過程や目標に合わせて以下の3つを組み合わせ，長期的な取り組みが必要である。①抗精神病薬を中心とした薬物療法，②入院施設，デイケア，地域活動支援センター，就労移行施設，就労継続支援施設などでの生活指導，生活技能訓練（SST），作業療法，就労訓練などの**リハビリテーション**，③病気の理解を進める心理教育や精神療法。以前は，精神科病院での長期入院処遇が一般的であったが，近年は入院期間を短期化し，社会生活の中でのリハビリテーションを行い，社会参加を促進する精神医療へと転換が図られている。

（幸田るみ子）

橈骨 ［とうこつ］　肘関節から手関節までの部分（前腕部）にある2本の骨のうち親指側にある骨のことをいう（巻末資料303頁参照）。

（冨田川智志）

橈骨遠位端骨折 ［とうこつえんいたんこっせつ］　手首側での橈骨の骨折をいう。

転倒時，中高年者に生じやすい手首の骨折部位である。　　　　　　　（安藤純子）

当事者［とうじしゃ］　障害のある人，アルコール依存症の人，認知症の人，高齢者，介護している家族など，その事柄に直接関係している人のこと。　（笠原幸子）

当事者団体［とうじしゃだんたい］　同じ疾病や障害，状態や体験などをもつ人が集まった組織。互いに対等な関係を築くことができやすく，相手の疾病や体験等に対する共感性や受容性が高いといわれる。当事者が集まった組織では，互いに学びあったり，疾病や体験等に対する偏見や差別をなくすための活動をしたり，制度や施策を改善するための活動を行っている。　　　　　　　　　　（笠原幸子）

糖質［とうしつ］　三大栄養素の一つであり，1 g あたり 4 kcal のエネルギー量をもつ。食事から摂取する糖質のうち，最も多いのはでんぷん，次いで，しょ糖である。糖質の最小単位である単糖類には，ぶどう糖，果糖，ガラクトースなど，少糖類のうち二糖類には麦芽糖，しょ糖，乳糖，多糖類にはアミロースやアミロペクチン，グリコーゲンがある。摂取後すぐに利用されない糖質は脂肪に変換されるため過剰摂取は肥満の原因となる。血液中のぶどう糖濃度を血糖値といい，血糖値が上がるとインスリンのはたらきにより各組織に取り込まれる。インスリンが作用しなくなると糖尿病の発症につながる。　　　　　　　　　　（大森玲子）

同性介護［どうせいかいご］　同性による介護のことをいう。排せつや入浴の介護の場面において，男性利用者は男性の，女性利用者は女性の介護職員からの介護を希望する場合が多い。特に，高齢者に対するサービス提供場面よりも，障害者に対するサービス提供場面において希望が多い傾向がある。厚生労働省社会・援護局障害保健福祉部が発表した「平成27年度障害福祉サービス等報酬改定検証調査」結果では，女性利用者は女性の介護職員から介護を受けている割合が高かった。特に排せつの場面では多い。一方，「利用者は何がなんでも同性介護を望むというよりは，介護者の人としての質及びプロとしての介護技術を求めている」という研究結果もある。現時点において，同性介護は望ましいが，同性介護をしなければならないといった社会的な合意は得られていない。　　　　　　（笠原幸子）

統制された情緒的関与［とうせいされたじょうちょてきかんよ］⇒バイステック

透析療法［とうせきりょうほう］　急性・慢性腎不全などにより腎機能の低下がみられ，体内の老廃物を除去できなくなった場合に行う代替療法をいう。血液透析と腹膜透析療法がある。　　（鈴木峰子）

痘そう［とうそう］　天然痘ともいい，オルソポックスウイルスに分類される天然痘ウイルスが，ヒトのみに感染する。空気感染や飛沫感染，患者の皮膚病変との接触やウイルスに汚染された患者の衣類や寝具なども感染源となる。潜伏期間は7〜16日，急激な発熱や頭痛，悪寒，それに続き顔面や四肢に全身の発疹が現れる。ワクチン接種（種痘）を受けていないヒトでの感受性はきわめて高い。WHO による天然痘根絶計画において1977年ソマリアにおける患者発生を最後にして，その後2年間の監視期間を経て，1980年5月 WHO は天然痘の世界根絶宣言を行った。　　　　　（内田陽子）

導尿［どうにょう］　自然排尿で尿を排出できない場合に，カテーテルを尿道に挿入して尿を排出することをいう。尿が溜るたびに導尿し，カテーテルを抜く間欠

的導尿と，持続的導尿がある。後者では，先端がバルーンのように膨らむカテーテルを膀胱内に留置させ，尿はカテーテルを伝い随時排出される（**膀胱留置カテーテル**）。導尿回数は減るが常にカテーテルが膀胱内に入っているため患者は違和感を感じ，苦痛となる。さらに，細菌がカテーテルを介して感染（逆行性感染）を引きおこすリスクが高くなる。

（内田陽子）

糖尿病［とうにょうびょう］　インスリン（ホルモンの1種で血糖を下げる働きがある）の働きが十分でないため，血糖値が下がらない状態のこと。さまざまな合併症を引き起こす。三大合併症は神経障害，**糖尿病性網膜症**，糖尿病性腎症である。1型糖尿病と2型糖尿病がある。1型糖尿病は，主に自己免疫によってインスリンが欠如して発症する。2型糖尿病は肥満などといった生活習慣が関係しているといわれている。また，血糖コントロールが上手くできないと，インスリンが効きすぎて意識障害などの**低血糖**症状をおこすことがある。　　　（安藤純子）

糖尿病性網膜症［とうにょうびょうせいもうまくしょう］　糖尿病の三大合併症の一つ。中途失明の原因疾患にあげられる。糖尿病の治療と，必要に応じて網膜光凝固術などの手術が行われる。中途失明の最大の原因である。　　　（安藤純子）

動物介在療法［どうぶつかいざいりょうほう］　医師の治療計画に基づき，対象者の身体機能，社会的機能，精神面の向上および回復を目的にイルカ等を介在動物とした触れ合いを実施したのち，効果判定を行う医療行為を「動物介在療法（アニマルセラピー：Animal Assisted Therapy；AAT）」という。一方，動物と触れ合うことによる情緒的な安定や生活の質の向上を目的とした活動を，「動物介在活動（Animal Assisted Activity；AAA）」と呼び，獣医師等をはじめとした多くのボランティアによって福祉施設等で実施されている。日本において現在，この動物介在療法と動物介在活動をあわせてアニマルセラピーと呼んでいる。

（渡邉泰夫）

動脈硬化［どうみゃくこうか］　血管内膜が肥厚する動脈硬化には，粥状動脈硬化と動脈の硬化がある。要因には，糖尿病，コレステロールの脂質異常症などがある。それ自体は特に症状なく進行するが，進行すると血管が詰まり**脳梗塞，心筋梗塞**などの原因となり，生活習慣病にかかわる。　　　（安藤純子）

特殊浴［とくしゅよく］　歩行や座位保持などが困難な人のための入浴法。主な種類には「寝台浴」「チェアイン浴」「リフト浴」がある。「寝台浴」と「チェアイン浴」は専用の浴室を設ける必要があるが，「リフト浴」は一般浴槽を利用してリフトが設置されていることが多い。「寝台浴」は専用のストレッチャーと浴槽を使用し，寝たままの状態で入浴できるため，重症者などの身体への負担軽減が図れる。「チェアイン浴」はキャスターのついた椅子型ストレッチャーと専用浴槽を使用し，座ったままで入浴できる。「寝台浴」と「チェアイン浴」の浴槽は入浴効果を高めるためジャグジー機能を備えているものが多い。機械浴ともいう。これに対し自力歩行や介助歩行で入浴することを，**一般浴**という。　　　（植北康嗣）

特定介護予防福祉用具販売［とくていかいごよぼうふくしようぐはんばい］　介護保険制度における要支援1または2の認定を受けた人を対象に支給される居宅介護予防サービスの一種。利用者の自立し

た日常生活の持続や介護者の負担の軽減，介護を必要とする状態が悪化しないよう介護予防の目的で，**福祉用具の内，貸与**になじまない福祉用具の購入費が支給される。支給の対象となる福祉用具は，腰かけ便座，自動排泄処理装置の交換可能部品，入浴補助用具，簡易浴槽，移動用リフトのつり具部分などであり，購入にかかる費用の9割から8割が償還払いで支給され，自己負担は1割から2割となり，4月から翌年の3月までの1年間で10万円を限度に支給される。　（高石豪）

特定機能病院［とくていきのうびょういん］　高度医療の提供，高度の医療技術の開発および評価，高度な医療に関する研修を実施する能力等を備えた**病院**のことをいう。第2次医療法改正により，1993年から機能分化した。承認要件として，病床数400床以上，診察科16以上，手厚い人員配置など，総合診察力が求められ，厚生労働大臣の承認を受ける。医療施設機能の体系化の一環として，地域の病院などから紹介された高度先端医療行為を必要とする患者に対応する病院と位置づけられる。　（内藤雅子）

特定施設［とくていしせつ］　有料老人ホーム，軽費老人ホーム（ケアハウス），養護老人ホーム，サービス付き高齢者向け住宅等，厚生労働省令で定められる施設において，要支援者および要介護者に対するサービスを提供するにあたり，施設設備や人員配置，施設運用等が一定の基準を満たしていると都道府県の指定を受けている施設のことをいう。介護保険法第8条第11項に規定されている。前述した施設が特定施設の指定を受けることにより，要支援者や要介護者を受け入れることが可能となり，施設名称として「介護付き○○」や「ケア付き○○」等と表記することができる。なお，特定施設とは介護保険法第8条第21項に規定される地域密着型特定施設に指定されていないものを指す。施設形態としては，入居者が要介護者やその配偶者等に限られる介護専用型と，要介護認定を受けていない者も利用する混合型がある。

（長谷川武史）

特定施設入居者生活介護［とくていしせつにゅうきょしゃせいかつかいご］　特定施設として指定された**有料老人ホーム，軽費老人ホーム（ケアハウス），養護老人ホーム，サービス付き高齢者向け住宅**等において，入居している要介護者に対して，入浴，排せつ，食事等の介護その他の日常生活上の世話，機能訓練および療養上の世話を行うものをいう。介護保険法第8条第11項に規定されている。サービス形態として，施設事業者自らが必要なサービスを提供する包括型あるいは一般型のほか，外部の介護サービス事業者との連携によりサービスを提供する外部サービス利用型がある。（長谷川武史）

特定疾患［とくていしっかん］　難病のうち厚生労働省が医療費の一部を公費負担していたものを，特定疾患と呼んでいた。ただ，現在は2015年から，難病の患者に対する医療等に関する法律に基づいて新たな難病医療費助成制度が始まっている。この制度では指定難病と呼ばれ，大幅にその数が増えている。　（内藤雅子）

特定疾病［とくていしっぺい］　**介護保険制度**において，要介護認定時，要介護や要支援の原因となる心身の障害を生じさせる加齢に関係する疾病として，政令により16の疾病が定められている。第2号被保険者（40〜65歳未満）が介護保険給付の対象となるのは，特定疾病によって要介護や要支援になった場合のみであ

る。特定疾病の範囲は，①がん（医師が一般に認められている医学的知見に基づき回復の見込みがない状態に至ったと判断したものに限る），②関節リウマチ，③筋萎縮性側索硬化症，④後縦靱帯骨化症，⑤骨折を伴う骨粗鬆症，⑥初老期における認知症，⑦進行性核上性麻痺，大脳皮質基底核変性症及びパーキンソン病，⑧脊髄小脳変性症，⑨脊柱管狭窄症，⑩早老症，⑪多系統萎縮症，⑫糖尿病性神経障害，糖尿病性腎症及び糖尿病性網膜症，⑬脳血管疾患，⑭閉塞性動脈硬化症，⑮慢性閉塞性肺疾患，⑯両側の膝関節または股関節に著しい変形を伴う変形性関節症の16種類である。

（岡本秀明）

特定非営利活動法人（NPO）［とくていひえいりかつどうほうじん（えぬぴーおー）］　特定非営利活動を行うことを主な目的とし，特定非営利活動促進法の規定に基づき設立された法人。現在，特定非営利活動としては20の活動分野がある。2018年3月31日現在，最も多い活動分野としては，保健，医療または福祉の増進を図る活動となっている。そのほか，社会教育の推進を図る活動，子どもの健全育成を図る活動，まちづくりの推進を図る活動などが多い活動分野としてあげられる。介護保険サービスや障害福祉サービスの事業所として活動する特定非営利活動法人も多い。成年後見制度における法人後見人として，特定非営利活動法人が選任される場合もある。そのほか，特定非営利活動法人への寄付を促すことを目的に認定特定非営利活動法人制度がある。

（鵜浦直子）

特定福祉用具販売［とくていふくしようぐはんばい］　**介護保険制度**における要介護1〜5の認定を受けた人を対象に支給される居宅介護サービスの一種。利用

者の自立した日常生活の持続や介護者の負担の軽減，介護を必要とする状態が悪化しないよう**介護予防**の目的で，**福祉用具**の内，貸与に馴染まない福祉用具の購入費が支給される。支給の対象となる福祉用具は腰かけ便座，自動排泄処理装置の交換可能部品，入浴補助用具，簡易浴槽，移動用リフトのつり具部分などであり，購入にかかる費用の9割から8割が償還払いで支給され，自己負担は1割から2割となり，4月から翌年の3月までの1年間で10万円を限度に支給される。

（高石豪）

特別支援学級［とくべつしえんがっきゅう］　小学校，中学校において，教育上，特別な配慮を要する児童のために設置する学級。一人ひとりの理解に合わせた対応をすることで，児童の教育権を保障する。

（鎮朋子）

特別支援学校［とくべつしえんがっこう］　学校教育法第72条において「特別支援学校は，視覚障害者，聴覚障害者，知的障害者，肢体不自由者又は病弱者（身体虚弱者を含む。）に対して，幼稚園，小学校，中学校又は高等学校に準ずる教育を施すとともに，障害による学習上又は生活上の困難を克服し自立を図るために必要な知識技能を授けることを目的とする」とされている。障害の有無にかかわらず，児童の教育の権利を保障するための場である。

（鎮朋子）

特別障害者手当［とくべつしょうがいしゃてあて］　精神または身体に著しく重度の障害があり，日常生活において常時特別の介護を必要とする特別障害者（厚生労働省定義）に対して精神的，物質的な負担を軽減し，福祉の向上を図るために支給される手当。支給要件は，在宅で生活する20歳以上の者で，政令で定め

られた障害の程度に該当することが条件となる。**障害者総合支援法**で定める**障害者支援施設**などに入所中の場合，**養護老人ホーム**または**特別養護老人ホーム**に入所中の場合，病院，診療所または**介護老人保健施設**に継続して3か月を超えて入院中の場合，本人，配偶者または扶養義務者の前年の所得が一定額を超えている場合等は対象とならない。申請は，住所地の市町村の窓口に認定請求書，障害の程度についての医師の診断書，所得状況届等を提出して行う。審査は提出された書類をもとに市町村が行い，給付を決定する。　　　　　　　　　　　　（鷲巣典代）

特別訪問看護指示書［とくべつほうもんかんごしじしょ］　通常使用される**訪問看護指示書**とは異なる。特別訪問看護指示書は，患者の主治医が，診療に基づき，急性増悪等により一時的に頻回（週4回以上）の訪問看護を行う必要性を認め，訪問看護ステーションに対して交付する指示書。病状・主訴，点滴注射指示内容（投与薬剤・投与量・投与方法等）などの項目がある。　　　　　　（安藤純子）

特別養護老人ホーム［とくべつようごろうじんほーむ］　身体的もしくは精神的な障害のために常時介護が必要で，在宅生活が困難な65歳以上の高齢者に，施設サービス計画（ケアプラン）に基づき，入浴や排泄，食事などの介護，その他の日常生活上の世話や機能訓練，健康管理等，療養上の世話を行う施設。1963年に老人福祉法上で定められた老人福祉施設だが，1997年介護保険法によって介護老人福祉施設とも定められたため，**老人福祉法**においては，介護を必要とする65歳以上の者で虐待等のやむを得ない事由がある場合の措置により入所する施設であり，介護保険法においては，介護を必要とする者が**介護老人福祉施設**（特別養護老人ホームのうち定員30人以上のもの）や地域密着型介護老人福祉施設（同29人以下のもの）として契約して入所する施設となった。　　　　　　　（岡本秀明）

特別用途食品［とくべつようとしょくひん］　病者用，妊産婦用，授乳婦用，乳児用，嚥下困難者用などの特別の用途に適する旨の表示がある食品のこと。病者用の許可基準型には，たんぱく質制限が必要な腎臓疾患者のためにたんぱく質を低減させた低たんぱく質食品，特定の食品アレルギーの人のためにアレルゲンを使用しない，または除去したアレルゲン除去食品，乳糖不耐症またはガラクトース血症の人のための無乳糖食品，疾患等により通常の食事で十分な栄養を摂ることが困難な人のための総合栄養食品がある。病者用で評価基準がない場合，個別評価が行われる。健康増進法に基づく特別の用途に適する旨の表示の許可には特定保健用食品も含まれる。　　　（大森玲子）

読話［どくわ］　音声言語の話し手の口の動きや表情などから話の内容を視覚的に読み取ることである。主には，聴覚障害者にコミュニケーション手段として用いられてきた。口型から正確な話の内容を読み取ることは難しく，負担が大きい。読話と発語を合わせたコミュニケーション方法を口話という。　　　　（國定美香）

都市型軽費老人ホーム［としがたけいひろうじんほーむ］　都市部（首都圏や近畿圏，中部圏など）を整備地域とした定員20名以下の小規模であり，かつ特例によって居室面積などの設備基準が緩和された**軽費老人ホーム**をいう。2010年の厚生労働省令の改正によって創設された。従来の軽費老人ホームの居室面積が21.6 m^{2}以上であるのに対し，都市型軽

費老人ホームでは 7.43 m² 以上とされているなど，居住費を含む利用料が低く設定されている。根拠法は老人福祉法（第20条の6）であり，身体機能の低下等により自立した日常生活を営むことについて不安があると認められるとともに，家族による援助を受けることが困難な60歳以上の高齢者に対して無料または低額な料金で食事の提供，相談援助，社会生活上の便宜の供与，その他の日常生活に必要な便宜等を提供することを目的としている。　　　　　　　　　（神部智司）

閉じられた質問 ［とじられたしつもん］
「はい」「いいえ」で答えられる質問，もしくは，限られた選択肢の中から選ばせる質問のことをいう。特定の情報を引き出そうとする時に，必要な情報を手早く集めるのに適している。また，初対面で，相手が緊張や警戒をしていたり，コミュニケーションに障害のある人でも，首を振るだけや，一言で答えることが可能なために答えやすい。しかし，あまり使いすぎると，相手の気持ちや考えを制限してしまい，まるで取り調べのような雰囲気になり，相手は問い詰められたように感じて防衛的になる。　　　（倉田郁也）

都道府県社会福祉協議会 ［とどうふけんしゃかいふくしきょうぎかい］⇒社会福祉協議会

ドミナント・ストーリー ［どみなんと・すとーりー］　ドミナントは「支配的な」という意味で，ドミナント・ストーリーとは，対象者がある事象に対して否定的な意味づけをする主観的体験をいう。ナラティヴ・アプローチで用いられる。例えば，自分の仕事に対して「私の仕事は価値のないものだ」という思いに支配されている時，ドミナント・ストーリーを生きている状態だといえる。専門家等と

の相互関係の中で，「私は精一杯，勤めてきた」「小さくてもやりがいのある仕事だった」という**オルタナティヴ・ストーリー**を見出すことが求められる。
　　　　　　　　　　　　　　（深瀬裕子）

留岡幸助 ［とめおかこうすけ］（1864-1934）　明治・大正・昭和初期に活躍した代表的な慈善事業家。岡山県出身，留岡家の養子となり，同志社神学校卒業後は牧師，北海道空知集治監（監獄）教誨師となる。幼年犯の処遇改良の必要性から 1894 年に渡米し，コンコルド感化監獄で研修した。帰国後の 1899 年に東京・巣鴨に「巣鴨家庭学校」を，1914 年には北海道・遠軽に「北海道家庭学校」を創設し，家庭的な生活と学習，職業教育を一体とする非行少年の感化教育事業の開拓者である。　　　　（中根真）

ドメスティック・バイオレンス (DV)
［どめすてぃっく・ばいおれんす（でぃーぶい）］　夫婦などの親密な関係性の中で発生する暴力のこと。「家庭内の暴力」は，親から子に対しても，子から親に対しても生じうるが，ドメスティック・バイオレンス (DV) という言葉は，主に夫から妻への暴力を指すものとして用いられる。このような暴力自体は古くから広範に存在していたと思われるが，警察が「民事不介入」の立場をとってきたことにも示されているように，私的領域で生じる出来事であるがゆえに，それを公的領域で問題化することは難しかった。そして，ドメスティック・バイオレンス (DV) とは，この暴力の存在を可視化し，問題化するための概念だったのである。日本では，2001 年に「配偶者からの暴力の防止及び被害者の保護（等）に関する法律」が制定されて以降，DV の存在やその不当性についての認識が段々と浸透し

つつある。　　　　　　　　（松木洋人）

富山型デイサービス［とやまがたでいさ
ーびす］　富山県から全国に展開した，
年齢や障害の有無にかかわらず誰もが利
用できるデイサービスのことをいう。デ
イサービスを基本としながら，障害児
（者）の日中一時支援や乳幼児の一時預
かりなどの事業を実施しており，家庭的
な雰囲気の中で柔軟な支援が可能となっ
ている。1993 年に開業した富山県内初の
民間デイサービス「このゆびとーまれ」
がきっかけである。その後，富山県によ
る支援もあり，同様の事業所が県内に波
及した。介護保険制度創設以降，富山県
は特区制度を活用して国に規制緩和を働
きかけ，2006 年からは特例措置等により
全国で実施可能となった。その後の特例
措置も順次全国展開されている。地域包
括ケアの深化，地域共生社会の実現に向
けた多世代交流・多機能型福祉拠点の実
践例として注目されている。（小松亜弥音）

トリアージ［とりあーじ］　災害時などの
負傷者治療の優先順位を緊急度と重症
度で振り分ける。トリアージタッグ（色別
札）には，緑色（軽症），黄色（中等度），
赤色（重症），黒または灰色（死亡）があ
り，１人でも多くの救命を目標にしてい
る。トリアージを行いタッグ（tag）を付
けることによって緊急度と重症度にあっ
た治療を行え，より多くの人を救命でき
る。　　　　　　　　　　　（安藤純子）

な

内因性精神障害 ［ないいんせいせいしんしょうがい］　従来，精神疾患は，外因性，内因性，心因性（および環境因）の3つに大別されていた。外因性の精神疾患とは，身体的基盤のある精神疾患であり，感染症，内分泌障害，脳血管障害，薬物中毒など身体的原因によって精神症状を呈する疾患がこれにあたる。内因性の精神疾患とは，狭義の精神病であり，何らかの生物学的基盤（遺伝的脆弱性や神経伝達物質の異常など）を背景に発症していると推察されるもので，統合失調症と双極性障害がこれにあたる。心因性の精神疾患は，患者の心理的，環境的問題や不適応などに起因する問題がこれにあたる。しかし今日，各疾患の病態解明が進みつつある中，心因性精神疾患の生物学的基盤も明らかにされるなど，単純に3つに分類しきれない側面もある。

（幸田るみ子）

内視鏡的胃ろう造設術 ［ないしきょうてきいろうぞうせつじゅつ］⇒経皮内視鏡的胃ろう造設術

ナイチンゲール ［ないちんげーる］（Nightingale, F.；1820–1910）　イギリスの看護婦，近代看護教育の祖，女性活動家の草分けである。イギリスの裕福な，教育熱心な家庭の娘として育つ。ドイツの学院で，正規の看護婦訓練を受け，専門の高度技術習得の重要性を学ぶ。1854年，クリミア戦争に篤志看護婦を率いて従軍し，衛生状態の改善，傷病兵を献身的に看護し「クリミアの天使」と呼ばれ，同時に看護婦の名誉と社会的地位を高めた。データに基づいた病院・施設，看護・医療制度の改革を進める。1859年，それまでの経験主義的な看護に科学性をもたせ，看護を学問の一つとみなす礎となった『看護覚え書』を世に出した。

（内田陽子）

内発的動機づけ ［ないはつてきどうきづけ］　外的な報酬を得るためや罰を回避するためにではなく，興味を感じて自ら進んで物事に取り組もうとする動機づけをいう。報酬や罰によって外発的に動機づけられた場合よりも，内発的に動機づけられたときのほうが，課題に根気強く取り組み，記憶成績がよく，創造的な方法で問題解決を図ることができる。自身の行動の原因を内発的な動機づけに帰属しているとき，人は自分をコントロールすることができているという感覚を経験する。このような自己決定や自己制御の感覚をもつことが，内発的動機づけがもたらすさまざまなポジティブな特徴の源泉であると考えられている。（箕浦有希久）

内部障害 ［ないぶしょうがい］　身体障害の一種で，身体内部の機能の障害である。心臓機能障害，腎臓機能障害，呼吸器機能障害，膀胱・直腸機能障害，小腸機能障害，ヒト免疫不全ウイルス（HIV）による免疫機能障害，肝臓機能障害の7つに分類される。継続的な医療ケアが必要な場合も多く，疲れやすさがあったり，体調を崩しやすかったりするため注意が必要である。また，心臓ペースメーカーを利用している場合，携帯電話等の電波に注意が必要であったり，ストーマ（人工肛門，人工膀胱）がある場合，設備の

整ったトイレが必要であったりと，日常生活の中で制限を受けやすい。障害者総合支援法の**自立支援医療**で内部障害は**更生医療**の適用になる。　　　　（近藤尚也）

ナショナルミニマム［なしょなるみにまむ］　国民の健康で文化的な最低限度の生活を国家が保障するという考え方，またはその水準をいう。イギリスのウェッブ夫妻が，産業民主制論（1897 年）の中で提唱したのが最初といわれる。20 世紀以降，工業化が進む近代社会の中で，個人の生活困窮が社会構造的に生み出されることについての認識が広まる中で，国家が社会的なしくみを構築することで貧困問題の解決を目指すことが求められるようになり，救貧法に関する王立委員会での議論（1905〜09 年）やベヴァリッジ報告（1942 年）などを経て，戦後，イギリスをはじめとする現代福祉国家の基本的な理念となっており，これを達成するために社会保障・社会福祉の各制度が整備されている。　　　　　（所道彦）

ナラティヴ・アプローチ［ならてぃヴ・あぷろーち］　ナラティヴとは，「語り」や「物語」という意味であり，ナラティヴ・アプローチとは，対象者の主観的体験である「語り」に着目した方法である。医療，看護，福祉，心理などさまざまな領域において援用されている。具体的には，①専門家が客観的現象にのみ着目して援助を行うことを批判し，②対象者の主観的体験や意味づけの変化を重視し，③対象者の語りを専門家が共同体となって聴くなかで，④対象者はそれまでに支配されていた**ドミナント・ストーリー**から解放され，新しい意味づけによる**オルタナティヴ・ストーリー**が生じると考える。

　ある現象は，客観的にそこに存在するのではなく，その現象に関わる人々の相互作用を通して社会的に構成されるという社会構成主義の考えを基礎としている。　　　　　　　　　　（深瀬裕子）

軟菜食［なんさいしょく］　普段の料理をよく煮込んでやわらかくしたり食べやすい大きさにカットしたりして仕上げる**嚥下困難食**の一つ。ソフト食ともいわれる。舌で潰したり歯茎で嚙んだりできるくらいのやわらかさが基本とされ，乳児の離乳食に近い。食物繊維が多い硬めの食材やパサついている食材などは軟菜食には向かないため，刻んでとろみをつけるなどの工夫が必要である。　　（大森玲子）

難聴［なんちょう］　聴力が低下し，聞こえにくい状態をいう。通常の会話が聞き取りにくい「耳が遠い」状態から「聞こえない」のろう（聾）までを含む。耳のどの部分に障害が生じるかで，**伝音性難聴**，**感音性難聴**，混合性難聴の３つに分けられる。伝音性難聴は音を伝える器官の障害。感音性難聴は音を感じる器官に生じる障害。混合性難聴は，伝音性難聴と感音性難聴の症状が混同したものである。難聴の程度（聴力レベル）は平均聴力レベル 20 デシベルまでを正常聴力，40 デシベルまでを軽度難聴，40 デシベル以上を中等度難聴，70 デシベル以上を高度難聴，90 デシベル以上を重度難聴，100 デシベルを超えるものを最重度難聴という。両耳の聴力が 40 デシベルを超えると日常生活に支障をきたし，補聴器が必要となるといわれる。　　（内田陽子）

難病［なんびょう］　厚生労働省によると「治療がむずかしく，慢性の経過をたどる疾病」のことをいう。難病は，原因がわからず，治療法が確立されていなく，長期療養となるため経済的だけでなく介護負担が大きい。そのため厚生労働省で

は，難病の患者に対する医療等に関する法律（難病法）により，指定難病（331）を定め（特定疾患）医療費の助成を行っている。2013 年に障害者総合支援法により，難病も対象障害に含まれた。

（安藤純子）

難病の患者に対する医療等に関する法律（難病法）［なんびょうのかんじゃにたいするいりょうとうにかんするほうりつ（なんびょうほう）］　難病の患者に対する良質かつ適切な医療の確保や，療養生活の質の維持向上を図ることを目的として，2014 年に制定され，翌年に施行された法律。難病法に基づく医療費助成の対象となる指定難病とは，発病の原因が明らかでなく，かつ，治療方法が確立していない希少な疾病であって，長期の療養を必要とするものをいう。施行当時は 110 の疾患が対象とされたが，現在では 300 を超える。一方，障害者総合支援法の対象となる疾病は，発病の原因が要件とされないことから，その種類は難病法の指定難病よりも多い。

（鳥海直美）

2 型糖尿病［にがたとうにょうびょう］⇒糖尿病

21 世紀における国民健康づくり運動［にじゅういっせいきにおけるこくみんけんこうづくりうんどう］⇒健康日本 21

21 世紀福祉ビジョン［にじゅういっせいきふくしびじょん］　1994（平成 6）年 3 月，厚生省（当時）の高齢社会福祉ビジョン懇談会が取りまとめた報告書。戦後の社会保障制度について，出生から死亡までの一生涯におけるリスクへの対応ができるシステムが構築された点を評価する一方で，福祉については低所得者や要援護者を中心とした制度が形成されているとし，人口，家族，就業，生活，地域が構造的に変化する中で，福祉

サービスの普遍化・一般化を課題として指摘した。また，主要施策の今後のあり方として，高齢者の自立・自助の促進，新ゴールドプランの策定，多様なサービス機関の競争や介護費用の国民全体の公平な負担が図られるシステムの構築の必要性を論じた。子育てについても，安心して子どもを生み育てられる環境づくりや社会的支援体制の整備や総合的な計画としてエンゼルプランの策定の必要性を論じている。このほか，社会保障に関する給付と負担の将来見通しなどについて分析が示されている。

（所道彦）

24 時間地域巡回型訪問介護サービス［にじゅうよじかんちいきじゅんかいがたほうもんかいごさーびす］⇒夜間対応型訪問介護

2015 年の高齢者介護〜高齢者の尊厳を支えるケアの確立について〜［にせんじゅうごねんのこうれいしゃかいご〜こうれいしゃのそんげんをささえるけあのかくりつについて〜］　2003（平成 15）年に厚生労働省老健局の設置した高齢者介護研究会がまとめた報告である。ゴールドプラン 21 後の新たなプランの策定の方向性，中長期的な介護保険制度の課題や高齢者介護のあり方について検討し，戦後のベビーブーム世代が 65 歳になる 2015（平成 27）年までにあるべき高齢者介護の実現を目指した。特徴としては 4 点あり，①介護予防・リハビリテーションの充実，②生活の継続性を維持するための新しい介護サービス体系，③新しいケアモデルの確立：認知症高齢者ケア，④サービスの質の確保と向上である。

（國定美香）

日常生活関連動作［にちじょうせいかつかんれんどうさ］⇒IADL

日常生活継続支援加算［にちじょうせい

かつけいぞくしえんかさん］ **介護老人福祉施設**および地域密着型介護老人福祉施設において，重度の要介護者や認知症の入所者が多く占めることを都道府県知事または市町村長に届け出た施設において，**介護福祉士**を手厚く配置して質の高い介護サービスを提供し，可能な限り個人の尊厳を保持し，日常生活を継続することができるように支援することを評価して介護報酬を加算するものをいう。介護福祉士の数が入所者6に対して1以上配置されており，かつ，以下のいずれかを満たす場合に加算される。①新規入所者のうち要介護4・5の占める割合が70％以上，②認知症日常生活自立度Ⅲ以上の占める割合が65％以上，③たんの吸引等が必要な入所者の占める割合が15％以上。　　　　　　　　　　　（長谷川武史）

日常生活上の世話［にちじょうせいかつじょうのせわ］　介護保険法施行規則第5条では，「入浴，排せつ，食事等の介護，調理，洗濯，掃除等家事（居宅要介護者が単身の世帯に属するため又はその同居している家族等の障害，疾病等のため，これらの者が自ら行う困難な家事であって，居宅要介護者の日常生活上必要なものとする），生活等に関する相談及び助言その他の居宅要介護者に必要な日常生活上の世話」と定義されている。
　　　　　　　　　　　（広瀬美千代）

日常生活自立支援事業［にちじょうせいかつじりつしえんじぎょう］　社会福祉法第2条第3項第12号に位置付けられる社会福祉第二種事業の一つである福祉サービス利用援助事業が，1999年10月から「地域福祉権利擁護事業」の名称で，都道府県社会福祉協議会を実施主体とし開始された。それが2007年度から「日常生活自立支援事業」という名称に変更

となった国庫補助事業。認知症高齢者，知的障害者，精神障害者等のうち判断能力が不十分な方が地域において自立した生活が送れるよう，利用者との契約に基づき，福祉サービスの利用援助等を行う。
　　　　　　　　　　　（上田晴男）

日常生活動作［にちじょうせいかつどうさ］⇒ADL

日常生活動作訓練［にちじょうせいかつどうさくんれん］　入浴や排せつ，食事，更衣，整容動作等の身の回り動作のことを日常生活動作（日常生活活動ともいう）といい，これらの動作が身体，知的，精神等の障害によって全介助もしくは一部介助が必要になっている障害児・者に対して，できる限り自立した生活が獲得できるよう行う訓練を指す。多くは，リハビリテーション関連の病院や施設等で行われることが多く作業療法士が関わることが多い。身体機能的アプローチが中心に行われるが，障害の程度，種別等によっては自助具・福祉用具の利用や環境調整を行うことで低下した身体機能を補うことも少なくない。また，日常生活動作に関連した家事や調理，買い物，交通機関の利用等の動作を手段的日常生活動作（日常生活関連動作ともいう）といい，自宅復帰，職場復帰等を目的に訓練が行われることも多い。　　　　　（橋本卓也）

日常生活用具給付等事業［にちじょうせいかつようぐきゅうふとうじぎょう］　障害者総合支援法第77条第1項第6号で規定された市町村地域生活支援事業の必須事業の一つである。日常生活用具とは，障害者等が日常生活上の困難を改善し，自立や社会参加を促進するための，安全・容易に使用できる用具であり，開発・制作に専門性を要するため一般的に普及していないものを指す。これを給付

又は貸与するのがこの事業であり，利用者負担は市町村の判断で定められる。対象者は，日常生活用具を必要とする障害者，障害児，難病患者等（政令で定めた疾病に限定）である。日常生活用具の種目として①介護・訓練支援用具，②自立生活支援用具，③在宅療養等支援用具，④情報・意思疎通支援用具，⑤排泄管理支援用具，⑥居宅生活動作補助用具（住宅改修費）の６つが定められている。
（樽井康彦）

日本介護福祉士会［にほんかいごふくししかい］　全国組織の**介護福祉士**の職能団体として1994（平成６）年に設立された。会の目的を「介護福祉士の職業倫理の向上，介護に関する専門的教育及び研究を通して，その専門性を高め，介護福祉士の資質の向上と介護に関する知識，技術の普及を図り，国民の福祉の増進に寄与する」と定めている。その目的を達成するため，介護福祉士の生涯研修体系を定め，介護福祉士の資質向上を支援するほか，調査研究事業および関係機関との連携・協力に関する事業，介護福祉の普及啓発に関する事業等を行っている。
（杉原優子）

日本介護福祉士会倫理綱領［にほんかいごふくししかいりんりこうりょう］　日本介護福祉士会が定めた倫理綱領。策定は，日本介護福祉士会の発足直後より検討が始まり，1995年11月17日に日本介護福祉士会第２回全国研修会で宣言された。前文では「介護福祉ニーズを有するすべての人々が，住み慣れた地域において安心して老いることができ，そして暮らし続けていくことのできる社会の実現」を願い，そのため介護福祉の専門職として「自らの専門的知識・技術及び倫理的自覚をもって最善の介護福祉サービスの提供」に努めると明記されている。同倫理綱領は①利用者本位，自立支援，②専門的サービスの提供，③プライバシーの保護，④総合的サービスの提供と積極的な連携，協力，⑤利用者ニーズの代弁，⑥地域福祉の推進，⑦後継者の育成からなる。この倫理綱領をふまえて，日本介護福祉士会倫理基準（行動規範）も定められている。
（杉原優子）

日本高血圧学会のガイドライン［にほんこうけつあつがっかいのがいどらいん］　日本高血圧学会が2014年に出した「高血圧治療ガイドライン」のことをいう。収縮期血圧が140 mm Hg以上，または拡張期血圧が90 mm Hg以上の場合，高血圧症と診断するとされる。（安藤純子）

日本食品標準成分表［にほんしょくひんひょうじゅんせいぶんひょう］　日常的に利用される食品に含まれる栄養素等の成分を可食部100 g当たりで示したデータの一覧表。略して食品成分表ともいう。文部科学省科学技術・学術審議会資源調査分科会が調査し公表している。1950年に初めて策定されたが，1931年に，その基礎となる日本食品成分総覧が作られた。給食管理，食事制限，治療食等の栄養指導をする場面や日常生活の中でも活用されているほか，日本人の食事摂取基準の策定，国民健康・栄養調査等の各種調査等，さまざまな行政施策の基礎資料としても用いられている。近年，加工食品等に栄養成分表示が義務化されたため，栄養成分を合理的に推定するための基礎データとしての利用も多い。（大森玲子）

日本農林規格等に関する法律（JAS法）［にほんのうりんきかくとうにかんするほうりつ（じゃすほう）］　JAS規格（日本農林規格）について定めた法律で，農林物資（飲食料品や農林水産品）の品質の

改善や生産の合理化などを図り，農林物資の生産や流通の円滑化，消費者の需要に即した農業生産等の振興，消費者の利益保護を目的としている。JAS 規格に適合していると認証を受けた製品には，品質や仕様が定められた水準に達していることを示す JAS マークを付けることができる。1970 年の法改正により品質表示基準制度が導入され，1999 年の法改正ではすべての食品に品質表示が義務づけられるようになった。その後，JAS 法の食品表示に関する規定は，2015 年に施行された食品表示法に移管された。2017 年に成立，2018 年に施行された改正法では，JAS 規格の対象が「モノ」以外に拡大したことから，現在の名称に改称された。

（多久島慎一）

『日本之下層社会』［にほんのかそうしゃかい］　横山源之助（1871–1915）による 1899 年の著作。明治 30 年前後，近代産業の黎明期に，日本の労働者が置かれた生活状況を克明に報告した，ルポルタージュ文学の嚆矢とされる古典である。資本主義体制により，搾取され悲惨な状態におかれた「貧民」や職人，機械工場の労働者，当時の主要産業であった生糸やマッチ工業等の手工業労働者，農村から都市に流入した日雇い労働者や失業者，そして農村の小作人に焦点をあて，これらを「下層社会」を構成する者としてその生活実態を詳細に報告している。本書は単に労働者の生活実態を明らかにしただけではなく，利潤追求のみに奔走する資本主義社会への告発の書でもあり，さまざまな労働運動や社会運動，慈善活動に影響を及ぼした。　　　（阪井裕一郎）

入浴の支援［にゅうよくのしえん］　自力で入浴できない人に対して，汚れを落として清潔を維持し，疲労回復，爽快感を得るとともに，皮膚の新陳代謝や血液循環をよくするといった心身機能の維持するための支援をすることをいう。対象者の心身状態，居宅や施設の環境，好みなどを考慮した上で行う。対象者の身体状態に合わせて行い，居宅や施設などの入浴設備によってさまざまな方法がある（**一般浴，特殊浴**等）。入浴前に排泄を済ませ，**バイタルサイン**が安定しているかを確認する。脱衣室はプライバシーに配慮し，室温を 22～25 ℃ に調節する。浴室内の椅子や手すりもお湯で温めておく。洗体時は常にシャワーの温度を確認しながら足元からかけていく。シャワーで体を温めてから，頭→顔→上半身・背中→足→臀部→陰部の順に洗う。その際，皮膚状態などの観察も行う。入浴時は，座位の安定を確認して沈没したり長湯にならないようにする。入浴後はすばやく身体を拭き，水分補給を行い，体調に変化がないか観察する。　　（植北康嗣）

尿器［にょうき］　ベッド上で排尿する場合に使用する容器のことをいう。男性用と女性用では受尿口の形状が異なる。陰部に受尿口を当てて採尿する。尿器の種類には，手持ち型（次頁図表①参照），セパレート型（次頁図表②参照），自動吸引型（自動排泄処理装置）とがある。手持ち型（しびん）は，使用後，毎回処理が必要となる。セパレート型は，受尿部と蓄尿部が分かれており，受尿部だけを容易に当てることができるため，寝たままの姿勢や夜間の使用に適している。ホースで接続して蓄尿部に尿をためることができるため，毎回の処理は不要となる。しかし，ホース部分の洗浄がしにくい。また，受尿部と蓄尿部に高低差がないと使用できないため，布団上での使用はできない。自動吸引型は，受尿部を容易に当

図表　尿器

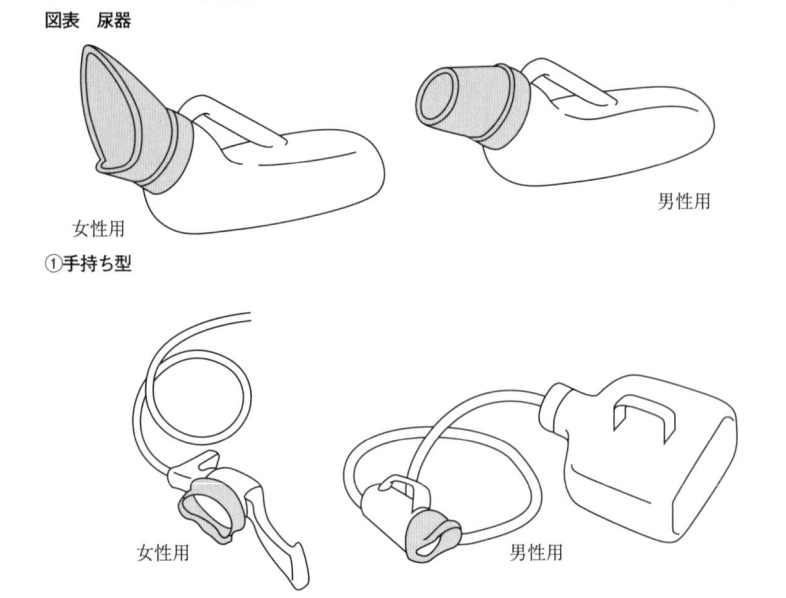

女性用　　　　　　　　　　　　　　　男性用

①**手持ち型**

女性用　　　　　　　　　　　　　男性用

②**セパレート型**

てることができ，排尿中，センサーによって電動ポンプで尿を吸引するため，立位，座位，臥位等どの姿勢でも使用できる。高低差は不要である。ただし，電源がないと使用できず，電動ポンプの動作時にはモーター音が出る。また，重量があり持ち運びが不便である。自動吸引型は，**介護保険**の特定福祉用具貸与の対象（交換可能部品は特定福祉用具販売の対象種目）である。　　　　　　（横井光治）

尿失禁［にょうしっきん］　排尿障害の一つで，自分の意思で排尿のコントロールができず，排尿してしまう状態のこと。国際禁制学会では，尿失禁を「無意識あるいは不随意な尿漏れであって，それが社会的にも衛生的にも問題となる状態」と定義している。尿失禁は，器質性尿失禁と機能性尿失禁に分けることができ，その原因によって細かく分類されている。

器質性尿失禁は，膀胱や尿道，排尿に関係する神経に障害が生じたり，骨盤底筋の筋力低下が原因で起こったりする尿失禁である。**溢流性尿失禁，切迫性尿失禁，腹圧性尿失禁**がこれに含まれる。**機能性尿失禁**は ADL 障害や認知症などにより排尿動作に障害が生じることが原因でおこる尿失禁である。　　　　（横井光治）

尿道留置カテーテル［にょうどうりゅうちかてーてる］⇒膀胱留置カテーテル

尿取りパッド［にょうとりぱっど］　尿失禁がある場合に，陰部に当てて尿を吸収させ，尿漏れを防ぐパッドのことをいう。下着や使い捨ての尿失禁パンツ，布製おむつやテープ式紙おむつと併用して使用する。種類が豊富で，パッドの大きさや吸収量（200～450 ml），ギャザーの高さ，性別，価格など製品により違いがある。夜間に長時間使用する場合や尿漏れする

場合の備えとして使用するなど，対象者の身体機能と使用目的に応じて選択する。尿取りパッドは高分子吸収材が使用されているため，一度，吸収された尿が逆流することがなく，排尿後の不快感が少なくなる。しかし，使い捨てのため経済的な負担がかかる。紙おむつ（尿取りパッド）は自治体によって購入費助成制度がある。

　　　　　　　　　　　　　　　（横井光治）

尿閉［にょうへい］　尿の生成はあり，膀胱内に尿が溜まっているのに排出できない状態をいう。糖尿病や脊髄損傷によって，尿道を開く神経に障害がおきたり，前立腺肥大症，子宮脱，膀胱腫瘍，薬剤（副交感神経遮断薬，平滑筋抑制薬，βアドレナリン刺激薬など）によるものなどで下部尿道閉塞がおきることが原因となる。通常，膀胱容量は約200〜400 mlだが，尿閉では500 ml以上の尿が膀胱内にある者がいる。尿閉を放置すると腎臓障害をおこすため速やかに導尿をする必要がある。バルンカテーテルなどを安易に留置するのではなく，残尿を評価しながら間欠的導尿を試み，自然排尿を促すことが望ましい。治療は，原因疾患の治療や副交感神経遮断薬の服用も行われる。この場合，薬の副作用に注意する。

　　　　　　　　　　　　　　　（内田陽子）

尿路感染症［にょうろかんせんしょう］　外部の細菌が尿道，膀胱，尿管，腎の尿路系に感染をおこすことをいう。尿路感染症には，細菌感染した部位によって上部尿路感染症と下部尿路感染症とに分けられる。上部尿路感染症は，腎臓や尿管におこる感染症で，多くは**腎盂腎炎**である。下部尿路感染症は，膀胱や尿道などにおこる感染症で，その多くは膀胱炎である。尿路感染症は特に尿道が短い女性におこりやすい。冷えや水分摂取不足に

気をつけるとともに，排便後の清拭では，肛門から尿道に向かって紙でふき取ると菌が尿道に入りやすいので注意が必要である。症状は，膀胱痛，残尿感，尿意切迫感，発熱，尿混濁，血尿，腰痛，背部痛などがある。治療は水分摂取により排尿を促し，抗生剤を投与する。（内田陽子）

任意後見制度［にんいこうけんせいど］　成年後見制度の一つ。本人が十分な判断能力があるうちに，将来，判断能力が不十分な状態になった場合に備えて，あらかじめ自らが選んだ代理人（任意後見人）に，自分の生活，療養看護や財産管理に関する事務について代理権を与える契約（任意後見契約）を公証人の作成る公正証書で結んでおくしくみ。

　　　　　　　　　　　　　　　（上田晴男）

任意後見人［にんいこうけんにん］　任意後見制度において，任意後見監督人が選任され，任意後見契約が効力を生じた後における任意後見契約の受任者をいう。

　　　　　　　　　　　　　　　（上田晴男）

任意入院［にんいにゅういん］　精神障害者の入院形態の一つ。精神障害をもつ人について必要な場合に，本人の同意のもとに行われる入院であるが，精神医療審査会への退院等の請求に関すること等を書面で知らせることは他の入院形態同様の要件とされ，書面による同意書も要件とされている。1988年精神保健法と改称改正した際に初めて制定（それ以前は法的規定のない自由入院とよばれる類似の形態があった）。任意入院者からの退院の申出は認めるのが原則だが，**精神保健指定医**の診察の結果，当該任意入院者の医療及び保護のため入院を継続する必要があると認めたときは，72時間を限度に（特定病院では指定医が不在で緊急その他やむを得ない時は特定医師の判定でも

12時間を限度に）退院させないことができる（多くの場合，病状悪化に伴う医療保護入院や措置入院への切替えの準備期間として位置づけられる）。また例外的に必要と認められるときには，身体拘束を含む行動制限や保護室への隔離も可能であるため（ただし精神保健指定医の診察を受けさせ，必要性の判断を受ける必要がある），精神医療審査会への審査請求制度の対象となっている。また，長期間任意入院している患者に同意の再確認を求めるしくみが導入されている。

（田辺肇）

認知機能検査［にんちきのうけんさ］　記憶力や見当識，理解力・判断力などの認知機能を測定する検査である。目的や内容別に代表的なものを紹介していく。①全般的な認知機能検査：認知症のスクリーニングを目的に開発された長谷川式認知症スケール（HDS-R）やMMSE（Mini-Mental State Examination）などは施行が簡便であり，信頼性や再現性が高く頻用されている。時計の文字盤と針を描いてもらう時計描画テストも簡易検査としてしばしば用いられる。②前頭葉機能検査：かなひろいテストは，「文章の意味を読み取る」能力と「特定の文字を探す」という2つの課題を同時に遂行する検査で，前頭葉外側の機能（ワーキングメモリー）を評価する検査である。軽度の認知機能障害の検出に優れている。前頭葉機能検査（FAB）は，8つの課題からなり思考の柔軟性を評価する検査である。この他，注意機能，特に注意の持続と転換を評価するトレールメーキングテストなどがある。③記憶の検査：ウェクスラー記憶検査改訂版（WMS-R）は，言語性記憶と視覚性記憶の両者を総合的に評価する尺度である。この検査は，13

の下位検査からなり，検査者から短い物語を聞いて，直後にそのまま再生する即時再生と，30分後に再度再生してもらう遅延再生の課題などがある。単語リストの中から即時再生や再認を行い，言語性記憶を評価するRAVLT等がある。④認知機能を行動観察に基づいて評価する行動観察尺度：全般的評価として，(1)記憶力，見当識，判断力と問題解決，社会適応，家族状況と趣味・関心，介護状況を5段階で評価するCDR（Clinical Dementia Rating）。(2)アルツハイマー型認知症の進行状況を生活機能面から，行動観察によって重症度を7段階で評価するFAST（Functional Assessment Staging）などがある。行動・心理症状の評価として，(3)主に行動症状を評価する尺度としてDBD（Dementia Behavior Disturbance Scale）がよく用いられ，28項目の行動症状を5段階で評価するものである。介護者に質問して聞き取りながら10項目の妄想，幻覚，興奮，異常行動などを評価するNPI（Neuripsychiatric inventory）なども頻用されている。さらに，行動・心理症状について，家族や介護専門職等が対応している状況から評価する認知機能障害に伴う行動・心理症状評価票（BPS-Cog）は，4段階で評価する簡便な評価尺度である。また，認知症患者の介護者の負担を評価するZarit介護負担尺度日本語版があり，否定的な感情5項目と社会生活の支援3項目の計8項目を5段階で評価する尺度である。

（幸田るみ子）

認知機能障害に伴う行動・心理症状評価票（BPS-Cog）［にんちきのうしょうがいにともなうこうどう・しんりしょうじょうひょうかひょう（びーぴーえすこぐ）］認知機能障害を有する高齢者の，日常生

活における行動・心理症状を評価する尺度である。評価までの1カ月の間に，日常生活で異常な行動・心理状態がおこった症状について，家族や介護専門職等が対応している状況から評価するものである。行動・心理症状がないまたはあってもわずかであるのカテゴリー0から，自傷・他害などの行動・心理症状があり専門医療による対応を必要とするのカテゴリーⅢの4段階で評価を行う。高度の麻痺など運動障害のため臥床状態だったり，自分の意志で行動したり意思疎通ができない場合は，カテゴリーN，評価不能とする。重度の認知症高齢者でも，行動・心理症状のため介護者や介護専門職等の対応を必要としない場合は，カテゴリー0の評価となる。　　　　（幸田るみ子）

認知機能障害に伴う日常生活動作評価票（ADL-Cog）［にんちきのうしょうがいにともなうにちじょうせいかつどうさひょうかひょう（えーでぃーえるこぐ）］　認知機能障害を有する高齢者の日常生活動作の遂行状態を評価する尺度である。特に援助を必要としないカテゴリー0から，日常生活の基本的な行為のほとんどすべてに介護が必要のカテゴリー4まで，5段階で評価を行う。評価にあたっては，対象者の観察だけではなく，介護者や介護専門職等から日常の様子を情報収集して評価を行うための尺度である。また，高度の麻痺等の身体障害や，身体疾患による失禁などの機能障害のため行為を行えない場合は，カテゴリーN（高度の麻痺等により評価不能）とし，認知機能障害を有する要介護者と区別するようになっている。また，認知機能障害を有する高齢者を対象とする評価尺度であり，認知症だけではなく，老年期うつ病や高次機能障害の高齢者なども評価の対象であ

る。　　　　　　　　　（幸田るみ子）

認知行動療法［にんちこうどうりょうほう］　人は刺激―認知過程―反応で示されるように，認知過程で情報処理を行い，それが行動や情動といった反応を決定するという考えに基づいて介入を行う心理療法の技法の一つ。行動療法が行動や情動の変容に焦点を当てるのに対して，思考などの認知過程の歪みの修正に焦点を当てることが特徴である。代表的なものに，ベック（Beck, A. T.）のうつ病の認知療法がある。彼はうつ病の患者には物事を悲観的に考える特有の認知的な歪みがあるとし，その歪みを修正する技法を提唱した。現在では，子どもの問題行動や摂食障害など，幅広い対象に適応されている。また，第三の認知行動療法として，アクセプタント・コミットメント・セラピーやマインドフルネス療法も近年注目を集めている。　　　　（吉田加代子）

認知症［にんちしょう］　認知症とは，いったん正常に発達した記憶，学習，判断，理解などの知的機能（認知機能）が，後天的な脳の器質的障害によって持続的に低下し，日常生活に支障をきたす状態であり，一つの疾患名ではない。①原因疾患：認知症の症状をきたす主な原因疾患には，(1)脳の神経細胞が萎縮・消失する変性疾患といわれる**アルツハイマー型認知症，レビー小体型認知症**，前頭側頭型認知症など，(2)**脳梗塞，脳出血，クモ膜下出血**など広範な脳損傷によって起こる**脳血管性認知症**，(3)脳腫瘍，正常圧水頭症，慢性硬膜下血腫など脳内病変によるもの，(4)各種脳炎・髄膜炎の後遺症，**クロイツフェルト・ヤコブ病**，AIDS脳症，神経梅毒など感染症による認知症，(5)頭部外傷の後遺症による認知症などがある。わが国で一番頻度が高いのはアルツハイ

マー型認知症であり，次いで脳血管性認知症，３位がレビー小体型認知症である。②症状：認知症の症状は，脳の障害に直接起因する認知機能障害である，記憶障害，見当識障害，理解力判断力低下，**高次脳機能障害**などの**中核症状**と，**行動・心理症状（周辺症状）**に大別される。行動・心理症状は，焦燥，興奮，脱抑制および行動異常など，活動性亢進の要素が強く関わる症状である行動症状と，(1)精神病症状の要素が深く関わる妄想，幻覚，夜間行動異常，(2)感情障害が深く関わる不安，抑うつ，(3)アパシーが深く関わるアパシー，食行動異常などの心理症状がある。③診断：認知症の原因疾患によって違いはあるが，問診で丁寧に経過や症状を聞く，認知機能検査，頭部の画像検査（MRI，CT，SPECT など），などを組み合わせて総合的に診断を行う。④治療：一部の可逆性認知症を除いて，根治的な治療法はなく，認知機能の維持と低下抑制を目的とした薬物療法と，運動療法や記憶訓練，**回想法**，デイサービスへの参加や趣味の活動を通しての社会参加など，認知機能リハビリテーション等が行われる。生活への支障が著しい行動・心理症状に対しては，漢方薬や少量の抗精神病薬などの薬物療法がおこなわれる場合もある。行動・心理症状は，介護を困難にする要因であるが，適切な対応をとることで軽減可能な症状であり，早期発見，早期対応が求められる。

（幸田るみ子）

認知症介護研究・研修センター［にんちしょうかいごけんきゅう・けんしゅうせんたー］　**認知症**に関する研究や，認知症者の介護に携わる職員の研修を行うセンター。2000～2001 年にかけて東京，大府，仙台に設置された。認知症介護指導

者養成研修等の研修会の開催，認知症に関する学習教材・研修教材の開発，認知症に関する研究の成果を報告書等で公表している。　　　　　　　　（笠原幸子）

認知症介護実践者等養成事業［にんちしょうかいごじっせんしゃとうようせいじぎょう］　介護現場において指導的立場にある人，事業者を管理する立場にある人に対して，認知症介護技術の向上を図り，認知症介護の専門職員を養成し，認知症の人に対する介護サービスの充実を図ることを目的とした研修が行われている。研修には，①認知症介護基礎研修，②認知症介護実践研修（認知症介護実践者研修・認知症介護実践リーダー研修），③認知症対応型サービス事業開設者研修，④認知症対応型サービス事業管理者研修，⑤小規模多機能型サービス等計画作成担当者研修，⑥認知症介護指導者養成研修，⑦認知症介護指導者フォローアップ研修がある。①～⑤は，都道府県，政令指定都市が実施主体で行う公的な研修であり，⑥～⑦は，**認知症介護研究・研修センター**（仙台・東京・大府）が実施主体となって行う研修である。　　　（山口友佑）

認知症カフェ［にんちしょうかふぇ］　介護が必要な人やその家族，地域住民が気軽に集い，交流会，講演会，勉強会，相談会を自主的に開催するカフェ形式の場。**認知症**になっても安心して暮らせる街づくりの一つとして，**新オレンジプラン**では，認知症の人やその家族を支え，地域住民との交流，専門機関との連携強化を目的として，市町村で設置を促進している。地域の状況に応じてさまざまな形態で実施されている。　　　　　（笠原幸子）

認知症ケア専門士［にんちしょうけあせんもんし］　日本認知症ケア学会が認定している資格で国家資格ではない。日本

認知症ケア学会が認知症ケアに関する専門士制度を 2003 年に創設し，認知症ケアに対する学識，技能，倫理観を備えた人を認定している。同学会が実施する認定試験に合格すれば認知症ケア専門士になる。認定試験の受験資格には 3 年以上の認知症ケアの実務経験が求められる。試験には筆記，論述，面接がある。

（笠原幸子）

認知症ケアマッピング（DCM）［にんちしょうけあまっぴんぐ（でぃーしーえむ）］イギリスの心理学者であるキッドウッド（Kitwood, T.）らによって開発された**認知症者の観察ツール**のことをいう。観察記録者のことをマッパーという。マッパーは施設の共用スペースで 6 時間程度，認知症者を観察し，23 種類の行動カテゴリーコードと 6 段階に区分された感情・気分／関わりの尺度を活用して記録する。記録結果は，ケアの向上のため，チームで話し合い，ケア計画を作成し，それを実践する。認知症ケアの**アセスメント**だけでなく，スタッフの研修や教育，研究等にも活用されている。　（笠原幸子）

認知症高齢者の日常生活自立度判定基準［にんちしょうこうれいしゃのにちじょうせいかつじりつどはんていきじゅん］医師により**認知症**と診断された高齢者の日常生活自立度を，客観的かつ短時間に判定できるように 5 段階にランク分けし，評価した基準（図表参照）。生活の状態像から介護の必要度を示したものであり，医学的な認知症の判定とは必ずしも一致しない。障害高齢者の日常生活自立度（寝たきり度）判定基準と併用することで，障害をもつ高齢者の心身両面の判断ができる。　（樋口大）

認知症高齢者への環境支援指針（PEAP）［にんちしょうこうれいしゃへの

図表　認知症高齢者の日常生活自立度判定基準

ランク Ⅰ	何らかの認知症を有するが，日常生活は家庭内および社会的にほぼ自立している。
ランク Ⅱ	日常生活に支障を来すような症状・行動や意志疎通の困難さが多少みられても，誰かが注意していれば自立できる。
ランク Ⅲ	日常生活に支障を来すような症状・行動や意志疎通の困難さがときどきみられ，介護を必要とする。
ランク Ⅳ	日常生活に支障を来すような症状・行動や意志疎通の困難さがひんぱんにみられ，常に介護を必要とする。
ランク M	著しい精神病状や周辺症状あるいは重篤な身体疾患がみられ，専門医療を必要とする。

（一部省略）

かんきょうしえんししん（ぴーぷ）］ワイズマン（Weisman, G.D.）によって開発された認知症高齢者のスペシャルケアユニットに関する環境評価尺度（Professional Environmental Assessment Protocol）を基に，児玉桂子他が作成した「PEAP 日本版 3」のことである。比較的小さな規模の施設で生活している認知症高齢者の物理的環境に焦点を当てて，8 つの次元（大項目），34 の中項目，多数の具体的な例示で構成されている。8 つの次元には，見当識への支援，機能的な能力への支援，環境における刺激の質と調整，安全と安心への支援，生活の継続性への支援，自己選択への支援，プライバシーの確保，入居者とのふれあいの促進がある。これらはチェックリストではなく，施設での認知症ケアの支援の考

え方を提示したものである。(山下恵利子)

認知症高齢者見守り事業［にんちしょうこうれいしゃみまもりじぎょう］　**介護保険制度**の地域支援事業の一つで、介護保険の給付対象とはならないが介護保険の被保険者、介護者、その他それぞれの事業として市町村が認めるものを対象に、地域の実情に応じて、市町村の判断で任意に実施できる事業である。認知症に関する正しい知識を地域に広め、偏見や誤解を解消するための広報・啓発を行う。また、道がわからなくなってしまった高齢者の居場所を早期発見できるシステムの導入や運営運用を行う。たとえばある自治体では、1回500円で、1週間で4時間まで、認知症高齢者の在宅に訪問して、見守りや外出支援をするなどを行っている。　　　　　　　　　(田中悠美子)

認知症コールセンター［にんちしょうこーるせんたー］　認知症をもつ人やその家族などからの相談に、認知症介護の専門家や認知症介護の経験者が電話で対応するしくみである。電話相談を受けた専門家等は、相談者を相談内容によって、市町村、地域包括支援センター、介護サービス事業者、医療機関等の関係機関に紹介する。65歳未満の認知症の相談には、若年性認知症コールセンターもある。都道府県と指定都市が実施主体となる。**認知症施策推進五か年計画（オレンジプラン）**の推進のために2011年に示された「認知症対策等総合支援事業」の一つ。　　　　　　　　　　　　(樋口大)

認知症サポーター［にんちしょうさぽーたー］　地域住民、金融機関やスーパーマーケットの従業員、小・中・高等学校の生徒等を対象に実施している「認知症サポーター養成研修」を修了した人のことをいう。厚生労働省では、認知症サポーターに対して「①認知症に対して正しく理解し、偏見をもたない、②認知症の人や家族に対して温かい目で見守る、③近隣の認知症の人や家族に対して、自分なりにできる簡単なことから実践する、④地域でできることを探し、相互扶助・協力・連携、ネットワークをつくる、⑤まちづくりを担う地域のリーダーとして活躍する」ことを期待している。認知症サポーターの目印として、修了者には「オレンジリング」のブレスレットが渡される。　　　　　　　　　　　　(樋口大)

認知症施策推進五か年計画（オレンジプラン）［にんちしょうしさくすいしんごかねんけいかく（おれんじぷらん）］　2012年6月に公表された「今後の認知症施策の方向性について」の中で、「認知症になっても本人の意思が尊重され、できる限り住み慣れた地域のよい環境で暮らし続けることができる社会」の実現を目指すための5か年での取り組みをまとめたものである。標準的な認知症ケアパスの作成・普及、早期診断・早期対応、地域での生活を支える医療サービスの構築、地域での生活を支える介護サービスの構築、地域での日常生活・家族の支援の強化、若年性認知症施策の強化、医療・介護サービスを担う人材の育成の7つの視点が示された。

　地域での生活を支援することが強調されているほか、それを支える認知症ケアの専門職の育成について具体的な数値を持って、示しているのが特徴である。　　　　　　　　　　　　(山口友佑)

認知症施策推進総合戦略（新オレンジプラン）［にんちしょうしさくすいしんそうごうせんりゃく（しんおれんじぷらん）］　団塊の世代が75歳以上となる2025年を見据え、**オレンジプラン**の内容をベース

に，認知症の人の意思が尊重され，できる限り住み慣れた地域のよい環境で自分らしく暮らし続けることができる社会の実現を目指す総合的な施策である。新オレンジプランともよばれる。認知症への理解を深めるための普及・啓発の推進，認知症の容態に応じた適時・適切な医療・介護等の提供，若年性認知症施策の強化，認知症の人の介護者への支援，認知症の人を含む高齢者にやさしい地域づくりの推進，認知症の予防法，診断法，治療法，リハビリテーションモデル，介護モデル等の研究開発及びその成果の普及の推進の7つの柱が示された。

　厚生労働省だけではなく，関係府省庁と共同で策定した施策であることも特徴の一つである。　　　　　　　（山口友佑）

認知症疾患医療センター［にんちしょうしっかんいりょうせんたー］　認知症専門医療の提供と介護サービス事業との連携を担う機関として，都道府県および指定都市に指定を受けた医療機関のことである。認知症患者やその家族が地域で安心して生活するための支援の一つである。主な業務内容は，①認知症看護認定看護師や精神保健福祉士等による専門相談，②認知症の鑑別診断や治療方針の決定，適切な医療機関の紹介，③身体合併症や周辺症状への対応および適切な医療機関の紹介，④訪問看護ステーション，地域包括支援センター，ケアマネジャー等との地域連携の推進，⑤専門医療，地域連携を支える人材の育成，研修会の開催，⑥認知症に関連するさまざまな情報発信などを行っている。　　　　（幸田るみ子）

認知症対応型共同生活介護（グループホーム）［にんちしょうたいおうがたきょうどうせいかつかいご（ぐるーぷほーむ）］　介護保険制度の地域密着型介護予防サービスの一つで，認知症の人が，家庭的な環境の中で，ともに生活を送りながら，専門スタッフによる入浴や排せつ，食事などの介護，その他の日常生活を過ごす上での支援や機能訓練（リハビリテーション）を受けながら，自身のもっている能力に応じ自立した日常生活を送れるよう支援をしていく場所のこと。定員は1ユニットあたり9名で，要支援2以上の認知症の人が対象となる。また地域密着型サービスであるため，施設と同じ地域に住民票がないと入居することができない。少人数で家庭的な雰囲気があること，自身ができること，できないことを見極め，専門スタッフのサポートを受けながら，生活を組み立てていくことが特徴である。　　　　　　　　　　　（山口友佑）

認知症対応型通所介護（介護保険：地域密着型介護サービス）［にんちしょうたいおうがたつうしょかいご（かいごほけん：ちいきみっちゃくがたかいごさーびす）］　認知症の人が，できる限り自宅で自立した生活を継続できるよう，心身の機能を維持したり回復したりするために利用する介護保険のサービスである。具体的には，朝夕の送迎，血圧測定などの健康チェック，入浴のサポート，食事，口腔機能維持のための訓練，身体機能の維持・回復のための訓練，レクリエーション，などのメニューが用意されている。これらは，通常のデイサービスの内容と基本的に同じであるが，認知症対応型通所介護の場合は，認知症の人の生活を支援する体勢が整っており，専門知識をもったスタッフによる細やかな対応がとられているため，認知症の人一人ひとりの状態に合わせたケアを受けることができる。施設の規模によって，大きく3つの形態がある。利用対象者は，医師によって認

症と診断をされた人，および，要介護の認定を受けた人である。また，地域密着型介護サービスに位置づけられるため，事業所や施設がある市区町村の住民が基本となる。　　　　　　　　（田中悠美子）

認知症地域支援推進員［にんちしょうちいきしえんすいしんいん］　認知症の人が住み慣れた地域で安心して暮らし続けるために，認知症の容態の変化に応じすべての期間を通じて必要な医療・介護等が有機的に連携したネットワークを形成し，認知症の人への支援を効果的に行うために配置される人材のことをいう。市町村ごとに，**地域包括支援センター**，市町村，**認知症疾患医療センター**等に配置される。具体的には，認知症疾患医療センターを含む医療機関や介護サービス及び地域の支援機関の間の連携を図るための支援や，認知症の人やその家族を支援する相談業務等を行う役割をもつ。認知症の医療や介護における専門的知識及び経験を有する専門職がなる。　　　　（田中悠美子）

認知症の人と家族の会［にんちしょうのひととかぞくのかい］　公益社団法人「認知症の人と家族の会」は，1980年に，**認知症者とその家族**が，共に励ましあい助けあって，人として実りある人生を送るとともに，認知症になっても安心して暮らせる社会の実現を目指して創設された。多くの家族にとって，認知症者との生活や介護は初めての経験であり，将来への不安や認知症に対する誤った知識から，認知症者を混乱させてしまうような対応をする場合があるが，「認知症の人と家族の会」の会員は，認知症者とその家族の幸せを目的に，認知症者との生活の中で経験した悩み，苦しみ，不安について介護家族同士で励ましあうとともに，認知症や介護について学んでいる。（樋口大）

認知症老人徘徊感知機器［にんちしょうろうじんはいかいかんちきき］　認知症のある高齢者が，部屋の外や屋外に出ようとしたり，ベッドから離れようとしたりすると，設置したセンサーが感知し，介助者や家族などに音や光で通知する機器のこと。主に，対象者の転倒などによる怪我の予防や，介助者や家族などの負担軽減のために使用される。出入口や通路などに設置するタイプ，ベッド上やベッド周囲に敷くマットタイプ，小型の発信機タイプなどがあり，在宅で生活する高齢者に使用される場合には，介護保険における福祉用具貸与の対象種目となる。これの使用により，認知症のある人が遠くまで出かけたり転倒したりする前に気づいて対応することができる。しかし，介助者は，この機器のみに頼らず，その人の願いや生活習慣を理解した上で見守りや支援を行う重要性を忘れてはならない。　　　　　　　　　　　（吉藤郁）

認知発達段階［にんちはったつだんかい］　ピアジェ（Piaget, J.）の発生的認識論において提示された認識構造の発達段階。ピアジェは同化と調節というプロセスを軸に置き，発達の過程で質的に異なる一連のステップ（段階）を区別した。ピアジェの理論においては，身体運動に基づく感覚運動期，表象の操作が可能となるが論理的に不完全な前操作期，具体的事物の論理的操作が可能となる具体的操作期，そして抽象的な論理操作が可能となる完成された形式的操作期の4段階に区分された。この発達段階に関する理論においては，知能の発達を量的実体の増加としてではなく，認知的枠組（シェマ）の構造が質的に発展していくものとしてとらえられている。　　　（村上太郎）

認定介護福祉士［にんていかいごふくし

し」　介護職チームの中核となる**介護福祉士**の上位キャリアパス。2007 年社会福祉士及び介護福祉士法改正時の国会付帯決議により，日本介護福祉士会が事務局となり，キャリアパス創設の検討が行われた。要介護者の増加に伴い，介護職としての能力や知識に幅のあるメンバーをチームリーダーとしてとりまとめ，サービスの質の向上のための人材育成が重要となり，さらに，地域包括ケアの推進には，利用者に寄り添う専門職として，より広い視野をもった介護福祉士が必要となった。①利用者の QOL の向上，②介護と医療の連携強化と適切な役割分担の促進，③地域包括ケアの推進等の介護サービスの高度化に対する社会的要請に応えるため，認定介護福祉士認証・認定機構が 2015 年に創設され，認定介護福祉士養成制度が生まれた。一定の実務経験をもつ介護福祉士を対象に，Ⅰ類，Ⅱ類（計 600 時間）養成研修で，「地域と関わる力」「十分な実践力」「他職種とそのチームと連携・協働する力」「介護職チームのリーダーへの教育・指導，介護サービスのマネジメントを行う力」を養い，修了者を認定する。　　　　（太田貞司）

認定看護管理者［にんていかんごかんりしゃ］　日本看護協会認定の資格で，管理者として優れた資質をもち，個人，家族，地域住民の多様な健康ケアニーズに対し，質の高い組織的看護サービスを提供し，保健医療福祉の発展に貢献できる看護師のことをいう。資格取得方法は年 1 回実施される認定審査に合格することである。受験資格は，日本国の看護師免許を有し，通算で 5 年以上の看護師実務経験を有する者で，「認定看護管理者教育課程サードレベルの修了者」「看護系大学院において看護管理を専攻し修士号の取得者，修士課程修了後の実務経験が 3 年以上ある者」「師長以上の職位で管理経験が 3 年以上ある者で，看護系大学院で看護管理を専攻し，修士号取得者」「師長以上の職位で管理経験が 3 年以上ある者で，大学院で管理に関連する学問領域の修士号取得者」の，いずれかとされる。　　　　　　　　　　　　（内田陽子）

認定看護師［にんていかんごし］　特定の看護分野において，熟練した看護技術と知識を用いて水準の高い看護を実践のできる**看護師**のことをいう。日本看護協会の資格認定制度の一つ。認定看護師教育機関による教育課程修了後，規定の資格試験に合格した者である。実践，指導，相談の 3 つの役割機能をもつ。救急看護，皮膚・排泄ケア，集中ケア，緩和ケア，がん化学療法看護，がん性疼痛看護，訪問看護，感染管理，糖尿病看護，不妊症看護，新生児集中ケア，透析看護，手術看護，乳がん看護，摂食・嚥下障害看護，小児救急看護，認知症看護，脳卒中リハビリテーション看護，がん放射線療法看護，慢性呼吸器疾患看護，慢性心不全看護などの分野がある。　　　　（内田陽子）

認定社会福祉士［にんていしゃかいふくしし］　「社会福祉士及び介護福祉士法の定義に定める相談援助を行う者であって所属組織を中心にした分野における福祉課題に対し，倫理綱領に基づき高度な専門知識と熟練した技術を用いて個別支援，他職種連携及び地域福祉の増進を行うことができる能力を有することを認められた者」とされ，「認定社会福祉士」を取得するためには**ソーシャルワーカー**の職能団体の正会員であることや相談援助の経験年数，定められた研修を修了するなどいくつかの要件がある。近年の，地域における福祉ニーズが増加しているととも

に，問題の複雑さや解決の困難さも増してきている状況において，認定社会福祉士認証・認定機構によって社会福祉士の実力を向上させることを目的に2011年に設立された。　　　　　　　（種橋征子）

認定調査票［にんていちょうさひょう］介護保険制度を利用する場合，必ず介護認定調査を経て，**要支援**または要介護状態であることを証明しなければならない。その調査項目をまとめた用紙。調査票は，第1群：身体機能・起居動作，第2群：生活機能，第3群：認知機能，第4群：精神・行動障害，第5群：社会生活への適応，その他：過去14日間にうけた特別な医療について，障害高齢者の日常生活自立度（寝たきり度），認知症高齢者の日常生活自立度に関する調査項目で構成されており，全国一律の質問項目（74項目）となっている。また，調査に際しては，「市町村職員」もしくは「事務受託法人」が実施することになっている。これら調査票は，①認定調査票（概況調査）②認定調査票（基本調査）③認定調査票（特記事項）で構成されている。特に特記事項は，統計的な処理に馴染まない個別的な生活ニーズを簡潔に記載する必要があり，主治医の意見書と並び，**介護認定審査会**での重要な個別情報となる。
　　　　　　　　　　　　　　　（坂本勉）

認定特定行為業務従事者［にんていとくていこういぎょうむじゅうじしゃ］　都道府県または登録研修機関が実施する**医療的ケア**（喀痰吸引等）の研修を受け喀痰吸引等研修の全ての課程を修了し，登録研修機関より修了証明書を交付（特定行為の追加も含む。）された者のことをいう。喀痰吸引等の特定行為を実施するためには，県から認定特定行為業務従事者として認定されることが必要とされる。

　　　　　　　　　　　　　　　（内田陽子）

認認介護［にんにんかいご］　認知症を発症し，何らかの介護が必要な人を介護している家族も認知症を発症している状態を表現した造語。厚生労働省が国民生活の基礎的事項について実施している国民生活基礎調査を年次推移でみると，介護保険法の要支援又は要介護と認定された人（要介護者等という）の中で，在宅生活をしている要介護者等の世帯構造は核家族世帯が多く，同居の主な介護者の年齢は高い傾向がみられる。要介護者等と同居の主な介護者の続柄をみると配偶者が最も多い。たとえば，認知症を発症し要介護認定を受けた夫の介護をしている妻も認知症を発症している状態を思い浮かべることができる。他に頼る家族等もない場合が多く，老夫婦二人の生活は不安定で崩壊の危険をはらんでいる場合が多い。　　　　　　　　　　（笠原幸子）

ネグレクト［ねぐれくと］　児童虐待防止法，障害者虐待防止法，高齢者虐待防止法に位置づけられている**虐待**の種類の一つ。無視や養護・養育の怠慢，放置等があげられる。　　　　　　　　（上田晴男）

寝たきり度［ねたきりど］⇒障害高齢者の日常生活自立度

寝たきり老人ゼロ作戦［ねたきりろうじんぜろさくせん］　1990年度より開始された，高齢者保健福祉推進十カ年戦略（ゴールドプラン）において，重要な柱の一つとして位置づけられた施策である。高齢者人口の増加が見込まれているなか，老後に寝たきり状態になることを予防するためには，適切な訓練や介護を受けることが有効であるという考え方に立ち，全国各地で寝たきり予防に向けた普及活動が展開されるようになった。また，厚生省（当時）が1991年3月に策定した

「寝たきりゼロへの 10 カ条」では，日常生活活動の維持や早期のリハビリテーションの重要性，寝食分離をはじめとした生活のメリハリの必要性，高齢者の主体性や自立性の尊重，住環境の整備促進，介護機器や地域の保健福祉サービスの積極的利用などが盛り込まれており，「寝たきり老人ゼロ作戦」の展開に効果的な役割を果たしていくことになった。

（神部智司）

寝たきり老人短期保護事業（ショートステイ）［ねたきりろうじんたんきほごじぎょう（しょーとすてい）］

国の補助事業による高齢者福祉施設を活用した在宅施策の一つとして，1978 年に登場した事業である。その背景としては，1970 年代より在宅福祉の推進と施設の社会化が議論されてきたこと，また，1977 年 11 月に中央社会福祉審議会・老人福祉専門分科会が発表した「今後の老人ホームのあり方について（意見具申）」の中で，老人ホームなどの入所型社会福祉施設の多くが地域社会から遠く離れた場所に設置され，地域社会との関わりが希薄となりがちであることへの懸念から，在宅高齢者の施設利用を促進して老人ホームの地域開放が提案されたことなどがあげられる。また，1979 年には通所サービス事業も登場し，寝たきり老人短期保護事業（ショートステイ）とともに施設利用型の主要な在宅福祉サービスとして位置づけられている。

（神部智司）

熱中症［ねっちゅうしょう］

高温多湿な環境下において，体温を調整する機能が失われ，体温がどんどん上ってしまう状態をいう。脱水，頭痛，身体のだるさや吐き気，皮膚の異常などがみられる。症状が重くなると命にかかわる。まず，ならないような予防策が必要であり，熱中症になってしまったら，すみやかに水分補給，身体を冷やす，涼しい場所，医療機関へ行くなどの対策が必要である。

（安藤純子）

年金［ねんきん］

加齢，障害，死亡等により，経済的に自立した生活が困難になるリスクに備えるしくみで，政府が管理運営する公的制度としての公的年金と，個人として備える個人年金保険がある。わが国の公的年金は，1961 年に拠出制国民年金保険が成立し，それまで公的保障制度の対象外であった自営業や零細企業従事者にも強制年金保険が適用され国民皆年金が確立された。その後，時代の変遷とともに改革が重ねられ，現在では，**国民年金**（国民基礎年金）と厚生年金の 2 種類となっている（公務員や教員を対象とした共済年金制度は，2015 年 10 月 1 日より被用者年金制度の一元化により，厚生年金制度に統一された）。20 歳以上 60 歳未満の国内居住者は，国民年金（基礎年金）に加入することが法により義務づけられている。**基礎年金**には，老齢基礎年金給付，障害基礎年金給付，遺族基礎年金給付の 3 種類があり，厚生年金制度には，老齢厚生年金，障害厚生年金，遺族厚生年金があり，条件に応じて各基礎年金に上乗せする形で給付される。財政は，現役世代の納める保険料でその時点で必要な給付を賄う賦課方式で運営されている。

（鷲巣典代）

年少人口［ねんしょうじんこう］

人口構造を 3 つに区分した場合の 0 〜14 歳までの人口のことをいう。老年人口（65 歳以上）と合わせて**従属人口**と呼ばれる。

（大日義晴）

脳［のう］

体全体をコントロールしている部位のことをいう。人間の脳は，大脳，中脳，橋，延髄，小脳からなる。

膿痂疹［のうかしん］　黄色ブドウ球菌，レンサ球菌，あるいはこの両方によって引き起こされる皮膚感染症。膿疱あるいは水泡ができる。とびひともよばれる。皮膚の接触によってうつる。主に子どもに発症するが皮膚のバリア機能が低下していると高齢者にも感染する。（安藤純子）

脳血管障害［のうけっかんしょうがい］脳の血管が障害されておこる麻痺，言語障害，意識障害などをまとめた呼び方。脳梗塞，脳出血，クモ膜下出血などは，いわゆる脳卒中と言われている。脳の血管内の血栓によって血管が閉塞する（つまる），または脳の血管が破れるための出血といった血管の異常によって障害（症状）を引きおこす。脳血管障害の部位によって，症状は異なる。要介護状態の原因として最も多い。　　（安藤純子）

脳血管性認知症［のうけっかんせいにんちしょう］⇒血管性認知症

脳梗塞［のうこうそく］　脳血管障害の一つ。血栓が脳の血管に詰って酸素や栄養が行かなくなり引きおこされる。脳梗塞は，高血圧，心疾患などが原因としてあげられる。アテローム血栓性脳梗塞，心原性脳塞栓症，ラクナ梗塞（**多発性脳梗塞**）が知られている。　　（安藤純子）

脳死［のうし］　脳の働きが完全に停止した状態。死を判定する基準の一つ。心停止による血液循環停止などにより脳への酸素供給が絶たれ脳細胞の死滅が始まる。従って，**心臓死**と脳死とは同一ではない。日本における法的な脳死の定義については「臓器の移植に関する法律」の規定がある。臨床的脳死判定する場合は，①深昏睡，②瞳孔固定，③脳幹反射の消失，④平坦脳波の4項目をまずは確認する必要がある。　　　　　　（安藤純子）

脳出血［のうしゅっけつ］　脳血管障害（脳卒中）の一つ。脳血管障害には，脳梗塞，脳出血，クモ膜下出血，脳動静脈奇形に伴う頭蓋内出血が含まれる。
　　　　　　　　　　　　　　　（安藤純子）

ノーマライゼーション［のーまらいぜーしょん］　障害のある人もない人も，高齢者も，子どもも，地域住民が互いに支え合い，地域でいきいきと明るく豊かに暮らしていける社会を目指す考え方。1950年代のデンマークで，バンク＝ミケルセン（Bank=Mikkelsen, N.E.）が知的障害者の施設サービスのノーマル化を目指した運動からはじまり，スウェーデンのニルジェ（Nirje, B.），アメリカのヴォルフェンスベルガー（Wolfensberger, W.）等へ広がり，障害者の地域社会における保障を求める運動となった。国際連合が1981年を「**国際障害者年**」と定め，「**障害者に関する世界行動計画**」を採択するとともに，1992年までを「国連・障害者の十年」として，世界各国が積極的な障害者対策の推進を提唱したことによって国際的に浸透した。　　　（赤穂光郁）

ノーマライゼーション7か年戦略［のーまらいぜーしょんななかねんせんりゃく］⇒障害者プラン

野口幽香［のぐちゆか］（1866-1950）1900年，森島峰とともに貧児を対象とした二葉幼稚園を創設した初代園長である。兵庫県出身，東京女子高等師範学校卒業後，同校助教諭となった後，1894年には華族女学校付属幼稚園に勤務した。1900年，同幼稚園の職務のかたわら，森島と二葉幼稚園を創設した。　　（中根眞）

ノロウイルス［のろういるす］　ウイルスのついた手指や貝類などの食品などを介して**感染**し，下痢や嘔吐，腹痛などの症状を示す**感染性胃腸炎**の原因となるウイ

ルスである。感染者の吐物，便などを処
理した際に，飛沫感染，接触感染するこ
とで二次感染し，拡大するほど感染力が
非常に強い。消毒は次亜塩素酸系での消
毒，熱消毒が有効である。感染した場合
には，下痢や嘔吐により脱水症状になり
やすいため，水分摂取が重要である。感
染者の吐物処理時は，使い捨て用の手袋，
マスク，ガウンをつけ，ウイルスが飛び
散らないようにまとめて袋に入れて破棄
する。処理後は，石けんでの手洗い後，
アルコール手指消毒剤を使用する。

（鈴木峰子）

ノンアサーティブ［のんあさーてぃぶ］
⇒アサーティブ

ノンレム睡眠［のんれむすいみん］　深い
睡眠で，脳も身体も休んでいる状態を指
す。ノンレム睡眠は**レム睡眠**以外の睡眠
状態を指し，覚醒時やレム睡眠の時とは
異なり，脳波はゆったりと大きな振れ幅
を示す。呼吸数や脈拍，体温の低下など
の変化がみられ，脳が活動を休止するた
め「脳の睡眠」ともいわれる。ノンレム
睡眠時は，交感神経の活動が鎮まり，副
交感神経が優位となる。人は寝ている間
にレム睡眠とノンレム睡眠を繰り返して
いる。ノンレム睡眠時の眠りは前半に深
く，後半にかけて少しずつ浅くなってい
く。

（植北康嗣）

は
▽

パーキンソニズム［ぱーきんそにずむ］
安静時振戦，筋固縮，無動，姿勢反射障害のうち2つ以上が当てはまる場合にパーキンソニズムと定義される。パーキンソニズムを生じる疾患は，**パーキンソン病**以外にも多く，他疾患が原因でおこるパーキンソニズムの中には，抗精神病薬や抗潰瘍薬などによる薬剤性のもの，大脳基底核の多発性小脳梗塞などによる脳血管性のもの，多系統萎縮症や進行性核上性麻痺などの中枢神経系の変性疾患によるものなどが含まれる。薬剤性の場合は原因となる薬剤を中止し対処する。パーキンソニズムを生じている者は転倒しやすいため，歩行・バランス訓練や環境調整・必要性に応じた生活支援を行う。

（福田未来）

パーキンソン病［ぱーきんそんびょう］
大脳の下にある中脳の黒質が変性しドパミン神経細胞が減少することでおこる，体の動きが鈍くなり，ふるえがおこりやすくなる病気。50〜70歳代に好発し，症状は安静時に四肢が震える（**振戦**），動作が鈍い（**無動**），筋が異常に緊張する（**筋固縮**），身体のバランスが悪い（**姿勢反射障害**）が4大症状といわれており，便秘・排尿障害・起立性低血圧などの自律神経障害も生じる。

　治療は，ドパミンを補充する薬物療法や運動療法が中心となる。薬物療法は，治療を開始して一定の期間は，神経症状が良好にコントロールされるが，病気の進行に伴い効果が減弱し，症状の日内変動が生じるようになり，その後寝たきり

となる。**特定疾患**に指定されている。

（福田未来）

パーソナリティ［ぱーそなりてぃ］　個人と個人を取り巻く環境とのかかわりにおける個人差を規定する，思考・感情・行動の全体的特徴。人格や性格とも呼ばれる。個人の思考・感情・行動には，時間的な経過を通じての一貫性（経時的安定性あるいは時間的一貫性）と，多様な状況を通じての一貫性（通状況的一貫性）が人さまざまに存在しており，それを生み出すものがパーソナリティとされる。パーソナリティをとらえる主要な理論的枠組みには，人を何種類かのカテゴリーに分類する類型論，人格特性や気質をいくつか想定して，それらの程度の強弱から個人差を説明する特性・気質論，個人の内的要因と外的な状況の相互作用が人格を生み出しているとする相互作用論などがある。

（箕浦有希久）

パーソナリティ障害［ぱーそなりてぃしょうがい］　精神障害の一つであり，①その人がいる文化での常識から著しく偏った受けとめ方や行動をし，②それは青年期以降から認められ，③本人あるいは周囲に困難が生じていることに特徴づけられる，性格面での障害である。病因には遺伝と環境が影響していると考えられている。

　成人の約5％に認められ，特に女性に多い。薬物療法やカウンセリングによって治療・支援が行われるが，一般的に年齢を経るにしたがって攻撃的な行動は減る。以前は人格障害といわれていたが，

差別的であるという批判から2003年に名称を変更した。なお，多重人格や二重人格は，パーソナリティ障害ではなく，解離性障害という異なる障害であるので注意したい。　　　　　　　　（深瀬裕子）

パーソナルアシスタンス［ぱーそなるあしすたんす］　障害当事者が主体となる介助システムである。障害当事者が介助者を選び，雇用し，育てることが特徴である。障害当事者の指示のもとに介助者が介助することによって，障害当事者の自己決定を尊重し，QOLの向上を目指す。パーソナルアシスタンスは，一般的な介助サービスに対する代替として展開されてきた。日本では1970年代頃から，障害当事者団体における自立生活運動の中で取り組まれてきた。障害者総合支援法における全国共通のサービスとして利用できるパーソナルアシスタンスのサービスは存在しないが，自治体によっては独自の取り組みとしてパーソナルアシスタンス制度を実施している。　（萬代由希子）

パーソンセンタードケア［ぱーそんせんたーどけあ］　以前は，認知症者は「何もわからなくなった人」ととらえられていたが，キットウッド（Kitwood, T.；1937-1998）は，認知症者へのケアにおいて，認知症をもつ人を一人の「人」として尊重し，その人の立場に立って考えることが大切であると提唱した。ケアを提供している人ではなく，認知症とともに生きているその人が中心だと考える考え方で，世界中で普及している。　（笠原幸子）

パーソンフッド［ぱーそんふっど］　イギリス生まれの臨床心理学者であるキットウッド（Kitwood, T.）が提唱した言葉で，認知症を発症しても，一人の人間として受け入れられ，尊重されている状態をいう。「その人らしさ」と表現されること

が多い。　　　　　　　　　　（笠原幸子）

ハートビル法［はーとびるほう］⇒高齢者，身体障害者等が円滑に利用できる特定建築物の建築の促進に関する法律

バーンアウト（燃え尽き症候群）［ばーんあうと（もえつきしょうこうぐん）］　極度の身体的疲労と，感情の枯渇状態を示す症状。臨床的な研究とともに，マスラック（Maslach, C.）の開発したMBI（Maslach Burnout Inventory）によって計量的に測定した研究も多い。MBIでは，「心身ともに疲れ果てたという感覚（情緒的消耗感）」「人を人と思わなくなる気持ち（非人格化）」「仕事のやりがいの低下（個人的達成感の減退）」という3要素を測定する。　　　　　　（田渕恵）

肺炎［はいえん］　細菌やウイルスの感染によっておこる肺の炎症性疾患の総称である。高齢者の場合，食物による誤嚥性肺炎も多くなる。　　　　　（安藤純子）

徘徊［はいかい］　認知症の中期に頻発する，歩き回る行動・心理症状（周辺症状）である。徘徊は大きく以下の5つに分類される。①徘徊ではない徘徊（迷子）：見当識障害のため，外出した際に道がわからなくなり歩き回るもので真の徘徊ではない，②反応性の徘徊：慣れていない場所にいる時に生じ，見当識障害や不安から出現する徘徊，③せん妄による徘徊：軽度の意識障害によるせん妄のため，夢遊病者のように歩き続けるもの，④脳の器質的障害による徘徊：脳の器質的障害による衝動性の亢進のためおこる徘徊，⑤活動的効力的に生活していた過去の自分の状況へ帰郷願望から生じる徘徊で，家にいても「家に帰る」と言うこともある。

　徘徊は特に夕暮れ時から夜にかけて多いことから，俗に夕暮れ症候群などとい

われることがある。　　　（幸田るみ子）

配食サービス［はいしょくさーびす］　高齢者世帯や単身世帯，共働き世帯など，多忙で時間がとれなかったり食事の準備に不安があったりして，食事の支援が困難な家庭向けに食事を配達するサービスのこと。特に一人暮らしの高齢者や高齢者世帯に対しては，食の自立支援の観点から配食サービスを実施する自治体が多く，栄養状態の維持のほか，配達時に安否の確認を行っている。自治体による配食サービス対象者は，介護保険の対象にはならないものの，低栄養状態のおそれのある人，要支援・要介護状態，障害等により調理が困難で食に関連する支援が必要な人などである。自治体間の格差が生じている。　　　　　　　（大森玲子）

バイステック［ばいすてっく］（Biestek, F.P.；1912-1994）　援助関係を形成する原則を提唱したアメリカのソーシャルワークの研究者。バイステックは「援助関係はケースワークの魂（soul）」であり，援助関係の質がケースワーク全体の質につながるとした。バイステックの原則とは，①クライエント（利用者）を個人として捉える（個別化），②クライエントの感情表現を大切にする（意図的な感情の表出），③援助者は自分の感情を自覚して吟味する（統制された情緒的関与），④受けとめる（受容），⑤クライエントを一方的に非難しない（非審判的態度），⑥クライエントの自己決定を促して尊重する（自己決定の尊重），⑦秘密を保持して信頼感を醸成する（秘密保持），である。

　バイステックは，相談場面におけるクライエントの言動は，次の7つの基本的ニーズから影響を受けるとした。そのニーズとは，①一人の個人として対応されたい，②否定的な感情と肯定的な感情のどちらも表現したい，③一人の価値ある人間として受けとめられたい，④自分の感情表現に共感してほしい，⑤一方的に非難されたくない，⑥自分の人生に関する選択と決定は自分で行いたい，⑦自分に関する秘密を守りたい，である。援助関係におけるケースワーカーとクライエントとのやりとりはこれらの7つのニーズに基づく態度と情緒であるとした。

　バイステックの原則は，ケースワーカーがクライエントの基本的ニーズに適切に応答していくための原則ともいえる。7つのニーズが満たされると，ケースワーカーとクライエントとの間に信頼関係に基づく援助関係が構築され，問題解決に向けた援助の流れが生まれる。

　　　　　　　　　　　　　（鵜浦直子）

バイステックの原則［ばいすてっくのげんそく］⇒バイステック

バイタルサイン［ばいたるさいん］　生命の恒常性を示す兆候のこと。一般的には，**体温・血圧・呼吸・脈拍・動脈血酸素飽和度**を指し，検査値として表される。介助者は対象者の最も身近に存在し，何らかの異常に気づく機会も多い。その場合に，妥当な測定法を選択して正確な技術によって測定し，その結果を医師や看護師と共有することで，対象者の心身の異常の早期発見の手助けとなり，対象者の安定した生命活動の継続に貢献する。測定の条件によって数値は変わり，個人差もあるため，その人の正常値を知っておくことが望ましい。また，体温・血圧・呼吸・脈拍・動脈血酸素飽和度の測定だけではなく，対象者の意識の状態，表情や活気，排泄の状態，身なりなどを観察することも重要である。　　　　（吉原郁）

梅毒［ばいどく］　感染症法における5類

感染症の一つ（巻末資料311頁参照）。スピロヘータの一種である梅毒トレポネーマによって発生する感染症である。接触感染し，性病の一種である。症状は，早期顕症梅毒 第Ⅰ期，早期顕症梅毒 第Ⅱ期梅毒，潜伏梅毒，晩期顕症梅毒と経過をたどる。母体から胎児に感染する先天梅毒もある。治療はペニシリンの投与となる。　　　　　　　　　　　（安藤純子）

排尿障害［はいにょうしょうがい］　何らかの原因で排尿が障害されている状態をいう。排尿障害の症状には，蓄尿症状，排尿症状，排尿後症状がある。蓄尿症状には**頻尿**（昼間・夜間頻尿）や**尿失禁**（尿が不随に漏れる），尿意切迫感がある。排尿症状には**尿閉**，残尿感，尿勢低下，尿線途絶などがある。排尿後症状には残尿感や排尿後滴下がある。尿失禁には**腹圧性尿失禁**（咳やくしゃみなど腹圧がかかった時に失禁），**切迫性尿失禁**（尿意切迫感とともに失禁），混合性尿失禁（腹圧性尿失禁と切迫性尿失禁の両者をもつ），**溢流性尿失禁**（膀胱内に尿が溜まっているのにうまく排尿できず，溢れ出すように漏れる），機能性尿失禁（尿路系以外の原因で失禁）がある。また**無尿**は1日の尿量が100 ml以下，**乏尿**は400 ml以下で尿の生成低下で腎疾患等が原因である。尿閉は尿の生成はあり大量に膀胱に貯留しているが膀胱や尿道の疾患等で排尿できない状態である。　　　　　　　　　　　（内田陽子）

背部叩打法［はいぶこうだほう］　食べ物や異物などを誤嚥した際，気管内より吐き出させる時に行う応急処置の一つ。対象者の頭部をできるだけ低くし，左右の肩甲骨の間を介助者の手掌基部で力強く何度も続けて叩く（図表参照）。対象者が立位や座位をとれない場合は，側臥位に

図表　背部叩打法

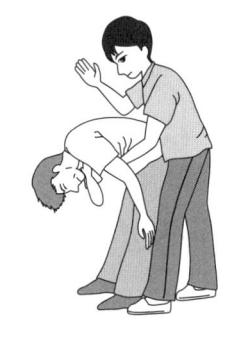

し，胸と上腹部を介助者の大腿部で支える。子どもの場合は，成人の場合と同じ要領で行うが，いずれも力を加減して行うことが大切である。　　　　　　（吉藤郁）

排便障害［はいべんしょうがい］　便を排出することが障害されている状態をいう。排便障害は便の通過，保持，排泄機能の障害であり，その症状には，便秘，便失禁，下痢，残便感，排便困難などがある。便秘の種類には，腸の疾患で生じる器質性便秘，腸の蠕動運動が弱い弛緩性便秘，ストレスや自律神経の乱れによる痙攣性便秘，直腸に便が停滞しているが排出できない直腸性便秘，薬剤の副作用や治療でおきる医原性便秘，出産に起因する産科的便秘などがある。便失禁には，便意を感じず，知らないうちに漏れている**漏出性便失禁**，便意は感じるが我慢できずに漏れてしまう**切迫性便失禁**，便が溜まりすぎて便が溢れだすように漏れる**溢流性便失禁**がある。　　　　（内田陽子）

ハイムリック法［はいむりっくほう］　食べ物や異物などを誤嚥した際，気管内より吐き出させる時に行う応急処置の一つ。対象者の背後に回り，後ろから抱くような形で上腹部に一方の手の握りこぶしを当て，もう一方の手で握りこぶしを上か

図表　ハイムリック法

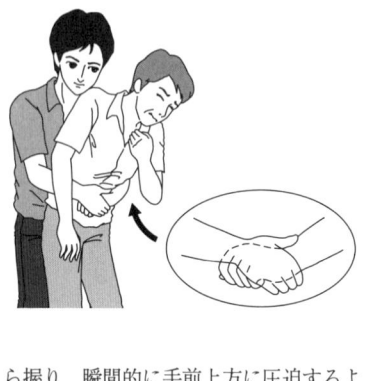

ら握り，瞬間的に手前上方に圧迫するように突き上げる（図表参照）。意識のない対象者には用いない。　　　（吉藤郁）

廃用症候群［はいようしょうこうぐん］⇒生活不活発病

ハヴィガースト［はゔぃがーすと］
（Havighurst, R.J.；1900-1991）　アメリカ生まれ。1934年以後，子どもや青少年のパーソナリティ発達の研究や著作で活躍するようになる。1941年シカゴ大学へ教育および人間発達学の教授として招聘された。1948年の論文において，人生の全過程のそれぞれの段階に，乗り越えるべき「**発達課題**」（達成課題）を設定し，発達とはそれを乗り越えるプロセスであるとした。ここでは，前段階の課題を克服することが次段階の課題へのかかわりの条件であるという「連続性」が仮定されており，生涯にわたる適応の過程が生涯発達の過程であるという視点が提示されている。

　最も早くに生涯発達的視点をもち，発達課題の設定によって生涯発達のアイディアを示した心理学者の一人。

　　　　　　　　　　　　　　（村上太郎）

白杖［はくじょう］　主に**視覚障害**のある人が，移動する時に路面の状態を探った

り，歩行路に障害物がないかを確認したりするために使用する白色に塗装された杖のことをいう。道路交通法第14条では，「目が見えない者（目が見えない者に準ずる者を含む。）は，道路を通行するときは，政令で定めるつえを携え，又は政令で定める**盲導犬**を連れていなければならない。

2　目が見えない者以外の者（耳が聞こえない者及び政令で定める程度の身体の障害のある者を除く。）は，政令で定めるつえを携え，又は政令で定める用具を付けた犬を連れて道路を通行してはならない」と規定されており，政令で定めるつえとは白杖のことを指している。つまり，視覚障害のある人は白杖を携行することが義務づけられている。白杖は，使用者の残存視力，使用頻度，好み等を考慮して選定する。　　　　（冨田川智志）

白癬［はくせん］　真菌（カビ）である白癬菌が，足の裏の角質や皮下組織に感染したものを足白癬（一般には水虫という），爪に侵食すれば爪白癬という。感染は，湿度や足の環境（履物，素足を拭くマットなど）に影響される。治療には，抗真菌薬の内服と外用がある。　（安藤純子）

白内障［はくないしょう］　再生能力のない水晶体（巻末資料305頁参照）の混濁により，視力低下をおこす疾患である。白内障には，加齢による老人性白内障だけでなく，糖尿病性白内障，外傷性白内障などがある。白内障は，自覚症状がない場合が多い。外傷性でなく老人性白内障，糖尿病性白内障といった内的要因の場合は，両側におこりやすい。白内障手術は，顕微鏡を使い混濁した水晶体を取り除き，人工のレンズを挿入する。　（安藤純子）

跛行［はこう］　足をひきずったように歩く異常歩行のことをいう。脚長差があ

る, 股関節・膝関節・足関節の拘縮, 疼痛, 脳, 神経や筋肉系の障害等によっておきる。はじめは通常に歩行しているが, しばらく歩くと足にしびれや痛みが出てきて休み, 再び歩き出すことを間欠性跛行という。脚長差がある者はつまさき歩きや体幹の動揺が特徴である硬性落下跛行がある。脳血管障害では尖足・内反尖足歩行, 骨盤引き上げ歩行がある。**パーキンソン病**では小刻み歩行 (前傾姿勢で, ゆっくりと小刻みに足を地面に擦り滑らすように歩く。**多発性脳梗塞**でもみられる), すくみ歩行 (最初の1歩が困難で数秒から数十秒足がすくむ), 加速歩行 (前傾姿勢なので, 歩行が始まれば次第に速く駆け足になり, すぐに停止できない) が特徴である。　　　　　(内田陽子)

破傷風 [はしょうふう]　破傷風は, 破傷風菌による感染症である。感染症法 (巻末資料311頁参照) における5類感染症である。破傷風菌毒素が血液中に入ると, 中枢神経に作用し全身性強直性けいれんを起す。主要症状としては開口障害, 頸部硬直, 弓そり緊張, 呼吸麻痺などをおこし死に至る。早期の血清療法が重要である。破傷風菌の芽胞が土壌中に存在しているため, 屋外で外傷, なかでも深い傷を受け土が傷の中に入ると, 感染の機会となり, 毒素が血液中に入る可能性が高い。予防対策として, 単独, 三種混合といった予防接種が有効である。
　　　　　　　　　　　　　　(安藤純子)

バスボード [ばすぼーど]　麻痺のある人や立位が不安定な人が, 家庭浴槽での入浴時に, 安全に浴槽を出入りできるよう補助する**福祉用具**のこと。浴槽の両縁に固定して使用する。一度バスボードに腰を掛けてから浴槽の縁をまたぎ入浴する。その際, 一緒に**シャワーチェア**を使用す

ると座面の高さが揃えられ, 介助時の上下移動も少なくなるため, 介助者の身体的な負担軽減にもつながる。バスボードは, 介護保険の**特定福祉用具販売**の対象種目である。　　　　　　　(植北康嗣)

長谷川式認知症スケール (HDS-R) [はせがわしきにんちしょうすけーる (えいちでぃーえすあーる)]　1974年に長谷川和夫により考案された**認知症**のスクリーニング検査。1991年に改訂版が作成され, 2006年に現名称に改称された。検査は, 年齢, 日時の見当識, 場所の見当識, 3つの言葉の記銘, 計算 (100−7の連続引き算), 数字の逆唱, 3つの言葉の遅延再生, 5つの物品記銘, 野菜の名前の計9項目からなる。10分程度で実施できるため比較的受検者の負担が少ないとされるが, 受検に際しての心理的負担に十分に配慮する必要がある。

　なお, 同じく認知症のスクリーニングに用いられる MMSE に比べると, 記憶に関する課題が多くなっている。30点満点中21点以上で非認知症と判断される。
　　　　　　　　　　　　　　(吉田加代子)

8050問題 [はちまるごーまるもんだい]　2010年代において, 80代の親が50代の子どもの生活を経済的に支援している状態を象徴した造語である。多くで親子は同居しており, 子どもは何らかの事情により, 定職に就かず, ひきこもりの状況にある。1980〜1990年代に顕在化した若者のひきこもりを放置したことがこの問題の背景にある。中高年のひきこもりのきっかけでは, 倒産や雇い止めなどによる失業, 傷病や精神疾患などの疾病, 介護離職によるブランクの長期化など, 複数の要因が重なる場合もある。孤立死, 無理心中, 親の死体遺棄, 死んだ親の年金の不正受給なども生じている。2000年

代は「7040 問題」と言われたが，2020 年代は「9060 問題」となりつつある。

（岡田直大）

発達 ［はったつ］　経年に伴って起こる変化。医学的視点においては，機能的な成熟（発育）のことをいうが，心理学においては，一般的に受精から死に至るまでの心身及びその社会的な関係の質的変化・変容をいう。変化・変容の過程は，「発達の順序性」という一定の規則・型にしたがって一生を通して連続的に進行するものと捉えられている。また，発達の過程は，いくつかのまとまりのある段階に分けて考えられる。

　一般的な発達段階の分類は，胎児期，乳児期，幼児期，児童期，青年期，成人期，中年期・壮年期・老年期である。発達の速さは一定ではなく個人差がみられ，その個人差の要因としては，遺伝的要因，性差の要因，発達環境の要因などが考えられるが，遺伝か環境かといった二項対立的な考え方ではなく，遺伝も環境もといった考え方が現在主流となっている。（村上太郎）

発達課題 ［はったつかだい］　それぞれの発達段階において，次の段階にスムーズに移行するために獲得・達成することが相応しいと期待される心理社会的な課題を指す。適切に解決できればその後の段階の発達はうまく進んでいくが，解決できない場合には，のちの段階で多くの発達上の困難に出会うことになる。

　ハヴィガースト（Havighurst, R. J.）によれば，発達課題の起源は①身体的な成熟，②社会からの要求や圧力，③個人の達成しようとする目標や努力，の3点から生じてくるとされる。

　エリクソン（Erikson, E. H.）は自我の発達を中核に据えて，乳児期から成熟期にいたる8つのライフサイクルの各時期に，それぞれの解決すべき課題と失敗の危機があるという生涯発達観を提示している。これらの発達課題という視点をもつことによって，それぞれの時期に配慮すべき働きかけや教育目標が導かれ，発達状況の評価が可能になると考えられている。

（村上太郎）

発達障害 ［はったつしょうがい］　発達における得意・不得意の凸凹が顕著な特性。アメリカ精神医学会の診断マニュアル（DSM-5）においては神経発達障害というカテゴリーで称される。主な診断名としては知的障害，**自閉症スペクトラム**，**注意欠如・多動性障害**，特異的学習障害，運動障害などが含まれる。生まれつきの脳の機能障害であり，原因については複数の要因（遺伝，胎児期の保健状態，出生時の環境，感染症など）が関係していると考えられているが，現時点では統一的な見解はみられていない。発達の過程で，言語，運動，対人関係，社会性など様々な面で困難をもたらすリスクが高い一方，早期の介入によって個人や保護者が抱える困難さに改善がみられるケースも示されている。

（村上太郎）

発達障害者支援センター ［はったつしょうがいしゃしえんせんたー］　発達障害者への諸支援を提供する地域の拠点として，**発達障害者支援法**により設置される機関。その業務は，①発達障害の早期発見・発達支援のための相談・助言，②専門的な発達支援・就労支援，③医療・保健・福祉・教育・労働等の各機関・団体への情報提供・研修，④これらの各機関・団体との連絡調整，⑤その他の附帯業務であり，設置は都道府県・指定都市などの自治体自らが，もしくは社会福祉法人など各種法人に委託（指定）して行われる。

2020 年 4 月現在で全国に 97 のセンターが設置され，各地域・自治体の実情により具体的な事業内容や相談件数など業務の実態は異なる。　　　　（西田充潔）

発達障害者支援法［はったつしょうがいしゃしえんほう］　発達障害者（自閉症，アスペルガー症候群その他の広汎性発達障害，学習障害，注意欠陥多動性障害その他これに類する脳機能の障害を持つ人）の，自立及び社会参加に資するように生活全般にわたる支援を図り，福祉の増進に寄与することを目的とする法律。2004 年に制定。社会参加と選択の機会の確保，地域社会における共生，社会的障壁の除去などを支援の基本理念とし，医療・保健・福祉・教育・労働等の関係者間の緊密な連携などを切れ目なく行うこととしている。また早期発見や発達支援の施策，発達障害者支援センターの指定，国民への普及・啓発や専門的人材の確保，これらに関する国や各自治体の責務なども定めている。　　　　（西田充潔）

バトラー［ばとらー］（Butler, R. N.）⇒回想法

林市藏［はやしいちぞう］（1867-1952）米騒動がおこるなど社会経済的に不安定な状況にあった時代の大阪府知事である。熊本県出身，帝国大学法科大学卒業後，内務省に入省。府知事時代には顧問の小河滋次郎とともに方面委員制度の創設に尽力した。知事退任後は方面委員の指導・育成に努める一方，庶民信用金庫の頭取を務め，大阪社会事業連盟や大阪乳児保護協会の設立に尽力するなど戦中・戦後の関西における社会事業の展開に貢献した。　　　　（中根真）

パリアティブ・ケア［ばりあてぃぶ・けあ］　緩和ケアのことである。生命を脅かす疾患を抱える患者，家族に対して，症状の緩和やメンタルケアも含めた包括的なアプローチによりケアを実施する。　　　　（福田由紀子）

バリアフリー［ばりあふりー］　物理的，制度的，文化・情報面のバリア（障害・障壁）を取り除いていくという考え方，あるいはそれらが実現した環境のことをいう。障害者や高齢者を含むすべての人が，より自立・自律した生活を送れることを目指している。バリアについては個別性が高いため，当事者の意向とニーズを検討する必要がある。　　　　（赤穂光郁）

バリアフリー新法［ばりあふりーしんぽう］⇒高齢者，障害者等の移動等の円滑化の促進に関する法律

バリデーション療法［ばりでーしょんりょうほう］　ソーシャルワーカーのフェイル（Feil, N.）が創始した認知症の人に対するコミュニケーション法のことをいう。認知症の人の体験を否定せず，その体験に寄り添って共感的に関わることを基本とする。具体的には，14 のバリデーションテクニックが示されている。バリデーションの介入効果について科学的に検討した報告は乏しいものの，療法としての介入効果とは別に，介護職員のフラストレーション緩和やケアに関する自信の向上などをはじめ，ケア従事者に対する教育効果が期待されている。（渡邉泰夫）

パルスオキシメーター［ぱるすおきしめーたー］　酸素飽和度を経皮的に測定するときに，使用する機器。通常，手指をクリップで挟むように装着し測定する。測定された数値の単位はパーセント（％）。基準値は 95〜99％。赤色光と赤外光が指を通過する光量で測定する。そのため爪にマニキュアが塗布されていたり，末梢循環が悪く手指が冷たいときなどでは，正確な測定ができない。　　　　（小山智史）

バルテス［ばるてす］（Baltes, P.；1939-
2006）　ドイツの心理学者。1980年代から獲得と喪失の同時進行を軸とする生涯発達論を構築した。生涯発達心理学とは，人生の過程を通じておこる生物学的・認知的・心理学的な変化や普遍性について明らかにする領域であり，バルテスは，発達は全生涯を通じて常に獲得（成長）と喪失（衰退）とが結びつきおきる現象であると述べ，人の発達は成長し発達するばかりでなく，衰退していくものも含めて考えるべきであるという視点を導入した。　　　　　　　　　　　（村上太郎）

バルンカテーテル［ばるんかてーてる］⇒膀胱留置カテーテル

ハローワーク［はろーわーく］⇒公共職業安定所

バンク＝ミケルセン［ばんくみけるせん］（Bank-Mikkelsen, N.E.；1919-1990）　「ノーマライゼーションの父」として知られている，デンマークの行政官。第二次世界大戦中にナチスのデンマークへの侵略行為に対するレジスタンス活動に参加し，強制収容所に収容された経験をもつ。そこでの経験から社会問題に関心をもつようになり，1946年に社会省に入職した。社会省では，とりわけ知的障害者の処遇改善を追求し，1959年法の策定に携わった。同法に，ノーマライゼーションの概念を採り入れたことで，その概念が広く世に知られるきっかけをつくった。
　　　　　　　　　　　　　（松溪智恵）

半身浴［はんしんよく］　みぞおちぐらいまでお湯につかる入浴法のことをいう。高齢者や心疾患のある人が入浴する場合に**静水圧作用**によって，心臓へ負担をかけないために行う。半身浴により，下半身の血液が上半身へも戻りやすくなり，血液循環もよくなる。また，お湯は38〜40℃のややぬるめの温度にすることで，副交感神経が優位となり，リラックス効果と適度の疲労感が得られる。入浴時，身体が温まるまでは，肩にタオルをかけてその上からシャワーをかけるなど冷えに配慮する。これに対し全身をつけるのを**全身浴**という。　　　　（植北康嗣）

ハンセン病［はんせんびょう］　らい（癩）菌による慢性感染症で，主に皮膚と末梢神経を侵す。1873年にノルウェーの医師ハンセン（Hansen, A.）が菌を発見したことから「ハンセン病」と呼ばれる。1943年にアメリカで「プロミン」の有効性が確認されて以降，急速に治療薬開発が進み，完治する病気となった。菌の増殖速度は非常に遅く，潜伏期間は約5年，それ以上経て症状が進む場合もある。感染力は弱く，今日では発症自体が稀である。日本では「らい病」と呼ばれ，治療薬の出現，1991年のWHOによる多剤併用療法の勧告後も1996年の廃止まで「らい予防法」が存在し，偏見・差別・人権侵害の歴史が続いている。
　　　　　　　　　　　　　（内田康子）

半側空間無視［はんそくくうかんむし］
高次脳機能障害の一つで，模写で左半分を途切れた空白のままにしたり，食事で左側に手を付けず，右にあるものも右側のみ食べたりと，眼前の空間の左半分を無視する状態。多くの人では言語中枢が左半球にあるため，その損傷によって失語や失書，失読，失算などの言語系の障害を伴うが，右半球の損傷では，半側空間無視，半側身体失認，片麻痺の存在を無視する病態失認が生じることがある。いずれも左半分への自覚を欠き，これらをまとめて無視症候群と呼ぶことがある。半側身体失認では，化粧で左側を残して終えてしまう，左上下肢を不自然な位置

に放置するなど，起居動作で危険な場合もある。

病態失認が改善し「左側に注意しています」と言うも，本人がしているつもりでも充分には注意できない病態無関心が長く残る傾向がある。移動の危険に配慮した環境調整が重要で，行動範囲の拡大は注意深く対策を整える方がよい。

（田辺肇）

バンデューラ［ばんでゅーら］（Bandura, A.；1925- ）　社会的学習理論（モデリングによる学習）を提唱したことで知られる。1950年代，当時優勢であった行動主義的な学習理論が，学習する個体（人間や動物）自身の経験を前提としていたのに対し，他者の行動を観察するだけで成立する観察学習（モデリング）のメカニズムを明らかにした。モデルの攻撃行動の模倣は，観察者が実際に行動して強化を受ける必要がなく，モデルの受けた強化を観察するだけで観察者の行動は間接的に強化（代理強化）され，さらに，その場の模倣ではない遅延模倣もおこることを示した。

テレビなどのメディアや人間関係が学習に影響することを明らかにし，新たな理論づけを行った。　　　（村上太郎）

ピアサポート［ぴあさぽーと］　障害がある人，アルコール依存症の人等，同じような立場にある仲間（peer）が，体験を語り合い，症状や悩みに共感することにより，社会的孤立や抑圧等から回復を目指す取り組みで，"仲間で互いに支える"という意味がある。同じ疾病や体験等をもった人たちは，互いに対等な関係を築きやすく，相手の疾病や体験等に対する共感性や受容性が高いといわれている。自らが抱えたさまざまな問題に対して主体的に向き合い，困難を抱えた状態であ

っても，その中で自分の生き方を追求していくことを目的とする。もともとは障害者や依存症，慢性疾患等の人たちの活動であったが，近年は，認知症の人や要介護高齢者を介護している家族等も対象と考えられている。セルフヘルプという用語と近似している。　　（赤穂光郎）

ピアジェ［ぴあじぇ］（Piaget, J.；1896-1980）　スイスの心理学者。チューリッヒ，パリで心理学を学んだ後，1921年以降，ジュネーヴを本拠地に知能の構造を明らかにするための児童心理学研究を続け，一方で科学史における観念の発達と子どもにおける観念の発達とを並行させて研究した。発生的認識論を提唱し，人の知能は，まわりの環境に最もよく適応するために，その系統発生を通して進化してきたものであり，また個体発生を通して変化すると主張した。また，知識は環境への個体の適応の道具としてみなされ，特に子どもがどのように知識を構築していくかという発達理論を構築する上で，ピアジェは同化と調節というプロセスを軸に置いて発達の過程で質的に異なる一連の段階を区別した。

身体運動に基づく**感覚運動期**，表象の操作が可能となるが論理的に不完全な**前操作期**，具体的事物の論理的操作が可能となる**具体的操作期**，そして抽象的な論理操作が可能となる完成された**形式的操作期**の4段階である。　（村上太郎）

PSW［ぴーえすだぶりゅー］⇒精神保健福祉士

BMI［びーえむあい］　体重(kg)÷身長(m)÷身長から算出される，人間の**肥満**や痩せを知る国際的な指標のこと。ボディ・マス・インデックス（Body Mass Index）の頭文字を取ったもので，体格指数と訳される。BMI値は，男女の違い

はなく，成人の値として示される。

（益川順子）

PM 理論［ぴーえむりろん］　日本の心理学者である三隅二不二によって提唱されたリーダーシップ理論。集団内部におけるリーダーシップの機能を，目標の達成（performance）と集団の維持（maintenance）の 2 次元からとらえて 4 類型化する。目標の達成は P 機能とよばれ，集団目標を達成するための計画立案・命令・統制システムを指す。集団の維持は M 機能と呼ばれ，集団内の関係性や団結を促進するための雰囲気づくり・理解・調整的介入を指す。基本的に独立次元とみなされる P 機能と M 機能は，集団を構成するメンバーがリーダーに対して行う他者評定によって測定され，両機能が充実した集団が最も生産性やメンバーの満足度が高いと考えられている。

（箕浦有希久）

B型肝炎［びーがたかんえん］　B型肝炎ウイルス（HBV）が原因で発症する肝炎。症状は，急性肝炎の場合，全身倦怠感，食欲不振，悪心・嘔吐，発熱，皮膚や眼球が黄色くなる（黄疸）などである。慢性肝炎の場合は全身倦怠感や食欲不振などがみられる。**C型肝炎**に比べ，重度化（肝硬変さらに肝がんに移行）しやすいといわれている。感染源は血液や体液であり，輸血や針刺し事故などによる血液暴露，性交渉により**感染**する。妊娠中の母親がウイルス感染していた場合，胎児感染（**母子感染**）することがある。

　感染予防は，血液や体液への暴露を避けるため，手袋やエプロン，目を保護するためのゴーグルなどの着用が重要である。ワクチン接種による感染予防も可能である。治療は急性肝炎の場合，安静と栄養療法が中心で，慢性肝炎の場合，ウ

イルス駆除を目的とした薬剤投与によるものが多い。

（小山智史）

PCR 検査［ぴーしーあーるけんさ］　ポリメラーゼ連鎖反応（PCR）により，最も正確にウイルスなどの遺伝物質を検出する検査。検査時に感染している場合，ウイルスの遺伝子を検出する。非感染となった後でもウイルスの断片を検出できる。呼吸器から綿棒あるいは唾液からサンプルを採取する。サンプル採取から通常は約 24 時間で結果がでる PCR 陽性で，**コロナウイルス**（COVID-19）のコロナ感染が確定される。しかし，陰性の場合には，直近の感染あるいは感染が終息した偽陰性の可能性も潜んでいる。その他に迅速に結果が出る抗原検査もあるが精度が低い。

（住居広士）

PT［ぴーてぃー］⇒理学療法士

PTSD［ぴーてぃーえすでぃー］⇒心的外傷後ストレス障害

ヒートショック［ひーとしょっく］　急激な温度の変化による血圧の急上昇や下降，脈拍の変動が身体に及ぼす悪影響のことをいう。冬場の入浴時，暖かいリビングから脱衣所やトイレへ，また浴室から脱衣所への移動など，体が急激に大きな温度変化にさらされた時などにおこりやすい。**脳出血，脳梗塞，心筋梗塞**など深刻な疾患につながる危険性がある。失神やめまいをおこすこともあり，浴室であれば，転倒して浴槽で怪我をしたり，湯船でおぼれて死亡する危険性も増大する。高齢者や，高血圧，糖尿病，肥満，動脈硬化などの疾患をもつ人はヒートショックの影響を受けやすい。予防のために温度差をなくす生活の工夫が必要となる。

（内田陽子）

BPS-Cog［びーぴーえすこぐ］⇒認知機能障害に伴う行動・心理症状評価票

BPSD［びーぴーえすでぃー］⇒行動・心理症状

PEAP［ぴーぷ］⇒認知症高齢者への環境支援指針

ひげそりの援助［ひげそりのえんじょ］
ひげそりの方法には，大きく分けてカミソリで剃る方法と，電動シェーバーで剃る方法がある。入浴や蒸しタオルで温めるとひげは柔らかくなり，剃りやすくなる。カミソリは濃いひげや長く伸びたひげを剃るのに適している。T字型のカミソリを使う場合は，シェービングフォームやジェルを使用すると滑りがよくなり，剃りやすい。

剃り方は，ひげの流れに沿って上から下に向かって剃る。剃りにくい場合はやや斜めに角度をつけて剃るようにする。下から上に剃ることもあるが，肌を傷つける恐れがあるのでゆっくりと動かす。

電動シェーバーは，水を使わず使用でき，カミソリより肌を痛めにくいため，介護時に用いやすい。カミソリとは逆に，生え方と逆に剃っていく。電動シェーバーには水洗いできるものやシェービングフォームやジェルを併用できるものもある。ひげ剃り後は，クリームなどで肌のケアを行う。なお，血液による感染を防ぐため，カミソリや電動シェーバーは個人専用とし，他人と共用しないようにする。　　　　　　　　　　　　（植北康嗣）

非言語的コミュニケーション［ひげんごてきこみゅにけーしょん］　言葉や文字を用いずに行う情報伝達である。ノンバーバル・コミュニケーションともいわれ，言葉を補完する役割がある。表情や視線，身ぶり，しぐさ，動作，声質・抑揚，相手との距離感，姿勢といった手段を用いる。対人関係においては，感情や態度によって安心感や話しやすい雰囲気をつく

ることは信頼関係を構築する上でも重要である。　　　　　　　　　　　　（益川順子）

腓骨神経麻痺［ひこつしんけいまひ］　腓骨神経は，足首や足指を持ち上げ（背屈），下腿外側の皮膚感覚を支配する神経である。この腓骨神経が姿勢や腫瘍などにより膝関節外側や末梢で圧迫されることや外傷などで腓骨神経麻痺となる。腓骨神経麻痺の症状には，感覚障害と運動障害がある。

感覚障害は，皮膚で感じる熱さや冷たさ，痛みなどを感じづらくなることや，しびれた感じがする。運動障害は，足首と足の指を頭の方へ上げる（背屈）ことができなくなり，足首が垂れ下がる下垂足が起こる。拘縮すると尖足となる。　　　　　　　　　　　（福田由紀子）

膝関節屈曲［ひざ（しつ）かんせつくっきょく］　大腿骨と腓骨が近づくように膝を曲げる膝関節の運動のことをいう（図表参照）。「関節可動域表示ならびに測定法」（日本整形外科学会及び日本リハビリテーション医学会）では，膝関節屈曲の参考可動域角度（大腿骨（大転子と大腿骨外顆の中心を結ぶ線）を基本軸として，大腿骨と腓骨が近づくように膝を曲げた時の腓骨（腓骨頭と外果を結ぶ線）までの角度）を130度と示している。また，膝関節屈曲の可動域角度を測定する際は，股関節を屈曲させた状態で行うこ

図表　膝関節屈曲・伸展

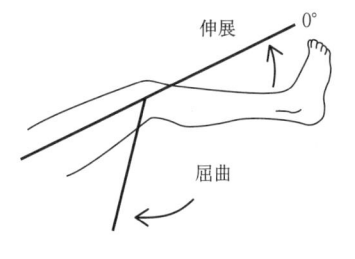

ととしている。　　　　　　（冨田川智志）

膝関節伸展［ひざ（しつ）かんせつしんてん］　大腿骨と脛骨が遠ざかるように膝を伸ばす膝関節の運動のことをいう（図表参照）。「関節可動域表示ならびに測定法」（日本整形外科学会及び日本リハビリテーション医学会）では，膝関節伸展の参考可動域角度を 0 度と示している。また，膝関節伸展の可動域角度を測定する際は，股関節を屈曲させた状態で行うこととしている。　　　　　　（冨田川智志）

肘関節［ひじ（ちゅう）かんせつ］　上腕骨と橈骨と尺骨をつなげている関節のことをいう（巻末資料 303 頁参照）。
　　　　　　　　　　　　　　（冨田川智志）

肘関節伸展［ひじ（ちゅう）かんせつしんてん］　上肢を真下に下ろした状態から，上腕と橈骨が遠ざかるように肘を伸ばす肘関節の運動のこと。「関節可動域表示ならびに測定法」（日本整形外科学会及び日本リハビリテーション医学会）では，肘関節伸展の参考可動域角度（上肢を真下に下ろした時の上腕骨を基本軸として，上腕と橈骨が遠ざかるように肘を伸ばした時の上腕骨までの角度）を 0 度と示している。また，肘関節伸展の可動域角度を測定する際は，手掌が上を向くようにすることとしている。　　　　（冨田川智志）

非指示的療法［ひしじてきりょうほう］
⇒来談者中心療法

非審判的態度［ひしんぱんてきたいど］
介護者が，主観的な道徳観や経験的な価値観によって，利用者を一方的に非難してはならない，という対人援助の基本原則の一つである。**バイステック**（Biestek, F.P.）の原則の一つとなる。介護者は，法や道徳の審判者ではなく，利用者のよき理解者であるべきだという考えによる。介護者の決めつけや倫理観の押しつけ，

懲罰的対応などには，**スーパービジョン**などによる自己覚知が必要である。
　　　　　　　　　　　　　　（倉田郁也）

ビタミン［びたみん］　5 大栄養素の一つであり，体内で合成されないか，合成されても体内の必要量に満たないため食事から摂取しなければならない栄養素。三大栄養素の代謝や生体膜を正常に保つ作用などの役割をもつ。ビタミンは，その性質により脂溶性と水溶性に分けられ，脂溶性はビタミンA，D，E，Kの 4 種類，水溶性はビタミンB群（B_1，B_2，B_6，B_{12}，ナイアシン，パントテン酸，葉酸，ビオチン）とCの 9 種類である。体内で不足すると，ビタミンAでは夜盲症，ビタミンDではクル病，ビタミンB_1では脚気，ビタミンCでは壊血病など，それぞれのビタミンに特有の欠乏症が現れる。ビタミンKなど，一部のビタミンは腸内細菌などの微生物により産生される。
　　　　　　　　　　　　　　（大森玲子）

悲嘆反応［ひたんはんのう］　子ども，配偶者，親など，身近な人の死を嘆き悲しむ人が経験する悲しみのこと。その悲しみは人によってさまざまな表れ方をする。自責，無念，怒り，喪失，絶望等，さまざまな感情がある。　　　　　　（笠原幸子）

ピック病［ぴっくびょう］　初老期に前頭葉または側頭葉（または両方）が限局的に萎縮し，特異的な精神症状をきたす前頭側頭型認知症の一つ。症状は，いつも同じことをする常同行動（時刻表的生活，常同的食生活など），自己のコントロールができず自分の欲求のままに行動する脱抑制，人格変化がおこり粗暴行為が目立つ，などの特徴がある。その他の**認知症**に比較し記憶障害が目立たないため，特に初期には認知症と気がつかないことが多い。

　また，相手の言った単語を反復する反響言語や同じフレーズを繰り返す滞続言語がみられることが多い。進行すると，発動性が減退し，無言状態に至る。激しい行動症状を認めるため介護者の心理的負担も大きく，介護者の支援も重要である。　　　　　　　　　　　　（幸田るみ子）

筆談［ひつだん］　聴覚や言語の障害などによって，言語的コミュニケーションが困難な場合に，文字や絵などを記して意思疎通を図る非言語的コミュニケーション方法の一つである。伝えたい内容が正確に伝わりやすく，記録として残すことができる。筆談の際は，短く簡潔な文章を使い，複雑な言い回しは避ける方が伝わりやすい。紙とペンを使用するが，最近では，筆談ボードやタブレット端末なども活用されている。　　　　（植田康嗣）

悲田院［ひでんいん］　仏教の慈悲思想にもとづき，貧困や孤独，単身の人々を収容した施設。聖徳太子が四天王寺に建てたと伝えられている。723（養老7）年，興福寺に創設されたのが最初の例とされ，730（天平2）年には光明皇后によって建設され，いずれも幼老の貧窮孤独者を収容し，救助した。その後は奈良や京都，他の地域にも同様の施設が建設されたと伝えられている。　　　　　　（中根真）

ヒト免疫不全ウイルス［ひとめんえきふぜんういるす］⇒HIV

ビネー式知能検査［びねーしきちのうけんさ］　1905年，フランスのビネー（Binet, A.）が僚友の医師シモン（Simon, T.）の協力を得て作成した世界で最初の知能検査。後に標準化され，スタンフォード・ビネー知能検査として発表された。日本版の検査としては，田中・ビネー，鈴木・ビネー知能検査などが開発され，現在発達相談や教育相談における知的発達のアセスメントとして広く用いられている。検査問題は難易度順に配列されており，どの程度まで正解できたかにより精神年齢（MA）が測定される。これを生活年齢（CA）で割って100倍し，知能指数（IQ）として算出する。　（村上太郎）

被服素材の種類［ひふくそざいのしゅるい］　巻末の図表に示す（巻末資料310頁参照）。　　　　　　　　　　　　（百田裕子）

被服の品質表示［ひふくのひんしつひょうじ］　消費者に適切な情報提供をするために，下げ札や縫い付けラベルで表示されている。家庭用品品質表示法により，①繊維の組成表示（使用されている繊維の名称とそれぞれの繊維の混用率），②家庭洗濯等取扱方法（JIS L 0001 繊維製品の取り扱いに関する表示記号及びその表示方法），③はっ水性，④表示者名及び連絡先が，また不法景品類及び不当表示防止法による⑤原産国表示がされている。その他，既成衣料のサイズ表示，および，商品の実態に応じて事業者が任意に行うマーク表示等がある。（百田裕子）

被服療法［ひふくりょうほう］⇒ファッションセラピー

皮膚の構造［ひふのこうぞう］　皮膚（巻末資料306頁参照）は，上層から表皮，真皮，皮下組織の三層に分かれ，さらに付属器として，汗腺，皮脂腺，毛，爪などがある。表皮は外胚葉由来の上皮組織で，（下層から）基底層，有棘層，顆粒層，角質層からなる。表皮が垢として脱落するまでのターンオーバーの時間は1か月前後といわれている。高齢者はその期間が長い。皮膚は人体の表面を覆い，保護するとともに，知覚（触覚，痛覚，温覚，冷覚）をもつ。真皮は繊維性結合組織で，毛包，脂腺，汗腺，神経系，平滑筋等がある。皮下組織の大部分は皮下脂肪で動

脈や静脈が走行し，組織に栄養や老廃物を運び出したりしている。　（内田陽子）

被保険者［ひほけんしゃ］　保険に加入している個人で，受給権を得るために保険料を支払い，保険事故が生じた場合に保険給付を受けることのできる者。社会保険では，被保険者は強制加入が原則である。　（寺本尚美）

被保険者（介護保険）［ひほけんしゃ（かいごほけん）］　介護保険制度において，要介護状態または要支援状態となった場合に必要な保険給付を受けることができる者のことである。被保険者には，保険者である市町村または特別区の区域内に住所をもつ65歳以上の者（**第1号被保険者**）と同じく区域内に住所をもつ40歳以上65歳未満の医療保険加入者（**第2号被保険者**）の2種類がある。それぞれ，この条件を満たした時に資格を取得する。

　ただし，保険給付を受けるためには，それぞれ規定の保険料の納付が必要である。加えて第2号被保険者の場合は，特定疾病が原因で要介護（要支援）状態になったことの認定が必要となる。保険料の滞納があると，その期間によりペナルティーが科せられる。　（岡田直人）

被保険者（国民年金）［ひほけんしゃ（こくみんねんきん）］　保険事業の運営主体を保険者といい，保険に加入し給付を受ける資格のある人を被保険者という。国民年金被保険者は，職業等によって第1号被保険者から第3号被保険者まで3つに分類されている。

　第1号被保険者は学生，農林水産業者，個人事業主，自営業者，アルバイト従事者，無職者などで国民年金にのみ加入している者である。

　第2号被保険者は，会社員，公務員等事業所に雇用されていて，厚生年金保険と国民年金制度の両方に加入している者。

　第3号被保険者は，第2号被保険者に扶養されている配偶者（夫または妻）で，国民年金のみの加入者である。第1号被保険者は，本人または連帯納付義務者が，また，第2号被保険者は，事業主が給料から天引きの形で保険料を納付するが，第3号被保険者の場合は，厚生年金保険の保険者が，基礎年金拠出金として拠出しているため，被保険者本人の保険料の納付は必要ない。国民年金被保険者は原則20〜60歳未満のものであるが，任意加入制度により，本人の希望により，60歳以降でも，第1号被保険者となることができる。これらには年齢条件があり，①満額受給のために納付期間延長する場合は70歳まで，②外国に居住する日本人の場合は20歳以上65歳未満までとなっている。　（鷲巣典代）

被保佐人［ひほさにん］　精神上の障害により判断能力が著しく不十分で，法定の手続きにより家庭裁判所から保佐開始の審判を受けた人をいう。　（上田晴男）

飛沫感染［ひまつかんせん］　せきやくしゃみなどによって飛び散った飛沫に含まれた病原体を吸い込むことによって感染すること。飛沫は5μm以上の大きさで，通常は約1〜2m以内の至近距離で感染する。　（久保田チエコ）

肥満［ひまん］　正常な状態に比べて体重が多い状況，あるいは体脂肪が過剰に蓄積した状況をいう。肥満は，**糖尿病**，高血圧，**脳血管障害**，虚血性心疾患などの重要な危険因子であり，肥満の程度を評価して把握することは，それらの疾患の予防や治療のために役立つ。肥満の評価として，BMI（体格指数＝体重(kg)÷身長(m)÷身長）が用いられ，22を適正

体重とし，25 以上を肥満と定めている。

（益川順子）

秘密保持義務［ひみつほじぎむ］　職務上知り得た秘密を守ることである。**介護福祉士の義務**の一つで，社会福祉士及び介護福祉士法第 46 条では「正当な理由がなく，その業務に関して知り得た人の秘密を漏らしてはならない」と規定されている。また，その義務は「介護福祉士でなくなつた後においても，同様」とされている。また，第 50 条ではこの規定に違反した場合の罰則を「1 年以下の懲役又は 30 万円以下の罰金」と定めている。

（杉原優子）

ヒヤリ・ハット［ひやり・はっと］　事故にまでは至らなかったが，事故に直結してもおかしくない「ちょっとしたミス」や「ヒヤリとした事態」等を指す。米国人のハインリッヒ氏が提唱した「ハインリッヒの法則」（大きな事故が 1 件起これば，その背景には小さな事故が 29 件，インシデント（ヒヤリ・ハット）が 300 件起きているという『1：29：300』の法則）からきた概念である。2001 年厚生労働省は，医療安全対策の一環としてリスクマネジメント作成指針を発表し，ヒヤリ・ハット事例収集を開始した。前年に開始した介護保険事業でも，**リスクマネジメント**の観点から，ヒヤリ・ハット報告をまとめて分析し，事故防止対策の一環とすることを求めるようになった。

（山下恵利子）

病因［びょういん］　病気の原因のことをいう。

（内藤雅子）

病院［びょういん］　医療法により，「医師又は歯科医師が，公衆又は特定多人数のため医業又は歯科医業を行う場所であつて，二十人以上の患者を入院させるための施設を有するもの」をいい，「傷病者が，科学的でかつ適正な診療を受けることができる便宜を与えることを主たる目的として組織され，かつ，運営されるものでなければならない」と規定されている，**医療提供施設**の一つ。

また，同法において，病院は種々の要件で機能分化して，**地域医療支援病院**，**特定機能病院**及び臨床研究中核病院と称することができるとされている。

（内藤雅子）

被用者［ひようしゃ］　雇われて働く者のことをいう。

（寺本尚美）

標準予防策［ひょうじゅんよぼうさく］　感染の有無にかかわらず，すべての患者のケアに際して適用する，すべての人に分け隔てなく行う感染予防策（スタンダード・プリコーション）である。標準予防策は，患者の血液，体液（唾液，胸水，腹水，心嚢液，脳脊髄液等すべての体液），分泌物（汗は除く），排泄物，あるいは傷のある皮膚や粘膜を感染の可能性のある物質とみなし対応することで，患者と医療従事者の**感染**の危険性を減少させる予防策である。第 1 に手洗い，第 2 に手袋，マスク，エプロン等の個人防御具の使用，さらに，環境対策も重要である。

（福田由紀子）

病床［びょうしょう］　一般的には病人が寝ているところを指すが，以下病院や診療所などの**医療提供施設**に，入院した人用のベッドのことをいう。医療提供施設の病床の種別は，医療法において，病院の病床のうち，精神疾患を有する者を入院させるための精神病床，病院の病床のうち，感染症の予防及び感染症の患者に対する医療に関する法律の中で規定された患者を入院させるための感染症病床，病院の病床のうち，結核の患者を入院させるための結核病床，病院又は診療所の

うち，前記3種の病床以外の病床であって，主として長期にわたり療養を必要とする患者を入院させるための**療養病床**，そして病院又は診療所の病床のうち，前記4種の病床以外のものを**一般病床**と定めている。

　一般病床は，さらに診療報酬上の区分による機能が定められていたり，病棟ごとの機能が定められている場合がある。都道府県の医療計画により地域の病床数が規定されている。　　　　（内藤雅子）

日和見感染［ひよりみかんせん］⇒感染

開かれた質問［ひらかれたしつもん］　利用者が，自身の考えを自身の言葉で自由に答えられる質問のことをいう。利用者の自己開示や，協働関係の促進に役立つ。特に，「どのように（How）」をたずねる質問は，相手の状況や個人的な考え・感情を聞くのに役立つ。しかし，自由度が高い分，収拾がつかなくなったり，答えにくいと感じる利用者もいるので注意が必要である。

　使い方には，①話題の設定：「調子はいかがですか？」「一番心配なことは何ですか？」，②発言の明確化：「そのうちというのは，いつ頃ですか？」「その時，どんな気持ちだったのですか？」，③探索の依頼：「このままだと，どうなると思いますか？」「問題の解決のために，どんなことができそうですか？」などがある。「なぜ（Why）」の質問は，質問される側には責められている印象を与えるので，「なに（What）」の質問に変えたほうがよい場合がある。

　　　　　　　　　　　　　（倉田郁也）

頻尿［ひんにょう］　排尿回数が正常よりも増加することをいう。**排尿障害**の一つ。昼間頻尿と夜間頻尿があり，前者は日中の排尿回数が多すぎる（昼間に8回以上で困っている状態）ことをいい，後者は夜間に排尿のために1回以上起きなければならないことをいう。原因は，尿路感染症や過活動膀胱，**多尿**，前立腺肥大症，糖尿病，婦人科疾患，腎疾患，性病などである。また，加齢や妊娠，心理的な要因（心因性頻尿），薬剤でも頻尿になる。頻尿によってQOL（生活の質）に影響を及ぼす場合，治療（原因疾患の治療・薬物療法）を行う。排尿日誌（排尿時間と排尿量の記録）をつけるとより詳細に把握でき，記録をつけただけで改善する者もいる。　　　　　　　　　　（内田陽子）

ファーストステップ研修［ふぁーすとすてっぷけんしゅう］⇒介護福祉士ファーストステップ研修

ファーラー位［ふぁーらーい］　仰臥位（仰向けに寝た状態）から，上体を45度程度起こした状態の**体位**のことをいう（巻末資料308頁参照）。15〜30度程度起こした状態をセミファーラー位という。

　　　　　　　　　　　　（冨田川智志）

FAST（アルツハイマー型認知症のファンクショナルアセスメント）［ふぁすと（あるつはいまーがたにんちしょうのふぁんくしょなるあせすめんと）］　アルツハイマー型認知症の進行状況を生活機能面から，行動観察によって重症度評価する尺度（Functional Assessment Staging）である。「アルツハイマー型認知症患者は，病気の進行に伴って小児期の発達過程を逆行して乳児のレベルに至る」という考え方に基づいて作成されており，病期を7段階に分けている。

　1段階の正常成人から，2段階が正常老人，3段階が境界域，4段階が軽度アルツハイマー型認知症，5段階が中等度，6段階がやや重度，7段階が重度と数字が上がるにしたがって認知症の進行度が

高くなり，その重症度を大まかに把握するのに優れている。

また，各段階ごとに機能獲得年齢（発達年齢）との対応がなされているのが特徴であり，最終段階の7段階では，乳児の状態になる。介護者が患者を行動観察して記載できる簡便な進行度評価尺度である。　　　　　　　　　　（幸田るみ子）

ファッションセラピー（被服療法）［ふぁっしょんせらぴー（ひふくりょうほう）］着装行動によって，身体的・心理的・社会的によりよい状態を目指す心理療法のこと。現段階ではファッションセラピーとしての統一した定義は存在しない。一方，研究成果としては，要介護高齢者等のおしゃれをする意識が高まることで，自己意識や自立に対する意欲が向上することや，認知症の症状が改善されることが確認されている。今後の発展が期待されている領域であるものの，利用者個人の生活習慣や文化的背景等への配慮，そして服飾に関する高度な知識と技術を伴っていることが重要である。これらを欠く安易な実施は，かえって利用者の尊厳を揺るがす危険性があることに注意を要する。　　　　　　　　　　（渡邉泰夫）

不安神経症［ふあんしんけいしょう］フロイト（Freud, S.）によって提唱された，過度な不安を主症状とする神経症の一類型。フロイトは，神経症を，精神的な要因でおこる精神神経症と，現実的な個人の性生活そのものに由来する現実神経症に分け，不安神経症を後者に分類した。1980年の精神障害の診断と統計マニュアル第3版（DSM-Ⅲ）から神経症という病名が廃止され，従来の不安神経症は持続性の不安を主症状とする全般性不安障害と，急性の不安発作とパニックを主症状とするパニック障害に位置づけられ

た。さらに DSM-5 で不安障害の疾病概念は整理され，分離不安障害や選択性緘黙，身体疾患による不安障害なども加えられた。　　　　　　　　　　（吉田加代子）

フォーマルケア［ふぉーまるけあ］国や専門機関等が行う，国の制度や政策に基づいた公的なサービスおよびそこで提供されるケアのことをいう。フォーマルサービスとも呼ばれる。介護保険（介護予防）サービスや障害福祉サービス，行政による就労支援などがこれに相当する。法律や制度政策に基づき安定的に提供されることが特徴といえる。ケアマネジメントにおいては，サービス利用者の状況に合わせて**インフォーマルサービス**とうまく組み合わせながら支援を考えることが期待される。　　　　　　　　　　（小松亜弥音）

腹圧性尿失禁［ふくあつせいにょうしっきん］腹部に圧がかかることで尿が漏れてしまうタイプの失禁のこと。器質性尿失禁に分類され，老化や妊娠，分娩による骨盤底筋群の筋力低下により尿道括約筋の働きが弱まり，くしゃみや咳，重い物を持ち上げたり，笑ったりなど腹圧が上昇したときに尿がもれてしまう。医療機関を受診し，適切な診断を受けることが必要である。骨盤底筋運動を行うことで症状が改善することもある。腹圧性尿失禁は，**切迫性尿失禁**と合併して症状が現れる場合があり，この場合は混合型尿失禁と呼ばれる。　　　　　（横井光治）

腹圧性便失禁［ふくあつせいべんしっきん］腹部に圧がかかることで便が漏れてしまうタイプの失禁のこと。器質性便失禁に分類され，蓄便障害や肛門括約筋の機能低下が原因である。肛門括約筋の働きが弱まって，くしゃみや咳，重い物を持ち上げたり，笑ったりなど腹圧が上昇したときに便が漏れてしまう。便が柔

らかいと漏れやすいことがあるため，便が柔らかくなる原因を知り，改善する必要がある。骨盤底筋運動を行うことで症状を改善することができる。　（横井光治）

腹臥位 [ふくがい]　うつぶせに寝ている状態の**体位**のことをいう（巻末資料307頁参照）。　（冨田川富志）

副交感神経 [ふくこうかんしんけい]　自律神経運動ニューロンの一つ。交感神経と拮抗する働きをもつ。「休息と消化」の神経ともいわれ，身体活動が穏やかなとき，優位に働く。たとえばリラックスしているとき，心拍数や呼吸数が減少するのは，副交感神経が優位に働いている証拠である。ただし，消化管だけは，副交感神経により消化活動が活発となり，食物の消化，吸収が促進される。ストレスで交感神経が優位になるとそれを鎮める副交感神経を優位にする。　（小山智史）

福祉オンブズマン [ふくしおんぶずまん] 1990年代に本格的に展開された福祉サービスの実施状況の評価や利用者の苦情等に対応する取り組み。行政が設置した行政型福祉オンブズマンと民間が主体的に設置した施設利用者を対象とする単独型オンブズマン，および一定の地域エリアを対象とするネットワーク型オンブズマンがある。　（上田晴男）

福祉型障害児入所施設 [ふくしがたしょうがいじにゅうしょしせつ] ⇒障害児入所施設

福祉関係事業者における個人情報の適正な取り扱いのためのガイドライン [ふくしかんけいじぎょうしゃにおけるこじんじょうほうのてきせいなとりあつかいのためのがいどらいん]　社会福祉事業を実施する事業者が個人情報の適正な取り扱いを行うことを支援するための指針。2003年に個人情報の保護に関する法律が成立し，利用者やその家族などの個人情報を多く取り扱う社会福祉事業を実施する事業者も，個人情報取扱事業者として個人情報の適正な取り扱いを確保することが求められるようになったことから，2004年に厚生労働省が策定した。利用目的の特定や通知，安全管理体制の確保等の福祉関係事業者の責務などが示されている。2013年3月に「福祉分野における個人情報保護に関するガイドライン」が策定されたため，廃止された。また，2016年に新たなガイドラインが策定，2017年5月30日に適用が始まり，事業分野ごとに定められていたガイドラインが一元化されたことから，「福祉分野における個人情報保護に関するガイドライン」も同日に廃止された。　（多久島慎一）

福祉関係者の資格制度の法制化について [ふくしかんけいしゃのしかくせいどのほうせいかについて]　1987年3月2日に中央社会福祉審議会等福祉関係三審議会の合同企画分科会から出された意見具申。合同企画分科会では，企画小委員会を立ち上げ，急速な高齢化の進展と国民の生活構造の変化，多様かつ複雑化するニーズに対応するための福祉関係者の資格制度創設に関する検討を行った。この意見具申に伴い，1987年5月21日に社会福祉士及び介護福祉士法が成立した。　（鵜浦直子）

福祉サービス第三者評価事業 [ふくしさーびすだいさんしゃひょうかじぎょう]　社会福祉法人等の提供する福祉サービスの質を事業者および利用者以外の公正・中立な第三者機関が専門的かつ客観的な立場から評価を行い，事業者のサービスの質の向上を図るとともに，評価結果を公表することにより，利用者の適切なサービス選択を支援する事業。　（上田晴男）

福祉サービスにおける危機管理（リスクマネジメント）に関する取り組み指針

［ふくしさーびすにおけるききかんり（りすくまねじめんと）にかんするとりくみししん］　福祉サービス事業者が危機管理（リスクマネジメント）を適切に行う体制を整えるための考え方や方策に関する指針。2002年に「福祉サービスにおける危機管理に関する検討委員会」により取りまとめられた。

　福祉サービスにおける危機管理の視点，経営者の役割や責任，危機管理を進める体制整備，事故を未然に防ぐための指針，事故がおこってしまったときの対応指針が示されている。介護保険制度の導入などにより，福祉サービスは措置から契約へと移行し，利用者の権利意識の高まりから，福祉サービスにおける事故が顕在化するようになった。事業者はサービスの質の向上に取り組む中で，事故を未然に防ぐ取り組みや，事故がおきたときにも対応できる体制を整え，適切に危機管理を行うことが求められるようになった。

（多久島慎一）

福祉事務所

［ふくしじむしょ］　社会福祉法第14条に規定されている，福祉に関する事務所。都道府県と市（特別区を含む）は設置が義務づけられており，町村は任意で設置することができる。都道府県福祉事務所は福祉三法（生活保護法，児童福祉法，母子及び父子並びに寡婦福祉法），市町村福祉事務所は福祉六法（福祉三法及び老人福祉法，身体障害者福祉法，知的障害者福祉法）に定める援護，育成または更生の措置に関する事務を司る。所長，現業員の指導監督を行う所員（査察指導員），相談指導等の現業を行う所員（現業員），事務を行う所員が必要である。このうち査察指導員と現業員は社会福祉主事でなければならない。なお，現業員はケースワーカーとも呼ばれる。このほかに老人福祉指導主事，身体障害者福祉司，知的障害者福祉司などを配置している福祉事務所もある。

（山東愛美）

福祉住環境コーディネーター

［ふくしじゅうかんきょうこーでぃねーたー］　東京商工会議所が検定試験を主催する公的資格で，1級から3級までのランクがある。東京商工会議所検定センターのホームページによれば，福祉環境コーディネーターとは，高齢者や障害者に対し，できるだけ自立しいきいきと生活できる住環境を提案するアドバイザーであり，医療・福祉・建築について体系的に幅広い知識を身に付け，各種の専門家と連携をとりながらクライアントに適切な住宅改修プランを提示する。2級を取得すれば，介護保険制度における「住宅改修」の「住宅改修が必要な理由書」を書くことができる。

（種橋征子）

福祉職員キャリアパス対応生涯研修課程

［ふくししょくいんきゃりあぱすたいおうしょうがいけんしゅうかてい］　2007（平成19）年に告示された「社会福祉事業に従事する者の確保を図るための措置に関する基本的な指針（福祉人材確保指針）」において，福祉・介護サービス分野の人材確保のためにはキャリアアップの仕組みの構築が重要であることが指摘された。福祉職員キャリアパス対応生涯研修課程は，全国社会福祉協議会がその指針をうけて，生涯を通じた研修体系の構築の一環として研究開発した研修課程のことである。

　福祉・介護サービスは事業種別，職種が多岐にわたるが，この生涯研修課程は，全体に共通する能力開発の基本研修と位

置づけられており，事業種別や職種別の専門的な研修と連携を図りながら総合的なキャリアアップを図るものといえる。
（杉原優子）

福祉職・介護職の専門性向上と社会的待遇の改善に向けて［ふくししょく・かいごしょくのせんもんせいこうじょうとしゃかいてきたいぐうのかいぜんにむけて］日本学術会議社会学委員会福祉職・介護職育成分科会が，2011年9月に提言した報告書のタイトル。同報告書では，福祉職・介護職の今後のあり方として，1点目は，社会的待遇の改善に関する内容，2点目は，福祉職は管理社会福祉士，介護職は管理介護福祉士の創設を提案した。これらの提案をもとに，国や地方公共団体に対しては，福祉職が従事する職場には専門職資格をもつ人材を充てることと労働条件の改善を求め，養成機関や専門職団体に対しては，現行の専門職資格を見直して新たに管理的な専門職資格を創設すること，各種の機関・施設・事業所に対しては，キャリアアップの体系を整備し，それに対応した賃金体系を構築することを提言した。　　　　　（笠原幸子）

福祉人材確保重点実施期間［ふくしじんざいかくほじゅうてんじっしきかん］2008年（平成20年）厚生労働省が，介護人材不足の課題の対策の一つとして定めた「介護の日」（11月11日），前後2週間のことをいう。啓発活動の重点期間とし，厚生労働省や地方公共団体，関係機関・団体及び事業者等が連携して，全国各地で「介護の日」の趣旨にふさわしく，かつ介護人材確保につながるような啓発活動を行っている。　　　　（山下恵利子）

福祉避難所［ふくしひなんし（じ）ょ］高齢者，障害者，乳幼児，妊産婦等，災害時の避難所で何らかの特別な配慮が必要な人たちを受け入れる市町村指定の避難施設をいう。施設には，ポータブルトイレ，手すり，仮設スロープ，情報伝達機器等良好な生活環境を確保するための器物が設置され，また紙おむつ，ストーマ用装具等の消耗機材の費用についても国庫負担を受けることができる。また，概ね10人の配慮が必要な人に対して1人の生活相談員等の配置も認められている。福祉避難所の基準については，災害対策基本法施行令第20条の6第5号に規定されており，その内閣府令で定める基準は災害対策基本法施行規則第1条の9に規定されている。　　（川井太加子）

福祉用具［ふくしようぐ］　福祉用具の研究開発及び普及の促進に関する法律において，「心身の機能が低下し日常生活を営むのに支障のある老人又は心身障害者の日常生活の便宜を図るための用具及びこれらの者の機能訓練のための用具並びに補装具」と定義されている。種類としては，ベッド・床上動作関連，移乗・移動関連，食事関連，整容・更衣関連，入浴関連，排泄関連，コミュニケーション関連などのように，多岐にわたる。これらを使用することにより，対象者本人のできることが増え，また介助者の労力の軽減につながる。対象者本人の能力，使用環境，介助者の能力，制度の利用も含めた経済的負担などアセスメントをしながら，導入を検討していく。また，その使用には知識・技術が必要なため，個々の特徴を知り，適切な使用方法を修得する必要がある。　　　　　　（吉藤郁）

福祉用具専門相談員［ふくしようぐせんもんそうだんいん］　介護保険制度に基づく福祉用具の貸与や販売において，専門的知識に基づいて対象者や介護者の状況などをアセスメントし，対象者の自立し

た生活を支援する**福祉用具**の専門職のこと。主な業務内容は，選定の相談，福祉用具サービス計画の立案，適合や取扱いの説明，点検や使用状況の確認などのモニタリングを行うことである。福祉用具専門相談員は，保健師，看護師，准看護師，理学療法士，作業療法士，社会福祉士，介護福祉士，義肢装具士，福祉用具専門相談員指定講習修了者に付与される。福祉用具貸与事業・特定福祉用具販売事業を行うにあたり，事業所には常勤で2名以上の福祉用具専門相談員を置くこととされている。　　　　　　　（吉藤郁）

福祉用具貸与（介護保険）［ふくしようぐたいよ（かいごほけん）］　**介護保険制度**の居宅サービスの一つである。居宅の要介護者に政令で定められた**福祉用具**（心身の機能が低下し日常生活を営むのに支障がある要介護者等の日常生活上の便宜を図るための用具及び要介護者等の機能訓練のための用具であって，要介護者等の日常生活の自立を助けるためのもの）を貸与するサービス。福祉用具貸与の種目には，車いす，車いす付属品，特殊寝台，特殊寝台付属品，床ずれ防止用具，体位変換器，手すり（取付工事を伴わないもの），スロープ（取付工事を伴わないもの），歩行器，歩行補助つえ，認知症老人徘徊感知機器，移動用リフト（つり具の部分を除く），自動排泄処理装置がある。福祉用具貸与は，**福祉用具専門相談員**から福祉用具に関する専門的知識に基づく助言を受けて行われる。
　　　　　　　　　　　　　　　（岡本秀明）

腹水［ふくすい］　腹腔内に過剰な体液が貯留した状態およびその液体をいう。原因としては血漿蛋白の減少による膠質浸透圧の低下，門脈圧の亢進，炎症や悪性腫瘍等がある。具体的な疾患では，肝硬変，うっ血性心不全，ネフローゼ症候群，細菌性腹膜炎，がん性腹膜炎，胃がん，肝がん，大腸がん，膵臓がん，胆道がん，卵巣がん，子宮がん等がある。初期には自覚は乏しいが，貯留してくると，腹部膨満や食欲不振，嘔気等の症状が出やすい。さらに進行すると，血行不良や栄養不良，呼吸困難が出現する。対処としては，原疾患の治療に加えて，利尿剤やアルブミンの投与，腹腔穿刺により腹水を抜くことがある。　　　　　　（内田陽子）

腹膜透析［ふくまくとうせき］　肝臓や胃，腸などの臓器を保護する腹膜に覆われた腹腔内に，皮膚からカテーテルを挿入し，そのカテーテルを利用して，透析液を出し入れすることで，自分の腹膜を介して，低下した腎機能に代わって血液中の老廃物や余分な水分の除去を行う**透析療法**。**血液透析**に比べ時間はかかるが，在宅で行うことができる。　　　（鈴木峰子）

服薬管理［ふくやくかんり］　薬剤治療を続ける患者で，服薬を安定的に行えない（服薬順守ができない）とき，薬剤準備から服薬，副作用のモニタリングまでを代行することをいう。介護保険では，**居宅療養管理指導**で服薬管理できる。たとえば，病院や施設に対象者がいる場合，看護師などが薬剤の準備，配薬，服薬確認，副作用のモニタリングを実施する。対象者が自宅にいる場合，訪問看護師やヘルパーがピルケースなどを利用し，服薬すべき薬剤を日付や時間ごとに分配し準備しておき，対象者が服薬可能となるようにサポートを行う。また，在宅訪問時などに副作用のモニタリングを実施する。　　　　　　　　　　（小山智史）

不潔行為［ふけつこうい］　排泄に関連したもの，入浴や洗髪，洗面や着替えを拒否する，ゴミのため込み，腐敗した食物

に関連したもの等があるが，なかでも排泄に関連したものが多い。認知症の行動・心理的症状（周辺症状）としてしばしば認められる。

排泄に関連した不潔行為は，トイレ以外の場所に放尿・放便する，オムツを外してしまう，排泄物で汚れたオムツや衣服を隠す，便をいじる弄便などがある。排泄に関する失敗は，単にその結果だけの問題ではなく，原因を理解し原因に沿った対応が必要である。尿意がわからず間に合わない，トイレの場所がわからない，ドアの開け方がわからない，使い方がわからない，服の脱ぎ方がわからない，トイレという空間の認識がない等，原因はさまざまである。その行為を責めず，その人の羞恥心を傷つけないような気配りが必要である。

（幸田るみ子）

不随意運動［ふずいいうんどう］　自分の意識とは関係なく現れる異常運動であり，意識的に抑制することができない特徴をもつ。不随意運動は脳梗塞や脳出血などの脳の異常や薬の副作用などが原因でおこり，振戦・ジストニア・舞踏運動・チック・ミオクローヌスなどに分類される。パーキンソン病などで最も多くみられるのは振戦である。不随意運動が出現する部位やタイミング・パターンの観察や，血液検査・CT検査・基礎疾患や内服薬を把握し，原因の把握や鑑別を行う。

治療は薬物治療が中心であり，不随意運動の種類に応じてL-dopaや抗コリン剤・β遮断薬などを使用する。また，精神的な緊張やストレスにより増悪するため，リラックスすることで軽減することもある。

（福田未来）

二葉幼稚園［ふたばようちえん］　1900年，東京麹町に野口幽香，森島峰という若いクリスチャンによって創設された貧民幼稚園のこと。1906年には東京の代表的なスラムであった四谷鮫ケ橋の御料地を借りて園舎を新築し，100名の園児を6名の保母で保育した。1908年，徳永恕は日本の保育事業の先駆的役割を果たし，1915年，二葉保育園に名称を改めた。これに伴い，同園の管轄は文部省から内務省に移行した。

（中根真）

舞踏病様運動［ぶとうびょうようううんどう］　ハンチントン舞踏病患者に認められる，手を曲げたり伸ばしたり，舌を出したり引っ込めたり，首を回したり伸ばしたり，閉眼開眼を繰り返すなど，特徴的な素早い不随意運動のことをいう。ハンチントン舞踏病は，常染色体優性遺伝の疾患である。初期には，物を落とす，つまずきやすいといった症状が出現し，次第に舞踏病様運動が認められ，進行すると認知症と人格変化が出現してくる。人格変化は前頭葉の萎縮が進行するにしたがって，意欲の減退や脱抑制，粗暴な行動が出現する。

（幸田るみ子）

不服申立て［ふふくもうしたて］　行政庁の処分その他，公権力の行使に関わる行為または不作為について，行政庁に不服を申し立て，その再審査を請求する行政不服審査と，訴訟法上，裁判・裁判所の処分などで不利益を受けた者が，その取り消し・変更などを求める申し立てがある。

（上田晴男）

扶養義務［ふようぎむ］　生活上のニーズを個人の力のみでは充足できない場合に，その充足に関して家族が担う義務・責任のこと。日本では民法において，夫婦間，親と未成熟子，その他の親族間などの扶養義務が定められている。民法の学説では，夫婦間および未成熟子に対する親の

場合のような，扶養義務の責任が重い生活保持義務と，それ以外の自らの生活の余裕の範囲で義務を果たすことが求められる生活扶助義務の2つの類型があるとされるが，社会通念上あるいは慣習上，老親に対する子の扶養義務なども期待される。親族間の扶養の順序は，当事者間の協議によって決定されることとなっており，協議が整わない場合は，家庭裁判所の審判で定める。　　　（所道彦）

ブライデン［ぶらいでん］（Bryden, C.；1949- ）　1995年，46歳の時にアルツハイマー病と診断された，**認知症**の当事者。ブライデンは，認知症の診断を受けた後も，認知症とともに生きる体験を自分の言葉で綴った『私は誰になっていくの？』（檜垣陽子，クリエイツかもがわ，2003）を出版したり，講演活動をしたりして，世界中の認知症者やその家族に勇気を与えている。彼女の発信によって，認知症という病気のイメージが大きく変化したといえる。　　　（笠原幸子）

プライマリヘルスケア［ぷらいまりへるすけあ］　健康であることを基本的な人権と認め，すべての人が健康になること，さらに，その達成の過程において，問題を住民自らの力で総合的にかつ平等に解決していく自己決定権を保障する理念であり，アプローチ方法である。1975年WHO（**世界保健機関**）により提唱された保健医療の戦略である。　（福田由紀子）

フレイル［ふれいる］　高齢期に生理的予備能が低下することでストレスに対する脆弱性が亢進し，生活機能障害，要介護状態，死亡などの転帰に陥りやすい虚弱状態のこと。筋力の低下により動作の俊敏性が失われて転倒しやすくなるような身体的問題のみならず，認知機能障害やうつなどの精神・心理的問題，独居や経済的困窮などの社会的問題を含む概念として，日本老年医学会が2014年5月に提唱した。フレイルに陥った高齢者を早期に発見し，適切な介入をすることにより，生活機能の維持・向上を図ることが期待される。病態生理のみならず，診断から介護予防における観点でその重要性が注目されている。　　　（住居広士）

ブローカ失語［ぶろーかしつご］⇒運動性失語

プロセスレコード（場面の再構成法）［ぷろせすれこーど（ばめんのさいこうせいほう）］　ペプロウ（Peplau, H. E.；1952）によって提唱され，とくに，看護教育などの教育現場において活用され発展している看護の臨床現場における看護師と患者の相互作用についての文書記録。ある場面において「患者はどのような言動をしたのか」，その言動に対して，「看護師である自分自身は何を感じ考えたのか」，そして「看護師である自分はどのような言動をとったのか」について記載する。そこでの看護師と患者との相互作用を内省し，コミュニケーション能力の向上を目指す。介護分野においても普及してきている。　　　（鵜浦直子）

プロダクティブ・エイジング［ぷろだくてぃぶ・えいじんぐ］　これまでの高齢者像は，社会的弱者と差別的にとらえられていたが，さまざまな生産的・創造的活動を行い，その知識や経験で社会貢献するという生産的加齢の考え方である。1975年にバトラー（Butler, R.）により提唱された。　　　（福田由紀子）

フロム［ふろむ］（Fromm, E.；1900-1980）アメリカの精神分析家であり心理学者である。精神分析は主に個人の内的世界を扱うが，フロムはその内的世界に加えて，個人が生活している社会や歴史のあり方

に着目したことが特徴である。彼は，資本主義のもとに人々は自由を得て個性をもった一方で，安定感や帰属感を失って孤独になったと指摘し，晩年には人間の愛や成熟についても示唆している。

(深瀬裕子)

平均寿命［へいきんじゅみょう］　生命表関数の一つである年齢別平均余命のうち，0歳における平均余命を意味する。すなわち，ある一定期間における死亡率にしたがって死亡していくと仮定した場合に，出生したばかりの子どもが今後どの程度の期間生きることが期待されるかを示す指標。厚生労働省「簡易生命表」によると，2019年の日本人の平均寿命は，男性81.41歳，女性87.45歳である。

(大日義晴)

平衡機能障害［へいこうきのうしょうがい］　姿勢を調節する機能の障害であり，四肢や体幹に異常がないにもかかわらず，起立や歩行を安定して行えない状態となる。めまいやふらつきといった症状が生じる場合もある。平衡機能は，視覚・内耳平衡覚・固有知覚から得た情報を脳幹・小脳などの中枢神経系で統合して，眼球や筋肉に伝えることによって維持されているため，その伝達経路のどこかに異常をきたすことで障害が生じることがある。

(近藤尚也)

ペースメーカー［ぺーすめーかー］　人工的に電気刺激パルスを与え，心臓を拍動させる装置をいう。洞不全症候群や房室ブロック等で脈が遅くなり，日常生活に支障が生じるふらつき，息切れ，失神などの症状を改善するために植え込まれる。手術は1時間から2時間程度，局部麻酔下で行われる。左前胸部皮膚の下に植え込まれる直径4から5センチ，厚さ5から8ミリの電池部と，切開した場所の静脈から心臓へと入れる電極からなる。電池の寿命は6年から10年で，定期的に電池の交換が必要となる。植え込み後は日常生活にほとんど支障がないが，体外からの電磁刺激には注意しなくてはならない。

(内田陽子)

PEG［ぺぐ］⇒経皮内視鏡的胃ろう造設術

ヘルスケア［へるすけあ］　健康の維持・増進のための行動，援助や健康管理のことである。

(福田由紀子)

ヘルスプロモーション［へるすぷろもーしょん］　人々が自分の健康を決定づける要因を自らよりよくコントロールし，改善することができるようにするプロセスと定義される。

個人や集団の健康教育に加えて，健康を支援する環境づくりを目指した新しい健康観に基づく健康戦略である。WHO（世界保健機関）により1986年のオタワ憲章において提唱された。　(福田由紀子)

変形性膝関節症［へんけいせいしつかんせつしょう］　中高年者の膝の痛みの原因として最も多く，男性よりも女性，特に太った女性に多い。膝関節の軟骨が磨り減ることで関節が変形し，痛みが出る。発症初期は立ち上がりや歩きはじめなどの動作で痛むだけだが，進行すると膝関節が腫脹し，水が溜まる，正座や階段の昇り降りが難しくなる，曲げた膝が伸びなくなるなどの症状がでる。症状が進むと寝たきりになる場合もある。若いときにスポーツなどで靱帯が切れたり，半月板の損傷によりおこることもある。膝の負担を減らすため，肥満の人は減量する，膝の周りの筋肉を鍛えるなどの予防法がある。また，治療法には運動療法，消炎鎮痛薬の内服，ステロイド剤の関節注射療法，内視鏡を用い軟骨を除去する関節

鏡手術や，人工関節手術などがある。

（内田陽子）

ヘンダーソン［へんだーそん］（Henderson, V.；1897-1996）　アメリカの看護師，看護研究者で，看護理論家。ヘンダーソンの看護理論の特徴は，人間の基本的欲求に着目し，ニード論ともよばれ，すべての人がもっている欲求を14に分類している。

（福田由紀子）

便秘［べんぴ］　排便の回数にかかわらず，残便感がある等，本人が排便に不快や苦痛を感じれば便秘という。日本内科学会では，3日以上排便がない状態，または毎日排便があっても残便感がある状態としている。便秘には，器質性便秘，弛緩性便秘，痙攣性便秘，直腸性便秘，医原性便秘，産科的便秘等がある。器質性便秘は，腸に器質的な疾患をもつ便秘のことをいう。弛緩性便秘は，大腸の緊張が低下し腸内の運動が鈍る便秘である。痙攣性便秘は，腸緊張，運動の亢進による便秘であり，直腸性便秘は，便が直腸まで下りてきているが，排出できない状態をいう。医原性便秘は，医療が原因となる便秘のことをいう。産科の便秘は，妊娠や分娩後の便秘のことをいう。

（内田陽子）

放課後等デイサービス［ほうかごとうでいさーびす］　児童福祉法に基づく**障害児通所支援**の一つで，学齢期における支援の充実を図るために，2012年4月に創設された。

心身に障害または発達の遅れがある18歳までの就学児を対象として，放課後や夏休み等の長期休暇中に，生活能力向上のための訓練等を継続的に提供することにより，障害児の自立を促進するとともに，放課後等の居場所づくりを推進するものである。学校教育法に規定する学校（幼稚園，大学を除く）に就学している障害児が対象となる。

提供するサービスは，①自立支援と日常生活の充実のための活動，②表現する喜びを体験できるような創作活動，③子どもの社会経験の幅を広げていく地域交流の機会の提供，④余暇の提供，である。

（寺本尚美）

包括診療報酬［ほうかつしんりょうほうしゅう］　診療報酬制度は従来「出来高払い方式」であったが過剰診療の防止や医療費の削減等を目的に2003年より特定機能病院の入院診療に「疾病群別包括払い」（定額制）という制度名で導入された。

（上田晴男）

包括的支援事業［ほうかつてきしえんじぎょう］　**介護保険制度**において介護予防や，地域での自立した生活を送ることを目的に行われている**地域支援事業**の一つ。地域のケアマネジメントを総合的に行うために以下の①〜⑧の事業を**地域包括支援センター**が一括して委託を受け実施する。

①介護予防ケアマネジメント業務（介護予防ケアプランの作成等），②総合相談支援業務，③権利擁護業務（虐待の防止，虐待の早期発見等），④包括的・継続的ケアマネジメント支援業務（地域における連携・協働の体制づくりや個々のケアマネジャーに対する支援等），⑤地域ケア会議の充実（個別事例の検討や多職種協働によるケアマネジメント支援等），⑥認知症総合支援事業（認知症の疑いのある人に対して，早期に総合的な支援等を行う），⑦在宅医療・介護連携推進事業（多職種協働により在宅医療・介護を一体的に提供できる体制を構築する等），⑧生活支援体制整備事業（生活支援コーディネーターの設置等）。

（忍正人）

図表　膀胱留置カテーテル

膀胱留置カテーテル［ぼうこうりゅうち　かてーてる］　膀胱内に留置できるカテーテル（留置カテーテル）のことをいう（図表参照）。カテーテルを尿道から膀胱内に挿入したままで尿を排泄するので尿道留置カテーテルともいう。このカテーテルは先端がバルーンのように膨らむ構造（バルンカテーテル）となっており，膀胱内に留置させることができる。常に膀胱内に留置されているため，尿がカテーテルを伝わり，袋に蓄尿され，尿量の観察や尿の性状がリアルタイムに把握できる。術後，水分出納の絶対的な管理にも使用される。しかし常に尿が排出されているため，膀胱の蓄尿機能が低下し，膀胱萎縮や膀胱瘻，尿道裂傷，尿路感染などを引きおこすため早期に抜去するのが望ましい。　　　　　（内田陽子）

法定後見［ほうていこうけん］　成年後見制度のうち，民法の規定に従い，判断能力が不十分になった人を法的に保護・支援するしくみをいう。**後見**，**保佐**，**補助**の３つの種類がある。　　　（上田晴男）

法定相続分［ほうていそうぞくぶん］　法律の規定で定められた相続分をいう。被相続人が遺言で相続分を指定していない場合等に適用される。　　　（上田晴男）

乏尿［ぼうにょう］　乏尿は，１日あたりの尿量が 400 ml 以下の状態をいう。乏尿になると，体内に不必要な水分や老廃物が溜まるため浮腫がおこる。浮腫は下半身に生じやすいが，糸球体腎炎の浮腫は眼瞼（まぶた）に出現しやすい。乏尿には３種類あり，腎前性乏尿は，循環不全や腎動脈の閉塞等で腎臓への血流量が減少することで生じる。腎性乏尿は，腎炎やネフローゼ症候群等で腎臓そのものが異常となっておきる。腎後性乏尿は，腎臓から尿を送る尿路の閉塞（尿路結石や腫瘍等）でおきる。放置すると生命に危険が及ぶので，原因疾患の治療を行う。

　排尿障害は何らかの原因で排尿が困難になっている状態で，排尿の量や回数等の異常も含まれ，乏尿はその一つとなる。１日あたりの尿量が 100 ml 以下の状態になると無尿という。　　　（内田陽子）

方面委員制度［ほうめんいいんせいど］　1918 年，大阪府知事・林市藏と顧問・小河滋次郎が創設した大阪府の救済制度である。当時の社会経済状況は物価の高騰や米騒動など社会不安が広がるなか，方面委員を市町村の小学校通学区域に配置し，区域内の住民の生活状態の調査と改善・向上方策の検討，要救護者の状況調査と救済方法，生活安定の方法の検討などが行われた。その後，同様の制度が 1928 年までに全国すべての道府県に設置されたが，資格や選任方法，職務など制度の内容は不統一であった。1932 年救護法が実施され，方面委員が救護事務について市町村長を補助するとされ，全国統一の組織と運営を行うために 1936 年には方面委員令が制定された。　（中根真）

訪問介護［ほうもんかいご］　要介護・要支援者が可能な限り在宅でその人らしい自立した日常生活を送ることができるよう，**介護福祉士**，**看護師**（准看護師含む）または所定の研修を修了した訪問介護員が訪問し，身体介護（入浴・排泄・食事などの介護）や生活援助（掃除・洗濯・買い物・調理などの生活の支援）をする。その目的は，要介護度の軽減もしくは悪化の防止，または要介護状態となることの予防にある。また，通院などを目的とした乗車・移送・降車の介助サービスを提供することもある。

　ホームヘルプサービスなどともいう。**介護保険**における訪問介護は，利用者の日常生活全般の状況および希望を踏まえて，「居宅サービス計画（ケアプラン）」に沿って作成された「**訪問介護計画**」に基づき実施される。　　　　　（忍正人）

訪問介護員養成研修課程［ほうもんかいごいんようせいけんしゅうかてい］　介護保険制度における**訪問介護員**（ホームヘルパー）の資格を取得するための研修課程である。研修課程には，「訪問介護員に関する研修課程1級・2級・3級」と「介護職員基礎研修」（2006年度創設）があったが2013年3月に廃止された。

　2013年4月から，介護技術の修得時間の大幅な確保だけでなく，地域包括ケアシステムにおけるチームケアを推進するための医療との連携，認知症の理解等の内容や時間が増え，「**介護職員初任者研修課程**」（130時間）や「**実務者研修**」（450時間。介護福祉士国家資格の受験要件とする研修）が実施されている。

　　　　　　　　　　　　　　　（綾部貴子）

訪問介護計画（介護保険法）［ほうもんかいごけいかく（かいごほけんほう）］　訪問介護計画とは，介護保険制度における訪問介護を実施するために**サービス提供責任者**によって作成される計画である。指定居宅サービス等の事業の人員，設備及び運営に関する基準に規定されている。**訪問介護事業所**に配置されているサービス提供責任者が，居宅サービス計画等に沿って作成していく。

　具体的には，利用者の希望や日常生活全般の状況等を踏まえて，訪問介護の長期・短期目標を設定する。さらに，具体的なサービス内容，サービス提供時間等を計画していく。

　また，訪問介護計画の内容について，利用者や家族に説明をしなければならないとされている。訪問介護員は，訪問介護計画に沿ってサービスを提供することになる。　　　　　　　　（綾部貴子）

訪問介護事業所［ほうもんかいごじぎょうしょ］　介護保険法等に基づき要介護の軽減もしくは悪化の防止，又は要介護状態となることの予防のために訪問介護サービスの目標を設定し，目標達成のための**訪問介護計画**を作成し，その計画に基づき**訪問介護員**を派遣し，訪問介護の業務（身体介護，生活支援，乗降介助等）を遂行する事業所のことをいう。当該事業所ごとに，管理者，サービス提供責任者，訪問介護員が必要である。管理者は専従で常勤の者1名以上の配置が必要である。また，サービス提供責任者は，事業所の規模に応じて1名以上必要である。訪問介護員はサービス提供責任者を含み常勤換算で2.5人以上の配置が求められている。　　　　　　　　　　（忍正人）

訪問看護［ほうもんかんご］　病気や障害をもった人が住み慣れた地域で，その人らしく療養生活を送れるように，看護師等が生活の場へ訪問し，看護サービスを提供し，療養生活の支援や診療の補助を

行うサービスである。具体的なサービスの内容は，健康状態の観察と療養生活の助言（血圧・体温・呼吸・脈拍のチェック等），療養生活の支援（不眠時や精神的に不安定な際の声かけや見守り等），病気の治療のための看護（薬の服薬方法の指導，床ずれ処置，注射等），在宅でのリハビリテーション（寝たきり予防のためのケア・日常生活動作の訓練等），介護する家族の相談や技術指導（看護・介護の知識や技術の指導等），さまざまな介護サービスの使い方や連携方法の相談（医療機関や自治体などの相談窓口の紹介等），終末期ケア・看取り等を行う。

（忍正人）

訪問看護師［ほうもんかんごし］　自宅や地域の施設などの生活の場を訪問し，看護を提供する看護職員のことである。訪問看護師の看護の目的は，地域で療養する療養者と家族が望む生活を維持し，自立できるよう支援することである。**看護師**はこの意思決定を見守り，支援する。生活の場を訪問し，健康管理，全身状態の観察，清潔の援助，医療処置，家族ケア等を実施する。訪問看護師は，訪問看護ステーションや医療機関に所属する。訪問看護師として活動するためには看護師資格が必要である。　（福田由紀子）

訪問看護指示書［ほうもんかんごしじしょ］　介護保険と医療保険を利用して訪問看護サービスを受けるため，主治医（医師）が**訪問看護師**に療養者の状態やケアの内容を指示する指示書である。訪問看護師は，訪問看護指示書を受け，訪問看護計画書を作成し，訪問看護を実施する。さらに，**訪問看護報告書**を主治医に提出する。さらに，急に病状が悪くなった時や退院直後，終末期，頻繁な回数の訪問看護が必要と主治医が認める場合

に交付される**特別訪問看護指示書**がある。

（福田由紀子）

訪問看護報告書［ほうもんかんごほうこくしょ］　**訪問看護指示書**をもとに，訪問看護の実施状況を主治医に報告するための報告書である。訪問看護報告書には，訪問看護スケジュール，提供実施した看護内容，サービス提供後の利用者（療養者）の結果等を記載する。　（福田由紀子）

訪問入浴介護［ほうもんにゅうよくかいご］　自宅の浴槽による入浴が困難な利用者等に対して，専用浴槽を積んだ訪問入浴車が利用者の居宅（自宅以外にも**軽費老人ホーム**や**有料老人ホーム**などの居室も含む）を訪問し，看護職員と介護職員の3名により，入浴の介護を提供するサービス。**介護保険制度**の居宅サービスの一つである。対象者は，医師から入浴を許可された要介護1以上の利用者であるが，要介護3以上の中重度者の利用が多い。主なサービス内容は，全身浴・部分浴・清拭（身体をふく），体温・血圧・脈拍などの測定による健康状態の確認，衣服着脱の介護である。サービスによる主な効果は，身体を清潔に保つことで，感染予防や褥瘡（床ずれ）予防，血液循環や代謝機能の促進があげられる。また，利用者の体調の変化がみられることがあるため，利用者のケアマネジャーや医師との連携も行われる。（橋本有理子）

訪問リハビリテーション［ほうもんりはびりてーしょん］　医師の指示に基づき，**理学療法士**や**作業療法士**，**言語聴覚士**が利用者の居宅（自宅以外にも**軽費老人ホーム**や**有料老人ホーム**などの居室も含む）を訪問し，利用者の心身機能の維持回復および日常生活の自立を助けるために，居宅の生活状況に応じたリハビリテーションを提供するサービス。**介護保険**

制度の居宅サービスの一つである。

　対象者は, 医師により利用の必要性が認められ, かつ要介護 1 以上の利用者である。

　主なサービス内容は, 利用者の心身機能の評価に加えて, 関節拘縮の予防や筋力の維持, 屋内外における歩行練習や基本動作訓練（寝返りや起き上がり, 移乗動作など）, **日常生活動作訓練**（食事や衣服着脱, 入浴, トイレ動作など）, 摂食・嚥下訓練, **福祉用具・自助具の提案, 住宅改修**に関する助言があげられる。

（橋本有理子）

ポータブルトイレ［ぽーたぶるといれ］
腰掛便座とも呼ばれ, 便座, バケツ, 脚部, 肘掛けなどから構成され, ベッドサイドや屋外などに設置できる移動可能な便器のことをいう。ポータブルトイレは, トイレまでの移動距離を短縮し, 転倒などの事故を予防したり, それを使用することで自力での排せつが可能になる場合に使用する。種類は豊富にあり, 対象者や使用する環境に応じて適切に選択する必要がある。購入時は, 立ち座りの安定性, 座り心地, 介助しやすさ, 掃除や後始末のしやすさ, 消臭機能, 運びやすさなどを検討する。ポータブルトイレ（腰掛便座）のうち, 一定の条件に該当するものを介護保険の特定福祉用具販売の対象種目としている。

（横井光治）

ホームヘルパー［ほーむへるぱー］⇒訪問介護

ホームヘルプサービス［ほーむへるぷさーびす］　介護が必要な高齢者や障害児・者, あるいはひとり親家庭等を対象に, 訪問介護員や家庭生活支援員などいわゆるホームヘルパーが対象者の家庭を訪問し, 入浴, 排泄, 食事等の介護, 掃除, 洗濯, 調理等の家事, あるいは生活

に関する相談を受け付けたり助言などを行う福祉サービスの一種。

　高齢者に対しては介護保険法に基づき, 要支援 1 以上の認定を受けた人に対して**訪問介護**が提供される。障害児・者に対しては, 障害者総合支援法に基づき, 主に障害支援区分 1 以上の認定を受けた人に対して**居宅介護**が提供される。

　ひとり親家庭等については母子及び父子並びに寡婦福祉法に基づき, ひとり親家庭に対して生活援助と子育て支援の日常生活支援が提供される。

（高石豪）

ホームレスの自立の支援等に関する特別措置法（ホームレス自立支援法）［ほーむれすのじりつのしえんとうにかんするとくべつそちほう（ほーむれすじりつしえんほう）］　ホームレスの自立支援とホームレスになることの防止を目的とする。この法では, ホームレスを「都市公園, 河川, 道路, 駅舎その他の施設を故なく起居の場所とし, 日常生活を営んでいる者をいう」と定義し, 国の責務として次の支援事項をあげている。施行後 10 年で効力を失う限時法として施行されたが, 2 回の延長が行われ, 現時点（2021 年）で延長され 2027 年 8 月 6 日までとなっている。自立の意思があるホームレスに対する自立支援や, ホームレスになることを防止する支援を定め, 2015 年に施行された生活困窮者自立支援法とともに, 地方自治体が中心となって民間機関と連携しながら事業を行っている。（鷲巣典代）

保健師［ほけんし］　保健師助産師看護師法（保助看法）（1948 年制定）により規定される**看護の資格**である。「厚生労働大臣より免許を受け, 保健師の名称を用いて, 保健指導に従事することを業とする者」であり, 名称独占の資格である。看護師国家試験に合格し, さらに保健師国

家試験に合格することで，資格が得られる。

保健師は，保健所，保健センター等に従事する行政保健師，企業の産業保健を担う産業保健師，学校等で学生と教職員の心身の健康保持に努める学校保健師があり，予防の観点から保健活動を行う。看護師の教育カリキュラムに公衆衛生看護学等の学習が必要であり，大学，専攻科，大学院等で養成を行っている。

（福田由紀子）

保健師助産師看護師法［ほけんしじょさんしかんごしほう］「保健師，助産師及び看護師の資質を向上し，もつて医療及び公衆衛生の普及を図ることを目的」として，1948年に制定された法律である。「保助看法（ほじょかんぽう）」と略されることも多い。　　　　　（内藤雅子）

保険者［ほけんしゃ］　保険の経営主体として保険料を徴収し，保険事故が発生した場合に保険給付を支給する者。社会保険では，国，地方自治体あるいはそれに準ずる機関が保険者となる。（寺本尚美）

保険者（介護保険）［ほけんしゃ（かいごほけん）］　市町村と特別区は，介護保険法の規定により，介護保険を行う保険者となる。ただし，自治体の規模や地域特性を踏まえて広域連合や一部事務組合で介護保険が運営される場合もある。保険者は，介護保険の収入および支出に関して，政令により特別会計を設けなければならない。そして，**被保険者**が，可能な限り住み慣れた地域で自立生活を営めるように，保険給付として各種サービスが提供できるように施策を行い，要介護状態等の予防や軽減・悪化の防止に努め，医療や住まいに関する施策と連携して包括的に施策を推進させなければならない。また，**介護給付**の適正化が求められてお

り，介護給付適正化計画を策定して，**要介護認定**の適正化やケアプランの点検等を行っている。　　　　　（岡田直人）

保健所［ほけんし（じょ）］　地域における公衆衛生の向上と増進を図るために，都道府県，政令指定都市，中核市その他の政令で定める市又は特別区が設置する機関のことをいう。

地域保健法において，その業務（次の①〜⑭の項目についての指導や必要な事業を行うこと）が定められている。①地域保健に関する思想の普及及び向上，②人口動態統計その他地域保健に係る統計，③栄養の改善及び食品衛生，④住宅，水道，下水道，廃棄物の処理，清掃その他の環境の衛生，⑤医事及び薬事，⑥保健師，⑦公共医療事業の向上及び増進，⑧母性及び乳幼児並びに老人の保健，⑨歯科保健，⑩精神保健，⑪治療方法が確立していない疾病その他の特殊の疾病により長期に療養を必要とする者の保健，⑫エイズ，結核，性病，伝染病その他の疾病の予防，⑬衛生上の試験及び検査，⑭その他地域住民の健康の保持及び増進に関する事項の企画，調整，指導及びこれらに必要な事業を行うと定められている。

また，地域保健法第18条において，市町村は住民に対し，健康相談，保健指導及び健康診査その他地域保健に関し必要な事業を行うことを目的として市町村保健センターを設置することができると定めている。　　　　　（内藤雅子）

保険診療［ほけんしんりょう］　公的医療保険の給付として提供される医療のこと。保険診療を行うためには，病院や診療所は申請によって厚生労働大臣から保険医療機関としての指定を受けなくてはならず，薬局も保険薬局としての指定を受けることが必要となる。さらに保険診療や

保険調剤にあたる医師・薬剤師は，申請によって厚生労働大臣から保険医・保険薬剤師としての登録を受けなければならない。

　医療機関が保険者に請求する保険診療の報酬は，診療行為ごとに点数とその単価が定められており，診療の金額を医療機関が独自に設定することはできない。保険医療機関を受診した患者は，窓口で一部負担金のみを支払い，残りは保険医療機関が審査支払機関を通して患者が加入する各保険者に請求するしくみとなっている。　　　　　　　　　　　（寺本尚美）

歩行器［ほこうき］　歩行機能が低下している人の移動時に体重を支え，歩行機能を補う歩行補助具のことをいう。歩行器は介護保険における**福祉用具貸与**および**介護予防福祉用具貸与**の対象種目になっており，「歩行が困難な者の歩行機能を補う機能を有し，移動時に体重を支える構造を有するものであって，①車輪を有するものにあっては，体の前及び左右を囲む把手等を有するもの。②四脚を有するものにあっては，上肢で保持して移動させることが可能なもの」と規定されている。

　歩行器の形状は，ほとんどが四脚であり，支持面が広いため，杖よりも安定性に優れている。しかし，小回りがききにくい等の欠点もある。両上肢の障害が軽度の人の初期の歩行訓練に適している。使用の際，使用者の重心移動が大きい場合は転倒の危険性があるため注意する。
（冨田川智志）

歩行器型杖（ウォーカーケイン，サイドケイン）［ほこうきがたつえ（うぉーかーけいん，さいどけいん）］　歩行時の身体の支持やバランス力が低下した人が，それらの機能を補うために片手でもって前方につきながら使用する四脚歩行器のことをいう。ウォーカーケイン，サイドケイン，サイドウォーカーともいう。多点杖に比べて支持基底面積が広いため安定性に優れている。そのため，多点杖よりも安定性がほしい場合に使用する。

　ベッドや椅子，トイレからの立ち上がりの補助具としても使用されている。多点杖に比べ幅と重量があるため，片手で持ち歩くには腕力が必要である。

　使用者の歩行機能，使用目的，環境，好み等を考慮し，理学療法士や作業療法士と相談した上で，総合的に判断して選ぶようにする。介護保険の福祉用具貸与および**介護予防福祉用具貸与**の対象種目になっている。　　　（冨田川智志）

歩行補助杖［ほこうほじょづえ］　歩行時の身体の支持やバランス力が低下した人が，それらの機能を補うために使用する杖の総称をいう。一般的に握り，支柱，杖先から構成され，形状や材質にはさまざまなものがある。主な役割は，歩行時の体重の支持，姿勢バランス，歩行リズム，スピード等の調整および改善である。これらは単独の目的で使用されることもあるが，多くの場合は複合的な目的で使用される。そのため，使用者の歩行機能，使用目的，環境，好み等を考慮し，理学療法士や作業療法士に相談した上で，総合的に判断して選ぶようにする。**介護保険**における**福祉用具貸与**および**介護予防福祉用具貸与**の対象種目になっており，「松葉づえ，カナディアン・クラッチ，**ロフストランド・クラッチ**，プラットホーム・クラッチ及び多点杖に限る」と規定されている。　　　　　（冨田川智志）

保佐［ほさ］　家庭裁判所が，精神上の障害により「判断能力が著しく不十分な者」について，その判断力の不足を補う

ことをいう。**成年後見制度**の法定後見の一つで，家庭裁判所の保佐開始の審判により，保佐の事務を行う者として保佐人を付すとの審判を受けたものを**被保佐人**，保佐の事務を行う者として選任された者を**保佐人**と呼ぶ。 (上田晴男)

保佐人 [ほさにん] **成年後見制度**により，家庭裁判所から保佐開始の審判を受けた人に付される保護者をいう。保佐の事務を行う。 (上田晴男)

母子感染 [ぼしかんせん] ⇒感染

母子福祉法 [ぼしふくしほう] 現在の法律名は，母子及び父子並びに寡婦福祉法。1964（昭和39）年に「母子福祉法」として制定され，2014（平成26）年に改称された。ひとり親家庭と寡婦の福祉に関する法律である。基本理念として，ひとり親家庭の児童が，その置かれている環境にかかわらず心身ともに健やかに育成されるために必要な諸条件と，その母子家庭の母及び父子家庭の父の健康で文化的な生活とが保障されるものとある。

また，寡婦には，母子家庭の母及び父子家庭の父に準じて健康で文化的な生活が保障されるものとある。寡婦とは，現在配偶者がいない女性であって，かつて母子家庭の母として児童を扶養していたことのある者をいう。 (井元真澄)

補助 [ほじょ] 精神上の障害により判断能力が「不十分な」者のうち，後見や保佐の程度に至らない軽度の状態にある者が対象。本人ができることは自分で行い，不足しているところを補う。 (上田晴男)

補助犬 [ほじょけん] 正式名称は，身体障害者補助犬といい盲導犬，聴導犬，介助犬の3種類を指す。**盲導犬**は，視覚障害者の目の代わりになって移動の介助（歩行誘導）をする。聴導犬は，聴覚障害者の耳の代わりになって，電話やドアノックの音，赤ん坊の泣き声や車のクラクション等の音を利用者に知らせる。介助犬は，肢体不自由者の日常生活を介助（落とし物を拾う，ドアの開閉等）するように訓練されている。

2002年に身体障害者補助犬法が制定され，公共交通機関（公的施設含む）や不特定多数の人が利用する民間施設での受け入れが義務づけられた。しかし，食料品等を扱う店舗へ補助犬が入ることに対して衛生上の問題や無理解から入店を断られるケース等のトラブルも少なからずおこっている。 (橋本卓也)

補助人 [ほじょにん] **成年後見制度**により家庭裁判所から補助開始の審判を受けた人に付される保護者。被補助人の意思を尊重しながら，付与された同意権・代理権の範囲内で，被補助人の生活，療養看護及び財産に関する事務を行う。 (上田晴男)

ホスピス [ほすぴす] 終末期ケアを行う施設のこと。苦痛症状がある患者がやすらかな生活をおくるため，対症療法を実施する。 (福田由紀子)

補装具 [ほそうぐ] 障害者の日常生活及び社会生活を総合的に支援するための法律（**障害者総合支援法**）において，「障害者等の身体機能を補完し，又は代替し，かつ，長期間にわたり継続して使用されるものその他の厚生労働省令で定める基準に該当するものとして，義肢，装具，車いすその他の厚生労働大臣が定めるもの」と定義されている（巻末資料312頁参照）。

障害者総合支援法における補装具費の支給を受ける場合の補装具は，①身体の欠損又は損なわれた身体機能を補完又は

代替するもので，障害個別に対応して設計・加工されたもの，②身体に装着（装用）して日常生活又は就労・就学に用いるもので，同一製品を継続して使用するもの，③給付に際して医師などによる専門的な知見を必要とするものとされており，これら3つの要件をすべて満たすものでなければならない。また対象者は，補装具を必要とする障害者，障害児，難病患者など（難病患者などについては政令に定める疾病に限る）となっている。利用者負担は，世帯の所得に応じて応能負担が設定される。

補装具費は「購入」を基本とするが，身体の成長に伴い，短期間での交換が必要だと考えられるなど，本人の利便にあわせて「借受け」（貸与）が適切な場合は，支給の対象となる。身体障害者・身体障害児共通のものとして，**義肢**，**装具**，座位保持装置，盲人安全つえ，義眼，眼鏡，**補聴器**，**車**いす，電動車いす，**歩行器**，歩行補助つえ（T字状，棒状のものを除く），重度障害者意思伝達装置がある。身体障害児のみのものは，座位保持椅子，起立保持具，頭部保持具，排便補助具である。介護保険制度で定められた福祉用具と重複する場合には，介護保険法が優先される。　　　　　　　　　　　　（吉藤郁）

補聴器［ほちょうき］　聴こえに障害のある人のために，外からの音を電気的に増幅して聴力を補う機能をもった装置のこと。

補聴器の種類には，挿耳型補聴器（補聴器の大部分が耳穴に挿入され，耳穴および耳介腔だけで固定されるもの），耳かけ型補聴器（本体は耳介の後ろ側に位置し，音出力のためのチューブが耳穴に挿入される形のもの），眼鏡型補聴器（全体は眼鏡の形状をしており，ツル部

分に補聴器の機能を内蔵させたもの），箱型補聴器（本体はポケットなどに入れて，イヤホンを耳に挿入して使用するもの）などがある。障害者の日常生活及び社会生活を総合的に支援するための法律（障害者総合支援法）では，補装具として規定されている。また，医薬品，医療機器等の品質，有効性及び安全性の確保等に関する法律では，管理医療機器に分類されている。

通信販売や眼鏡店などで気軽に購入することもできるが，医師の診断を受けて，その人の聴こえづらさにあった補聴器を選ぶことが，生活の質を上げることにつながる。　　　　　　　　　　　　　（吉藤郁）

ホックシールド［ほっくしーるど］
(Hochschild, A.R.)　⇒感情労働

ボディメカニクス［ぼでぃめかにくす］
人間の動作や姿勢に関わる身体の関節・筋肉・骨等の相互関係や力学的な原理を活用し，安全・安楽かつ効率的に身体を動かしたり身体にかかる負担を軽減させたり安定した姿勢を保持したりするための技術のことをいう。介護の場面では，対象者・介助者双方の身体の負担軽減や姿勢保持のためにボディメカニクスの原理を活用することが多い。

介護場面におけるボディメカニクスの主な原理として，①支持基底面積を広くとる，②対象者の身体を小さくまとめる，③腰を落として重心を低くする，④対象者と介助者の重心を近づける，⑤物を持ち上げたり人を支えたりする時は大きな筋群を使う，⑥1か所の筋群だけに負担が集中しないよう力を配分する，⑦足先は動かす方向に向ける，⑧てこの原理を活用する等がある。　　　　　　（冨田川智志）

ホメオスタシス［ほめおすたしす］⇒恒常性

ボランティア［ぼらんてぃあ］　自主的，自発的に，他者や社会に貢献する活動を行う人や活動のこと。「自主性」「社会性」「無償性」等がボランティアの特徴である。ただし，活動にかかる実費や交通費などの金銭を受け取る有償ボランティアと呼ばれる活動もみられる。

　ボランティアの活動分野は，福祉だけでなく，環境保全や自然保護活動，伝統文化の継承や芸術の普及，国際的な支援活動他，多様な分野に広がっている。都道府県，指定都市，市区町村にある社会福祉協議会には，ボランティア・市民活動センターが設置されている。

　地域包括ケアシステムの推進における費用負担が制度的に保障されていない「互助」において，また介護保険制度の介護予防・日常生活支援総合事業の生活支援・介護予防サービスの提供において，ボランティアは重要な担い手として期待されている。　　　　　　　　　　（鵜浦直子）

本態性高血圧［ほんたいせいこうけつあつ］　原因がわからない高血圧のことをいう。高血圧症の90％以上が原因不明の本態性高血圧症である。発症要因としては，遺伝的要因，環境要因が関与していると考えられている。環境要因としては，食塩の過剰摂取，肥満，ストレスなどがあり日常生活の適正化と降圧剤を用いた血圧コントロールが必要である。（楪田恵子）

ま ▽

マザーテレサ［まざーてれさ］（Mother Teresa；1910-1997）　カトリック教会の修道女で，インドのスラム街で暮らす貧しい人や孤児のための奉仕活動に専心した人物。18歳の時にロレート修道会に入会。インドのダージリンにあるロレート学校に地理と歴史の教師として赴任し，宣教活動に参加した。1946年9月10日，黙想会に向かう汽車の中で「貧しい者の中の最も貧しい者に，仕えなさい」という神の声を聞き，インドのカルカッタで奉仕活動に専念することを決意した。学校に行けない子どもたちのための「青空教室」や，ホスピス施設である「死を待つ人の家」（ニルマル・ヒルダイ），「孤児の家」，ハンセン病患者の療養施設「平和の町」（シャンティ・ナガル）を開設した。1950年には，修道会「神の愛の宣教者会」（Missionaries of Charity）を設立。1979年にはノーベル平和賞を受賞した。
（鵜浦直子）

マズロー［まずろー］（Maslow, A.H.；1908-1970）　心理学における人間性アプローチ（人間性心理学）の理論的背景を支える人物の一人。彼の提唱した欲求階層説は，生理的欲求などの生存に必要不可欠な基本的欲求から，より高次で複雑な心理的・社会的欲求までの階層構造を想定するものである。より低次の欲求が少なくとも部分的に満たされることで，より高次の欲求が行動の動機づけとして意味をもつようになるとされる。たとえば，衣食住が安定的に確保されるようになってはじめて，人は名誉や絆を求めた

り，学問や芸術に注力することができる。そして最も高次に位置づけられるのが自己実現の欲求である。自己実現を成し遂げている人物は，低次から高次までのあらゆる欲求を理想的に統合して自分の才能をすばらしく発揮しており，創造的かつ健全な人間であるとされる。
（箕浦有希久）

麻薬性鎮痛剤［まやくせいちんつうざい］　がん性疼痛をコントロールする薬物である。ペインマネジメントを検討する時に「WHO方式がん疼痛治療法」に基づいて適切な鎮痛法を選択するなかの一つ。薬物名としてはオピオイド鎮痛剤となる。弱オピオイド鎮痛薬の代表的なものにコデイン，強オピオイド鎮痛薬の代表的なものにモルヒネがある。　（楳田恵子）

慢性胃炎［まんせいいえん］　胃粘膜の慢性的炎症と胃の腺細胞の慢性的萎縮により，胃酸の分泌が低下し出血とびらんのある状態の胃炎と，ヘリコバクターピロリ菌感染によるびらんのない胃炎に分類される。出血とびらんのある胃炎の原因は，生活習慣（暴飲暴食，喫煙，ストレス，飲酒）や非ステロイド系消炎鎮痛剤，加齢による胃粘膜萎縮などがある。利用者の薬の管理が大切になる。　（楳田恵子）

慢性硬膜下血腫［まんせいこうまくかけっしゅ］　頭部外傷のあと，2～3か月で発症する硬膜下血腫である。高齢者や男性に多い。高齢者では，認知症症状や片麻痺などで発症する。　（楳田恵子）

慢性腎不全［まんせいじんふぜん］　慢性糸球体腎炎や糖尿病性腎症，腎硬化症，

囊胞腎などにより，腎機能が徐々に低下した状態。症状は，尿量減少，体重増加，高血圧，心不全，呼吸困難，肺水腫，食欲不振，頭痛，意識障害などがある。

（鈴木峰子）

慢性閉塞性肺疾患（COPD）［まんせいへいそくせいはいしっかん（しーおーぴーでぃー）］　日本呼吸器学会のガイドラインによると「タバコ煙を主とする有害物質を長期に吸入暴露することで生じた肺の炎症性疾患」と定義されている。世界的に COPD の疾患別死因は第 4 位となり患者数は増大している。喫煙歴を有する高齢者で，慢性の咳，痰，労作時の呼吸困難を有している場合は COPD が疑われる。　　　　　　　　　　　（楳田恵子）

ミキサー食［みきさーしょく］　嚥下障害があり固形物の摂取が困難な場合の食事で，普段の食事をミキサーにかけてペースト状にした**嚥下困難食**の一つ。まず食事全体を見せて献立を説明した後でミキサーにかけることが基本となる。複数の料理をまとめてミキサーにかけるのではなく，各料理を別々にミキサー食にして常食と同じように盛りつけるほうがよい。水分が多い場合は誤嚥しやすいため，片栗粉やコーンスターチなどでとろみをつけて調整する。ミキサー食の問題点は，粘度がうまく調整されていないと口腔内に付着しやすくなったり，量が増え過ぎたりする点である。　　　　　（大森玲子）

看取り介護［みとりかいご］⇒終末期介護

看取り介護加算［みとりかいごかさん］医師が回復の見込がないと判断した利用者に対して，医師，看護師，介護職などが連携を保ちながら看取りをする場合に算定する介護報酬における加算のことをいう。2006 年の**介護報酬**改定の際に加え

られ，2015 年の介護報酬改定により，看取りに関する指針を定め，入所の際に入所者又はその家族等に対して，当該指針の内容を説明し同意を得ることや，医師，看護師・介護職，介護支援専門員などの職種による協議の上，看取りの実績等を踏まえ，適宜その指針の見直しを行うことなどが盛り込まれた。　（広瀬美千代）

ミネラル［みねらる］　人体を構成する主な元素は炭素，水素，酸素，窒素であり，これら 4 種で全体の 96％を占める。これら 4 種以外の元素を総じてミネラルという。5 大**栄養素**の一つであり，食事からの摂取量は 3 大栄養素（炭水化物，たんぱく質，脂質）に比べて少ないが，骨や歯などの硬組織や筋肉，皮膚などの体構成成分として必要である。食品を焼くと，ミネラルの多くは灰として残るため灰分と呼ばれる。日本人に不足しやすいミネラルはカルシウムと鉄である。カルシウムは，特に成長期や妊娠・授乳期に体内の必要量が高まるので不足することのないよう気をつける。　　　　　（大森玲子）

耳［みみ］　音の振動を受容する感覚器のことをいう。顔の左右に 1 つずつある。しくみについては巻末資料（305 頁）参照。

（冨田川智志）

脈拍［みゃくはく］　心臓の収縮により血液が全身に送り出されるが，この時に生じる動脈壁の振動のことをいう。英語では Pulse と表記され，P と略されることもある。健康な成人が安静にしている場合は，1 分間に 60〜80 回程度拍動する。回数以外にもリズム，強弱，速さ，左右差なども観察する。測定は，一般的には対象者の手首の親指側の橈骨動脈の走行に沿って人差し指，中指，薬指の 3 指をあてて行う。親指で触れると介助者の脈拍と間違えることがあるので注意する。

高齢になると脈拍数は減少する。脈拍数は，運動・食事・入浴などの活動や外気温などによっても変化する。1分間に100回以上の場合を頻脈，1分間に60回以下の場合を徐脈と呼ぶ。スポーツ選手などはしばしば1分間に50回以下となることもある。　　　　　　　　（吉藤郁）

民生委員［みんせいいいん］　民生委員法に「社会奉仕の精神をもつて，常に住民の立場に立つて相談に応じ，及び必要な援助を行い，もつて社会福祉の増進に努めるもの」として規定される，都道府県知事の推薦を受け厚生労働大臣から**委嘱**された特別職の地方公務員である（無報酬）。民生委員は**児童委員**を兼務する。民生委員には住民がそれぞれの能力に応じて自立した生活が営めるよう，必要に応じた生活状態の把握，援助の必要な人への相談や助言，福祉サービスについての情報提供，関係行政機関の業務への協力，社会福祉事業や活動への支援，住民の福祉の増進を図るための活動が職務として規定される。2019年度末の民生委員の数は232,241名で，男性が90,210名（構成割合38.8%），女性が142,031名（同61.2%）である。最も多い相談・支援内容の割合は，日常的な支援が26.4%，相談支援以外の活動では，訪問が46.6%，次いで連絡調整は20.5%である。
　　　　　　　　　　　　　（種橋征子）

ムース食［むーすしょく］　嚥下障害があり固形物の摂取が困難な場合の食事で，食べ物をミキサー等により液状にして常食のような形状に固めた**嚥下困難食**の一つ。見た目も味も常食と変わらないよう工夫されている。とろみをつけたソースとムースを混ぜながら潰すことで，対象者の状態に適したやわらかさに変えることができる。　　　　　　　（大森玲子）

無尿［むにょう］　1日当たりの尿量が100 ml以下の状態を無尿という。乏尿は，1日当たりの尿量が400 ml以下の状態をいうので，無尿の方が状態が悪い。無尿にも乏尿と同様に腎前性無尿（ショックや心不全，出血，脱水等で腎臓の血流低下がおきることが原因），腎性無尿（腎そのものの疾患が原因），腎後性無尿（尿路の閉塞が原因）があり，重篤な状態であり，ただちに治療を必要とする。治療は，原因疾患に対する治療（輸液，血液透析など）を行う。終末期，死に近づいている状態の一つの徴候でもある。
　　　　　　　　　　　　　（内田陽子）

眼［め］　光を受容する感覚器のことをいう。顔の前面に左右1つずつある。しくみについては巻末資料（305頁）参照。
　　　　　　　　　　　（冨田川智志）

名称独占資格［めいしょうどくせんしかく］　当該資格を有している者以外がその名称あるいは紛らわしい名称を使用することができないとする資格。名称独占の意義は，それらの専門従事者であることについて国民から広く認識されること，有資格者の資質の向上，そして，社会的な信用を確保することにある。社会福祉士や介護福祉士などは名称独占資格である。それに対し，その資格をもたない者がその業務を行うことを禁止する資格を**業務独占資格**という。　　（鵜浦直子）

メイヤロフ［めいやろふ］（Mayeroff, M.；1925-1979）　米国の哲学者。わが国では1971年に出版された *On Caring*（＝邦訳『ケアの本質——生きることの意味』田村真・向野宣之訳，ゆみる出版，1987年）が有名。本書では「一人の人格をケアすることは，最も深い意味で，その人が成長すること，自己実現を援助することであり，同時に，ケアする者も成長す

る」と書かれている。また，ケアの主な要素を，希望・謙遜・信頼・正直・知識・忍耐・リズムを変えることだと書いている。介護・看護・医療・教育等の対人援助職は，メイヤロフの提示したケアについて学習することが求められる。

（笠原幸子）

メインストリーミング［めいんすとりーみんぐ］　障害児と健常児を区別することなく一緒に教育し，可能な限り一緒に学び成長していくことが，双方の人格形成にとって大切であり，社会生活や教育において共生していこうという考え方で，主に障害児教育界で用いられてきた用語である。**インテグレーション**という用語と近似している。現在は，障害児と健常児の合流教育を意味する**メインストリーミング**や障害児と健常児の統合教育を意味する**インテグレーション**を超えて，包括・包含等の「包み込む」を意味する**インクルージョン**が注目されている。

（赤穂光郁）

メタボリックシンドローム［めたぼりっくしんどろーむ］　不健康な生活習慣による内臓脂肪型肥満に高血圧・高血糖・脂質代謝異常が組み合わさり，心疾患や脳卒中などの動脈硬化性疾患をひきおこす病態である。「特定健診・特定保健指導」に内臓脂肪蓄積を診断するためにウエスト周囲径の測定が検査項目に加わった。

（楳田恵子）

メチシリン耐性黄色ブドウ球菌［めちしりんたいせいおうしょくぶどうきゅうきん］⇒ MRSA

メラトニン［めらとにん］　脳神経伝達物質セロトニンから作られ，脳松果体から分泌されるホルモンである。体内時計として眠りのホルモンとも呼ばれ，作用としては体温低下，活動低下して眠りの態勢に入る。また，性腺の発育を抑える。

（楳田恵子）

メンタルヘルス［めんたるへるす］　**精神保健及び精神障害者福祉に関する法律（精神保健福祉法）**第1条には，精神障害者の医療・保護と社会復帰の促進，その自立と社会経済活動への参加促進のための援助，その発生の予防と国民の精神的健康の保持・増進に努めることで，精神障害者の福祉の増進と国民の精神保健の向上を図ることが目的として述べられている。従来用いられてきた「精神衛生」という言葉では，障害の予防・早期発見と早期治療・社会復帰に焦点を当てた「更生」のイメージが前面に出て，生活モデルの観点が弱くなりがちなため，現代の，障害への対策に限らず，障害者を含む人々の精神健康の維持増進や，危機を含む多様な生活場面での精神健康諸問題への対応を重視した活動を表す語として，精神保健（メンタルヘルス）が使われるようになった。その活動には，アドボカシー，啓発活動，法制度など環境整備といったコミュニティや社会・文化へのアプローチを含む。　（田辺肇）

メンタルヘルスケア指針［めんたるへるすけあししん］⇒労働者の心の健康の保持増進のための指針

妄想［もうそう］　思考内容の異常の一つであり，根拠を並べて説明しても訂正不能で，異常に強い確信をもち，論理的な不合理性があるものをいう。「訂正不能の誤った確信」などと定義される。その発生機序と心理学的背景を考えて了解不可能な妄想である一次妄想と，ある程度了解可能な二次妄想に分類される。一次妄想には，妄想気分，妄想知覚，妄想着想の3種類がある。妄想気分は，周囲の状況が何となく変化し不気味な予感をも

った状態で，妄想の準備状態ともいえる。妄想知覚は，突然啓示のごとくある考えを思いつき，そのままそれを確信するもの。妄想着想は，自分の周りの事柄に対して，原因が何もないのに異常な関連づけをし，それを確信するもの。その他妄想の内容によって，被害妄想，嫉妬妄想などの分類がある。　　　　（幸田るみ子）

盲導犬［もうどうけん］　視覚障害者の歩行誘導等，移動の介助をするように訓練された犬を指す。身体障害者補助犬（**補助犬**）のうち，盲導犬の利用にあたっては，原則として，18歳以上の視覚障害者（弱視も含む）がある人で「積極的に外出したい」「4週間の共同訓練（歩行）ができる人」等の条件が必要になる。近くの訓練施設（国内11か所）に連絡をし登録・順番を待って利用（貸与）に至る。盲導犬は，体に白色，もしくは黄色のハーネスを付けており使用者は「認定証」の携帯が義務づけられているほか，公衆衛生上の安全を証明する「身体障害者補助犬健康管理手帳」を携帯している。国内の盲導犬の実働頭数は，909頭（2019年度）である。　　　　（橋本卓也）

燃え尽き症候群［もえつきしょうこうぐん］⇒バーンアウト

目標指向型支援［もくひょうしこうがたしえん］　2005年の介護保険法の一部改正では介護予防重視の考えが導入された。**介護予防**の定義は「要介護状態の発生をできる限り防ぐ（遅らせる）こと」と「要介護状態にあってもその悪化をできる限り防ぐこと」から構成されている。このような介護予防の考え方のポイントとして，**問題解決型支援**から目標指向型支援への移行が求められた。前者はこれまでの「できない」ことを補う支援であり，後者は介護サービスの利用者が「す

る」活動を増やすことができるように，日常生活で「している」活動と専門職が評価した「できる」活動の向上を目指した支援といえる。目標指向型支援は，「現状で行われている生活行為（している行為）」と「何らかの支援により可能となる生活行為（できる行為）」との乖離を見定めて，できるだけ「できる」「している」を増やすように目指すことである。このような支援では，「してもらう」から「ともに行う」という当事者の主体的な参加が求められる。　　（笠原幸子）

文字盤［もじばん］　口頭や筆談によるコミュニケーションが困難な人が，50音，数字，記号などが記されたボードを指でさしたり，介助者が示した文字などをうなずきやまばたきなどで確認したりすることで自身の意思を伝えるコミュニケーションツールのこと。対象者の意思が簡潔に伝わるように，対象者の身体状態，生活状況，体調，好みなどを踏まえた上で表記する文字，記号，配置，大きさなどを工夫するとよい。　　　　（吉藤郁）

モチベーション［もちべーしょん］⇒動機づけ

求められる介護福祉士像［もとめられるかいごふくししぞう］　2006年に，「介護福祉士のあり方及びその養成プロセスの見直し等に関する検討会」報告書，および社会保障審議会福祉部会の「介護福祉士制度及び社会福祉士制度の在り方に関する意見」において，介護サービスにおける中心的な役割を担える人材として，介護福祉士養成の目標が次のように12項目示された。①尊厳を支えるケアの実践，②現場で必要とされる実践的能力，③自立支援を重視し，これからの介護ニーズ，政策にも対応できる，④施設・地域（在宅）を通じた汎用性ある能力，⑤

心理的・社会的支援の重視，⑥予防からリハビリテーション，看取りまで，利用者の状態の変化に対応できる，⑦多職種協働によるチームケア，⑧一人でも基本的な対応ができる，⑨「個別ケア」の実践，⑩利用者・家族，チームに対するコミュニケーション能力や的確な記録・記述力，⑪関連領域の基本的な理解，⑫高い倫理性の保持である。　　　（笠原幸子）

モニタリング ［もにたりんぐ］　計画通りに支援が実施されているのか，提供された支援が実際に問題解決や生活上のニーズ充足に有効に機能しているのか，クライエント（利用者）の状況を確認し，変化等がないかどうかの確認を行うこと。ソーシャルワークとケースマネジメントの一つの展開過程。クライエント（利用者）などから支援に対して満足しているかどうかやさまざまな支援関係機関等から情報を収集することも重要である。ク

ライエント（利用者）に対してよりよい支援を提供するためにも，モニタリングを実施し，必要に応じて支援計画の見直しを行うことが求められる。　（鵜浦直子）

問題解決型支援 ［もんだいかいけつがたしえん］　2005 年の介護保険法の一部改正では，介護予防重視の考えが導入された。介護予防の定義は「要介護状態の発生をできる限り防ぐ（遅らせる）こと」と「要介護状態にあってもその悪化をできる限り防ぐこと」から構成されている。このような介護予防の考え方のポイントとして，問題解決型支援から**目標指向型支援**への移行が求められた。前者はこれまでの「できない」「足りない」を補う支援であり，後者は介護サービスの利用者が「する」活動を増やすことができるように，日常生活で「している」活動と，専門職が評価した「できる」活動の向上を目指した支援といえる。　（笠原幸子）

や
▽

夜間対応型訪問介護［やかんたいおうがたほうもんかいご］　利用者が自宅で自立した日常生活を，24時間安心して送れるように，夜間帯（8〜18時以外で設定，22〜6時は必須）に**訪問介護計画**に基づいて，訪問介護員が利用者の自宅を訪問し（定期巡回）排泄介助，食事の世話，安否確認等を行うサービス。また，さらには，オペレーションセンターに通報してきた利用者に対応して訪問し，必要なサービスを実施する（随時対応）。**介護保険**においては，要介護1以上の判定を受けた者が利用できる介護サービスである。なお，**地域密着型サービス**の一つである。
（忍正人）

薬剤師［やくざいし］　薬剤師の任務は，薬剤師法第1条によって，「調剤，医薬品の供給その他薬事衛生をつかさどることによつて，公衆衛生の向上及び増進に寄与し，もつて国民の健康な生活を確保するものとする」と規定される。薬剤師は業務独占資格で，薬局，病院，診療所などで従事しており，調剤や薬の飲み合わせの確認や飲み方の説明，薬の在庫管理，品質管理を行う。製薬会社で従事する薬剤師は薬の研究，開発に携わっている。介護保険制度においては**居宅療養管理指導**として通院困難な要介護者等の自宅を訪問し，薬歴管理，服薬指導，薬剤服用状況，薬剤保管状況の確認等の薬学的管理指導を行っている。　（種橋征子）

遺言［ゆいごん］　遺言者が，一定の方式に従って自らの死後のために遺した法律関係を定める意思表示をいう。（上田晴男）

有料老人ホーム［ゆうりょうろうじんほーむ］　老人福祉法（第29条）に規定された，入居者に介護サービスを提供し，心身ともに快適に過ごしてもらうことを目的とする施設。設置主体に制限はない。設置予定者は事前に都道府県知事への届出が義務づけられている。介護保険法に基づき，都道府県知事の指定を受けた施設での介護サービスは，介護保険給付の対象となる。

　有料老人ホームには，介護付有料老人ホーム，住宅型有料老人ホーム，健康型有料老人ホームの3種類がある。介護付有料老人ホームは，介護が必要な人が対象の施設であり，介護保険法による**特定施設入居者生活介護**の指定を受けている有料老人ホームである。また，常駐の職員による介護サービスを受けることができる。入浴，排せつ，食事など日常生活全般のサービスを受けることができる。住宅型有料老人ホームは，要介護状態の人だけでなく，介護は不要という人の利用も可能である。その場合，食事提供は可能であるが，常駐の職員による介護サービスは受けることができない。介護が必要な人は，訪問介護等の外部サービスを受ける必要がある。健康型有料老人ホームは，自立した高齢者のみが対象の施設である。元気な高齢者が生活を楽しむための設備が充実している施設が多いことが特徴である。食事等は提供されるが，介護が必要な状況になった場合は退所しなければならない。
（佐藤博彦）

ユニットケア［ゆにっとけあ］　施設にお

ける集団的・画一的ケアを個別ケアに転換するための考え方または方法，生活環境のことを指す。1990年代に提唱され，施設での生活を住み慣れた家庭のようにごく普通に送れるように，ソフト（職員の意識や支援，教育などの人的要素）・ハード（建物の構造や設備，用具などの物的要素）の両側面から介護を整備するものである。具体的には，入居者を，それぞれ特性に合わせていくつかの少人数のグループ（ユニット）に分け，食堂や談話スペースなどの共用空間を設けるなどして，入居者が職員等となじみの関係を築き，入居前の生活様式や習慣が継続された施設生活の中で，役割をもって活動できるように支援する。そのため，ユニット内のサービスのマネジメントや職員教育を行うユニットリーダーの存在が不可欠である。　　　　（小木曽真司）

ユニバーサルデザイン［ゆにばーさるでざいん］　障害の有無や年齢，性別，国籍，文化，有する能力等にかかわらず，だれもが利用しやすいように形・色・模様・配置・情報等を工夫すること。1985年に米国のメイス（Mace, R.）が提唱した。対象を限定せず，あらゆる人に向けての設計という点において，*ノーマライゼーション*の考え方と連動している。

（赤穂光郁）

要介護度［ようかいごど］　介護保険サービスを利用希望する場合に受ける，保険者による**要介護認定調査**の結果のこと。非該当，要支援1および2，要介護1，2，3，4および5に区分される。数字が大きくなるとより介護が必要とされる。要介護認定の一次判定においては，要介護認定等基準時間が25分単位程度の介護必要時間を基礎に要介護状態が区分されている。要介護状態とは，身体上又は

精神上の障害があるために，入浴，排せつ，食事等の日常生活における基本的な動作の全部又は一部について，厚生労働省令で定める期間にわたり継続して，常時介護を要すると見込まれる状態であって，その介護の必要の程度に応じて厚生労働省令で定める区分（以下「要介護状態区分」という。）のいずれかに該当するもの（要支援状態に該当するものを除く）をいう。**要支援状態**とは，身体上若しくは精神上の障害があるために入浴，排せつ，食事等の日常生活における基本的な動作の全部若しくは一部について厚生労働省令で定める期間にわたり継続して常時介護を要する状態の軽減若しくは悪化の防止に特に資する支援を要すると見込まれ，又は身体上若しくは精神上の障害があるために厚生労働省令で定める期間にわたり継続して日常生活を営むのに支障があると見込まれる状態であって，支援の必要の程度に応じて厚生労働省令で定める区分（以下「要支援状態区分」という）のいずれかに該当するものをいう（介護保険法第7条第2項）。現在は特別養護老人ホームの入所は要介護3以上が基本となっており，重度化に対応する施設とされている。また要支援1・2については，2015年の介護保険制度改正により，保険者である自治体の責任で独自にサービスを用意することとなった。

（畠山明子）

要介護認定［ようかいごにんてい］　介護保険サービスの利用に際して，要介護・**要支援**状態にあるかどうか，**要介護度**を判定することをいう。要介護認定の手続きは，申請書に被保険者証を添付して市町村に申請するが，申請は被保険者本人以外に成年後見人，家族親族等，民生委員，地域包括支援センター，指定居宅介

護支援事業者，介護保険施設等が代理で行うこともできる。市町村は申請した被保険者のもとへ認定調査員を派遣し，72項目の基本調査項目に基づく認定調査を行う。その後，データを要介護認定等基準時間に換算した一次判定，さらに**主治医意見書**をもとに**介護認定審査会**で二次判定が行われる。市町村は申請から30日以内に被保険者に審査判定結果を通知する。要介護度の判定結果に不服がある場合，都道府県が設置する介護認定審査会に申し立てることができる。(畠山明子)

養護老人ホーム [ようごろうじんほーむ]**老人福祉法**第20条の4に規定されている，65歳以上で，身体・精神または環境上の理由や経済的な理由により自宅での生活が困難になった者を入所させ，食事サービス，機能訓練，その他日常生活に必要なサービスを提供することにより養護を行う**老人福祉施設**である。

　身辺の自己管理が可能な人が対象であり，自立した生活が継続できるよう，設備等の面で工夫がされている。また，養護老人ホームは介護保険法上の特定施設の一つであり，指定基準を満たすことによって，**特定施設入居者生活介護**の指定を受けることが可能となる。入所者の介護ニーズに対しては，外部のサービスを利用することになる。　　　　(佐藤博彦)

要支援 [ようしえん]　要支援とは，身体上もしくは精神上の障害があるために，入浴，排せつ，食事等の日常生活における基本的な動作の全部もしくは一部について，6か月以上にわたり継続して，常時介護を要する状態の軽減もしくは悪化の防止に特に資する支援を要すると見込まれる状態のことをいう。また，身体上もしくは精神上の障害があるために6か月以上にわたり継続して日常生活を営む

のに支障があると見込まれる状態のことをいう。介護保険法における予防給付を受けようとする被保険者は要支援状態（要支援1，2）について，市区町村の認定を受けなければならない。要支援の認定については，保険者である市町村が全国一律の基準に基づいて，要介護認定と同様の手続きで行うこととされている。
　　　　　　　　　　　　　　(森明人)

腰痛予防 [ようつうよぼう]　腰痛は持ち上げ動作や不良姿勢等の動作要因，腰部への振動や転倒しやすい等の環境要因，年齢，性別，筋力，熟練度等の個人的要因，ストレス等の心理・社会的要因が複雑に影響しあって発生したり，悪化したりしている。腰痛の発症は，休職や離職等による人材不足につながり，組織的・社会的な経済悪化を招くといわれている。したがって厚生労働省は，腰痛予防として，腰痛の発生要因をきちんと把握し，リスクが低減・回避するような措置を検討・実施して評価するといったPDCAサイクルによって対応していくことを推奨している。また，事業主の責任およびリーダーシップの下，組織一丸となって取り組むことが重要であるとしている。
　　　　　　　　　　　(冨田川智志)

腰痛予防対策指針 [ようつうよぼうたいさくししん]⇒職場における腰痛予防対策指針

養老院 [ようろういん]　明治期より老人福祉法が制定されるまでの期間において，一般の人々の間で使われた高齢者入所施設の総称である。最初にこの名称を使用したのは1895年，東京市芝区に設立された聖ヒルダ養老院であった。救護法では養老院は救護施設の一つに位置づけられ，戦後，新旧生活保護法では養老施設と改称された。しかし，その後，養老施

設は老人福祉法の制定に伴って同法に移管され，養護老人ホームに改称された。

（中根真）

抑うつ障害群（うつ病）［よくうつしょうがいぐん（うつびょう）］　気持ちの落ち込みや悲観的思考に陥る「抑うつ気分」と，以前は楽しめていたことが楽しめなくなる「興味・喜びの喪失」を基本症状とし，食欲低下（または増加），不眠（または過眠），易疲労や倦怠感，思考力・集中力の低下，自責感や無価値観，死について反覆的に考える希死念慮などが一定の基準で認められる疾患である。抑うつ障害群の病前性格として，真面目，几帳面，仕事熱心，頑固などメランコリー親和型気質がいわれている。診断は，症状や経過をていねいに問診して行われるが，近年は光トポグラフィ（NIRS）を診断の補助手段として用いることがある。その治療は，セロトニンやノルアドレナリンなどの神経伝達物質の補強を行う抗うつ薬を中心とした薬物療法，休養，**認知行動療法**や対人関係療法などの精神療法が行われる。　　　　　（幸田るみ子）

横山源之助［よこやまげんのすけ］（1871-1915）　日本における下層社会研究の先駆者の一人である。富山県出身で，法律家を志したが，挫折して各地を放浪するなか，二葉亭四迷や松原岩五郎の影響を受け，島田三郎主宰の毎日新聞に入社した。社会探訪記者として，貧民街やマッチ工場，織物工場など日本各地を踏査し，特に下層社会の人々の生活実態を描いた『**日本之下層社会**』（1899 年）は，日本初の労働事情調査報告書であり，かつ社会調査報告書の古典とされている。また，1900 年には農商務省の工場調査に嘱託として起用され，後に『職工事情』（1903年）の刊行にも協力した。　　（中根真）

予防給付［よぼうきゅうふ］　介護保険制度において要支援1，2 の認定を受けた被保険者に対する保険給付である。「介護給付」が要介護認定を受けたものに対する介護サービスであるのに対して，「予防給付」は，要支援認定を受けたものに対して，要介護状態になることを予防するために保険給付される。介護予防サービス，特例介護予防サービス，**地域密着型介護予防サービス**，特例地域密着型介護予防サービス，介護予防福祉用具購入，介護予防住宅改修，介護予防サービス計画，特例介護予防サービス計画，高額介護予防サービス，高額医療合算介護予防サービス，特定入所者介護予防サービス，特例特定入所者介護予防サービスから構成される。　　　（森明人）

予防接種［よぼうせっしゅ］　予防接種法では，「疾病に対して免疫の効果を得させるため，疾病の予防に有効であることが確認されているワクチンを，人体に注射し，又は接種すること」と定義されている（予防接種法第 2 条第 1 項）。予防接種には，不活性ワクチン，生ワクチン，サブユニットワクチンが使用され，皮下注射で接種あるいは経口での接種がある。日本では予防接種法に基づいて定期接種，臨時接種と被接種者の自由意思で接種する任意接種がある。予防接種で健康被害が発生した場合は，予防接種健康被害救済制度がある。　　　（楳田恵子）

四輪歩行車（器）［よんりんほこうしゃ（き）］　四輪のキャスターにフレームを取り付け，その上に身体の前及び左右を囲む肘掛けやハンドグリップ類，あるいはフレーム類が取り付けられた歩行補助具のことをいう（巻末資料 309 頁参照）。主に，前輪は自在輪，後輪は固定輪となっている。折りたたみ式と非折りたたみ式，

屋内用と屋外用，キャスターに自動制御等（歩行アシスト，制動，片流れ防止，急発進防止）の機能が付加されたものがある。歩行車は歩行車全体で身体を支え，軽く押しながら移動することができるため安定した歩行ができる。歩行車使用時に前方に体重をかけ過ぎると歩行車の動くスピードが上がり，足の運びが追い付かなくなり危険である。手前に引き過ぎると後方に転倒しやすくなる。歩行車の使用は，直立姿勢を保持することができ，両上肢で体重を支えることができる程度の筋力があることが望ましい。歩行車は介護保険における福祉用具貸与及び介護予防福祉用具貸与の対象種目の「歩行器」に規定されており，四輪以上のキャスターを有し，うち2つ以上のキャスターに自動制御等の機能が付加されたものは給付対象となる。　　　　（冨田川智志）

ら
▽

来談者中心療法［らいだんしゃちゅうしんりょうほう］　心理療法の一つで，相談者を受容し，非指示的な姿勢で相談・援助を行うことに特徴がある。ロジャース（Rogers, C. R.；1902-1987）によって提唱され，非指示的療法，クライエント中心療法ともいう。人間には本来，自ら成長する力が備わっているという前提のもとに，カウンセラーはクライエントに何かを教えるのではなく，クライエントの体験に共感しその体験を尊重することで，クライエントは本来の力を発揮することができると考えるものである。そのためのカウンセラーの基本姿勢として，①共感的理解，②無条件の肯定的関心，③純粋性があげられており，現在では学派を問わず援助者の基本的姿勢と考えられている。　　　　　　　　（深瀬裕子）

ライチャード［らいちゃーど］（Reichard, S.；1906-1961）　アメリカの心理学者。引退後の高齢男性について，老いへの適応の観点から**老齢期における人格の5類型**（円熟型，安楽椅子型，防衛型，外罰型，内罰型）を提唱した。　　　（深瀬裕子）

ライフコース［らいふこーす］　人の具体的な人生の道筋のこと。人の生涯における変化をとらえる考え方の一つで，社会学や歴史学の分野で発展した。ライフサイクルと似ているが，ライフコースは，人を社会学や歴史学的存在としてとらえて，人の人生を多様なものとして考える傾向がある。人生は多様化し，就職，結婚，出産等を皆に共通のライフイベントとみなせなくなってきた。男性にとって

の職業人，女性にとっての母親業の重要性も薄らいできた。　　　　　　（笠原幸子）

ライフサイクル［らいふさいくる］　人の具体的な人生の道筋のこと。人の生涯における変化をとらえる考え方の一つで，生物学および心理学の分野で発展した。ライフコースと似ているが，ライフサイクルは人を生物学的存在としてとらえて，人の人生を「児童期」「青年期」「成人期」「老年期」というようにいくつかのステージに区分し，人生を一様なものとして考える傾向がある。人間の生の普遍性と画一性に焦点を当てている。　　（笠原幸子）

ライフサポートアドバイザー（LSA：生活援助員）［らいふさぽーとあどばいざー（えるえすえー：せいかつえんじょいん）］　単身の高齢者や高齢者夫婦世帯が生活する「サービス付き高齢者向け住宅」や地方公共団体，都市再生機構，住宅供給公社が供給主体になっている，**高齢者世話付住宅（シルバーハウジング）**において，安否確認や生活相談，緊急時の連絡等を行う。ライフサポートアドバイザーになるにあたって資格は定められていない。ライフサポートアドバイザーの派遣事業は，介護保険法に定められる地域支援事業のうち，市町村が地域の実情に応じて実施する任意事業の一つである。　　　　　　　　　　　　　　（種橋征子）

ライフスタイル［らいふすたいる］　人の生活や生き方の様式・型のことで，衣・食・住に関する選択の結果による生活様式・行動様式だけでなく，人生観・価値観・習慣等も含めた個人の生き方等から

影響を受ける。ライフスタイルは，①人が生まれ育った家庭や地域社会，その時代の流行等によって形成される関心事，②好きか嫌いかといった嗜好性，③人を取り巻く環境，④行動，から形成されると考えることができる。　　　（笠原幸子）

ライフステージ［らいふすてーじ］　ひとの生涯生活における各段階（ステージ）のことである。このライフステージには，一般的には，幼年期・児童期・青年期・壮年期・老年期などのステージがある。各ステージには，それぞれに特有の生活課題，目標や社会的役割・活動，対人関係などがあり，ひとは一つのステージを経て，次のステージへと進んでいくことになる。例えば，老年期におけるライフステージ特有の生活課題では，加齢に伴う身体の変化や体力の低下などから低栄養の状態に陥りやすいという食生活上の課題や，収入が年金のみの世帯が赤字を余儀なくされるという経済生活上の課題などがある。また，社会的役割では，職業からの引退により社会的役割を喪失することによる課題などがある。（中川英子）

ライフヒストリー［らいふひすとりー］　個人がたどってきた生活の歴史のことで，生活史ともいう。これと似た用語として生活歴があるが，これは，個人の体験を時系列で客観的にみたもので，語り手の視点を含まない点でライフヒストリーとは異なっている。つまり，ライフヒストリーの場合，語り手本人の視点でとらえた過去の生活体験を記憶や回想をもとに語ったもので，そこには個人の主観性が多分に含まれている。このようなライフヒストリーには，語り手が過去を回想することで，自尊感情を高めたり，自己肯定感の効果が期待されている。介護現場では，このライフヒストリーが要介護者

の回想法による生活支援の一つとして，また，**アセスメント**のための重要な情報の一つとして，介護計画の作成などに活用されている。　　　　　（中川英子）

ライフレビュー［らいふれびゅー］　ライフステージの最終段階の老年期において，その発達課題である「統合」のために，高齢者がこれまで生きてきた自身の過去を回想し，人生を振り返ることである。ライフレビューを実践することで，高齢者は自身が生きてきた意味を再認識することになる。また，そこに未解決の葛藤があれば，その葛藤と向かい合うことで，自身の人生を意味のあるものに再統合するという心理的過程を経て，人生最後の発達課題を達成することになる。このようなライフレビューを実施することで，高齢者は自身の死を意識し，準備していくことができる。ちなみにこのライフレビューは，現在介護現場では QOL を高めるなどの目的で広く実践されている回想法に活用されている。　　（中川英子）

らい予防法［らいよぼうほう］　ハンセン病の患者やその疑いのある者に対する処遇を定めた法律。1958 年に制定，1996 年に廃止された。らい病はハンセン病の旧名で，偏見や誤解を避けるため現在は使用されていない。就業の制約，使用した物や場所の消毒の実施，療養所への入所等が定められていた。療養所からの退所規定はなく，外出制限や所内の紀律に従うことが定められており，違反した場合の罰則規定も存在した。本法の廃止後に，こうした内容は日本国憲法に反するとして，各地で訴訟が起こされた。結果 1960年頃にはハンセン病は隔離を行う必要性のないことが医学的見地からも明らかになっていたにもかかわらず，隔離政策が行われていたなどとして，違憲判決が下

りた。2019年には議員立法による「ハンセン病元患者家族に対する補償金の支給等に関する法律」が成立・施行された。

（松溪智恵）

ラップ［らっぷ］（Rapp, C. A.）⇒ストレングス

ラヒホイタヤ（lähihoitaja）［らひほいたや］　フィンランドでは1990年代に，准看護士，保育士，ホームヘルパー等の資格を統合したラヒホイタヤという資格を創設した。ラヒホイタヤとはフィンランド語で「日常的なケア」「身近なケア」という意味。わが国においても，看護，保育，介護の人材が不足するなか，2015年に「厚生労働省まち・ひと・しごと創生サポートプラン」において，介護・福祉サービスを融合させる推進方策と，これらのサービスの担い手となる専門職種を統合・連携させることを検討するチームの設置の必要性が指摘された。看護・介護・保育の資格を取得するための養成制度の一元化や連続性を検討するため，「介護・福祉サービス・人材の融合検討チーム」が創設されたが，わが国において，看護師，保育士，介護福祉士等の資格を統合する議論は見送られた。

（笠原幸子）

ラポール［らぽーる］　援助対象者と援助者の間で形成される良好な関係や安心して感情の交流を行うことができる信頼関係のことである。ラポールは，援助対象者と援助者との意思疎通を図るための土台となる。また，ラポールを形成することで，対象者の支援に必要な情報収集や支援の展開を促すことにもつながる。援助者，利用者との関係においてラポールを確立するために，共感的・受容的態度，自己開示等の技法を身につけておくことが必要である。

（綾部貴子）

ランゲルハンス島［らんげるはんすとう］　膵臓にある細胞集団。膵臓の全細胞の1％程度である。主な役割は，血糖を下げるためのインスリンや血糖を上げるためのグルカゴンなどのホルモンを分泌することである。同義語は膵島。

（小山智史）

リアリティ・オリエンテーション（RO）［りありてぃ・おりえんてーしょん（あーるおー）］　時間・場所・人などの見当識障害を含めた認知機能の改善を目的とした訓練技法であり，リアリティ・オリエンテーション訓練（ROT）ともいわれる。ROは，その実施形態から，定型ROと非定型ROに大別される。定型ROは，クラスルームROともいわれ，デイケアなどで障害の程度に応じて概ね10人以下のグループになって，見当識に関する情報を繰り返し学習していく技法である。非定型ROは，24時間ROともいわれ，一日24時間，認知症の人と接するすべての機会をとらえて，スタッフが患者に会うたびに，正しい見当識の情報を繰り返し与え続ける技法である。非定型ROでは，その人の認知機能，現実能力や問題点，趣味やニーズ等を把握した上で，スタッフが統一した対応や課題を提示することで，認知機能の維持・向上につながる。

（幸田るみ子）

リーチャー［りーちゃー］　フックなどが棒状のものの先端についており，それを活用して物を押したり引っ掛けたりつかんだりすることにより，手の届かないところにあるものを引き寄せる道具のこと。上肢や下肢の関節可動域の制限，関節リウマチ，頸椎損傷などがある人が，床に落ちているものを拾ったり，衣類の着脱時に使ったりしている。棒の長さや材質，フックの形状など，さまざまな種類がある。物をつかむ機能があるものは，マジ

ックハンドといわれる。　　　（吉藤郁）

理学療法士（PT）［りがくりょうほうし（ぴーてぃー）］　医師の指示の下に，診療の補助として主に身体に障害をもつ人や子ども，高齢者を対象に基本動作（立つ・座る・歩くなど）能力の回復や維持，悪化を予防することを目的に，運動療法やマッサージ，温熱・電気等の物理的手段を用いて治療を行う理学療法を業として行う者のことで，理学療法士及び作業療法士法に規定される名称独占の国家資格である。PT（Physical Therapist）と略される。病院や診療所，介護老人保健施設，通所リハビリテーションなど医療現場だけでなく，介護老人福祉施設や通所介護などの生活施設においては，生活訓練を行う機能訓練指導員としても配置されている。基本動作の回復等のための訓練だけでなく，退院時には，家庭を訪問し，家庭での訓練，**住宅改修**など生活環境の整備などの指導も行う。　（種橋征子）

リジリエンス［りじりえんす］　深刻な問題へと発展しそうな重大なリスクを抱えながらも，そのリスクをうまく跳ね返し，良好に適応する力や過程のこと。レジリエンスともいう。語源はラテン語の「跳ねる（salire）」と「跳ね返す（resilire）」からなる。たとえば，貧困家庭で育った子どもが全員，成績不振になったり，学校で不適応を起こすわけではない。うまく適応し，よりよい結果を引き出している子どもたちもいる。リジリエンスは，こうした逆境のなかにありながらも，それを跳ね返していく力や過程に着目し，クライエント（利用者）の内的および外的資源を活用して，その力を高めていくことを目指す考え方である。　（鵜浦直子）

リスクマネジメント［りすくまねじめんと］　一般的なリスクマネジメントの対象となる範囲は幅広いが，福祉サービスにおけるリスクマネジメントは，①福祉サービスを提供する過程における事故を未然に防ぐことと，②万が一事故が発生した場合における対応に焦点があたる。事業所内に安全対策委員会等の体制整備を図るとともに，リスクマネジメントに取り組む風土を組織内に構築することが求められる。そして，日ごろからのコミュニケーション（クライエント（利用者）と家族等，職員同士）を大切にすること，事故防止の観点から普段の業務を定期的に点検すること，事故が起きてしまった場合には誠意をもって対応し，事実の把握と家族等への十分な説明等が大切である。　　　　　　　　（鵜浦直子）

離脱理論［りだつりろん］　高齢者が社会のさまざまな場面から退避・離脱して，それに伴い中年期とは異なる認知や行動のレパートリーをもつことが，老年期の**サクセスフル・エイジング**に資するとみなす理論。老化の離脱理論とも呼ばれる。それまで盲目的に信じられてきた，中年期を維持することが老年期の適応であるとみなす活動理論への疑問から生じた視点である。高齢期になると中年期に比べてさまざまな面における退避や縮小が生じることは，自然なことだと考えられる。個人は加齢にともなって豊富で頻繁な対人関係を好まないようになり，積極的な情緒や興味は減少する。同時に，社会の側から高齢者に対して求める要請や責務も減少するため，高齢者が社会のさまざまな場面から離脱していくことは必然的かつ適応的なこととみなされる。

　　　　　　　　　　　（箕浦有希久）

立位［りつい］　立っている状態の**体位**のことをいう（巻末資料307頁参照）。

　　　　　　　　　　　（冨田川智志）

リッチモンド [りっちもんど] (Richmond, M.；1861-1928)　「ケースワークの母」と称される社会事業家。アメリカのボルティモア慈善組織協会での自らの体験をもとに，**ケースワーク**の科学化と理論化に貢献した。リッチモンドは「ソーシャル・ケース・ワークは人間と社会環境との間を個別に，意識的に調整することを通してパーソナリティを発達させる諸過程からなり立っている」と定義した。ケースワークの目的をパーソナリティの成長としたが，社会と隔離された形でその成長を図るのではなく，**クライエント**（利用者）の置かれている社会状況をアセスメントしたり，社会資源を活用しながら，パーソナリティを発達させていくという社会との接点を意識している。主著に，『貧困家庭への友愛訪問』(1899 年)，『社会診断』(1917 年)，『ソーシャルケースワークとは何か』(1922 年) がある。

（鵜浦直子）

リハビリテーション [りはびりてーしょん]　さまざまな定義づけがあるが，国際障害者世界行動計画では，身体的，精神的，かつまた社会的に最も適した機能水準の達成を可能とすることによって，各個人がみずからの人生を変革していくための手段を提供していくことを目指し，かつ時間を限定したプロセスであると定義されている。全人的復権を目指している，といえる。一般的に医学的リハビリテーション，教育的リハビリテーション，職業的リハビリテーション，社会的リハビリテーションの4つがあるといわれている。いずれも複数の専門職（医師，看護師，理学療法士，作業療法士，言語聴覚士，視能訓練士，臨床心理士，義肢装具士，ソーシャルワーカー，介護福祉士等）が総合的に関わることで行われる。

（楳田恵子）

リビングウィル [りびんぐうぃる]　人生の最終段階の時期を迎えた時，どのような支援を受けたいのかについて事前に明らかにしておくこと。生前意思，事前指示と表されることもある。一般的に，最期まで命あることを肯定し前向きに生きるために，延命処置を施すことを否定する場合が多い。尊く，堂々と，厳かに死に至ることを希望する命の遺言状として理解することができる。　　（笠原幸子）

リフト [りふと] ⇒移乗用リフト

留置カテーテル [りゅうちかてーてる]　体内に留置するカテーテルのことをいう。主に**膀胱留置カテーテル**をいう。用途により，他に心臓カテーテル，食道静脈瘤止血カテーテル（SB チューブ）などもある。　　（内田陽子）

流動性知能 [りゅうどうせいちのう]　新しい状況への適応の際に機能する能力で，脳神経系などの生理的成熟に結びついていると考えられている。処理速度，直感力，法則を発見する力などが含まれ，キャッテル（Cattell, R. B.）はそのピークを 10 代後半から 20 代前半とし，その後低下していくとしている。その後ピークを 50 代にみる報告もみられるが，**結晶性知能**に比して加齢に伴う低下が相対的に顕著な能力といえる。前述のキャッテルによる流動性・結晶性因子説やスターンバーク（Sternberg, R. J.）による鼎立理論によって焦点の当てられている知能の2側面の一つ。　　（田辺肇）

療育手帳 [りょういくてちょう]　知的障害児・者への一貫した指導・相談を行い，各種の援助措置を受けやすくするため交付される手帳のことをいう。手帳の交付は，**知的障害者更生相談所**または児童相談所の判定に基づき都道府県知事または

指定都市市長が行う。この制度は，「療育手帳制度について」（厚生省，1973年）という国のガイドラインに基づき，都道府県・政令指定都市が定めた実施要綱に沿って運用されている。身体障害者手帳や精神障害者保健福祉手帳と異なり，法律で規定された制度ではない。このため，自治体によって名称や等級，手続や有効期間，受けられるサービス等が異なる場合がある。

（樽井康彦）

利用者負担（介護保険）［りようしゃふたん（かいごほけん）］　2000年の**介護保険法**制定当時は，所得や預貯金にかかわらず，利用したサービスに対して定率の1割負担であったが，2015年8月から一定の所得以上の場合は2割負担に変更された。一定以上所得者とは，合計所得金額160万円以上が対象となり，同一世帯の第1号被保険者の所得は合算されない。また，2018年8月1日から現役並みの所得がある場合は3割負担となった。具体的には年金収入＋その他収入340万円以上が対象となる。しかし，**高額介護サービス費**のしくみにより，月額の負担上限額は44,400円に設定されている。

（坂本勉）

利用者負担（障害者総合支援法）［りようしゃふたん（しょうがいしゃそうごうしえんほう）］　**障害者総合支援法**による障害福祉サービス等を受ける場合，利用者が負担しなければならない一定の金額のこと。ただし，障害福祉サービスを利用する際には，利用者の負担を軽減するために，利用者負担の負担上限設定，医療型個別減免，高額障害福祉サービス等給付費，補足給付等の措置がある。上記の中でも最も基本となる軽減措置が，利用者負担の上限設定で，世帯の家計によって，「家計の負担能力その他の事情をしん酌

して政令で定める額」と決められており，それぞれの上限額よりもサービスに要する費用の1割相当額が低い場合には，1割の額を負担することになっている。

（與那嶺司）

量的研究［りょうてきけんきゅう］　数値で表現される量的データの分析に基づく研究のことをいう。まずは調査対象となるサンプルを母集団から抽出し，あらかじめ構造化された質問紙を配布・回収することによりデータを収集した後，母集団の性質について統計的な推定を行うというのが典型的な手順である。また，量的研究の多くは仮説の検証を目的としている。この仮説とは，変数間の関係についての命題のことである。「たくさんお酒を飲む高齢者ほど，健康状態が悪い」という仮説を例にとるなら，母集団である高齢者の中から調査対象者を抽出し，質問紙への回答によってその飲酒量と健康状態を数値として測定した上で，両者の間に想定されている関係があるといえるかどうかが検証される。このような研究は，母集団の特徴や傾向を把握する上では非常に有効である。　（松木洋人）

両変形性膝関節症［りょうへんけいせいしつかんせつしょう］⇒変形性膝関節症

寮母［りょうぼ］　**介護職**の職名。1963年に成立した**老人福祉法**によって**特別養護老人ホーム**が規定され，要介護高齢者の介護に従事する職員として寮母職の配置が定められた。当時の寮母職には資格要件はなかった。1970年代に入り，人口の高齢化や家庭における介護力の低下など介護問題が社会問題化する中で，福祉に関する相談や寮母職の専門性向上が社会的に要請されるに至り，社会福祉士及び介護福祉士法が制定され，寮母職の専門職化が図られた。2000年4月1日施行

の「特別養護老人ホームの設備及び運営に関する基準」における人員配置基準では，介護職は「寮母」ではなく，「介護職員」と表記されている。 （種橋征子）

療養介護［りょうようかいご］ 障害者総合支援法第5条第6項により規定された**介護給付**サービスの一つであり，医療機関において専門的医療と福祉サービスを複合的に提供する制度である。対象者は，医療的ケアを必要とし，常に介護を必要とする障害者である。**筋萎縮性側索硬化症（ALS）**患者等で障害支援区分が区分6の者，および**筋ジストロフィー**患者または**重症心身障害者**であって障害支援区分が区分5以上の者と規定されている。供与される内容は，機能訓練，療養上の管理，看護，医学的管理の下における介護および日常生活上の世話となっている。なお，医療に関わる部分は，制度上は療養介護医療として区分され提供される。 （樽井康彦）

療養病床［りょうようびょうしょう］ 主として長期にわたり療養を必要とする患者を入院させるための病床をいう（結核病床，感染症病床をのぞく）。療養病床は，医療保険の適用対象である医療療養病床と介護保険の適用対象である介護療養病床があるが，介護療養病床は2024年3月末までに介護医療院等に転換され，廃止される予定である。 （内藤雅子）

緑内障［りょくないしょう］ 眼球の眼圧が異常に高まり視神経が障害されて，視力が低下する疾患をいう。進行すると鼻の側からしだいに視野が狭くなり，重症になると失明する。急性緑内障と慢性緑内障に分けられ，急性では眼痛，頭痛，嘔吐などの症状があり，適切な処置をしないと数日間で失明する。慢性緑内障は中高年に多く，進行が遅いため，自覚症状がほとんどなく，少しずつ眼圧が上昇し，視力が害されるが発見されにくい。老眼後に発症することが多い。原因は不明であるが，過労やストレス，睡眠不足も誘因となる。予防にはビタミンB_{12}，眼圧を下げるビタミンC，フラボノイドの摂取などがある。治療は眼圧降下薬投与，手術等がある。 （内田陽子）

リロケーションダメージ［りろけーしょんだめーじ］ 高齢期になると，生活環境の変化に対する適応が困難になる場合が多いといわれる。高齢者が慣れ親しんだ住まいから他の場所に移り，ライフスタイルの再構築が求められた時，新しい環境への適応が難しく，心身の状況に悪化がみられることをいう。 （笠原幸子）

臨終期［りんじゅうき］ 人生の最終段階であり，死を迎える直前のこと。近似した言葉として，「いまわの際」，「死に際」（しにぎわ），「往生際」（おうじょうぎわ）がある。 （笠原幸子）

レクリエーション［れくりえーしょん］個人または集団が，余暇（自由裁量時間）を利用して自主的・主体的に参加して行う活動であり，活動の中で楽しみや喜びを感じられるものである。「re（再び）」と「creation（創造する）」の言葉が合わさり「再創造」すなわち「精神的・肉体的な回復や，そのために行われる休養や娯楽」を指す言葉となった。またレクリエーションには，くつろぎ，活力を取り戻すことを目的とした「休息」，楽しめる活動を通して気分転換を図ることを目的とした「気晴らし」，特定の活動に打ち込むことで，新たな自分を発見することや人間関係を広げていくことを目的とした「自己開発」の3つがあり，それぞれの目的に応じた活動を実施していくことが重要であるとされる。

（西田宏太郎）

レジデンシャル・ソーシャルワーク［れじでんしゃる・そーしゃるわーく］　入所型施設で展開されるソーシャルワーク。入所中のクライエント（利用者）の日常生活上のニーズの充足を図るとともに，クライエントの希望や意向に沿った日常生活の実現をめざす。入所中の生活だけでなく，退所後の地域生活も視野に入れた支援も含まれる。レジデンシャル・ソーシャルワークを可能とするために，ソーシャルワーカーは，施設入所者や家族の組織化，家族との調整・連携，施設内外の他・多職種間での調整・連携，地域づくりにも取り組む。また，施設で提供されるサービスに対する**モニタリング**や評価，苦情対応，情報開示，職員の資質向上に向けた研修企画・実施，**リスクマネジメント**等にも取り組む。　（鵜浦直子）

レストレスレッグス症候群［れすとれすれっぐすしょうこうぐん］　不快の下肢の知覚異常。日中より夕方から夜にかけて増強する。安静時に，脚の内側からむずむずする不快感が生じ，動かさないと落ち着かないため，よく眠れずに生活の質が落ちる。「レストレス」には「そわそわした」，「絶え間なく動く」という意味がある。「むずむず脚症候群」「下肢静止不能症候群」ともよばれ，飛行機や，映画館などでじっと座っている時にもおこることがある。原因不明の特発性のもの，鉄欠乏性貧血，糖尿病，リウマチ，パーキンソン病などや妊娠が原因でおこるものがある。原因は，脳内の「ドーパミン」がうまく働かなくなること，鉄分不足でドーパミンの量が減少することでおこる。遺伝性だという報告もある。　（内田陽子）

レスパイト（休息）ケア［れすぱいと（きゅうそく）けあ］　高齢者，障害児者，乳幼児等の家族や保護者等を，一時的に介護や保育等から解放するためのサービスのことをいう。家族等が毎日の介護等に小休止をとることによって，共倒れや心身の疲労，虐待等を防ぐことができる。ホームヘルパーや介護人等を自宅に派遣する家庭内のレスパイトと，施設等に短期間入所するショートステイや，里親を利用する家庭外のレスパイトがある。

（笠原幸子）

レスポンデント条件づけ［れすぽんでんとじょうけんづけ］　生き物にとって，ある刺激は学習せずとも生まれつき特定の反応を引きおこさせる。一方で，生まれつき特定の反応を引きおこさない刺激も外界には存在している。たとえば，食物は私たちに唾液分泌を引きおこさせるが，チャイム音はそうではない。生まれつき特定の反応を引きおこす刺激とそうでない刺激を同時に提示することをくり返すと，やがて元々は特定の反応を引きおこさなかった刺激に対しても，その特定の反応が起きるようになる。すなわち，食物とチャイム音を何度も同時に提示されるとやがて，チャイム音を聞くだけでも唾液分泌が生じるようになる。このような刺激と反応の結合の変化は，レスポンデント条件づけ，あるいはパブロフ型条件づけや古典的条件づけともよばれる学習の一種である。　（箕浦有希久）

レビー小体型認知症［れびーしょうたいがたにんちしょう］　老年期に発症する**認知症**の一つであり，α-シヌクレインというタンパク質から構成されるレビー小体といわれる物質が大脳皮質や脳幹部に蓄積し，神経細胞脱落をきたす疾患である。わが国では，**アルツハイマー型認知症**，**脳血管性認知症**に次いで3番目に頻度が高い認知症である。認知機能の低下に加

え，小刻み歩行や手の震えなど特発性の**パーキンソニズム**，ありありとした幻視，レム睡眠行動障害などの症状が出現しやすい。初期には認知機能の低下が目立たないため，**パーキンソン病**との鑑別が重要である。　　　　　　　（幸田るみ子）

レム睡眠［れむすいみん］　浅い眠りで，身体の筋肉は弛緩して休んでいるが脳は覚醒に近い状態のこと。夢を見たりするのはこの期間が多いと言われている。人は寝ている間にレム睡眠と**ノンレム睡眠**を繰り返しており，成人でレム睡眠とノンレム睡眠の1セットの長さは90〜100分位となる。レム睡眠は浅い睡眠のため，そのときに起床するようにすれば目覚めが良いと言われる。　　　　　（植北康嗣）

連携［れんけい］　利用者の心身の状況に応じた介護をするために，関係者と連絡をとり，関係性を構築し協力して利用者支援を行うこと。**介護福祉士の義務**の一つ。2007（平成19）年の社会福祉士及び介護福祉士法の改正で新たに追加された。
改正前の「医師その他の医療関係者との連携」から，「福祉サービス等が総合的かつ適切に提供されるよう，福祉サービス関係者等との連携」に大きく改正された。　　　　　　　　　　（杉原優子）

労災保険［ろうさいほけん］⇒労働者災害補償保険

漏出性便失禁［ろうしゅつせいべんしっきん］　便意がなく，無意識のうちに便が漏れているタイプの失禁のこと。器質性便失禁に分類され，排便障害が原因で失禁する。通常，肛門括約筋は無意識に肛門を閉め，排泄物が漏れないようにしているが，何らかの原因でゆるみ，便が漏れてしまう。肛門括約筋の機能低下や四肢麻痺や対麻痺など直腸からの感覚が障害された場合などが原因となる。便失

禁の約半数がこのタイプで，**切迫性便失禁**を合併することがある。その場合，混合性便失禁と呼ばれている。　（横井光治）

老人介護士［ろうじんかいごし］　ドイツで2003年に施行された「老人介護の職業に関する法律」に基づく国家資格。**介護福祉士**と単純に比較はできないが，養成期間は3年間で4,600時間である。ドイツ語では「アルテンフレイザー（Altenpfleger：男性名詞）」で，日本語では一般的に「老人介護士」と訳されている。老人介護士養成学校での教育プログラムを修了した学生が各州が実施する「修了試験」に合格すると，資格を取得することができる。2017年に，これまでの看護師，小児看護師，老人介護士の資格を一本化した「看護・介護専門職」の導入および，それに伴う新たな「看護・介護職業教育」の創設等を目的とした「看護・介護職業法（Pflegeberufegesetz）」が成立した。　　　　　　　　　（笠原幸子）

老人介護支援センター［ろうじんかいごしえんせんたー］　支援の必要な高齢者・その恐れのある高齢者およびその家族に対する在宅介護の相談窓口として，必要なサービスを総合的に連絡調整するセンター。1994年に老人福祉法が改正され，1990年から設置が進められていた在宅介護支援センターを，老人介護支援センターという名称で老人福祉法第5条の3に定めた。しかし，在宅介護支援センターという名称の方が一般的になっている。その役割は在宅介護支援センターと同様で，支援の必要な高齢者やその恐れのある高齢者およびその家族に対する在宅介護の相談窓口として，必要なサービスを総合的に連絡調整することである。
　　　　　　　　　　　　　　（笠原幸子）

老人性高血圧［ろうじんせいこうけつあ

つ〕「高齢者高血圧」ともいわれる。75歳以上の高齢者の80％が罹患している。特徴としては，加齢性の変化や動脈硬化と血管の弾力低下により収縮期血圧が高く拡張期血圧はそのままか下がり，脈圧が大きくなるなどがある。また，食事や体位変換により血圧低下（食後血圧低下，起立性低血圧）があり，食後や体位変換後のめまい，全身倦怠感などの観察も重要である。　　　　　　　（椛田恵子）

老人性皮膚掻痒症〔ろうじんせいひふそうようしょう〕　明らかな皮疹がないのにかゆみだけがおきる皮膚病を皮膚掻痒症といい，特に高齢者におきるものを老人性皮膚掻痒症という。症状は，湿疹などがないのに肌がかゆい，肌に潤いがなくカサカサで白っぽい，かきむしりで皮膚が赤く，苔癬（たいせん）化に至るなどがある。その結果，いらいらする，夜眠れないなどの状態になることもある。原因は，皮膚の老化によって角質層（巻末資料306頁参照）の水分が失われることにある。皮膚には潤いを保つ機能が備わっているが年とともにその機能が低下し，皮膚が乾燥しやすくなる。特に冬場は空気自体の乾燥に，暖房による乾燥も加わり，乾燥した肌は外からの刺激によけい敏感になり痒みが強くなる。皮膚の乾燥を防ぎ，痒み止めや尿素入りの保湿剤などの外用薬を使用する。　（内田陽子）

老人福祉計画〔ろうじんふくしけいかく〕　老人福祉計画には，市町村が策定する計画と，都道府県が策定する計画がある。市町村老人福祉計画は，当該市町村が必要とする老人居宅生活支援事業及び老人福祉施設による事業（以下「老人福祉事業」という）の供給体制の確保に関する計画を定めるもの（**老人福祉法**第20条）と規定され，なおかつ，市町村介護保険

事業計画と一体のものとして作成されなければならない（**介護保険法**第117条第１項）とされており，計画は３年を１期とし，３年ごとに見直しが行われている。また，都道府県老人福祉計画は，市町村老人福祉計画の達成に資するため，各市町村を通ずる広域的な見地から，老人福祉事業の供給体制の確保に関する計画を定めることとなっている。同計画も，介護保険法第118条第１項と一体となって計画の推進に努めることとなっている。　　　　　　　　　　　　（坂本勉）

老人福祉施設〔ろうじんふくししせつ〕　高齢者の福祉を増進するさまざまな施設の総称であり，老人福祉法第５条の３では「老人デイサービスセンター，老人短期入所施設，養護老人ホーム，特別養護老人ホーム，軽費老人ホーム，老人福祉センター及び老人介護支援センターをいう」と規定されている。老人デイサービスセンターは高齢者が通所する施設，老人短期入所施設は高齢者が短期間入所する施設，**養護老人ホーム**，**特別養護老人ホーム**，**軽費老人ホーム**は高齢者が入所する施設，**老人福祉センター**は主に高齢者の健康増進，教養講座やレクリエーションによる生きがいづくりに寄与する施設，**老人介護支援センター**は高齢者に関する相談に応じ，助言を行い，在宅で生活する介護が必要な者や介護者と施設・機関等との連絡調整等を行う施設である。　　　　　　　　　　　　（岡本秀明）

老人福祉センター〔ろうじんふくしせんたー〕　老人福祉法に規定された**老人福祉施設**の一つで，「無料又は低額な料金で，老人に関する各種の相談に応ずるとともに，老人に対して，健康の増進，教養の向上及びレクリエーションのための便宜を総合的に供与することを目的とする施

設」である。老人福祉センターの種別には，特A型，A型，B型がある。特A型では，各種相談（生活相談，健康相談），健康増進に関する指導，生業及び就労の指導，機能回復訓練の実施，教養講座等の実施，老人クラブに対する援助等の事業を行うとされている。A型では，特A型の事業のうち健康増進に関する指導以外の事業を行うとされている。B型は，A型の機能を補完するもので，各種相談（生活相談，健康相談），教養講座等の実施，老人クラブに対する援助等の事業を行うとされている。　　　　（岡本秀明）

老人福祉法［ろうじんふくしほう］　1963年に制定された，高齢者を対象とした法律である。本法では，その目的を老人の福祉に関する原理を明らかにすること，また，心身の健康の保持及び生活の安定のために必要な措置を講じ，もって老人の福祉を図ること，と定めている（同法第1条）。また，同法2条では「老人は，多年にわたり社会の進展に寄与してきた者として，かつ，豊富な知識と経験を有する者として敬愛される」とされている。これは「敬老」という社会的規範を表しているといえる。老人福祉法に基づく多くの高齢者サービス（養護老人ホームを除く）は，2000年より介護保険法に規定されることとなったが，「やむを得ない措置」に関しては，老人福祉法の措置入所が実施される。　　　　（坂本勉）

老人保健施設［ろうじんほけんしせつ］1982年に制定された**老人保健法**（現在は，**高齢者の医療の確保に関する法律**に改題）の，1986年の改正時に老人保健施設が開設されることとなった。老人保健施設は，急性期病院等で入院治療後，病状が安定した段階で入所し，医学的管理のもと，看護・介護・リハビリテーション

などのサービスを提供し，在宅復帰を目指すという位置づけであった。いわば，病院と在宅の中間施設として構想されていた。2000年の介護保険法の施行によって，介護老人保健施設とされ，同法では，要介護者に対し，施設サービス計画に基づいて，看護，医学的管理の下における介護及び機能訓練その他必要な医療並びに日常生活上の世話を行うことを目的とする施設（介護保険法第8条第25項）とされている。　　　　（坂本勉）

老人保健法［ろうじんほけんほう］　疾病に対する予防的視点を重視した総合的な老人保健対策を推進し，医療費の公平な負担をめざすために，1982年に制定された法律である。法律の基本的理念として，国民の老後における健康の保持と適切な医療の確保を図るため，疾病の予防，治療，機能訓練等の保険事業を総合的に実施し，老人福祉の増進を図ることを目的とした。法制定から13回にわたる改正を経て，2008年，**高齢者の医療の確保に関する法律**へ移行することとなった。

　　　　（坂本勉）

老性自覚［ろうせいじかく］　自分が老人であると自覚することである。外見や心身の健康の変化によって老性自覚が生じると考えられている。ポジティブに受け止める場合も，ネガティブに受け止める場合も含まれるが，老性自覚とQOL低下，自立性の喪失感，運転行動における運転方略などとの関連が指摘されている。

　　　　（深瀬裕子）

労働安全衛生法［ろうどうあんぜんえいせいほう］　職場における労働者の安全と健康を確保し，快適な職場環境の形成を促進することを目的とした法律。労働基準法の安全や衛生に関する部分を分離し新たな法律として，1972年に成立，施

行された。さまざまな労働災害を防止するために，事業者に必要な措置を講ずることを義務づけている。具体的には，安全衛生管理体制の確立，労働者の危険や健康障害を防止するために行うべき措置，労働者への安全衛生教育の実施，定期的な健康診断の実施などについて定めている。労働者には，労働災害防止に関する事項を守り，事業者などが実施する労働災害防止のための措置への協力を義務づけている。また，国は労働災害の減少を目指し，重点的に取り組むことを定めた「労働災害防止計画」を策定しなければならないと規定されている。（多久島慎一）

労働基準法［ろうどうきじゅんほう］　労働者の保護を目的に，労働条件の最低基準について定めた法律。1947年に成立，施行された。日本国憲法第27条第2項に勤労条件の基準を法律で定めることが規定されており，その条文に基づいて制定された。労働契約，賃金，労働時間，休憩，休日，年次有給休暇，解雇の手続きや就業規則などについて規定されており，労働契約において基準以下の部分については，労働者と使用者が合意していたとしても無効とされ，この法律で定められている基準が適用される。国家公務員等の一部を除いて，日本国内で働くすべての労働者に適用される。労働組合法，労働関係調整法と合わせて労働三法という。（多久島慎一）

労働者災害補償保険（労災保険）［ろうどうしゃさいがいほしょうほけん（ろうさいほけん）］　労働者が業務を行う上で，もしくは通勤中に負傷，疾病，障害，死亡などの業務災害が起きた場合に，被災した労働者やその遺族を保護することを目的に保険給付を行う制度。被災した労働者の社会復帰促進など，労働者の福祉増

進を目的とした事業もこの制度に含まれている。**労働基準法**には，使用者の労働者に対する災害補償責任が規定されており，この補償の義務を社会保険にした制度である。運営にかかる費用は事業主が負担する保険料によって賄われ，一部を国庫が補助することができる。国の直営事業などを除き，原則として労働者を1人でも使用していれば，業種や規模にかかわらず，すべての事業に適用される。また，アルバイトやパートタイマー等の雇用形態に関係なく，すべての労働者に適用される。（多久島慎一）

労働者の心の健康の保持増進のための指針（メンタルヘルスケア指針）［ろうどうしゃのこころのけんこうのほじぞうしんのためのししん（めんたるへるすけあしし ん）］　労働安全衛生法第70条の2第1項に基づき，労働者のメンタルヘルス対策を推進するために，厚生労働省が2016年3月に策定した指針である。その基本的考え方は，①事業者は事業所におけるメンタルヘルスを積極的に推進する旨を表明する，②事業所では衛生委員会等を設置し「心の健康づくり計画」を策定する，③以下に述べる4つのケアに継続的計画的に取り組んでいく，の3つである。4つのケアとは，労働者自身のセルフケアの推進，事業所の管理監督者によるラインによるケアの推進，産業医・人事労務者・衛生管理者等事業所内産業保健スタッフによるケアの推進，事業所外のメンタルヘルスケア支援サービス（EAP等）の活用によるケアの推進，の4つである。（幸田るみ子）

老年期うつ病［ろうねんきうつびょう］　高齢者の精神疾患のなかで単極性うつ病は，高頻度に認められる重要な疾患の一つである。老年期は，加齢に伴う脳器質

的変化がベースに存在し，加えて身体合併症の罹患，核家族化，退職，近親者との死別などにより，社会的交流が少なくなり孤立しやすく，心理社会的ストレスにさらされることが多く，うつ病発症の高いリスク状態にある。老年期うつ病の症状の特徴としては，若年者に比較し，うつ病の中核症状の一つである抑うつ気分を訴えることが少ないか軽度であることが多い。そして，意欲低下や精神運動抑制が前景となり，身体的・心気的訴えが多く，不安・焦燥感が目立つのが特徴である。また精神運動抑制からくる記憶障害や思考抑制からなる「うつ病性仮性認知症」があるため，うつ病と認知症の鑑別を適切に行うことが重要である。

（幸田るみ子）

老年期における人格の5類型 ［ろうねんきにおけるじんかくのごるいけい］　ライチャード（Reichard, S.）が高齢男性を対象とした調査により示した5つの人格類型で，円熟型，安楽椅子（ロッキングチェア）型，防衛（装甲）型，外罰（憤慨）型，内罰（自責）型がある。円熟型は過去を受容し，人生満足感が高く，老いに適応的である。安楽椅子型は受け身的で他人に依存しやすいが，新しい環境には適応的である。装甲型は老いへの不安が強く，活動によって打ち消すなど防衛的である。憤慨型は過去を受容できず，攻撃的で他者のせいにするなど周囲とトラブルを起こしやすい。自責型は後悔や自責の気持ちが強く，孤立しやすく，自殺願望やうつ症状を生じやすい。円熟型，安楽椅子型，装甲型は老いに適応的で，憤慨型と自責型は不適応的だと考えられる。　　　　　　　　（深瀬裕子）

老年人口 ［ろうねんじんこう］　人口構造を3つに区分した場合の65歳以上の人口のことをいう。年少人口（0〜14歳）と合わせて従属人口と呼ばれる。

（大日義晴）

弄便 ［ろうべん］　便をいじる行為のことで，重症の認知症で出現しやすい症状である。便を便だと認識できず，手で丸めたり，壁や床など周囲に擦りつけたり，口の中に入れてしまう場合がある。弄便が起こる原因は，オムツの中に便が出てしまい，それが不快で，オムツを外して何とかしようと思い便をいじってしまう場合が多い。弄便は一度出現すると繰り返されることが多いので，適切に対応することが必要である。朝食が済んだ後ゆっくりトイレに座らせるなど，便が出る前に時間を決めてトイレに誘導することが一つの対策となる。　　（幸田るみ子）

労務管理 ［ろうむかんり］　労働者が安心して働くことができるように環境整備をし，企業活動を円滑に行うことができるようにすることを目的として，企業が行う管理活動。配置，異動，人事考課，労働時間制度，賃金制度，安全および衛生管理，教育訓練など，労働者を採用してから退職するまでの人事管理や，労働組合対策，福利厚生などが含まれる。適正な労務管理を行うためには，労働基準法や労働組合法，労働安全衛生法などの労働に関する法令を順守することが必要である。近年は，長時間労働や残業代の未払いなど，違法な労働環境で労働者に業務を行わせる「ブラック企業」の存在が社会問題となっている。企業には法令を順守し，適正な労務管理を行うことが求められている。　　　　　　（多久島慎一）

老齢基礎年金 ［ろうれいきそねんきん］　⇒老齢年金

老齢年金 ［ろうれいねんきん］　一定の年齢に達した時に給付される年金で，日本

における公的年金制度として，国民年金法による，老齢基礎年金と厚生年金保険法による，老齢厚生年金の2種類がある。国民年金の加入者は老齢基礎年金のみ，厚生年金に加入者は老齢基礎年金と上乗せ部分である老齢厚生年金を受け取ることができる。老齢基礎年金の支給は原則65歳から死亡までである。60歳から65歳になるまでの間に請求をすると繰上げ受給をすることができるが，一定率で減額される。一方70歳までに繰り下げ請求を行うと一定率で増額支給される。受給の条件は，2017年8月より資格期間が短縮され，10年以上あれば受給できるようになった。しかし，年金の額は，納付した期間に応じて決まり，満額を受け取るためには40年間の納付期間が必要である。受給資格期間には，保険料納付期間，免除期間，船員保険・厚生年金保険・共済組合等の加入期間と，年金制度に加入していなくても資格期間に加えることができる合算対象期間（海外在住，加入後未納等）がある。但し，年金額には反映されない。　　　　（鷲巣典代）

老老介護［ろうろうかいご］　日常生活を営むのに支障のある高齢者の介護を高齢者が行うこと。長寿化，高齢化，核家族化，少子化など様々な要因により，今後も老老介護の割合は増加していくことが予測される。そのため，対象者とその介護者等も含めた包括的な支援が求められる。　　　　　　　　　　　（小木曽真司）

ローゼンバーグ［ろーぜんばーぐ］（Rosenberg, M.；1922-1992）　アメリカの社会学者。1965年の著作において**自尊感情**を測定する尺度を作成したことで知られる。自尊感情に関する研究は，自分は「とてもよい（very good）」と感じるような他者に対する自信や優越感というより，

自分は「これでよい（good enough）」と感じるような自己受容を対象とすることが多く，自尊感情は精神的健康や適応の基盤をなすものとして重視されている。　　　　　　　　　　　（村上太郎）

ロールプレイ［ろーるぷれい］　利用者や介護者などの役割（role）を仮に設定して演じる（play）ことで，対人援助スキルの向上を目指す訓練の方法の一つ。実際に起こる問題などを想定して，介護者が利用者にどうアプローチすればいいのかを疑似体験する。また，その演技場面を見ることによって，観察学習をすることもできる。さらに，与えられた役割を自発的に演じることによって，他人の気持ちを追体験し，今まで意識していなかった自分自身に気づき，物事への視点の客観性を高め，日常生活での課題や問題の解決，自己理解を深めることができる。もともとは，精神医学者のモレノ（Moreno, J.L.）が創始した「サイコドラマ」（心理劇）から発展し，集団的精神療法に応用され，現在では，医療・福祉現場，教育相談，社員研修，電話応対や営業技術などの習得に活用されている。　　　　　　　　　　　（倉田郁也）

ロコモティブシンドローム［ろこもてぃぶしんどろーむ］　日本整形外科学会が提唱している症候群で，骨・関節軟骨・椎間板・神経・筋肉などの運動器の障害により要介護となる危険性の高い状態をいう。日本整形外科学会がロコモティブシンドロームのチェックポイントとして次の7点をあげており，1つでも該当すれば，ロコモティブシンドロームの可能性がある。①片脚立ちで靴下がはけない，②家の中でつまずいたり滑ったりする，③階段を上るのに手すりが必要である，④家のやや重い仕事が困難である，⑤

2kg程度の買い物をして持ち帰るのが困難である，⑥15分ぐらい続けて歩けない，⑦横断歩道を青信号で渡りきれない。

（久保田チエコ）

ロジャーズ［ろじゃーず］（Rogers, C. R.）
⇒来談者中心療法

ロバーツ［ろばーつ］（Roberts, E.；1939-1995）　1972年にアメリカに世界で初めて障害者自立生活センター（Center for Independent Living：CIL）を創設し，「自立生活運動の父」と呼ばれている人。カリフォルニア州リハビリテーション局長，国際障害研究所所長にも就任した。ロバーツが大学生であった当時，他者の援助を受けずに身体的・経済的・精神的に自分の力で生きることが自立であると考えられる傾向があった。その後，人権意識の高まりやノーマライゼーションの考え方を背景に，ロバーツの活動は多くの人たちに受け入れられるようになった。ロバーツは「人の手を借りて15分で衣服を着て仕事に出掛けられる人間は，自分で衣服を着るのに2時間かかるために家にいるほかない人間より自立している」等のように，日常生活動作（ADL）の自立よりも，生活の質（QOL）が充実していることが自立であるというメッセージを残した。

（笠原幸子）

ロフストランド・クラッチ［ろふすとらんど・くらっち］　両下肢に障害があり，肘関節伸展の力が弱いまたは握力が十分にないことで上肢の安定が図れないが，前腕を支持することで体重を支持することができる人が，歩行機能を補うために使用する，前腕カフを備えた杖のことをいう。前腕固定型杖ともいう。形状は，前腕カフ，握り，支柱，杖先から構成される（巻末資料309頁参照）。前腕カフは，腕を通すことで前腕を支持する形状をしており，握りと前腕の2点を支持することで上肢の安定を改善することができる。ロフストランド・クラッチの支柱は，握りを握った時の前腕部の角度が合うように，握りより上の部分がやや後方に角度がついた形状をしている。ロフストランドクラッチを片側について歩行すると，患側にかかる重量は体重の3分の2程度となる。**介護保険**における**福祉用具貸与**および**介護予防福祉用具貸与**の対象種目である。

（冨田川智志）

わ
▽

ワーカビリティ［わーかびりてぃ］
work の「取り組む」と ability の「能力」を合わせた意味をもつ。この用語は，米国のソーシャルワークの研究者パールマン（Perlman. H.）によって提唱された。援助過程において，利用者が援助を活用しながら自分自身の問題解決に取り組む利用者の能力や意欲のこという。意欲を引き出すことは，利用者の自己選択・自己決定支援にもつながるため，援助者にとっては援助を展開していくうえで重要な視点となる。ワーカビリティの考え方は，利用者自身が主体的に問題解決をしていくことができるように支援をするという点では，**ストレングス**の考え方に通じるものがある。　　　　　（綾部貴子）

ワークライフバランス［わーくらいふばらんす］　仕事をもつ者が職場での責任を果たそうとすると，家庭など職場以外の領域で責任を果たすこと，やりたいことに取り組むことがしばしば難しくなる。ワークライフバランスとは，このような状態とは反対に，仕事とそれ以外の生活の間で調和がとれている状態である。この言葉は，2007 年に「仕事と生活の調和

（ワーク・ライフ・バランス）憲章」が策定されたことにより，広く知られるようになった。憲章では仕事と生活の調和が実現した社会は，就労による経済的自立が可能な社会，健康で豊かな生活のための時間が確保できる社会，多様な働き方・生き方が選択できる社会であると特徴づけられている。その実現のためには，適切な雇用の保障，残業の抑制，短時間勤務等の柔軟な働き方を可能にする制度，育児・介護休暇の取得推進が求められる。
　　　　　　　　　　　　　（松木洋人）

『私は誰になっていくの？』［わたしはだれになっていくの］⇒ブライデン

ワルファリン［わるふぁりん］　ビタミンKが関わる血液凝固因子の生合成を抑制する経口抗凝固剤の一種で，血栓症の予防や治療に用いられる。具体的には静脈血栓症，肺塞栓症，心原性脳梗塞症等に用いられる。副作用に出血があるため，手術や抜歯の前には医師と相談し，服用中止を検討する。服用中はビタミンKを含む納豆やクロレラ，青汁の飲食を避ける。　　　　　　　　　　　　（内田陽子）

あとがき

　本書のはじまりは，「刊行にあたり」でも述べたように，2014年に日本介護福祉学会事典編纂委員会編でミネルヴァ書房から刊行した，『介護福祉学事典』にあります。

　『介護福祉学事典』は，介護福祉学でははじめての，体系的な事典として刊行されました。同書では介護福祉学を以下のように，3つの領域と16の分野で構成されていると示しています。本書ではこの構成にならい，用語を抽出しました。

Ⅰ理論（①理念・理論，②歴史，③教育，④人材，⑤研究）

Ⅱ方法論（⑥介護をマネジメントする技術，⑦人間関係を形成する技術，⑧生活行為を支える技術，⑨生活環境を整える技術，⑩家族・地域を支える技術）

Ⅲ介護福祉を支える諸領域（⑪社会福祉，⑫家政学，⑬看護，⑭保健・医療，⑮心理学，⑯法律）

　本書は，『介護福祉学事典』の編集を核となって行った，井上千津子，白澤政和，住居広士がこの事典で得られた体系や知見を，もっとわかりやすく，もっと広い読者に届けたいと考えたことからはじまりました。こうして無事に刊行できましたのは，多くの執筆者の皆様の多大な協力の賜物です。お礼を申し上げます。

　加えて，ミネルヴァ書房編集部の北坂恭子氏には，『介護福祉学事典』の編集に続き，このたびもご尽力をいただきましたことを申し添えます。重ねてお礼を申し上げます。

　2021年4月

編集委員一同

最終章

●人体の体表区分

●全身の骨格

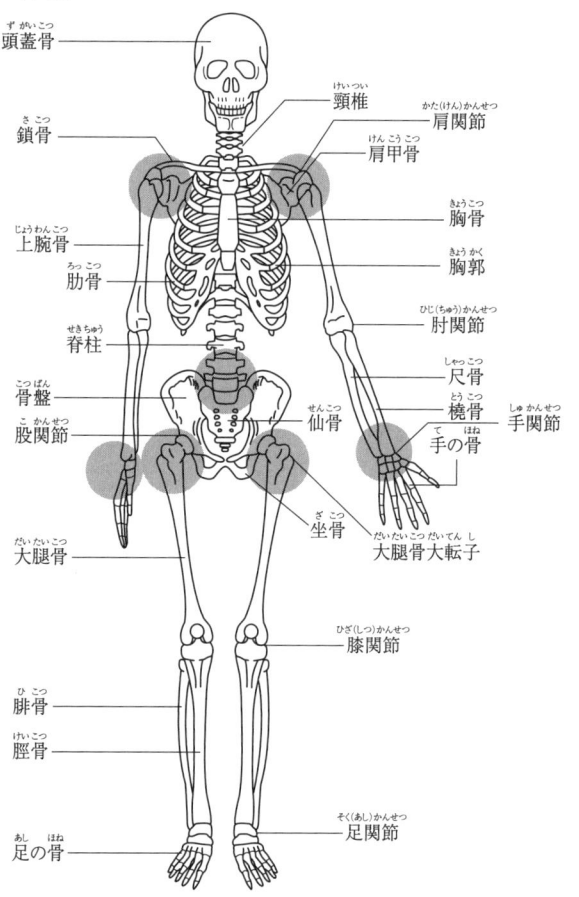

頭蓋骨

頸椎

肩関節

鎖骨

肩甲骨

胸骨

上腕骨

胸郭

肋骨

肘関節

脊柱

尺骨

骨盤

橈骨

股関節

仙骨

手関節

手の骨

坐骨

大腿骨大転子

大腿骨

膝関節

腓骨

脛骨

足関節

足の骨

グレー部分は高齢者の骨折好発部位

● 消化管と消化腺

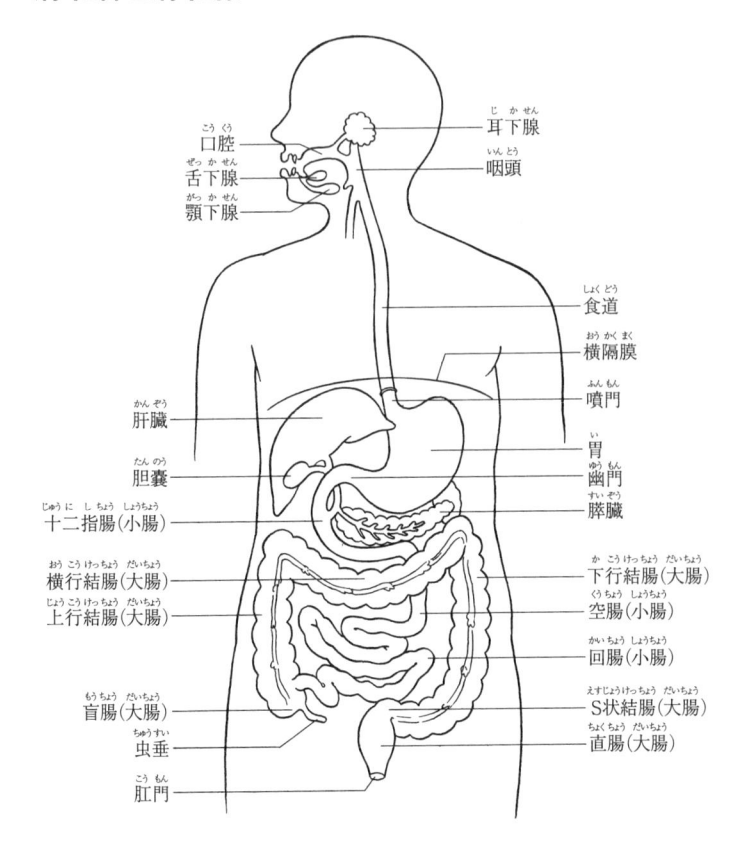

口腔（こうくう）
舌下腺（ぜっかせん）
顎下腺（がっかせん）

耳下腺（じかせん）
咽頭（いんとう）

食道（しょくどう）
横隔膜（おうかくまく）
噴門（ふんもん）

肝臓（かんぞう）
胆嚢（たんのう）

胃（い）
幽門（ゆうもん）
膵臓（すいぞう）

十二指腸(小腸)（じゅうにしちょう しょうちょう）

横行結腸(大腸)（おうこうけっちょう だいちょう）
上行結腸(大腸)（じょうこうけっちょう だいちょう）

下行結腸(大腸)（かこうけっちょう だいちょう）
空腸(小腸)（くうちょう しょうちょう）
回腸(小腸)（かいちょう しょうちょう）

盲腸(大腸)（もうちょう だいちょう）
虫垂（ちゅうすい）

S状結腸(大腸)（えすじょうけっちょう だいちょう）
直腸(大腸)（ちょくちょう だいちょう）

肛門（こうもん）

●眼

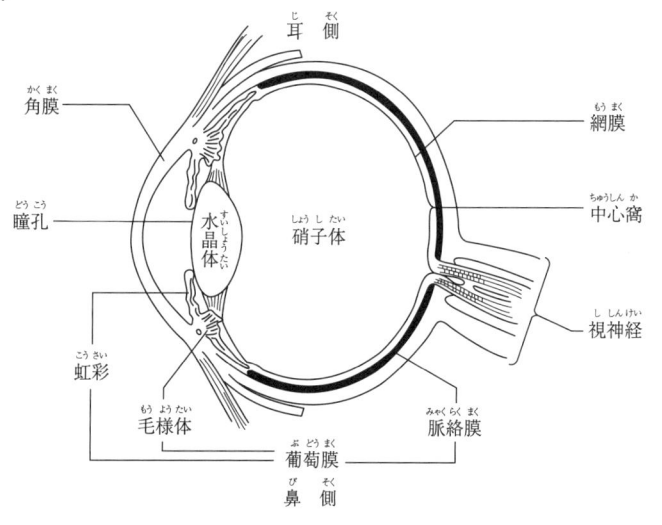

耳側

角膜

網膜

瞳孔

中心窩

水晶体

硝子体

虹彩

視神経

毛様体

脈絡膜

葡萄膜

鼻側

●耳

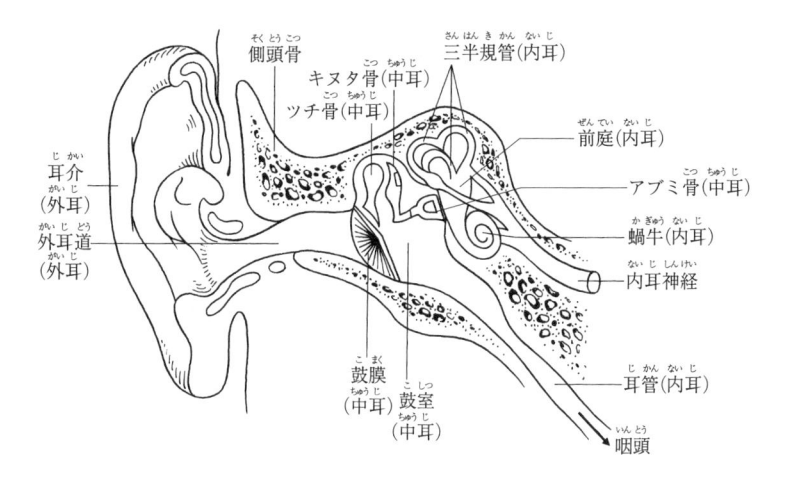

側頭骨

キヌタ骨(中耳)

ツチ骨(中耳)

三半規管(内耳)

前庭(内耳)

アブミ骨(中耳)

耳介(外耳)

蝸牛(内耳)

外耳道(外耳)

内耳神経

鼓膜(中耳)

鼓室(中耳)

耳管(内耳)

咽頭

●咽　頭

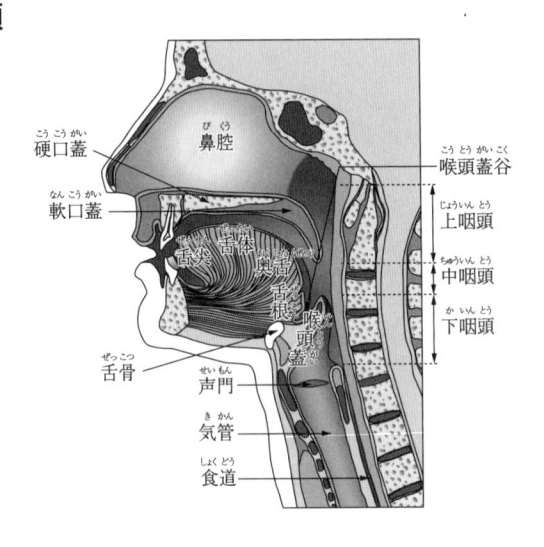

硬口蓋（こうこうがい）
鼻腔（びくう）
軟口蓋（なんこうがい）
喉頭蓋谷（こうとうがいこく）
上咽頭（じょういんとう）
中咽頭（ちゅういんとう）
下咽頭（かいんとう）
喉頭蓋（こうとうがい）
舌骨（ぜっこつ）
声門（せいもん）
気管（きかん）
食道（しょくどう）

●皮膚の構造（ひふ　こうぞう）

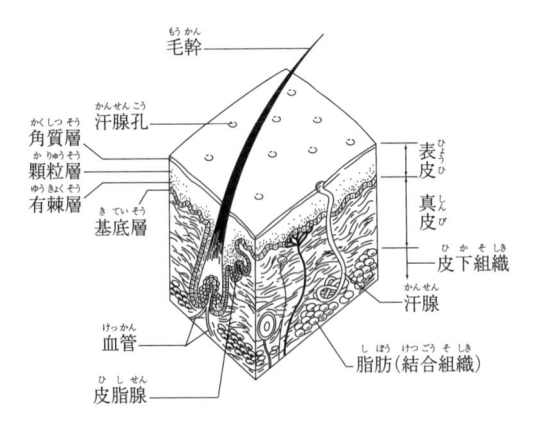

毛幹（もうかん）
汗腺孔（かんせんこう）
角質層（かくしつそう）
顆粒層（かりゅうそう）
有棘層（ゆうきょくそう）
基底層（きていそう）
表皮（ひょうひ）
真皮（しんぴ）
皮下組織（ひかそしき）
汗腺（かんせん）
血管（けっかん）
脂肪（結合組織）（しぼう　けつごうそしき）
皮脂腺（ひしせん）

● 体 位

臥位

腹臥位（うつぶせ）

側臥位

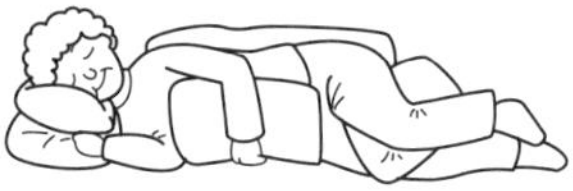

仰臥位（あおむけ）

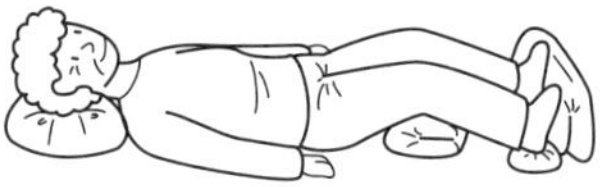

立位

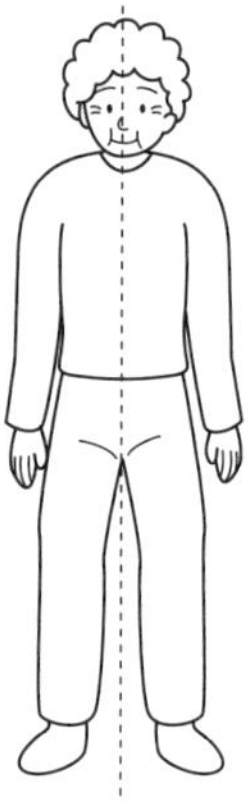

良肢位（の例）

座位

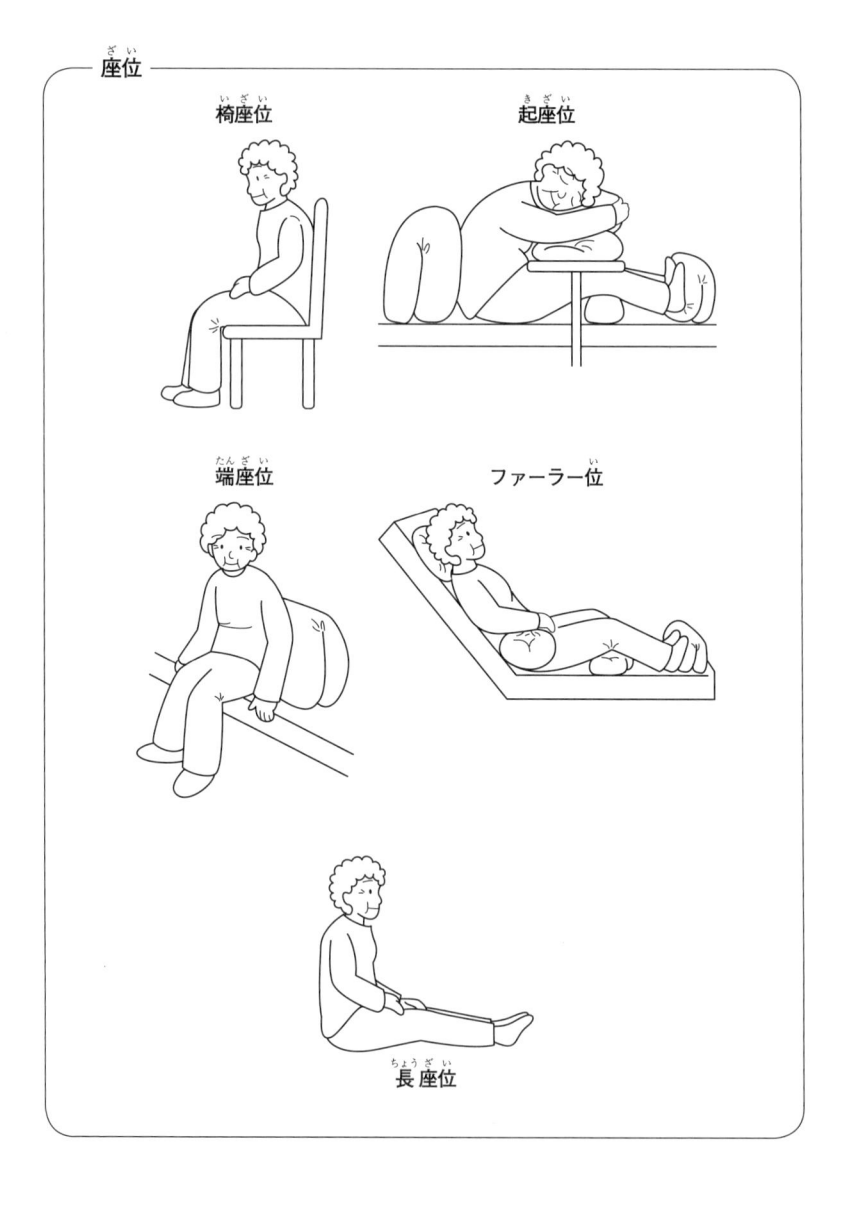

椅座位

起座位

端座位

ファーラー位

長座位

● 四輪歩行車（器）

● ロフストランド・
　クラッチ

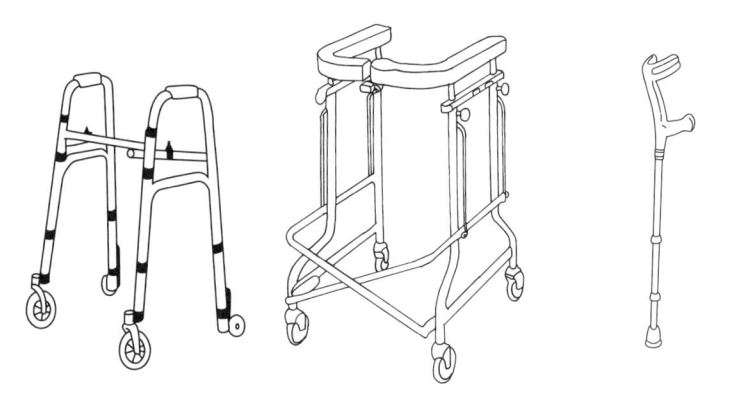

● 車いす（自走用車いす）

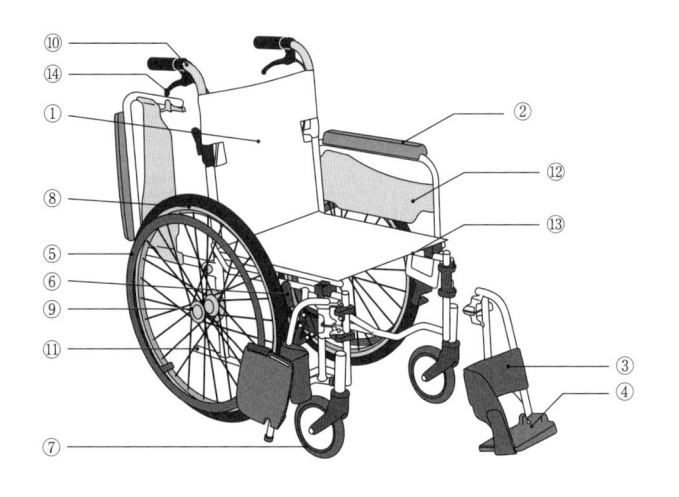

①バックサポート　②アームサポート（アームレスト）　③レッグサポート（レッグレスト）
④フットサポート（フットレスト）　⑤ハンドリム　⑥駐車用ブレーキ　⑦キャスタ
⑧駆動輪　⑨ハブ軸　⑩手押しハンドル（グリップ）　⑪ティッピングレバー
⑫サイドガード（スカートガード）　⑬シート　⑭制動用ブレーキ

●被服素材の種類
ひ ふく そ ざい　しゅるい

区分		繊維名 (形態)	耐熱性	吸湿性	耐アルカリ	塩素漂白の可否	長所・短所	用途
天然繊維	植物繊維（セルロース系）	綿	○	○	○	可	長所：肌触りがよく，吸湿・吸水性がある。耐久性・耐洗濯性がある。短所：乾きにくい。伸びにくく，シワになりやすい。縮みやすい。	肌着，タオル，一般衣料，浴衣
		麻	○	○	○	可	長所：水分の発散に優れる。冷感があり，水や熱に強い。短所：皺になりやすく，皺が取れにくい。摩擦で毛羽立つ。	夏季用の衣類，ハンカチ
	動物繊維（たんぱく質系）	毛	△	○	×	否	長所：弾力性があり，皺になりにくい。吸湿性，保温性に優れ，肌触りが良い。短所：日光で黄変しやすく，防カビ・防虫性がない。	冬季用の衣類，毛布
		絹	△	○	×	否	長所：しなやかで光沢が美しく，保温性がある。短所：シミになりやすい。日光で黄変する。防カビ・防虫性がない。手入れが難しい。	和服，ネクタイ，ブラウス，スカーフ，パジャマ
化学繊維	再生繊維	レーヨン	△	○	△	可	長所：肌触りが良い。発色性・吸湿性に優れる。安価である。短所：皺ができやすく，縮みやすい。湿潤強度が低いため，洗濯時に注意が必要である。	裏地，カーテン等
		ポリノジック	△	○	△	可	長所：美しい光沢がある。吸湿性が大きい。短所：皺になりやすく，水ジミが生じることもある。	肌着，ブラウス，スカート等の一般衣料
		キュプラ	△	○	△	可	長所：静電気が生じにくい。発色性が良い。短所：摩擦で毛羽立つ。	裏地，和装用下着，スカーフ
	半合成繊維	アセテート	×	△	×	否	長所：光沢が美しい。軽く縮みにくい。短所：摩擦で傷みやすい。除光液やシンナーに溶解するため，シミ抜き時は注意が必要である。	裏地，カーテン，女性用フォーマルウェア
	合成繊維	ナイロン	×	×	○	否	長所：弾力性があり，皺になりにくい。防カビ・防虫性がある。短所：吸湿性や耐熱性に欠ける。静電気が生じやすい。日光で劣化する。	ストッキング，靴下，スポーツウェア
		ポリエステル	△	×	○	可	長所：皺になりにくく，型くずれしにくい。丈夫で乾きやすい。防カビ・防虫性がある。短所：静電気が生じやすく，汚れやすい。綿と混紡されることが多い。	一般衣料，フリース，インテリア製品，傘
		アクリル	×	×	○	可	長所：毛に似た風合いをもち，かさ高，弾力性があり，皺になりにくい。短所：静電気が生じやすく，汚れやすい。毛玉が出来やすい。	婦人・子ども服，セーター，カーペット，毛布等
		ビニロン	×	△	○	否	長所：摩擦に強く，保温性にも優れている。酸やアルカリ，日光にも強い。短所：染色性に劣る。	トレーニングウェア，学生服，作業服
		ポリウレタン	×	×	○	否	長所：軽く，伸縮性がある。耐水性に優れている。短所：摩擦に弱い。紫外線で黄変する。	ストレッチ素材，スポーツウェア，合成皮革

●感染症の種類（感染症法に基づく分類）

2020 年 3 月現在

感染症名等	性　格
［1 類感染症］ ・エボラ出血熱 ・クリミア・コンゴ出血熱 ・痘そう ・南米出血熱 ・ペスト ・マールブルグ病 ・ラッサ熱	感染力，罹患した場合の重篤性等に基づく総合的な観点からみた危険性が極めて高い感染症
［2 類感染症］ ・急性灰白髄炎 ・結核 ・ジフテリア ・重症急性呼吸器症候群（SARS） ・鳥インフルエンザ（H5N1） ・鳥インフルエンザ（H7N9） ・中東呼吸器症候群（MERS）	感染力，罹患した場合の重篤性等に基づく総合的な観点からみた危険性が高い感染症
［3 類感染症］ ・コレラ ・細菌性赤痢 ・腸管出血性大腸菌感染症 ・腸チフス ・パラチフス	感染力，罹患した場合の重篤性等に基づく総合的な観点からみた危険性は高くないが，特定の職業への就業によって感染症の集団発生を起こし得る感染症
［4 類感染症］ ・E 型肝炎 ・A 型肝炎 ・黄熱 ・Q 熱 ・狂犬病 ・炭疽 ・鳥インフルエンザ（鳥インフルエンザ（H5N1, H7N9）を除く） ・ボツリヌス症 ・マラリア ・野兎病 ・その他の感染症（政令で規定）	動物，飲食物等の物件を介して人に感染し，国民の健康に影響を与えるおそれのある感染症（人から人への伝染はない）
［5 類感染症］ ・インフルエンザ（鳥インフルエンザおよび新型インフルエンザ等感染症を除く） ・ウイルス性肝炎（E 型肝炎および A 型肝炎を除く） ・クリプトスポリジウム症 ・後天性免疫不全症候群 ・性器クラミジア感染症 ・梅毒 ・麻しん ・メチシリン耐性黄色ブドウ球菌感染症 ・その他の感染症（省令で規定）	国が感染症発生動向調査を行い，その結果等に基づいて必要な情報を一般国民や医療関係者に提供・公開していくことによって，発生・拡大を防止すべき感染症
・新型インフルエンザ ・再興型インフルエンザ	新たに人から人に伝染する能力を有することとなったウイルスを病原体とするインフルエンザ 　かつて，世界的規模で流行したインフルエンザであって，その後流行することなく長期間が経過しているものが再興したもの 　両型ともに，全国的かつ急速なまん延により国民の生命・健康に重大な影響を与えるおそれがあると認められるもの
政令で 1 年間に限定して指定される感染症 ・新型コロナウイルス感染症	既知の感染症の中で上記 1 〜 3 類，新型インフルエンザ等感染症に分類されない感染症で 1 〜 3 類に準じた対応の必要が生じた感染症
［当初］ 　都道府県知事が厚生労働大臣の技術的指導・助言を得て個別に応急対応する感染症 ［要件指定後］ 　政令で症状等の要件指定をした後に 1 類感染症と同様の扱いをする感染症	人から人に伝染すると認められる疾病であって，既知の感染症と症状等が明らかに異なり，その伝染力，罹患した場合の重篤度から判断した危険性が極めて高い感染症

感染症類型 / 新型インフルエンザ等感染症 / 指定感染症 / 新感染症

●補装具種目一覧

種目	名称			種目	名称		
義肢				車いす	片手駆動型		
装具					リクライニング式片手駆動型		
座位保持装置					レバー駆動型		
盲人安全つえ	普通用	グラスファイバー			手押し型A		
		木材			手押し型B		
		軽金属			リクライニング式手押し型		
	携帯用	グラスファイバー			ティルト式手押し型		
		木材			リクライニング・ティルト式手押し型		
		軽金属		電動車いす	普通型（4.5km/h）		
	身体支持併用				普通型（6.0km/h）		
義眼	普通義眼				簡易型	切替式	
	特殊義眼					アシスト式	
	コンタクト義眼				リクライニング式普通型		
眼鏡	矯正眼鏡	6D以上10D未満			電動リクライニング式普通型		
		10D以上20D未満			電動リフト式普通型		
		20D以上			電動リクライニング・ティルト式普通型		
	遮光眼鏡	前掛式		座位保持いす			
		6D未満		起立保持具			
		6D以上10D未満		歩行器	六輪型		
		10D以上20D未満			四輪型（腰掛付）		
		20D以上			四輪型（腰掛なし）		
	コンタクトレンズ				三輪型		
	弱視眼鏡	掛けめがね式			二輪型		
		焦点調整式			固定型		
補聴器	高度難聴用ポケット型				交互型		
	高度難聴用耳かけ型			頭部保持具			
	重度難聴用ポケット型			排便補助具			
	重度難聴用耳かけ型			歩行補助つえ	松葉つえ	木材A普通	
	耳あな型（レディ）					木材B伸縮	
	耳あな型（オーダー）					軽金属A普通	
	骨導式ポケット型					軽金属B伸縮	
	骨導式眼鏡型				カナディアン・クラッチ		
車いす	普通型				ロフストランド・クラッチ		
	リクライニング式普通型				多点杖		
	ティルト式普通型				プラットフォーム杖		
	リクライニング・ティルト式普通型			重度障害者用意思伝達装置	文字等走査入力方式		
	手動リフト式普通型				生体現象方式		
	前方大車輪型						
	リクライニング式前方大車輪型						

●社会福祉施設 (2018 年)

施設の種類	種別	数	施設の種類	種別	数
保護施設			**母子・父子福祉施設**		
救護施設	第1種	182	母子・父子福祉センター	第2種	54
更生施設	第1種	20	母子・父子休養ホーム	第2種	2
医療保護施設	第2種	58	**その他の社会福祉施設等**		
授産施設	第1種	16	授産施設	第1種	62
宿所提供施設	第1種	10	宿所提供施設	第2種	403
老人福祉施設			盲人ホーム		19
養護老人ホーム		953	無料低額診療施設	第2種	636
── (一般)	第1種	901	隣保館	第2種	1,072
── (盲)	第1種	52	へき地保健福祉館		31
軽費老人ホーム	第1種	2,306	有料老人ホーム		20,039
老人福祉センター	第2種	1,992			
障害者支援施設等					
障害者支援施設	第1種	2,544			
地域活動支援センター	第2種	2,935			
福祉ホーム	第2種	140			
身体障害者社会参加支援施設					
身体障害者福祉センター	第2種	152			
補装具製作施設	第2種	15			
盲導犬訓練施設	第2種	13			
点字図書館	第2種	73			
点字出版施設	第2種	10			
聴覚障害者情報提供施設	第2種	49			
婦人保護施設	第1種	46			
児童福祉施設					
助産施設	第2種	385			
乳児院	第1種	138			
母子生活支援施設	第1種	222			
保育所等	第2種	27,951			
幼保連携型認定こども園	第2種	4,413			
児童厚生施設					
児童館	第2種	4,477			
児童遊園	第2種	2,293			
児童養護施設	第1種	611			
障害児入所施設	第1種	476			
児童発達支援センター	第2種	671			
児童心理治療施設	第1種	47			
児童自立支援施設	第1種	58			
児童家庭支援センター	第2種	121			

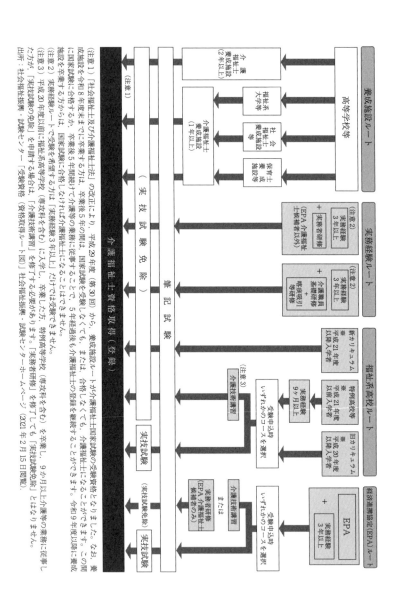

● **介護福祉士資格取得ルート図**（2021年2月現在）

介護福祉士資格取得ルート図（2021年2月現在）

福祉系高校ルート

- 新カリキュラム
  平成21年度以降入学者
- 旧カリキュラム
  平成21年度以前入学者
  平成20年度以前入学者

特例高等学校
（専攻科を含む）

実務経験
9か月以上

（注意3）
介護技術講習

受験申込時
いずれかのコースを選択

経済連携協定（EPA）ルート

EPA
＋
実務経験
3年以上

介護技術講習
（EPA介護福祉
士候補者のみ）

または

実務経験
（EPA介護福祉士
候補者のみ）

受験申込時
まで
いずれかのコースを選択

（実技試験免除）

実技試験

養成施設ルート

高等学校等

- 福祉系
  大学等
- 社会福祉士
  養成施設等
- 保育士
  養成施設等

- 介護福祉士
  養成施設
  （2年以上）

- 介護福祉士
  養成施設
  （1年以上）

（注意1）

実務経験ルート

（注意2）
実務経験
3年以上
＋
実務者研修
（EPA介護福祉
士候補者以外）

（注意2）
実務経験
3年以上
＋
介護職員
基礎研修
＋
喀痰吸引
等研修

（　実　技　試　験　免　除　）

筆　記　試　験

↓

介護福祉士資格取得（登録）

（注意1）「社会福祉士及び介護福祉士法」の改正により、平成29年度（第30回）から、養成施設ルートが介護福祉士国家資格の受験資格となりました。なお、養成施設を令和8年度末までに卒業する方は、卒業後5年の間、国家試験を受験しなくても、または、合格しなくても、介護福祉士になることができます。この間に国家試験に合格するか、卒業後5年間続けて介護等の業務に従事することで、5年経過後も介護福祉士の登録を継続することができます。令和9年度以降に養成施設を卒業する方は、国家試験に合格しなければ介護福祉士になることはできません。

（注意2）実務経験ルートでの受験を希望する方は「実務経験3年以上」だけでは受験できません。

（注意3）平成20年度以前に福祉系高等学校（専攻科を含む）に入学し、卒業した方、特例高等学校（専攻科を含む）を卒業し、9か月以上介護等の業務に従事したが「実技試験」を申請する場合は、「介護技術講習」を修了しても「実技試験免除」とはなりません。

出所：社会福祉振興・試験センター「受験資格（資格取得ルート）図」社会福祉振興・試験センターホームページ（2021年2月15日閲覧）

314

引用・参考文献

アイビイ，A. E.／福原真知子訳（1985）『マイクロカウンセリング』川島書店.

芥川恵美子・相原宏・船津幸美ほか（2008）「身体障害者療護施設における男性職員による女性利用者の介護について」（山口県介護福祉士会第1回介護研究セミナー研究発表会）（https://www.yamaguchi-kaigo.jp/media/_about/h20-6.pdf）.

阿曽洋子・井上智子・氏家幸子（2011）『第7版 基礎看護技術』医学書院，47.

アルベルティ，R. E.・エモンズ，M. L.／菅沼憲治・ジャレット純子訳（1994）『自己主張（アサーティブネス）トレーニング』東京図書.

イーガン，E.／福井康之・飯田栄訳（1992）『カウンセリング・ワークブック』創元社.

一番ケ瀬康子監修（1993）『介護福祉学とは何か』ミネルヴァ書房.

一村小百合（2004）「社会福祉におけるレクリエーション援助・活動の意義について」『関西福祉科学大学紀要』第8号，157，166.

一般社団法人日本認知症ケア学会編（2016）『認知症ケアにおける社会資源』ワールドプランニング，71.

一般社団法人日本認知症ケア学会編（2018）『認知症ケア標準テキスト 改訂5版 認知症ケアにおける社会資源』ワールドプランニング，167-172.

一般社団法人日本認知症ケア学会認知症ケア用語辞典編纂委員会編（2016）『認知症ケア用語辞典』ワールドプランニング，248-249，268.

「ケアリング」同前書，81.

「タクティールケア」同前書，203.

「リアリティオリエンテーション」同前書，336.

今田寛・宮田洋・賀集寛共編（2016）『心理学の基礎（四訂版）』培風館.

印南一路（1997）『優れた意思決定——判断と選択の心理学』中央公論社.

上田敏（1994）『目でみるリハビリテーション医学（第2版）』東京大学出版会.

上野千鶴子（2011）『ケアの社会学』太田出版.

大川弥生（2004）『介護保険サービスとリハビリテーション』中央法規出版.

大野晃（2015）「山村の高齢化と限界集落」『山・川・海の流域社会学——「山」の荒廃問題から「流域」の環境保全へ』文理閣，9-43.

岡本祐子編著（2010）『成人発達臨床心理学ハンドブック』ナカニシヤ出版.

小澤温編（2010）『障害の理解』ミネルヴァ書房，43-45.

介護福祉士のあり方及びその養成プロセスの見直し等に関する検討会（2006）「こ

れからの介護を支える人材について——新しい介護福祉士の養成と生涯を通じた能力の開発に向けて」10.

介護福祉士養成施設協会・中川義基・川村佐和子編 (2015)『医療的ケア』法律文化社.

介護労働安定センターホームページ (http://www.kaigo-center.or.jp/center/index.html).

笠原幸子 (2014)『高齢者に対する支援と介護保険制度』ミネルヴァ書房, 78, 82-83.

基礎からの社会福祉編集委員会編 (2005)『介護福祉概論』ミネルヴァ書房, 56, 58, 63, 65.

厚生省第9回社会保障審議会資料 (2004)「社会福祉事業及び社会福祉法人について」.

厚生省編 (1969)『厚生白書 (昭和44年版)』.

厚生省編 (1970)『厚生白書 (昭和45年版)』.

厚生省編 (1993)『厚生白書 (平成4年版)』.

厚生省 (2000)「社会福祉の増進のための社会福祉事業法等の一部を改正する等の法律の概要」(http://www.ipss.go.jp/publication/j/shiryou/no.13/data/shiryou/syakaifukushi/809.pdf).

厚生労働省「医療の給付」(https://www.mhlw.go.jp/bunya/kenkou/genbaku09/04.html).

厚生労働省「外国人介護人材受入れの仕組み」(https://www.mhlw.go.jp/content/12000000/000656925.pdf).

厚生労働省「介護・高齢福祉 認知症施策 認知症サポーター」(https://www.mhlw.go.jp/stf/seisakunitsuite/bunya/0000089508.html).

厚生労働省「後期高齢者医療制度について」(https://www.mhlw.go.jp/bunya/shakaihosho/iryouseido01/info02d-35.html).

厚生労働省「高年齢者雇用安定法の改正～70歳までの就業機会確保～」(https://www.mhlw.go.jp/stf/seisakunitsuite/bunya/koyou_roudou/koyou/koureisha/topics/tp120903-1_00001.html).

厚生労働省「指定難病」(https://www.mhlw.go.jp/stf/seisakunitsuite/bunya/0000084783.html).

厚生労働省「障害高齢者の日常生活自立度」(https://www.mhlw.go.jp/file/06-Seisakujouhou-12300000-Roukenkyoku/0000077382.pdf).

厚生労働省「認知症高齢者の日常生活自立度判定基準」(https://www.mhlw.go.jp/stf/shingi/2r9852000001hi4o-att/2r9852000001hi8n.pdf).

厚生労働省「ホームレスの自立の支援等に関する特別措置法」(https://elaws.gov.go.jp/document?lawid=414AC1000000105).

厚生労働省「令和元年簡易生命表の概況」.

厚生労働省 (2002)「『国際生活機能分類——国際障害分類改訂版』(日本語版)の

厚生労働省ホームページ掲載について」(https://www.mhlw.go.jp/houdou/2002/08/h0805-1.html).

厚生労働省(2002)「「福祉サービスにおける危機管理(リスクマネジメント)に関する取り組み指針〜利用者の笑顔と満足を求めて〜」について」.

厚生労働省(2010)「チーム医療の推進に関する検討会報告書」.

厚生労働省(2012)「国民の健康の増進の総合的な推進を図るための基本的な方針の全部改正について」(健発0710第1号,平成24年7月10日,厚生労働省健康局長).

厚生労働省(2013)「2015年の高齢者介護——高齢者の尊厳を支えるケアの確立について」(https://www.mhlw.go.jp/topics/kaigo/kentou/15kourei/3.html#2-2).

厚生労働省(2013)「認知症対策等総合支援事業の実施について　認知症施策普及・相談・支援事業実施要綱」(https://www.mhlw.go.jp/stf/shingi/2r98520000035rce-att/2r98520000035rgf_1_1.pdf).

厚生労働省編(2014)『厚生労働白書(平成26年版)』129, 130.

厚生労働省(2017)「介護人材に求められる機能の明確化とキャリアパスの実現に向けて報告書」.

厚生労働省(2017)「平成28年医師・歯科医師・薬剤師調査の概況」.

厚生労働省(2017)「平成28年衛生行政報告例(就業医療関係者)の概況」.

厚生労働省(2017)「平成28年度福祉行政報告例の概況」.

厚生労働省(2019)「2019年　国民生活基礎調査」.

厚生労働省(2020)「令和元年(2019)人口動態統計(確定数)の概況」(https://www.mhlw.go.jp/toukei/saikin/hw/jinkou/kakutei19/dl/15_all.pdf).

厚生労働省大臣官房統計情報部編(2007)「生活機能分類の活用に向けて——ICF(国際生活機能分類):活動と参加の基準(暫定案)」財団法人厚生統計局,1.5.

厚生労働省老健局振興課長(2018)「介護員養成研修の取扱細則について(介護職員初任者研修・生活援助従事者研修関係)一部改正」.

厚生労働省労働基準局監督課「やさしい労務管理の手引き」(https://www.mhlw.go.jp/new-info/kobetu/roudou/gyousei/dl/roumukanri.pdf).

厚生労働統計協会編(2019)『保険と年金の動向　2019/2020』.

国立障害者リハビリテーションセンター「発達障害情報・支援センター」(http://www.rehab.go.jp/ddis/).

高齢者住宅財団ホームページ(https://www.koujuuzai.or.jp/useful_info/lsa/).

個人情報保護委員会「個人情報保護法ハンドブック」(https://www.ppc.go.jp/files/pdf/kojinjouhou_handbook.pdf).

コルシニ, R. J.／金子賢訳(2004)『心理療法に生かすロールプレイング・マニュアル』金子書房.

災害時要援護者の避難支援に関する検討会(2013)「災害時要援護者の避難支援に関する検討会報告書」45.

定藤丈弘ほか（1993）『自立生活の思想と展望』ミネルヴァ書房.

下仲順子編（2007）『高齢期の心理と臨床心理学』培風館.

社会福祉法規研究会（2017）『社会福祉六法（平成29年度版）』新日本法規，71，2256-2263.

障害者福祉研究会（2003）『ICF 国際生活機能分類——国際障害分類改訂版』中央法規出版.

杉澤秀博（2015）「豊かな生き方，豊かな社会を考える サクセスフル・エイジングとは何か」たばこ総合研究センター 編『TASC monthly』（476）12-17.

住居広士ほか編（2011）『介護福祉用語辞典』ミネルヴァ書房，125，142.

全国健康保険協会ホームページ（https://www.kyoukaikenpo.or.jp/）.

全日本病院協会「医療保険の仕組み：みんなの医療ガイド」（https://www.ajha.or.jp/guide/4.html）.

全日本ろうあ連盟「手話で Go^2！〜手話のある豊かな社会を 手話言語法制定に向けて〜」（パンフレット）（https://www.jfd.or.jp/2016/11/30/pid15884）.

総務省「地方自治法について」（https://www.soumu.go.jp/main_content/000051164.pdf）.

谷口明広（2005）『障害を持つ人たちの自立生活とケアマネジメント』ミネルヴァ書房，58-71.

玉垣努・渡邉慎一編著（2013）『福祉用具・住環境整備の作業療法』中央法規出版，3，10.

中央法規出版編集部編（2015）『七訂 介護福祉用語辞典』中央法規出版.

　　「アニマルセラピー」同前書，5.

　　「園芸療法」同前書，27.

　　「音楽療法」同前書，31.

　　「バリデーション」同前書，271.

テクノエイド協会ホームページ（http://www.techno-aids.or.jp/howto/214500.shtml）.

富山県「富山型デイサービスのあゆみ」（http://www.toyama-kyosei.jp/service/walking/）.

富山県厚生部厚生企画課（2019）「全国へ広がる富山型デイサービス」公益財団法人長寿科学振興財団『Aging & Health』no. 88　2019年冬号，10-13.

内閣府「障害者に関するマークについて」（https://www8.cao.go.jp/shougai/mark/mark.html）.

内閣府（2016）「福祉避難所の確保・運営ガイドライン」25.

内閣府編（2020）『高齢社会白書（令和2年版）』.

内閣府食育推進室「食育の推進に向けて〜食育基本法が制定されました〜」（https://www.maff.go.jp/kinki/syouhi/seikatu/iken/pdf/syoku_suisin.pdf）.

中島義明ほか編（1999）『心理学辞典』有斐閣.

西垣悦代・堀正・原口佳典（2015）『コーチング心理学概論』ナカニシヤ出版.

日本介護福祉学会事典編纂委員会編（2014）『介護福祉学事典』ミネルヴァ書房.

　　井上千津子「介護福祉と介護の関係」同前書, 4-5.

　　岡田進一「エンパワメントと介護福祉」同前書, 520-521.

　　岡部耕典「自立と自律」同前書, 510-511.

　　笠原幸子「介護福祉士養成教育内容の現状と課題」同前書, 102-103.

　　黒澤貞夫「介護における自立支援」同前書, 16-17.

　　白澤政和「介護計画」同前書, 44-45.

　　高尾公矢「外国人の介護福祉士をめぐる制度と課題」同前書, 804-805.

　　原田由美子「多職種連携と介護福祉」同前書, 496-497.

日本学術会議社会学委員会福祉職・介護職育成分科会（2011）「提言 福祉職・介護の専門性向上と社会的待遇の改善に向けて」.

日本障害者リハビリテーション協会ホームページ（http://www.isrpd.jp/static/symbol/symbol_01/index.html）.

日本精神神経学会監修（2014）『DSM-5 精神疾患の診断・統計マニュアル』医学書院.

日本家政学会編（2004）『新版 家政学事典』朝倉書店.

日本 WHO 協会「世界保健機関（WHO）憲章とは」（https://www.japan-who.or.jp/about/who-what/charter/）.

日本年金機構ホームページ（https://www.nenkin.go.jp/）.

日本排尿機能学会・夜間頻尿診療ガイドライン作成委員会編（2009）『夜間頻尿診療ガイドライン』ブラックウェルパブリッシング.

日本訪問診療機構「在宅療養支援診療所のご紹介」（http://www.jvmm.jp/zaitaku-intro.php）.

日本老年学会・日本老年医学会（2017）「日本老年学会・日本老年医学会『高齢者に関する定義検討ワーキンググループ』報告書」（https://www.jpn-geriat-soc.or.jp/info/topics/pdf/2017410_01_01.pdf）.

認知症介護研究・研修センター「認知症介護情報ネットワーク DCnet」（https://www.dcnet.gr.jp/）.

認知症介護研究・研修センター監修（2016）『認知症介護実践者研修標準テキスト』.

認知症介護研究・研修センター監修（2016）『認知症介護実践リーダー研修標準テキスト』.

農林水産省「新たな JAS 制度について」（https://www.maff.go.jp/j/jas/h29_jashou_kaisei.html）.

野村豊子編著（2010）『コミュニケーション技術』ミネルヴァ書房.

バイステック, F. P.／田代不二男・村越芳男訳（1980）『ケースワークの原則』誠信書房.

バイステック, F. P.／尾崎新・福田俊子・原田和幸訳（2006）『ケースワークの原則（新訳改訂版）』誠信書房.

平木典子（2012）『アサーション入門』講談社現代新書.

福祉用具専門相談員協会ホームページ（http://www.zfssk.com/qa/#question01）.

藤森宮子（2010）「日仏比較の視点から見る――フランスの介護職と人材育成政策」『京都女子大学現代社会研究』第13号，73-88.

ブライデン，C.／檜垣陽子訳（2003）『私は誰になっていくの？』クリエイツかもがわ.

ブライデン，C.／馬籠久美子訳（2017）『認知症とともに生きる私』大月書店.

ホックシールド，A. R.／石川准・室伏亜希訳（2000）『管理される心』世界思想社.

堀江宗正（2006）「心理学的死生観の問題構成――フロイト・ユング・フランクルの思想から」『死生学研究』2006年春号，58-86.

三菱 UFJ リサーチ＆コンサルティング（2019）「外国人介護職員の雇用に関する介護事業者向けガイドブック」（平成30年度厚生労働省老人保健健康増進等事業「外国人介護人材の受入環境の整備に向けた調査研究事業」）（https://www.mhlw.go.jp/content/12000000/000497111.pdf）.

メイヤロフ，M.／田村真・向野宣之訳（1987）『ケアの本質』ゆみる出版.

椋野美智子・田中耕太郎（2020）『はじめての社会保障（第17版）』有斐閣.

諸富祥彦（2010）『はじめてのカウンセリング入門（下）』誠信書房.

諸富祥彦（2014）『新しいカウンセリングの技法』誠信書房.

文部科学省（2010）「特別支援教育の在り方に関する特別委員会（第3回）配付資料3」.

山縣文治（2016）「ノーマライゼーション」『よくわかる社会福祉（第11版）』20-21.

山縣文治・柏女霊峰編（2013）『社会福祉用語辞典（第9版）』ミネルヴァ書房.

　　　空閑浩人「医学モデル」同前書，8-9.

　　　杉井潤子「ライフコース」同前書，379.

ロコモ ONLINE（https://locomo-joa.jp/assets/pdf/index_japanese.pdf）.

若林明雄（2009）『パーソナリティとは何か――その概念と理論』培風館.

和久田佳代（2006）「介護福祉養成課程における『レクリエーション』の役割と課題」『聖隷クリストファー大学社会福祉学部紀要』第5号，2.

Kelly, M. P.（1993）Patients' decision making inmajor surgery : the case of total colectomy, *Journal of Advanced Nursing*, 19（6），1168-1177.

《編集委員（50音順）》

井上　千津子
元日本介護福祉学会会長。

岡田　直人
北星学園大学社会福祉学部教授。

笠原　幸子
四天王寺大学人文社会学部教授。

白澤　政和
国際医療福祉大学大学院教授。

住居　広士
県立広島大学大学院教授。

介護福祉用語集

2021年6月20日　初版第1刷発行　　　　〈検印省略〉

定価はカバーに
表示しています

編　者　　介護福祉用語集編集委員会

発行者　　杉　田　啓　三

印刷者　　田　中　雅　博

発行所　株式会社　ミネルヴァ書房
607-8494　京都市山科区日ノ岡堤谷町1
電話代表　(075)581-5191
振替口座　01020-0-8076

© 介護福祉用語集編集委員会, 2021　創栄図書印刷・藤沢製本

ISBN978-4-623-08593-4
Printed in Japan